编审委员会成员

总　序

哲学社会科学是人们认识世界、改造世界的重要工具，是推动历史发展和社会进步的重要力量。哲学社会科学的研究能力和成果，是综合国力的重要组成部分，哲学社会科学的发展水平，体现着一个国家和民族的思维能力、精神状态和文明素质。一个民族要屹立于世界民族之林，不能没有哲学社会科学的熏陶和滋养；一个国家要在国际综合国力竞争中赢得优势，不能没有包括哲学社会科学在内的"软实力"的强大和支撑。

近年来，党和国家高度重视哲学社会科学的繁荣发展。江泽民同志多次强调哲学社会科学在建设中国特色社会主义事业中的重要作用，提出哲学社会科学与自然科学"四个同样重要"、"五个高度重视"、"两个不可替代"等重要思想论断。党的十六大以来，以胡锦涛同志为总书记的党中央始终坚持把哲学社会科学放在十分重要的战略位置，就繁荣发展哲学社会科学做出了一系列重大部署，采取了一系列重大举措。2004年，中共中央下发《关于进一步繁荣发展哲学社会科学的意见》，明确了新世纪繁荣发展哲学社会科学的指导方针、总体目标和主要任务。党的十七大报告明确指出："繁荣发展哲学社会科学，推进学科体系、学术观点、科研方法创新，鼓励哲学社会科学界为党和人民事业发挥思想库作用，推动我国哲学社会科学优秀成果和优秀人才走向世界。"这是党中央在新的历史时期、新的历史阶段为全面建设小康社会，加快推进社会主义现代化建设，实现中华民族伟大复兴提出的重大战略目标和任务，为进一步繁荣发展哲学社会科学指明了方向，提供了根本保证和强大动力。

高校是我国哲学社会科学事业的主力军。改革开放以来，在党中央的坚强领导下，高校哲学社会科学抓住前所未有的发展机遇，紧紧围绕党和国家工作大局，坚持正确的政治方向，贯彻"双百"方针，以发展为主题，以改革为动力，以理论创新为主导，以方法创新为突破口，发扬理论联系实际学风，弘扬求真务实精神，立足创新、提高质量，高校哲学社会科学事业实现了跨越式发展，呈现空前繁荣的发展局面。广大高校哲学社会科学工作者以饱满的热情积极参与马克思主义理论研究和建设工程，大力推进具有中国特色、中国风格、中国气派的哲学社会科学学科体系和教材体系建设，为推进马克思主义中国化，推动理论创新，服务党和国家的政策决策，为弘扬优秀传统文化，培育民族精神，为培养社会主义合格建设者和可靠接班人，做出了不可磨灭的重要贡献。

自 2003 年始，教育部正式启动了哲学社会科学研究重大课题攻关项目计划。这是教育部促进高校哲学社会科学繁荣发展的一项重大举措，也是教育部实施"高校哲学社会科学繁荣计划"的一项重要内容。重大攻关项目采取招投标的组织方式，按照"公平竞争，择优立项，严格管理，铸造精品"的要求进行，每年评审立项约 40 个项目，每个项目资助 30 万～80 万元。项目研究实行首席专家负责制，鼓励跨学科、跨学校、跨地区的联合研究，鼓励吸收国内外专家共同参加课题组研究工作。几年来，重大攻关项目以解决国家经济建设和社会发展过程中具有前瞻性、战略性、全局性的重大理论和实际问题为主攻方向，以提升为党和政府咨询决策服务能力和推动哲学社会科学发展为战略目标，集合高校优秀研究团队和顶尖人才，团结协作，联合攻关，产出了一批标志性研究成果，壮大了科研人才队伍，有效提升了高校哲学社会科学整体实力。国务委员刘延东同志为此做出重要批示，指出重大攻关项目有效调动各方面的积极性，产生了一批重要成果，影响广泛，成效显著；要总结经验，再接再厉，紧密服务国家需求，更好地优化资源，突出重点，多出精品，多出人才，为经济社会发展做出新的贡献。这个重要批示，既充分肯定了重大攻关项目取得的优异成绩，又对重大攻关项目提出了明确的指导意见和殷切希望。

作为教育部社科研究项目的重中之重，我们始终秉持以管理创新服务学术创新的理念，坚持科学管理、民主管理、依法管理，切实增强服务意识，不断创新管理模式，健全管理制度，加强对重大攻关项目的选题遴选、评审立项、组织开题、中期检查到最终成果鉴定的全过程管理，逐渐探索并形成一套成熟的、符合学术研究规律的管理办法，努力将重大攻关项目打造成学术精品工程。我们将项目最终成果汇编成"教育部哲学社会科学研究重大课题攻关项目成果文库"统一组织出版。经济科学出版社倾全社之力，精心组织编辑力量，努力铸造出版精品。国学大师季羡林先生欣然题词："经时济世　继往开来——贺教育部重大攻关项目成果出版"；欧阳中石先生题写了"教育部哲学社会科学研究重大课题攻关项目"的书名，充分体现了他们对繁荣发展高校哲学社会科学的深切勉励和由衷期望。

创新是哲学社会科学研究的灵魂，是推动高校哲学社会科学研究不断深化的不竭动力。我们正处在一个伟大的时代，建设有中国特色的哲学社会科学是历史的呼唤，时代的强音，是推进中国特色社会主义事业的迫切要求。我们要不断增强使命感和责任感，立足新实践，适应新要求，始终坚持以马克思主义为指导，深入贯彻落实科学发展观，以构建具有中国特色社会主义哲学社会科学为己任，振奋精神，开拓进取，以改革创新精神，大力推进高校哲学社会科学繁荣发展，为全面建设小康社会，构建社会主义和谐社会，促进社会主义文化大发展大繁荣贡献更大的力量。

教育部社会科学司

前 言

人文社会科学的发展是为一个国家、一个民族培育人文精神和人文情怀的大事，是为社会主义现代化建设进程提供有力支撑的大业。在经济全球化、文化多元化的背景下，人文社会科学与自然科学一样，地位和作用越来越重要。改革开放以来，经过多方面的努力，人文社会科学已形成迅猛发展、急剧转型的态势。目前，我国人文社会科学呈现出一些新的特点：

——改革开放和社会主义现代化建设中出现的重大理论和实践问题成为人文社会科学研究的主攻方向。我国人文社会科学研究，坚持以实际问题为中心，特别是以改革开放和现代化建设的实际问题为中心，着眼于人文社会科学理论的运用和发展，着眼于对实际问题的理论思考，着眼于发展中的新的实践，为现代化建设事业做出了巨大的贡献。

——为党和政府决策提供咨询服务成为人文社会科学研究的重要组成部分。广大人文社会科学的研究人员深入实践，深入基层，深入社会生活的各个领域，研究解决改革和发展中的各种实际问题，为各级党委和政府的决策做了大量的咨询服务工作，取得了良好的经济效益和社会效益，受到有关方面的好评。

——在应用研究取得迅速发展的同时，人文社会科学在基础研究方面也取得了重大进展。基础理论研究已成为我国人文社会科学发展的重要支撑点。

然而，人文社会科学在迅猛发展的同时也暴露出诸多问题：

——在学科建制的发展上，出现了人文社会科学运行机制的过分市场化倾向及人文社会科学自身学术失范的危机。尤其是20世纪90年代以来我国学界屡屡发生的学术失范问题，其形式之多、涉及面之广令人心惊，引起社会的普遍关注和焦虑。学术失范与片面市场化的问题也成为世纪之交学界最为关注的焦点之一。

　　——在学术精神、学术传统的传承上，当前人文社会科学在市场经济大潮中，浸透着较明显的学术功利性。人文社会科学的主体性定位不清，学界不乏浮躁气息，以量充质、缺乏精品意识，甚至把学术当成类似工业生产的流水线。一方面表现为对一些热点的大肆炒作，另一方面对社会的真正问题又缺乏应有的问题意识和超越情怀。

　　——在人文社会科学学科管理上面临严峻的挑战。人文社会科学成果评价一方面直接影响着科研规划的制定、经费的拨转、人才的培养和其他科研活动的方式，起着强而有力的导向性作用；另一方面又强烈影响着科研成果的转化、应用，亦即社会效益、经济效益的发挥，是人文社会科学研究与发展水平的重要标志。科研投入是人文社会科学发展的外部体制条件，但当前人文社会科学成果评价的行政化倾向和非规范性使人文社会科学成果和学科管理面临困境。

　　这些问题引起学界及社会的普遍关注，并已开始严重影响我国人文社会科学发展的良好态势。造成这些问题有很多原因，但人文社会科学成果评价的错位和失范是一个核心症结。人文社会科学成果评价的难度相当大，这在很大程度上是由人文社会科学的学科特殊性造成的，其特殊性突出表现在以下三个方面：

　　——多数人文社会科学成果的非定量化、非公式化，社会、经济效益的时滞性，产生价值的潜在性，使人文社会科学成果的评价指标与方法的科学确定有很大难度。以各种社会现象和精神活动为对象的人文社会科学的研究成果，不同于工业流程的产品，它是人类从各个不同角度对自身和社会、自然的理性思考，它的价值是难以像自然科学那样可以在当下完全估算的。

　　——学科的多样性与差异性使人文社会科学评价对象极其复杂。人文社会科学是一个十分庞大、复杂的体系。大而言之，人文学科和社会科学本身就不尽相同，人文学科的研究是以人的生存价值和生存意义为其终极主题的，社会科学则主要是以经世致用为其要义的，这直接决定了人文学科的成果与社会科学的成果是处于不同层面的研究。具体到学科内部，无论是人文学科所涵盖的文学、史学、哲学，还是社会科学所包括的经济学、法学、社会学、管理学等众多学科，都有自身的鲜明特色，在一定程度上，哲学的成果与经济学的成果、史学的成果与管理学的成果、文学的成果与法学的成果是不可通约的。这种结构上的层次间、层次内的嵌套式复杂性意味着人文社会科学是一个能在不同层面涌现新质的复杂系统，其功能也必然是异常复杂的，任何僵硬、单一、机械的评价体系面对这样的复杂系统都是无法胜任的。

——当前在人文社会科学内部以及在与自然科学之间呈现出的越来越强的跨学科和综合化发展趋势，打破了已有学科的界限，更增加了对其研究成果进行科学评价的难度。这种新的发展趋势主要表现为人文社会科学整体性研究态势增强、应用性研究比重加大、东西方文化互补日趋活跃、社会科学与自然科学的联盟更加紧密等。一方面学科的多样性与差异性要求评价反映出该学科的特点，另一方面学科界限的模糊化又需要评价打破既有模式，这种"两难式"困境显然要求对现有的固定格式化的评价方式进行变革和创新。

因此，如何科学、客观、公正地评价人文社会科学成果，如何在已有研究的基础上，建立与完善我国人文社会科学研究成果的评价机制、评价标准和评价体系，已成为当前人文社会科学发展中刻不容缓的、必须要解决的重大理论和现实问题。本研究正是在这样的背景和要求下进行的。

围绕人文社会科学研究成果的评价问题，近些年来，国内学人做了大量的工作。应该肯定，对人文社会科学成果评价方面的已有研究与探索是卓有成效的，形成了一批有水平、有影响的研究成果。这为本课题的继续研究奠定了良好的基础。但是，根据改革开放以来我国人文社会科学的基本特点和新形势下人文社会科学发展的基本态势，国内对人文社会科学研究成果的评价还存在诸多问题和不足。主要包括：

——对人文社会科学成果的复杂性研究不够。任何评价体系的建构，第一步需要解决的难题是评价对象的有效界定，其次才是具体的方法问题。人文社会科学评价困难的首要原因就在于其学科及成果形式的多样性、差异性极为突出，不具备自然科学成果间具有的许多的均一性，这就使评价对象极其多样和复杂。因此，如何恰当地对不同形式的人文社会科学成果，应用不同的标准做出正确、积极的评价，无疑是人文社会科学成果评价的一个薄弱环节，更是需要解决的一大难点。

——对人文社会科学成果的创新性评价问题重视不够。构建人文社会科学成果的评价方法体系，必须以创新为起评点，也只有这样才能科学合理地评价人文社会科学研究成果。但遗憾的是现在我们仍然常常以现有的、固定的、格式化的评价方式来衡量人文社会科学成果。这是本课题研究中必须着重解决的一个重大问题。

——对人文社会科学研究成果评价指标的非单一性认识不够。人文社会科学评价对象的复杂性决定了人文社会科学成果的评价几乎不可能使用单一性的量化指标。除了某些可以量化的因素外，全面的人文社会科学评价还必须涉及价值判断、历史判断和性质判断等非量化的定性指标，其中价值判断和历史判断即社会科学评价的价值观和历史观，构成人文社会科学定性评价的基础。这表明，人文社会科学的全面评价是离不开定性指标的，如何把定性因素与定量判定有机结合也是评价的难点问题。

——对现有评价方法的局限注意不够。一个成熟的评价体系不只是理论思辨的结果，而且是在实践的互动中诞生的，其中评价对象、评价目标与评价方法的互动是极为重要的一个环节。每一种评价方法都有其方法所限定的内在目标，只有充分认识了这些内在目标才能更好地构建评价体系。事实上，方法的局限就是评价的局限，不深入分析采用方法的不足就很难真正了解评价的真正内涵和指向。因此，我们不仅要研究方法的技术性问题，更要研究评价方法技术后的目标和内在设定。这一研究属于方法论层面，直接影响评价体系的内涵。

——对人文社会科学成果评价的本土化问题重视不够。人文社会科学总是要受到所在文化情境的文化限定的，人文社会科学评价也是无法脱离自己的文化土壤的。在我国，由于历史和现实的原因，人文社会科学与西方有很大的不同。我们不能照搬"社会科学引文索引"（SSCI）、"艺术和人文科学引文索引"（A&HCI）及"国际学术会议社会科学引文索引"（ISSTP）的标准，把它们作为我国人文社会科学论文评价的指标，而要建立并使用属于我们自己的引文索引和评价指标。人文社会科学的本土化是人文社会科学发展成熟的重要标志。

综上所述，从总体上来分析，我国人文社会科学评价研究到目前为止还处于一个探索期：尚未对国际上较成熟的软性目标及学术评价体系进行深入的比较研究，借鉴其成功经验；尚未对人文社会科学评价对象、评价理论、评价方法的复杂性进行深入研究，以便为具体的方法研究提供适用目标；尚未形成完善的，具有导向性、科学性和可操作性人文社会科学成果的评价机制及符合人文社会科学发展规律和发展趋势的、前瞻性的研究成果评价标准；尚未形成与国际接轨的、具有中国特色的、国内公认的人文社会科学成果评价体系。

本研究（项目批准号：03JZD0039）不可能彻底解决这些问题，但试图澄清解决问题的路径。本书最终是这样安排的：首先讨论人文社会科学的定位和人文社会科学研究成果评价的迫切性，接着阐述人文社会科学研究成果评价的理论、方法和基本问题，再讨论人文社会科学研究成果评价的深层次问题，即与管理、制度和理念创新的关联，最后在实践层面给出评价指标体系的构建原则、评价程序的运用准则以及具体的评价案例。总体框架可分为理论分析和实践考量两部分。核心目标是：在分析和总结人文社会科学研究的定位和特点，剖析人文社会科学研究成果评价的状况、问题和经验的基础上，试图建立与国际接轨的、具有中国特色的、实践上可行并有成效的中国人文社会科学成果评价理念，努力形成一套可作为操作原则的评价指标体系甄选方法和评价程序把握要领。

刘大椿

摘　要

人文社会科学的发展是为一个国家、一个民族培育人文精神和人文情怀的大事，是为社会主义现代化建设进程提供有力支撑的大业。在经济全球化、文化多元化的背景下，人文社会科学与自然科学一样，地位和作用越来越重要。改革开放以来，经过多方面的努力，人文社会科学已形成迅猛发展、急剧转型的态势。

然而，人文社会科学在发展中也暴露出诸多问题。在学科建制的发展上，出现了人文社会科学运行机制的过分市场化倾向及人文社会科学自身学术失范的危机。在学术精神、学术传统的传承上，当前人文社会科学在市场经济大潮中，浸透着过多的学术功利性。在人文社会科学学科管理上也面临严峻的挑战，成果评价的行政化倾向和非规范性使人文社会科学成果和学科管理面临困境。

这些问题引起学界及社会的普遍关注，并已开始严重影响我国人文社会科学发展的良好态势。造成这些问题有很多原因，但人文社会科学成果评价的错位和失范是一个核心症结。如何科学、客观、公正地评价人文社会科学成果，如何在已有研究的基础上，建立与完善我国人文社会科学研究成果的评价机制、评价标准和评价体系，已成为当前人文社会科学发展中刻不容缓的、必须解决的重大理论和现实问题。

但是，国内对人文社会科学研究成果的评价还存在诸多问题和不足。主要包括：对人文社会科学成果的复杂性研究不够；对人文社会科学成果的创新性评价问题重视不够；对社会科学研究成果评价指标的非单一性认识不够；对现有评价方法的局限注意不够；对人文社会科学成果评价的本土化问题重视不够。

　　从总体上来分析，我国人文社会科学评价研究到目前为止还处于一个探索期：尚未对国际上较成熟的软性目标及学术评价体系进行深入的比较研究，借鉴其成功经验；尚未对人文社会科学评价对象、评价理论、评价方法的复杂性进行深入研究，以便为具体的方法研究提供适用目标；尚未形成完善的具有导向性、科学性和可操作性的人文社会科学成果的评价机制及符合人文社会科学发展规律和发展趋势的、前瞻性的研究成果评价标准；尚未形成与国际接轨的、具有中国特色的、国内公认的人文社会科学成果评价体系。

　　本研究不可能彻底解决这些问题，但试图澄清解决问题的路径。本书最终是这样安排的：首先讨论人文社会科学的定位和人文社会科学研究成果评价的迫切性，接着阐述人文社会科学研究成果评价的理论、方法和基本问题，再讨论人文社会科学研究成果评价的深层次问题，即与管理、制度和理念创新的关联，最后在实践层面给出评价指标体系的构建原则、评价程序的运用准则以及具体的评价案例。总体框架可分为人文社会科学研究成果评价问题的理论分析和人文社会科学研究成果评价体系的实践考量两大篇。第一篇包括以下七章：第一章，人文社会科学的定位和特质；第二章，人文社会科学的基本问题与评价；第三章，人文社会科学研究成果评价的理论与方法；第四章，当前人文社会科学研究成果评价的基本问题；第五章，人文社会科学研究成果评价之局限与管理创新；第六章，人文社会科学研究成果评价问题的制度分析；第七章，人文社会科学研究成果评价问题的理念审思。第二篇包括以下三章：第八章，评价指标体系的构建：价值选择与实际操作；第九章，评价程序的运用：公正性及其实现；第十章，人文社会科学研究竞争力评价案例。核心目标是：在分析和总结人文社会科学研究的定位和特点，剖析人文社会科学研究成果评价的状况、问题和经验的基础上，试图建立与国际接轨的、具有中国特色的、实践上可行并有成效的中国人文社会科学成果评价理念，努力提供一套可作为操作原则的评价指标体系的甄选方法和评价程序把握要领。

Abstract

The development of humanities and social sciences is of enormous importance to the cultivation of humane spirit and feelings for a country and a nationality. As far as China is concerned, the development of humanities and social sciences provides considerable support for the socialist modernization drive. In the context of economic globalization and cultural diversification, humanities and social sciences is gaining in importance in their positions and functions, just like natural sciences. Since the reform and opening up, humanities and social sciences has seen rapid development and drastic transformation with efforts of various parties.

Nevertheless, the development of humanities and social sciences has seen a wide variety of problems emerging. In terms of development of discipline institutionalization, the excessively market-oriented operation mechanism of humanities social sciences has come to light, along with the crisis of academic anomie in humanities and social sciences. In terms of heritage of academic spirits and tradition, an excessive amount of academic utilitarianism is prevailing in the current massive wave of market economy. When it comes to discipline management, the excessive use of administrative approaches and non-standardization in the process of results assessment have imposed severe challenges on the management, resulting in a dilemma faced by humanities and social sciences.

These problems, which severely affect the development of China's humanities and social sciences, have aroused wide concern from both the academic world and the society. Though many reasons have constituted the cause of these problems, the dislocation and abnormality of academic achievement assessment is the kernel. How to evaluate the achievements of humanities and social sciences in a scientific, objective and equitable manner? How to establish and improve relevant mechanism, standards and system for the evaluation of humanities and social sciences achievements based on research results obtained? Those have become imperative and must-be-solved theoretical and practical problems for the development of China's humanities and social sciences.

However, for the time being, a great amount of deficiencies have existed in the assessment of humanities and social sciences achievements. Those mainly include: inadequate research on the complexity of humanities and social sciences achievements, lack of attention to the assessment of creativity related to humanities and social sciences achievements, insufficient understanding of non-uniformity of assessment indicator of humanities and social sciences achievements, lack of awareness of the limitation of existing evaluation methods; lack of emphasis on the indigenization of evaluation of humanities and social sciences achievements.

Overall, China's research on the evaluation of humanities and social sciences is still at a stage of exploration. The country has not conducted in-depth comparison research on internationally mature soft targets and academic evaluation system and drawn on successful experience; the country has not made deep investigation into the complexity of evaluation object, evaluation theory, evaluation method of humanities and social sciences which can provide suitable target for specific method study; the country has not established a complete evaluation mechanism of humanities and social sciences achievements which is of orientation, science and feasibility, and a perspective evaluation standard of research achievements in humanities and social sciences which accords with the development law and trend of humanities and social sciences; and the country is in deficiency of an evaluation system for the evaluation of humanities and social sciences achievements which lives up to the world standard, with Chinese characterizes and accepted domestically.

It is impossible for this study to completely resolve all these problems. However, the study attempts to clarify the path to solve these problems. The structure of the book is arranged as follows: firstly, discussion is made on the positioning of humanities and social sciences and the necessity for the evaluation of humanities and social sciences achievements. Following that will be illumination of theories, methods and basic questions of evaluation of humanities and social sciences achievements. Further discussion will be conducted after that to focus on some deeper problems of evaluation of such achievements, i. e. correlation with management, institution and notion innovation. Finally, at the practical level, the principle for the construction of evaluation indicator system, operation guideline for evaluation procedure and specific evaluation cases will be given. The overall framework can be divided into two parts, i. e. theoretical analysis of evaluation of research achievements in humanities and social sciences, and practical consideration of evaluation system of research achievements in humanities and social sciences. Part Ⅰ consists of seven chapters: Chapter 1 defines the orientation and features of humanities and social sciences; Chapter 2 describes the basic problems and evaluation of humanities and social sciences; Chapter 3 states the theories and methods of evaluation of achievements in humanities and social sciences; Chapter 4 shows the basic problems in current evaluation of research achievements in humanities and social sciences; Chapter 5 discusses the limitation and management innovation of the evaluation of achievements in humanities and social sciences; Chapter 6 provides the institutional analysis of the evaluation of achievements in humanities and social sciences; Chapter 7 discusses examination on the concept of the evaluation of research achievements in humanities and social sciences. Part Ⅱ consists of three chapters: Chapter 8 discusses the construction of evaluation indicator system: value selection and practical operation; Chapter 9 discusses the application of evaluation procedure: justness and its achievement; and Chapter 10 provides some cases on the evaluation of research competitiveness of humanities and social sciences.

Based on analysis and summarization of the orientation and features of humanities and social sciences research and exploration on the status, problems and experience of evaluation of research achievements in humanities and social sciences, the book attempts to develop a set of notions for evaluation of China's humanities and social sciences achievements that lives up to world standards, with Chinese characteristics and practically feasible and effective. The book also aims to provide a set of approaches for the selection of evaluation indicator system and essentials for grasping the evaluation procedures which can be used as operational principles.

目　录

Contents

附　录

Contents

Part Ⅱ

Practical Consideration on Evaluation System of Research
Achievements in Humanities and Social Sciences   251

第一篇

人文社会
科学研究成果评价
问题的理论分析

第一章

人文社会科学的定位和特质

人文社会科学研究成果评价的首要问题是科学地、准确地对人文社会科学做出定位。随着知识与技术的进步，人文学科与社会科学迅速发展并走向科学前沿，这是当代科学发展的重要趋势。作为人类知识体系相对独立的组成部分，人文社会科学既具有一般科学的共性，又表现出不同于自然科学的特殊性。在此，需要简要地就人文社会科学的界定和走势等问题，以当代的视野做一个概括性的阐述。

第一节 人文社会科学的学科界定

相对于自然科学而言，近代以来人文社会科学显现出发育的滞后性、学科边界的模糊性、发展的非规范性、体系结构的复杂性等特点，对人文社会科学本身的研究尚处于初级阶段，至今在许多基本问题上尚未取得共识。其中最重要的有关人文社会科学的界定问题，就仁智各见，莫衷一是，亟待予以梳理。

一、人文社会科学的历史发生

人与动物的分野是以意识的出现与主客体的分化为开端的，这也是认识与实践活动展开的前提。不过在漫长的史前时期，由于人类智力提升缓慢，加之社会生产力水平低下，生产与生活规模狭小，先民们对自然、社会以及自身的认识狭

3

隘、肤浅，长期停留在感性经验层次，所积累起来的知识大多直接源于生产与生活经验。如关于日月星辰运行周期、所猎取动物的生活习性、人的生老病死、图腾崇拜与祭祀仪式等方面的知识。这些知识主要是通过血缘氏族公社内部的世代口头传承方式积累起来的，多是零散的、常识性的、经验性的感性认识成果，其中包含着日后众多学科的萌芽。

在原始社会末期，随着社会生产力水平的提高，逐步出现了物质生活资料的剩余，为脑力劳动与体力劳动的分工创造了条件。进入阶级社会以来，脑力劳动者群体的形成加快了人类对客观世界的认识进程，尤其是文字符号的发明使认识活动发生了质变，改变了以往知识的记录与交流方式，使知识流量与总量累积速度明显加快。一般认为，"人文学科起源于西塞罗提出的培养雄辩家的教育纲领，而后成为古典教育的基本纲领，而后又转变成中世纪基督教的基础教育。"①这一时期产生了许多著述与文艺作品，形成了天文、历法、力学、医学、军事、哲学、历史、文学等较为系统的具体知识体系，出现了近代自然科学与人文社会科学的学科雏形。其中，人文学科与自然科学的个别门类发育相对成熟。作为人类精神表现的组成部分，早期的自然科学也带有浓厚的人文学科色彩。必须指出，这些早期知识与我们今天所理解的知识之间尚有较大差异：

——成熟程度不同。前者在深度与广度上远远落后于后者，知识的系统性、理论性、科学性程度相对较低。

——学科内容与边界不同。前者往往是多门知识浑然一体，尚未完全分化。如古代哲学对客观世界采取一种百科全书式的研究，蕴涵着许多学科的萌芽；天文学中既有天象规律的体察，又有占卜吉凶、指导日常生活的神秘规则等。

——研究方法不同。前者多以直观、猜测、思辨为主，后者多以实验、假说、经验归纳、数理演绎为主。

经过以基督教文化为主体的漫长中世纪，资本主义生产方式开始在欧洲萌发。为了推翻封建主义的生产关系，新兴的资产阶级在政治、经济、思想文化等领域向落后的封建贵族势力发起了全面进攻。他们首先在古希腊、古罗马文化中找到了反对宗教神学和封建统治的武器，在思想文化领域掀起了以复兴古典文化为标志的"文艺复兴"运动。文艺复兴运动高扬"人文主义"旗帜，提倡人性，反对神性；崇尚理性，反对神启；鼓吹个性解放和自由平等，反对中世纪的禁欲主义、蒙昧主义。这就极大地促进了以人自身为核心的人文学科的分化发展。与此同时，自然科学各学科相继从自然哲学中分化独立出来，进入了全面快速发展时期，并且为认识人文社会现象提供了新的模式、方法和工具。19 世纪中叶以

---

① 《简明大不列颠百科全书》，中国大百科全书出版社 1986 年版，第 761 页。

来，研究具体社会运动的经济学、政治学、社会学等社会科学门类相继发育成熟，并从哲学及其他人文学科中分离出来，取得了独立的学科地位。除国家研究院和大学提供的少数职位外，人文学者与社会科学家的职业角色的社会分化逐步加快，人文社会科学研究的社会建制开始形成。至此，人文学科、自然科学、社会科学相互促进、彼此交织的大科学体系开始形成。

中国是世界上最早由奴隶制发展到封建制的国家，长达两千多年的封建社会一直奉行重农抑商、重道轻器、重文轻技、贵德贱艺的基本国策，因而，以农业文明为基础的封建文化的伦理特质明显，蕴涵着丰厚深邃的人文思想。"人文"一词最早见于《易经》："文明以止，人文也。观乎天文，以察时变；观乎人文，以化成天下。"早在春秋时代就形成了文史哲浑然一体的学术传统，人文学科相对发达，带有鲜明的民族特色，处于古代文化的核心地位。然而，作为一门统一性学科的名称，"人文学科"是 20 世纪初才从英文翻译过来的，此后这一称谓才为学术界所认同。这一状况是与古代科学技术的被压抑地位和社会科学发育迟缓密切相关的，从而使先哲们难以意识到人文学科与其他知识门类之间的差异。虽然明初以前，我国科学技术一直走在世界前列，形成了农学、医学、天文学、算学等自然科学体系，产生了指南针、造纸术、印刷术、火药等技术发明，为人类文明做出了巨大贡献，但古代科学技术一直处于文化支流地位，近代以来陷于停滞，日渐衰落。严格意义上的近代社会科学与自然科学基本上是从西方移植的。西学东渐始于明末清初欧洲传教士在我国的文化传播活动，后受清朝闭关锁国政策的影响和古代人文传统的抑制，中西文化交流受阻。西方社会科学从清末严复等人的译介才开始大量引入，加上派往欧、美、日等地留学生的归国传扬，更由于"五四"新文化运动的推动，现代社会科学逐步在我国发展起来。

二、在概念界定上的推敲

人文社会科学是人文学科与社会科学的统称，有时也被称为哲学社会科学、社会科学、文科等。作为相对独立的知识体系，人文社会科学是一个界定模糊、争议颇多的基本概念，其中涉及对认识活动、科学划界标准与知识分类等基本理论问题的理解。

1. 对科学概念的两种理解

吴鹏森等概括指出："现在世界各国对科学的理解大体上有两种：第一种是英美的科学概念，认为科学应是具有高度的逻辑严密性的实证知识体系，它必须同时满足两个条件：一是具有尽可能严密的逻辑性，最好是能公理化；二是能运用数学模型，至少也要有一个能自圆其说的理论体系，能够直接接受观察和实验的检验。第二种是德国的科学概念，认为科学就是指一切体系化的知识。人们对事物进行系统的研究后形成了比较完整的知识体系，不管它是否体现出像自然科学那样的规律性，都应该属于科学的范畴。按照英美的理解，只有自然科学属于严格意义上的科学，社会科学勉强可以算科学，而人文方面则不能看成是科学。因此，英美等国把所有的学科分为自然科学、社会科学和人文学三类。人文学只能是学问，是一门学科，不能称之为科学。但按德国的理解，则人文科学也应当属于科学。德国人把所有科学只分为两类：自然科学和精神科学（文化科学）。显然，这里的精神科学或文化科学包括我们现在所说的社会科学和人文科学。"①吴鹏森倾向于德国传统的理解，认为人文社会科学由人文科学与社会科学构成，人文科学是以人类的精神世界及其积淀的精神文化为对象的科学。

魏镛认为："关于人类知识的区分，有很多不同的分类法。最普通的分法是把人类知识分成四类，即以物理现象为研究对象的物理科学，以生物和生命现象为研究对象的生物科学，以人和人类社会为研究对象的社会科学，以人类的信仰、情感、道德和美感为研究对象的人文学。在以上四类知识中，人文学通常都只当作一种学科，而不当作一种科学。因为人文学科中的宗教、哲学、艺术、音乐、戏剧、文学等学问都是包含很浓厚的主观性的成分，着重于评价性的叙述和特殊性的表现。"② 这是一种以认识对象特点为依据的划分方式，它将我们所理解的自然科学一分为二，物理科学就是无机的自然科学，生物科学就是有机的自然科学；而将我们所理解的人文社会科学也一分为二，社会科学可当作科学，人文学科只是学科类概念，并不能当作一种科学。魏镛的知识划分及其对人文学科的理解与英美传统接近。上述英美传统与德国传统以及吴、魏二人的看法是这一问题上的主流观点，其分歧主要集中在对人文学科的理解上。

2. 人文学科还是人文科学？

人文学科的英文词 humanities 源于拉丁文 humanists，意即人性、教养。原指与人类利益有关的学问，如对拉丁文、希腊文、古典文学的研究，后泛指对社会现象和文化艺术的研究。而人文科学的德文词 Geisteswissenschaften 的意思既包括社会科学，也包括人文学科，相当于我们通常所理解的人文社会科学。③ 在我国翻译的西方文献中，英文 humanities 一词有时被翻译成人文科学，有时也被翻译

---

① 吴鹏森、房列曙：《人文社会科学基础》，上海人民出版社 2000 年版，第 1 页。
② 王云五：《人文社会科学大词典》第 1 册，台湾商务印书馆 1973 年版，第 37 页。
③ 尤西林：《人文学科及其现代意义》，陕西人民出版社 1996 年版，第 16 页。

为人文学科，即使在同一段落中，这两种译法也常常并行。这表明在译者心目中人文学科与人文科学是同义词，可以不加区别地混同使用。

可以认为，人文学科与人文科学都以人类精神生活为研究对象，都是对人类思想、文化、价值和精神表现的探究，目的在于为人类构建一个意义世界和精神家园，使心灵和生命有所归依。在汉语言中，"人文学科"与"人文科学"的词源意义是有区别的，前者直接就是人类精神文化活动所形成的知识体系，如音乐、美术、戏剧、宗教、诗歌、神话、语言等作品以及创作规范与技能等方面的知识；后者则是关于人类生存意义和价值的体验与思考，是对人类精神文化现象的本质、内在联系、社会功能、发展规律等方面的认识成果的系统化、理论化，如音乐学、美术学、戏剧学、宗教学、文学、神话学、语言学等。实际上，前者（人文学科）形成于先，后者（人文科学）发展在后；前者是后者展开的基础，后者是前者的深化，二者虽各有侧重，但也很难截然区分。

但须指出，用"人文学科"还是用"人文科学"来称呼这一知识集合体，并非只是文字游戏，而是涉及如何看待和评价这一知识形态的重大问题。"人文学科"的称谓一方面侧重于这一知识体系的特殊性与传统形态，与科学各异其趣；另一方面认为该知识体系发育虽历史悠久，却仍不成熟，与"科学"标准尚有较大差距。不过，我们今天在使用这一称谓时，应看到这一知识体系的科学化趋势。"人文科学"的称谓则侧重于这一知识体系的最新发展和某些学科的相对成熟性，认为该知识体系的发育日渐成熟，已具备了"科学知识"的基本特征。但人们在使用这一称谓时，应注意"科学"一词已经比习见的意义更泛化了。

从该领域知识发育整体看，我们倾向使用"人文学科"称谓。因为，在使用这一称谓时，不应忽视该知识体系发展的历史状况。目前这一知识体系的发展，与一般公认的"科学"标准（可检验性、解释性、内在完备性、预见性）尚有较大差距。而且，该知识领域还有一些重要的不能以"科学"来涵盖的特点，这些特点是古老而常新的，也是永远不会消失的。以"人文学科"称之，比较严谨，也比较切合目前该学科群的发展实际。

3. 人文学科与社会科学

社会科学是研究社会现象的科学。19 世纪下半叶以来，人们仿效自然科学模式，借鉴自然科学方法，研究日趋复杂的社会现象，形成了政治学、经济学、社会学、法学、教育学等现代意义上的社会科学。社会科学从多侧面、多视角对人类社会进行分门别类的研究，力图通过对人类社会的结构、机制、变迁、动因等层面的深入研究，把握社会本质和发展规律，更好地建设和管理社会。与

"人文学科"相比，社会科学的科学性较强；而与自然科学相比，社会科学的科学性较弱。人文学科、社会科学、自然科学三大知识领域的科学性依次递增。

无法把人文学科与社会科学截然分开。人一开始就是社会的人，人类精神文化活动就是在社会场景中展开的，本身就是一种社会现象；同时，社会现象又源于人类精神活动的创造。人文现象与社会现象都是由人、人的活动以及活动的产物构成的，这就是人类社会生活的内在统一性。人文学科与社会科学的研究对象是同一个社会生活整体，它们从不同的侧面以各自不同的方式反映同一社会生活，因而相互补充、相互渗透、相互影响。正是这种水乳交融的紧密联系，构成了二者内在的亲缘性与统一性，成为人文学科与社会科学一体化的客观基础。

在这个问题上，皮亚杰有很深刻的见解："在人们通常所称的'社会科学'与'人文科学'之间不可能做出任何本质上的区别，因为显而易见，社会现象取决于人的一切特征，其中包括心理生理过程。反过来说，人文科学在这方面或那方面也都是社会性的。只有当人们能够在人的身上分辨出哪些是属于他生活的特定社会的东西，哪些是构成普遍人性的东西时，这种区分才有意义。……没有任何东西能阻止人们接受这样的观点，即'人性'还带有从属于特定社会的要求，以致人们越来越倾向于不再在所谓社会科学与所谓'人文'科学之间作任何区分了。"① 正因为如此，现在人们往往把相对于自然科学而言的知识领域，即人文学科与社会科学统称为人文社会科学，有时也简称为社会科学。这里的"人文社会科学"是在承认人文现象与社会现象、人文学科与社会科学之间差异的前提下学科融合的产物，这一趋势充分体现了学科综合的时代特征。本书就是以人文社会科学为对象，力图从人类认识与实践的高度，对人文社会科学的一系列基本问题作进一步整体性思考，鸟瞰中国人文社会科学发展状况。

4. 人文社会科学与哲学社会科学

应当指出，在我国现实生活中，学术界多用"人文社会科学"一词，而行政管理部门多用"哲学社会科学"一词，二者可以通用。毋庸讳言，有时这二者间的差异并非只是字面上的，而是表现在内涵的取舍上。"哲学社会科学"的称谓是基于哲学的抽象性、统摄性和基础地位，把哲学从两类科学认识即自然科学和社会科学中抽取出来。这里一般设定，哲学是关于世界观的学说，是高度抽象的意识形态，对人类认识和实践活动具有规范和指导作用，与社会科学研究关系更是特别密切。因此，将"哲学"与"社会科学"并行并统称为"哲学社会科学"。但应看到，社会科学并不能涵盖人文学科，哲学学科本身的涵盖面也是

---

① ［瑞］让·皮亚杰：《人文科学认识论》，中央编译出版社1999年版，第1页。

较窄的，一般不包括除哲学之外的其他人文学科。相对而言，人文社会科学的外延则较宽泛，几乎涵盖了除自然科学之外的所有知识门类，哲学作为它的一个子集也被纳入其中，学问探究的色彩较浓。

三、对体系结构的探讨

科学学创始人 J. D. 贝尔纳在分析科学所呈现的主要形相时指出："科学可作为一种建制；一种方法；一种累积的知识传统；一种维持或发展生产的主要因素；以及构成我们的诸信仰和对宇宙和人类的诸态度的最强大势力之一。"① 在这里，贝尔纳是把社会科学作为科学的一个重要领域来看待的，也就是说社会科学也具有上述形相。事实上，由于人文学科与社会科学的内在相关性，人文社会科学也呈现出上述主要形相，只是各形相的强弱不一而已。把握了这些形相也就形成了对人文社会科学的整体理解。这里着重从知识体系的角度对人文社会科学加以分析。

人们对人文社会科学体系结构的认识源于知识分类的思想。知识分类本质上是以人类知识为对象的认识活动，本身即属人文社会科学范畴，价值取向和主观色彩强烈，所以各种分类之间常有争论。孔子曾将春秋时代末期的教育科目分为德行、言语、政事、文学四科，开设了礼、乐、射、御、书、数等课程。亚里士多德则将当时的知识分为三类：第一类，理论的知识，即研究人类纯认识活动的学问，包括数学、自然科学，后被称为形而上学的第一哲学；第二类，实践的知识，即研究人类行为的学问，包括伦理学、政治学、经济学、战略学、修辞学等；第三类，创造的知识，即研究人类制作活动的学问，如诗学等；逻辑学既不是理论的知识，也不是实践的知识，而是一切知识的工具。此后，随着认识与实践活动的发展，对知识分类的探索就从来没有停止过。

人文社会科学领域的众多学科门类相互贯通，联为一体，形成了人文社会科学的体系结构。其中，不同学科以不同的结合方式融入体系结构之中，各学科在体系结构中的地位和作用也各不相同。目前普遍认可的人文社会科学的一级学科有：哲学、历史学、文学、艺术、经济学、社会学、法学、管理学等。对人文社会科学体系结构的探讨，有助于我们从宏观上把握人文社会科学的基本特点。

人文社会科学的体系结构涉及两个层面：一是人文社会科学与其他知识领域的关系；二是人文社会科学体系的内部构成。第一个层面的问题前面已经述及，这里着重探讨第二个层面的问题。

---

① ［英］J. D. 贝尔纳：《历史上的科学》，科学出版社 1959 年版，第 6 页。

由于人文社会科学是一个门类众多、结构复杂的知识体系，只有从多视角出发，才能比较完整地把握人文社会科学的体系结构。其中一种习见的知识分类是以人文社会世界的客观构成为"蓝本"，以主体认识过程为线索，依据关联度大小与外延归属，把知识纳入不同级别的学科领域。于是，人文社会科学被组织成以人文学科和社会科学为大类，以各一级学科为主干，其他级别学科按隶属关系依次展开的"树状"多级分类结构。这是一种人文社会科学体系的平面静态结构，展示了诸学科间的垂直隶属关系，但人为割断了学科间的横向联系，难以包容综合性学科。事实上，由于人文和社会领域的复杂性，除纵向隶属关系、层次关系外，学科之间还存在着横向的并列、邻接、交织关系。正是这种纵横交错的内在联系，把人文社会科学的各个单元连成一个统一体；同时，人文社会科学体系通过下向因果链，统摄、整合和规范着各学科的发展，促进研究领域的扩展和深化。

规范和指导实践活动是认识活动的终极目的。与生产实践活动相比，修身养性、安顿生命的人文实践与创造社会生活的社会实践，更需要理论支撑和方案、对策设计。因此，与自然科学的学科分化不同，人文社会科学从诞生之初，就是在基础研究、应用研究和开发研究层面同时展开的。人文社会实践是催生人文社会科学的温床，是促进人文社会科学发展的动力源泉，同时也是人文社会科学理论的外化过程。沿着从理论到实践的顺序，人文社会科学体系结构形成了元科学、基础理论学科、应用基础学科、人文社会工程学科四个层次（见图1-1）。

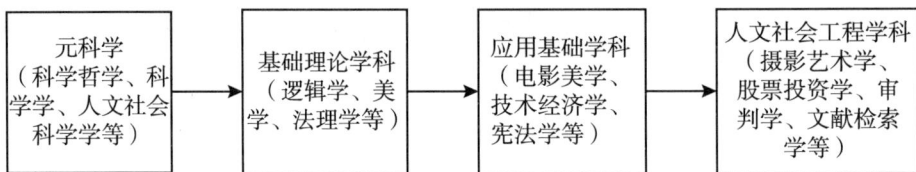

图1-1 人文社会科学体系结构示意图

与自然科学体系的层次结构相比，元科学层次是人文社会科学体系所特有的。也就是说，即使是对自然科学元理论问题的研究，也已超越自然科学而转化为人文社会科学的内容。元科学运用逻辑学、语言学、数学、哲学等方法，对人文社会科学和自然科学中的各类元理论问题进行研究，是人类知识大厦的基石，保障着人文社会科学体系的逻辑完备性。它们包括科学哲学、科学学、人文社会科学学等。基础理论学科研究人文社会世界所特有的基本活动的规律，是一切人文社会科学知识的理论基础，如逻辑学、美学、法理学等。应用基础学科处于理论向实践转化的中间环节。它们以基础理论为指导，着重探讨有关应用领域中的普遍性问题，大体上相当于文科院系开设的专业基础课，如电影美学、技术经济学、宪法学等。人文社会工程学科以人文社会领域的现实问题为对象，综合运用基础理论、应用基础与科学技术诸领域的成果，直接为提升人类精神境界、改造社会的实践服务。大体上相当于文科院系开设的专业课，如摄影艺术学、股票投资学、审判学、文献检索学等。

人文社会科学的体系结构是千百年来人类认识人文社会现象成果的集成，必将随着认识与实践活动的发展而发展。在新科技革命的推动下，当代人文社会科学体系发生了显著变化。一方面，随着认识的深化，各分支学科按树型结构不断生长，学科分化加快；另一方面，随着认识领域的拓展，学科综合也在加快。人文社会科学与自然科学的各级学科、各类知识单元、各种方法之间相互渗透、相互交叉，产生出大量的边缘学科、横断学科、综合性学科，出现了人文社会科学与自然科学的合流。尤其是自然科学方法与现代技术手段的大量引入，改变了传统的人文社会科学研究方法，加快了人文社会科学的科学化与人类知识的一体化进程。总之，当代人文社会科学已经以元科学、基础理论学科、应用基础学科、工程技术学科为主干，经由各层次、各学科间的边缘学科、横断学科、综合性学科的联系和过渡，而形成一个立体的、网络状的开放大系统。

第二节　人文社会科学研究的走势

在当代人文社会科学的发展进程中，逐步显露出下列未来研究的走势。

一、跨学科

当代政治、经济、科技的发展与变革，引发了许多新的复杂的社会问题，需要人们具备新的知识结构和新的研究方法，尤其要以综合性的眼光全面考察，统筹解决。打破学科界限，开展跨学科的协作，共享理论和方法，成为时代对科学研究提出的必然要求，也是人文社会科学发展的重要趋势。

1. 内部的跨学科研究

人文社会科学的学科发展可以从两个层面来考察。一是人文社会科学本身在发展中的分化与综合；二是人文社会科学与自然科学的相互关系、相互作用。从人文社会科学本身的发展看，社会科学侧重于研究社会发展规律，为社会运作方式、发展方向提供理论说明和操作方案。人文学科研究人自身的精神追求和精神发展，总结实践，探索未来，揭示真善美，对人们提高智力、开阔眼界、陶冶情操、确立人生价值起着巨大的作用。

人类对客观世界的认识历来存在两种趋向：一是力图反映世界的整体；二是要更深入地去认识物质运动的不同形式与特征。前一趋向表现为知识的整体化、综合化过程，后一种趋向表现为知识的专门化、分化过程。在人文社会科学的发展历程中，近现代的科学分化非常突出。从文艺复兴到19世纪末现代科学诞生之前的数百年间，社会科学经历了三次大的分化。首先是哲学与自然科学的分化，然后是社会科学与哲学的分化，进而是社会科学自身的分化。学科的分化带来专业化，令人们对研究对象的认识更加深透；但是，学科间孤立研究的倾向也造成了学科之间的分离，削弱了整体性研究，在相关的研究领域之间留下了空白。这促使人们思考、填补这个空白，为学科际的研究和新学科的产生提供了可能性。

随着科学的发展，学科间的交流也在日益扩大，各学科之间相互渗透、彼此借鉴，以对方的理论和方法反思自己的研究，以自己的视角研究对方的问题，从而产生了大量跨领域的边缘学科、交叉学科和新兴学科。这表明，学科间的分立隔离状态已被打破，跨学科研究成为当代人文社会科学发展的重要趋向之一。

2. 与自然科学间的交流互补

在其产生以来的漫长历程中，人文社会科学与自然科学一直处于相互隔离、互不理解、独立发展的分立并存状态。

进入现代以后，双方在研究领域、研究方法和学科范式上存在着根本区别的状况逐渐被改写，正如马克思在1844年预言的那样："自然科学往后将包括人的科学，正像关于人的科学包括自然科学一样，这将是一门科学。"[①] 列宁也指出："自然科学奔向社会科学的强大潮流，不仅在配第时代存在，在马克思时代也是存在的。在20世纪，这个潮流也同样强大，甚至可以说更加强大了。"[②] 确实，随着20世纪自然科学理论的新进展和现代技术的新突破，如信息化、自动化、生物工程等对人文社会科学研究产生的重大影响，人文社会科学与自然科学不断地走向联合，日益呈现出相互交融、相互渗透的特征。

其一，科学理论、概念的相互移植和吸收。自然科学中的"新三论"和"老三论"打开了社会科学研究的新视野；物理学中的"不确定性"理论和复杂性理论被广泛应用于研究社会问题和经济现象；电子学中的"阈"的概念被引

---

① 《马克思恩格斯全集》第42卷，人民出版社1979年版，第128页。
② 《列宁全集》第20卷，人民出版社1959年版，第189页。

入心理学和用来研究社会变革;"系统"的概念最初是生物学的术语,现已广泛运用于社会科学研究;"生态学"最初研究植物和动物的生态状况,现在又扩展到社会科学的众多领域。同样,社会科学中的一些理论和概念,如"系统分析"、"价值分析"、"模糊综合"、"模糊思维"也已被自然科学的许多学科所吸收。科学理论和概念的相互借鉴、借用、移植和吸收开拓了人们的视野,启示了新的思路,导致了理论上的创新。

其二,方法上的融合。研究方法是一种进行概括的技术,方法一旦成熟则具有广泛的应用性,可以彼此借用和融合。人口学、社会学和经济学等已经开始使用数学方法、模拟方法、计量方法和统计方法,以自然科学的准确性规范来处理复杂的社会现象;系统论、控制论和信息论方法的应用也超越了自然科学的界限,成为研究自然和社会的一般方法。而现代自然科学的新发展,则给自然科学与社会科学研究重新融合提供了新的基础。计算机科学和技术的发展,使我们得以进行众多数量关系的处理和分析,深化了我们对各领域变迁程度的认识。

其三,价值取向和精神追求的统一。科学精神是自然科学的一贯主张,人文关怀是人文社会科学的重要使命,但过度偏重哪一方面都会导致片面的科学主义或人文主义。人文社会科学需要吸取自然科学的合理性、实证方法和技术手段,自然科学需要人文社会科学的人文精神和文化底蕴的渗透,科学与价值、科学精神与人文精神之间要有必要的张力,达致一种平衡。自然科学的发展,如生命科学的发展、生物技术的突破尤其是遗传工程、克隆技术的出现,使得有关人的独立与尊严的问题又被提了出来,必须重新思考,回归到人类童年就有的那些哲学、伦理学基本问题。既倡导科学精神,又弘扬人文关怀,是当代人文社会科学发展的又一重要趋向。

3. 综合性研究的加强

科学始于问题,科学研究的过程就是提出问题和解决问题的过程。科学问题自身的复杂性与涉及领域的广泛性,必然导致综合性研究的增长。在当今社会,各种现象和问题日趋复杂化、综合化。一些本来是从自然科学角度提出的研究课题,却不可避免地涉及许多社会问题;而一些本来是从社会科学中提出的课题,往往由于其复杂性而需要自然科学家以及多学科的专家,运用多学科的方法来协同解决,这就是综合性的研究方式。

联合国教育、科学及文化组织（United Nations Educational, Scientific and Cultural Organization, UNESCO）已经开展了 20 年之久的"人与生物圈"项目,就是自然科学研究和社会科学研究相结合的成功典型。UNESCO 和其他许多国际组织都需要大量的文字和口头翻译,现在发展的机器翻译,就是物理学、信息学和语言文字学的最好结合。长江三峡工程的审批、立项，需要地质学、水文学、气象学、水电工程学、航运学、经济学、文化学、社会学和决策学等自然科学和社会科学的众多专家学者参与论证。面对全球性的生态环境问题，必须有研究环境协议绩效的政治学家、考察人口增长与环境变化之间联系的人口学家、思考经济增长与环境影响相关性的经济学家、讨论人类需求与全球气候变化关系的人类学家等学者的共同参与，从各自角度分析问题，提出相应的对策。

的确，对历史的关注已不是那些被称为历史学家的人的专利，而是所有社会科学家的义务。对社会学方法的应用也不是那些被称为社会学家的人的专利，而是所有社会科学家的义务。大量复杂社会问题的存在，需要广大的人文社会科学工作者和自然科学工作者的共同协作和综合研究。

二、定量化和技术化

现代计算机技术和网络技术的发展和普及，不仅极大地改变了人类的生存与交往状态，也极大地推进了人文社会科学的研究手段、工具及载体的变革，从根本上改变了人文社会科学的研究方式，科学化、技术化趋势明显，社会科学研究获得了新的空间、新的便利和更大的自由。

1. 定量化趋势

任何事物都有质和量的规定性，科学认识的过程就是揭示这种规定性的过程。在传统意义上，自然科学更倾向于定量化研究，而人文社会科学则更倾向于定性研究。定性研究具有一定的历史合理性，同时也带来很大的局限性。它使社会科学往往停留在对研究对象的推理分析和描述界定上，其结果往往是仁者见仁、智者见智，缺乏自然科学那样的客观性、精确性、普适性和权威性，真伪难以得到验证。因此，影响到人们对社会科学科学性的认可。但随着科学的发展，尤其是自然科学与社会科学研究方法的交流与相互影响，这种状况得到了改变，人文社会科学研究的量化趋势明显加强。1971 年 2 月，美国哈佛大学教授 K. 多伊奇和其他两位学者在《科学》杂志上发表了一项研究报告，列举了从 1900 年到 1965 年的六十二项"社会科学方面的进展"。从这项研究报告中可以看到自1930 年开始，当代社会科学向定量化研究发展的趋势。报告中列出的早期研究成果定量与定性的比例大致相等，而后期的成果主要是定量的。

马克思曾指出："一个科学只有在成功地运用数学时，才算达到了真正完善的地步。"① 数学是定量化发展的最高形式，在人文社会科学研究中，不少学科已经使用数学工具，理论模型的数学化趋势渐长。如经济学是数学化较早的社会科学，从 20 世纪 30 年代 S. 库兹涅茨的国民收入计算、W. 列昂捷夫的投入—产出分析，到 70 年代由英国牛津大学的 R. 哈罗德和美国麻省理工学院的 E. 多玛共同提出的"哈罗德—多玛"经济增长模型，展示了经济学的数学化历程。此外，数学还与其他学科结合形成了新的学科：与逻辑学结合产生了数理逻辑学，与史学结合产生了数量史学，与社会学结合产生了数理社会学，与语言学结合产生了数理语言学等。这样一些与数学相结合的边缘学科的兴起，表明社会科学数学化的趋势正在稳步推进。

2. 技术化趋势

人文社会科学研究的技术化趋势，是指在人文社会科学研究中以先进的科学技术工具改进观察、实验和研究的方式、方法，更多地借助技术设备获取科研信息和科技资源，更多地采用技术手段处理、分析研究数据，科学研究过程的技术含量不断提高。

其一，采用计算机处理信息资源，进行文本处理和储存。电子计算机的使用使人文社会科学研究者抛开了钢笔和稿纸，直接在计算机上制作图表、撰写和修改文章，结束了"爬格子"的时代，提高了工作效率。另一方面，计算机凭借其强大的记忆能力还能够进行数据、信息、模型处理以及方法、知识、经验的管理，作者可以在计算机上储存和处理大量的文字、图片和资料。这大大扩展了人文社会科学的研究领域，推动了研究向纵深发展。

其二，现代通讯和网络技术拓展了人文社会科学研究的信息来源和传播渠道，丰富了科学研究的信息选择和交流空间。利用电话、传真、网络等通讯手段可以进行远距离的信息交流，而随着缩微技术、声像技术、数据库技术、多媒体技术和人工智能等技术的不断进步和广泛应用，特别是 20 世纪 80 年代以来通讯技术和网络技术的迅速发展，尤其是专业网站的出现，使得信息资源的远程采集、快速传递和全天候利用以及社会科学研究人员的网上互动成为现实。科学研究工作者可以通过许多专业网站快捷地查询和获取国内外相关课题的研究现状、发展趋势和最新动态，也可以非常方便地获取相关的信息资料，从而实现了信息获取的时空跨越，而与国际国内同行共享最新最全的信息资源，则拉近了自己与世界的距离。此外，电子邮件、电子出版物、电子商务、网上调查、网上讨论等网络应用技术的普及与传播，大大扩大了研究人员与外界的交流渠道与交流深

---

① ［法］保尔·拉法格：《忆马克思》，见《回忆马克思恩格斯》，人民出版社 1973 年版，第 7 页。

度，从而在不同程度上加快了人文社会科学的理论创新和成果转化。

其三，科研成果采取了技术化的贮存方式。现代缩微技术、声像技术和多媒体技术等的不断进步和广泛应用，促进了人文社会科学成果贮存方式的技术化。电子出版物是现代人文社会科学研究成果的主要存贮方式，主要以软磁盘、光盘和移动存储器等为载体，以大容量的储存能力、便捷的查询、阅读和保存方式向传统的印刷品、纸介出版物发出了挑战。一张软磁盘一般可储存72万字的内容。以大英百科全书为例，该书全套约重180英磅，摆起来要占用超过4尺宽的书架，售价1 500美元。但同样内容的百科全书存在 CD-ROM 上，重量仅80克，可随意装在包中，售价不到100美元，既便宜又便利，既节约空间又降低成本。电子出版物的优势显而易见，将来所有知识的贮存、分类，包括图书馆的存在形式都要发生重要改变。

总之，计算机及其他先进传媒技术的介入，极大地节约了科研个体、科研机构对智力、体力、时间、经费以及相关辅助设备的投入，最大限度地降低了科研成果的生产成本，使社会科学资源的配置和利用更加经济、合理和规范，并实现了社会科学资源的共享和投入的高度集约化。

三、实证性和运作性

中国人文社会科学已逐渐走出脱离社会现实进行纯理论研究的状态，转向贴近生活、贴近时代、贴近社会问题，呈现出努力结合国内社会需求和政府需要，开展实证研究和运作性研究的趋势。

1. 立足社会问题

迈入21世纪后，中国的人文社会科学更多地以实证的方式反映社会现实，更多地关注改革开放进程中中国社会的变迁、人民群众的生活状况、思想愿望和精神需求，尤其关注涉及面广、影响大的社会问题，例如：

——中国社会分层研究。分析改革开放以来我国社会经济、政治的重大变化，以及由此引发的阶层分化状况，根据物质财富、政治地位、文化程度和社会声誉等因素重新界定社会成员的基本结构，揭示社会资源的配置机制，为更好地认识社会成员构成、调整社会阶层利益关系，提供重要的理论依据。

——社会转型研究，涵盖经济、政治和文化的转型研究。经济转型理论针对从原有的计划经济体制向市场经济体制转变过程中出现的经济波动、通货膨胀、失业、腐败等问题，进行理论剖析，并提出改变有关的政策。政治转型理论则以市民社会理论和战略选择理论为主导模式，探讨当代中国政治关系的变化、政治结构的调整、政治文化的重构和政治模式的转换等。文化转型理论将关注科学作为主导文化的价值和问题，探讨人文关怀在当代的重要意义和可能性，寻找中国传统文化与西方文化的互补性。

——当代中国政治发展的理论和实践问题研究。如依法治国与党的领导方式转变问题，强化中央权威与合理调整中央与地方关系问题，社会主义市场经济条件下政府的作用与功能问题，机构改革问题，村民自治问题，公共政策分析问题等。

——针对现实问题的哲学研究。如社会发展问题、当代中国社会转型问题、生态问题等都是哲学领域进行现实性研究的重要内容。在全球化的现实社会背景下，哲学研究要超越国界，面向世界，在更深更广的层面上探讨全球化面临的现实社会问题，为经济全球化的现实进程、为中国走向世界提供理论支持。

——基于现实性的批判研究。科学的人文社会科学理论建构，不能满足于对现实社会的了解，更需要对社会现实进行反思。那些以反省经验和思考为基础的对是非曲直的透析、对真假善恶的评判，是对理想境界的追求。对于人文社会科学而言，批判是对社会现状和社会问题的反思，是对现实的社会状况与发展中的社会需要、社会能力之间差距的一种积极探索。

2. 关注改革进程

自 1978 年改革开放以来，我国的改革一直沿着经济体制改革和政治体制改革两条路径行进，不断推进国民经济的发展、人民生活水平的提高，也不断推进社会政治的民主化和政府决策的科学化。中国人文社会科学作为对现实的反映，尤其关注改革与发展中出现的新情况、新问题，既做现实的实证研究，也不断进行理论上的创新，努力为推进改革做出理论上的贡献。

经济体制改革是改革的重中之重，经济制度和政策的变迁对国民经济的发展和人民生活的改善之影响最为广泛而深刻。中国经济学界在经济学研究中走出了重在对西方的经济学理论进行阐释的局限性，进一步加强了理论与实际的联系，及时反映经济改革和经济发展中的一些重要问题，如经济发展的战略问题，收入分配的调节问题，财税、金融和社会保障制度的改革问题，公有制与市场机制的结合问题，工业化和城市化问题，经济的信息化和产业结构升级问题，金融和经济风险的防范问题，生态经济和可持续发展问题，经济伦理问题等；提出了不少有价值的观点，产生了一批高水平的研究成果，对推进改革产生了重要的影响。改革是对旧制度的扬弃和新制度的建立，在探索改革的理念和具体路径的选择上，难免会有不同的意见和做法，经济学界自然会非常关注这些争论，同时也参与其中，进行理论上的探讨，如按劳分配与按生产要素分配相结合的分配制度的实施问题，国有企业的改组改制问题，重新评价价值和价值理论的问题等。随着中国加入 WTO，经济全球化、经济信息化由远及近，研究知识经济、网络经济乃至经济全球化对于中国的机遇与挑战等成为经济学关注的热点。

与经济体制改革一样，政治体制改革依然牵引着学界关注的目光。以党代政、以政代企、人治重于法治、权力过分集中的问题依然是需要努力克服的问题，机构改革、人事制度改革是关注的焦点。政府是推进政治和经济体制改革的主体，起着沟通和整合经济与政治领域的重要作用。随着社会政治经济的发展与工业化进程的加快，政府的职能日益扩张，行政内涵日趋繁杂。从劳资争议的处理、物价的管制到社会福利事业的推行等，都成为政府必须承担的职能，行政事务开始具有社会化、科学化、专业化的特征。面对新形势的挑战，改革政府职能势在必行。而正在兴起的公共管理研究从本质上就是要改进政府职能，推行旨在促进竞争的"企业化"改革和以市场为导向的政府管理，加强监督，加强责任制，改善行政绩效。目前主要是探讨政府职能的市场化、政府管理的信息化和政府行为的法制化，研究如何在体制转轨的条件下重塑政府与社会的关系，提高政策的制定能力，改善政策的执行效率。

3. 加强政策性研究

社会科学反映社会现实，关注社会问题，思考解决问题的途径。从大的角度看，制定政策的目标是要治国安邦，促进国民经济的发展和全社会的安定团结；从小的方面看，是要解决具体的现实问题，二者在此得到统一。因此，现在各国政府愈加深刻地认识到社会科学在解决社会问题中的作用，转而更多地依靠社会科学家和社会科学知识进行决策。

其一，社会科学研究成果越来越受到决策者的重视，并成为决策依据之一。20 世纪许多重大的经济改革和飞跃都源于社会科学的广泛应用。如主张强化政府的财政政策，使政府干预与市场机制相结合的凯恩斯主义的变革，使美国顺利摆脱了 20 世纪 30 年代世界性的资本主义经济危机；日本战后起飞的真正奥秘在于"技术立国"战略的确立；我国 1978 年关于"实践是检验真理的唯一标准"的大讨论，冲破了"两个凡是"的樊篱，给我国经济社会发展带来了巨大而深刻的变革。而建设中国特色的社会主义理论，已经成为指导我国政治、经济、文化建设的行动指南。

其二，许多社会科学家参与咨询与决策，社会作用不断提高。在现代发达国家，政府在制定政策时，常成立相应的委员会，邀请社会科学家参加特定问题之研究，提出报告供政府施政参考；国家和地方政府在制定国家或地方国民经济发展战略或科技事业发展规划时，往往会成立专家组，开展调查研究，提出相应的方案。不仅在经济管理方面，而且在制定其他社会计划方面，经济学家也常被看作是能够提出"正确的答案"的人物，不少政治学家、管理学家进入政界或成为政府部门的特邀顾问。在我国，近年来也有一些专家参与国家制定经济与社会发展的计划和规划，参与党和政府一系列重要文献的起草与咨询工作。可以预计，今后社会各界将日益重视社会科学研究成果的运用，重视社会科学家的工作。

其三，出现了许多专业决策咨询机构，咨询业将形成产业化。许多国家政府都设有"思想库"之类的研究机构，为国家决策提供咨询服务。如成立于1946年的美国兰德公司，现已成为美国研究国家安全和公共福利等重大综合性战略问题的思想库，其中应用性研究项目占该库研究项目的47%。在日本，各级政府均设有"审议会"，作为学术咨询机构，它们的审议报告对于政府决策有较大的影响。此外，一些国家还出现了不少以设计、咨询为目的的专业咨询公司，向社会各界提供咨询服务。今后我国也将有不少人文社会科学研究机构改变运行模式，重视应用研究，向社会提供对策、咨询、调研、协调、传播和培训等多项服务。

四、多元共生趋势

正如其具体学科不断扩充、丰富和发展一样，中国人文社会科学在总体上也呈现出多元共生的发展态势：在表达方式上，个性化的话语冲击着传统的"宏大叙事"，意识形态的主流话语格局受到前所未有的挑战；在价值追求上，整体划一的价值观念遭受挑战，价值取向呈现出多元化发展趋势；在表现形态上，以大量资本制作、由大众传媒支撑的大众文化蓬勃发展，消费文化方兴未艾，传统的精英文化面临"危机"。

1. 话语方式的多元转向

随着西方世界经过后现代主义的论争而进入一个多种话语相互竞争、彼此沟通对话的时代，中国人文社会科学的话语方式也在逐渐转变。传统的中国人文社会科学突出其政治导向性，具有很强的意识形态功能，其话语或叙事风格也表现出一种"宏大叙事"的特点，张扬一种非常伟大的理想、崇高的追求，体现神圣的使命感和历史责任感，各种理论的建构也建立在国家发展、民族兴盛和全国人民幸福生活的基础上。这是一种意识形态的话语方式，体现了我们国家在特定历史时代的发展要求，但作为学术研究的话语，却难以表达各个学科的内涵，更难以充分展现各个学科的不同学术特点和学术风格。随着国内政治经济格局的发展，人文社会科学将获得较为宽松的环境和发展空间，在话语方式和叙事方式上可能向多元化方向发展。

哲学曾是意识形态严格控制的领域，改革开放以来出现了生动活泼的局面。今后，马克思主义哲学应继续摆脱教条的束缚。中国的传统哲学，包括儒、释、道等应得到深入研究，哲学、宗教与文化研究将推陈出新。20世纪西方哲学的语言学转向和解释学转向可能给国内哲学的发展带来新的思路，后现代主义思潮对意义的消解、对理论的解构态度，也会引发国内学界对哲学走向更深入的反思。

在历史学领域，则进行着革命性叙事方式向现代化叙事方式的转向。历史就其本质而言，是一门从过去的无数事实中选择某种事实，再对选择出来的事实进行某种组合，并对组合起来的事实给予某种解释的学问。不同的叙事方式体现了不同的解释态度。随着信息技术和知识经济的发展，全球化、网络和知识成为牵引人们视线的主导话语。同样，政治学、经济学、法学等学科也都正在经历着话语的转向。

人文社会科学研究人文社会现象，而人文社会现象包含了人的思想、情感与价值等主观因素，具有非确定性、个别性和非量化性，不可能像自然现象一样可以客观地加以说明和描述，只能通过交往、沟通和理解才能把握，因此理解是人文社会科学研究的主要方法，而理解是个性化的行为，即使是对同一事物，不同的人也有不同的理解，有着明显的主观性、个别性，这就构成了当今人文社会科学话语方式多元转向在逻辑上的必然性。

2. 价值追求的多元取向

人文社会科学是知识体系和价值体系的统一体。价值是标识客体对主体需要和利益的满意程度的概念。就科学与价值而言，历史上曾有"价值中立论"与"价值非中立论"的论争。"价值中立论"坚持科学与价值二分，认为科学是追求纯粹真理的事业，它与人的主体性、主观因素、价值观念是互不相关、没有联系的。科学关乎事实，价值关乎目的；科学是客观的，价值是主观的；科学是追求真理的，价值是追求功利的，二者互不相涉。在后现代主义者那里，意义甚至可以通过人们的解释而任意地被建构出来，同时建构出来的意义同样又可以被消解。一切都是这样具有价值，一切又同时这样不具有任何价值。

研究表明，现代科学不仅是一种客观的知识体系，同时它还是一种社会活动、一种社会建制、一种文化，它是由作为价值载体的人来实现的负载着价值的实践活动。不仅因为其研究对象是具有知、情、意的人和注入了人类主观意志的社会活动与社会构件，从其研究主体与客体的关系看，主体不但研究客体，还可以介入其中，以自己的观点和偏好影响客体的发展，二者具有内在相关性，形成了相互对话、相互适应、相互制约、相互避讳的"自适应"情况。研究者的社会地位、政治倾向、宗教信仰、文化观念、价值取向和兴趣爱好等会转化为一种认知定势和理解模式而渗透到对客体的观察、理解和解释之中，并进而对他们的研究结果产生影响。因此人文社会科学绝不是一种脱离社会和人文价值环境的知识体系，相反，它负载价值，而且在当下还呈现出价值追求的多元化趋势。

一方面，人文社会科学具有多层面的价值。它通过研究人文社会现象、探索人类社会的秩序和发展规律，引导人类不断摆脱盲目、自发，走向理性和自觉，具有认知价值；通过影响人的世界观和价值论，影响社会意识形态来达到一种信念导向，具有思想文化甚至意识形态功能；通过提高劳动者的知识、技能和精神素质，提供精神动力，影响现代经济的生产、交换、分配、消费和优化管理等环节来提高生产力，具有经济管理功能；通过把握事物和现象的发展规律，预见事物发展的方向，为决策者提供科学决策的理论和方法，提供相关领域的专业知识和相关问题的解决方案，具有预见和决策功能。

另一方面，是在具体的价值追求上，走出了非此即彼的简单价值判断模式，具有多元化趋向。如在经济学研究中，基于"经济人假设"的经济学本身是探讨如何将稀缺的资源进行优化配置的问题，这当中不仅要考虑资源配置的经济利益，还要考虑其社会效益、环境效益和生态效益等相关因素；在具体的合作项目中，不仅要考虑自己的利益，同时也要考虑对方的利益，追求"双赢"格局。在伦理学方面，传统的伦理理念依然存在，但却增加了契约伦理、程序伦理、消费伦理、生命伦理、政治伦理等具体的伦理选择，对错综复杂的人伦关系多了一份宽容和理解，也多了一份人文关怀。

3. 通俗文化与精英文化并存

通俗文化、大众文化的崛起是人文社会科学领域多元共生趋势的主要表征之一。通俗文化是与高雅、经典文化相对的概念，它指涉理论研究、经典文学和高雅艺术之外的其他文化形式，如新闻报纸、时尚杂志、电影电视、流行音乐、音像制品、通俗小说等。大众化的通俗文化过去一直存在，但在有着强烈精英意识的文学艺术研究者那里曾一度不被问津，因为它首先是指当前流行的东西，而流行的东西又往往稍纵即逝，生命力很短，而且其价值并未受到历史的检验，因而不能与经典文艺作品同日而语；其次，通俗的东西往往鱼龙混杂，难以称得上是真正的艺术，有的甚至品味较低，一向被认为难登大雅之堂。但随着市场经济的发展，消费文化成为大众化、社会化的趋向，由新技术、现代传媒和大量资金打造的时尚文化产品纷至沓来，并且大受欢迎，出现了诸如"还珠格格"、"同一首歌"、"开心辞典"、"流星花园"等家喻户晓的电视连续剧、品牌节目和畅销小说。形式多样、创意新颖的现代通俗文化以其特有的时尚魅力吸引了各个层次的人群，获得了极大的发展空间，成为现代生活的重要内容。

而传统的精英文学艺术的空间则变得越来越狭窄，经典依旧，但研究经典的人却越来越少，制造精品、享受经典的方式也在不断改变。后工业社会消费文化的崛起致使高雅文化和经典文学受到了有力的挑战。在后工业时代，曾经一度被认为是高级精神产品的文化和艺术也被当成了消费品：无限制的重复、模拟、增殖，甚至大批量的生产和制作代替了现代主义时代对艺术这一高级精神文化产品的精雕细琢，平面的人物描写代替了达到心理现实之深度的充满忧郁感的人物的分析，破碎的甚至精神分裂式的艺术结构代替了现代主义的深度模式，心理分析式的精神分析为精神分裂式的分析所替代。文学、艺术的生产方式遭遇变革，创作也变得越来越取悦于观众（读者）的欣赏趣味，往日的高雅渐渐走远，文化变得越来越具有消费性和制作性。[①]

通俗与高雅、大众与精英文化的二元对立表征了两类文化的共生状态，通俗文化的力量是显性的，不可能忽视或取消它的存在，而任何时代又都应该拥有具有当代最高水平、引导当下精神追求的文化精品和传承传统的文化经典；二者并存却又相互对立，如何协调二者的关系将成为学界关注的热点。传统的充满精英意识的现代主义文化之所以在当代遭遇严重危机，其重要原因之一就是它把自己封闭在象牙塔里，与广大的读者观众格格不入；解决问题的路径就是在精英文化和大众文化之间架起一座桥梁，使其直接面向大众，从而逐渐模糊甚至消解精英文化和大众文化之间的人为界限。

4. 应对全球化

全球化是现代科学技术和各国现代化进程的符合逻辑的结果。在全球化时代，人类个体和组织的行为、决策往往会超越所处的地理疆域，影响地球上另一些地方的个人或组织的行为和决策；商品、资本、人员、知识、观念、传播、犯罪、文化、污染源、毒品、时尚以及信仰都可以轻而易举地跨越领土边界流动；全球性贸易、金融和生产体系的存在，以错综复杂的形式，将全球各地家庭、社区及国家的兴衰和命运捆绑到一起，世界范围的社会关系在加强；而政治、经济、法律、环境和文化事务等社会科学的传统内容也相应地超越了单独一国的边界，面临一些需要全球性解决办法的问题，这就给人文社会科学带来了新的挑战。有学者断言：全球化理论是人文社会科学领域的一次主要的范式转换。确实，面对全球化的挑战，中国人文社会科学需要新的理念、理论和方法，使自己

---

① 参见王宁：《后现代性与全球化》，中国文学出版社1998年版，第11页。

既能保留传统文化的精华，又能融入全球化形成的新的世界体系，与世界一起思考和解决全球性的问题。

在全球化时代，地球因先进的通讯技术而变成了大家共同的村落，外国变得不再遥远。任何国家的人文社会科学研究都受境外强大思潮的影响，朝着超越国界、具有世界性的方向发展。当今世界，人文社会科学如果要成为一门真正的科学，其理论及发展必须具有世界性，即具有世界性的解释性、有效性和应用性。因此，我国的人文社会科学也要改变自己的思维模式，开放社会科学研究领域，发展世界性的理论。尤其是加入 WTO 之后，就更迫切地要求我们具有开放的理念和品格，有国际合作的观念和实践，加强与国外同行的沟通与交流，共享全球科技资源。

参与世界范围的共性问题的研究，是我们走出国门、加强国际合作的重要形式。生态、环境、资源、人口、粮食等问题是困扰人类的全球性问题，单靠一国的力量很难找到有效的应对方法，要放眼世界，在全球范围内寻求更有效的解决路径。这种没有国界的共性问题的研究，将扩大我们参加国际性联合研究活动的范围和内容，同时也能学习到发达国家的先进技术和文化精华，既保持各自的优势和特色，又突破各自的局限，缩短与发达国家的距离，使科学研究更具有广泛性、互补性和国际性。

跨国研究是我们进行人文社会科学研究的重要转向。除了参加全球性的共性问题研究，在思考国内的一些社会问题和社会现象时，也要将研究的视角扩大到国外，进行比较性分析与研究，探求问题产生的内外原因和结果。不同国家共同关心同一事件或过程，在不同的文化条件下用一系列的理论对要素进行调查、研究和试验，这种具有开拓性和挑战性的活动本身所带来的兴奋和激动是科研人员梦寐以求的，无异于增强了科学研究的原动力和凝聚力。

伴随着知识经济时代的到来，借助科技和信息传输手段的革命，人类知识的形态、内容、传播和接受方式均发生了新的变化，"文化"成为一个无法回避的重要因素，任何文化的隔绝与封闭已不再可能。在国际交流和合作中，由于各国具有不同的传统和习俗，有不同的文化背景、思维方式和行为模式，有不同的伦理观念，对同一问题可能具有不同的理解和解释、不同的偏好和倾向。我们不能因坚持自己的立场而忽略对方的观点，也不能因追随对方而丢失了自己的立场。因此，走向开放的中国人文社会科学既要直面各种精神文化相互激荡和冲突的严峻形势，又要具有融入世界潮流的博大胸怀，接纳各种不同的观点和行为方式，从容应对各异的文化背景，获取全新的发展动力和空间。

现代科技是全球化时代跨国研究得以实现的重要物质条件。当今的国际协作与联合攻关，往往运用现代化的研究手段尤其是通讯技术和信息网络技术获取有利的资源和信息，包括从国家间的智库、情报中心信息档案中，获取所需的文摘综述、题录、索引、数据等前沿资料。网络技术从根本上改变了工业时代社会科学的生存基础，改变了过去那种资料零散、信息封锁的小生产操作方式，快捷的网络交流开创了科学研究的互动创新模式，实现了科研工作的高技术化、高速化和全球化。同时，信息网络社会的双重性、现代性还开辟了社会科学研究的新空间，打开了研究的新视角，而数字化、网络化时代的表达方式也对人文社会科学的研究方法和话语方式提出了新的挑战。

在我国，人文社会科学工作者学习、掌握和熟练运用现代研究手段和技术更显迫切。国内学者与西方的同行存在着难以跨越的"数字鸿沟"，即在现代科技的配备程度方面，在利用现代信息网络技术有效获取和使用知识、信息和资源方面存在着差距。当务之急是考虑如何缩短差距，填平鸿沟。

五、追求超越性

人文社会科学作为对人类行为和社会现象的反映，具有很强的现实性和应用性，但作为科学，它又具有超越性。随着现代社会的发展和高科技的广泛应用，这种超越性日益凸显，终极关怀的色彩日趋浓重。

1. 对超越性的追求

超越是对现实性的超越。人文社会科学既要关注现实，描述现实人生的状态，反映世俗的行为特征，剖析现世的社会问题，提出相应的对策措施、解答方式；同时，又要超出现实，反思现实的问题与缺陷，设想未来世界的图景，思考人类的未来走向，拷问人生的价值和意义，提供现世的精神导向。这就是人文社会科学的超越性。其主要特征表现在：

——指向未来，即对"当下"的超越，具有前瞻性。这是人文社会科学研究在"时间序列"上的特征，它使研究的视角超越当下的时空界限，走在事件发生和社会进化的实际进程之前，对正在发生或尚未发生的各种社会现象予以前瞻性的分析、预测和探索描述，甚至在观念中预先构想社会在未来某一时段上的可能状态，进而勾画其基本的运行轨迹和发展模式。前瞻性认识作为人类关注未来的认识形式，本来就有其普遍性和广泛性，但随着当代社会实践的不断深入和科学技术的迅速发展，未来对现实的影响在强度、深度和广度等各方面都比历史上的任何时代更强烈，这就使得对人文社会现象的超前研究显得更为突出和迫切。

——指向"人与自然"，即对人类社会的超越，具有拓展性。这是当下人文社会科学在研究客体上的趋向和特点。过去，人文学科追寻人生的价值与意义，社会科学关注人类的行为、社会的现象和问题，研究的视角是以人类为中心，以人类为目的。随着社会的发展和现代科学技术的广泛应用，人类遭遇了前所未有的人口、资源、环境、生态等全球性的严峻问题，促使人文社会科学研究者开始反思人类的行为和方式，将研究的视角从"人类中心主义"转向人与自然的关系，出现了生态哲学、发展哲学、环境伦理学、科技伦理学等新兴学科。而经济学、政治学、社会学等传统学科，也从不同的角度共同探寻人类、社会与自然、资源、环境的可持续发展之路。

——指向"意义"和价值，即对世俗物质生活的超越，具有"精神导向"性。加强应用性研究、关注现世的物质生活，是人文社会科学研究的现实性方面；但当下的中国人文社会科学既来源于现实，又超越于现实，它将研究的视角穿越现实的篱笆，追寻人生的意义和价值，高扬人文精神的旗帜。

人文精神是对人的存在的思考，是对人的价值、人生意义的关注，是对人的精神生活、精神感受的张扬。在当今转型时期的中国社会，当科学技术的工具理性带来无限的物质繁荣时，当物质的极大丰富给人们带来无比的享受时，人文社会科学研究者却感受到了现世的物质与精神的失衡，呼唤人们精神追求的回归，寻找人类"丢失的拐杖"。哲学与宗教的终极关怀、教育学中的个性化教育、管理学中的人性化管理、政治学中对和平与发展的新形式的探讨，无不体现着人文社会科学对人本身和人的精神生活的关注，是对人自身发展的精神导向。

2. 对终极关怀的关注

在人文社会科学对物质生活的超越和对精神理想的追求中，最突出的特点就是对"终极关怀"的关注。"终极关怀"是一种价值指向，是对人类生活、人生、人性及人生存的意义与价值的一种形而上学的思考。它拷问灵魂，剖析人性；揭露现实，探求人生的意义和价值的实现方式，力图超越生命的有限达致人生的永恒。因此，"终极关怀"更多地被看作是一种至上、至本的精神感悟与洞察，提升人们的精神境界，并借助这种提升，帮助人们寻找自己的精神寄托与精神归属。

其一，终极关怀源于人自身内在的精神需求。就根本而言，人是一种有限但又企盼无限的存在物。人作为一种有限的有机体，天生具有对超越有限、追求无限的渴望，他们希望生命能够无限延续，生活能够无穷地继续。而生活中，却时时、处处都充满了短暂与永恒、有限与无限、现实与理想的矛盾。人不仅要生存其中，而且要克服这些矛盾，让自己感受生存的乐趣，实现人生的价值，追求终极的意义。社会与生活给人生提出了挑战，终极关怀就是人本身对生命存在的一种直接关切。

其二，现代人单向度的精神危机呼唤更多的终极关怀。我们所处的时代是一个科技高度发达、物质高度繁荣的时代，也是一个从计划向市场、从传统向现代转型的时代。一方面，是工作环境、生活条件的技术化，使技术君临一切。人受制于自己发明的技术、流程和产品，一切都标准化，丧失了个性化，人的各种潜能得不到应有的发挥；而随着计算机和网络技术的普及，一些人整日沉溺于网络世界，沉湎于网络恋情，忘却了现世的追求，也迷失了自我。另一方面，是生活的物质化和世俗化，物质繁荣没有留住人类追求享乐的匆匆脚步，更多的物质追求导致了物质至上、及时行乐、媚俗亵圣、漠然、纵欲等社会问题……生活的意义迷失了，人生的价值消解了，生命面对的是"不能承受之轻视"。没有了崇高，没有了神圣与超越，正如德国学者马克斯·韦伯（Max Weben）所说："这个时代的命运，是一切终极而最崇高的价值从公众的生活中隐退——或者遁入神秘生活的超越领域，或者流于直接人际关系的博爱。"① 人类面临全球范围的心理危机和精神危机。随着现代生物技术、基因工程技术的突破，基因重组、克隆人成为可能，这直接威胁着人作为主体性存在的独立与尊严，人类更面临主体性缺失的危机。作为一个有责任心的人文社会科学工作者，更应树起人文关怀的旗帜，引导人文精神的追求，共同关注生命的终极意义。新兴的基因伦理学、生命伦理学和科技伦理学正是顺应了这一趋势，以对这些现实问题的研究为己任，努力在新科技与保持人的尊严和主体性中达致平衡和协调。

终极关怀作为一种价值指向和人文精神的核心，渗透在人文社会科学工作者的观念中，使之以人的全面发展为目标，考察社会现象和精神行为。各门人文学科都以自己独特的方式来表现终极关怀的主题。

作为对人的存在、人与世界、人与人以及人类自身的心灵世界进行认识、掌握与表达的文学艺术，不仅在表达自然和美，而且在表达对终极的关怀。首先，它追求一种境界，表现人类的理想和向往，表达一种生命的"深度"；其次，它表现人的处境，反映人类所面临的问题和危险，并揭示出这些问题和危险多是由人的盲目和无知造成的，唤起人们的警觉；最后，它关心人类未来的希望，给人以期待。可以说，一部艺术史，既是在不断提高人的生活愉悦质量的历史，也是在不断升华人的生命意识的历史。

哲学则以另一种方式表达终极关怀的内容。哲学的终极关怀是宇宙意识与自我意识的统一。哲学的宇宙意识探索世界的终极存在，哲学的自我意识探究人生存在的终极意义。这种根源于哲学本体论所特有的寻根意识，使人们得以超越自

---

① ［德］韦伯：《社会学文选》，牛津大学出版社 1946 年版，第 155 页。

然世界的繁杂多变和人生世界的飘摇易逝，去寻找一个安定的"精神家园"。

宗教依然是倡导终极关怀的重要形式。宗教的终极关怀建立在崇拜和信仰的基础之上，是一种情感满足的心理感受。它运用人所具有的超越现实而与终极存在和谐一致的丰富想象，从有限趋向无限，以信仰把握未知世界与彼岸世界。宗教崇尚无限的、神圣的、完美的和不可把握的彼岸力量，以使人们有可能去平衡功利追求。近年来宗教学界关于构建全球伦理、普世伦理的设想和呼声，在冲突的世界中引起了注意。

分析当前人文社会科学发展中存在的问题、把握其发展的未来走势是为了达致发展的自主与自由。如前所述，中国人文社会科学在其自主化发展过程中，基本上是沿着两条路径进行的：一是运作性的研究；二是超越性的追求。运作性的研究是一种入世的态度，是基于现实性的关怀，而超越性的追求则是精神的升华，是对未来状态的前瞻。历史的实践表明，社会越进步，对人文社会科学的发展就越有迫切的要求，人文社会科学的创新就越显重要。

第三节　人文社会科学的学科主旨

不可否认，人文社会科学与自然科学具有一定的相关性、相似性和统一性。德国哲学家威廉·狄尔泰在强调人文学科的独立性时也承认："在自然科学研究和人类社会研究的两个转移点上——也就是说，在自然影响精神发展和它也同样受影响或形成了影响其他精神的通道的地方——两种知识总是相混杂的。自然科学知识与人文科学重叠。"[1] 美国学者伯纳德·巴伯则宣言："社会科学不仅可能，甚至从本质上讲，是与自然科学一样的。"[2] 既然如此，为什么人们仍然倾向于把人文社会科学看作是一个与自然科学并列的独立整体呢？人文社会科学是否具有自身的特质呢？人文社会科学的评价是否与自然科学有基本的区别呢？答案是肯定的。

不同的学科主旨决定了学科发展的内在动力与存在理由。自然科学以揭示自然之谜为主旨，给我们建构出一个自在的、疏离于我们的客观存在。这个自在的自然呈现出与我们无关的外貌，同时是一个非精神的外在之物。社会科学曾以自

---

[1] 需要指出，狄尔泰所指的"人文科学"大致等同于本书所采用的"人文社会科学"，但它并不包含哲学。参见［德］狄尔泰：《人文社会科学导论》，华夏出版社 2004 年版，第 18 页。

[2] 巴伯所说的"社会科学"是指，经济学、政治科学、心理学、社会学和人类学。参见［美］伯纳德·巴伯：《科学与社会秩序》，三联书店出版社 1991 年版，第 282～283 页。

然科学为理想，试图找到社会现实的结构化规律，这一方式注定是要以截短、毁伤现实为代价的，但蓬勃的应用性研究成功地回避了方法论上的根本困难，为现实的决策与事务管理提供了有限但也有效的支持。不过，人文学科显然不甘心屈就于自然科学式的主客二元分立解读，因为强调人类社会历史现实的一切真实性均扎根于人、扎根于生命的流动，构建精神与意义的世界是人文学科的主旨。

一、致力于社会运行和决策咨询

追溯人文社会科学的历史渊源，它的知识系统很大程度上首先产生于社会的实际活动之中。在此基础上，才逐渐把探索社会现实的整体知识作为目标。罗马法的司法实践创造了罗马法的基本概念和思想；古希腊时期，向着全面科学理论进步的动力主要源于统治阶级专业训练的需要，论辩术、政治学等都是服务于政治教育的；而关注公共事务的罗马文献，首先是作为一种僧侣和公职人员的教育模式而得到阐明的。近现代人文社会科学的发展更印证了这一特点，难怪德国学者彼得·瓦格纳把 20 世纪称为"社会科学的世纪"[1]。在诸多社会功能中，政治功能、管理功能、决策功能尤为突出。

1. 政治功能

人文社会科学的政治功能主要是指人文社会科学的理论与方法在社会政治生活、军事斗争中发挥的作用与功效，通过对政治家、政治集团与社会各阶层的影响，服务于社会政治生活、军事斗争，为制定政治路线、方针和政策提供理论基础，从而指导政治活动，规范日常政治行为。

人文社会科学的政治功能突出地表现在社会革命时期，其所提供的革命指导思想和斗争方略。社会革命的实质是对社会政治、经济和文化领域实行根本改造，用先进的社会制度代替腐朽的社会制度，以解放生产力，促进社会进步。但是，"没有革命的理论，就不会有革命的运动。"[2] 以社会现实问题为研究对象的人文社会科学成果，可以从思想上武装先进阶级，为他们指明革命的方向，帮助他们制定革命的纲领、路线和步骤。卢梭的"社会契约论"对法国资产阶级革命的影响、孟德斯鸠的"三权分立"思想对资本主义国家法治政体的建立、马克思主义对无产阶级革命和社会主义运动的贡献，都是人文社会科学政治功能的

---

① ［德］彼得·瓦格纳：《20 世纪——社会科学的世纪?》，见阿里·卡赞西吉尔，大卫·马金森主编：《世界社会科学报告 1999》，社会科学文献出版社 2001 年版，第 10 页。

② 《列宁选集》第 1 卷，人民出版社 1972 年版，第 241 页。

表现。同样，以人文社会科学成果为主体的体现先进阶级意志的先进文化，与体现反动阶级意志的落后文化之间的论争，是社会阶级斗争不可缺少的重要战线，体现出明显的政治功能。

在社会和平时期，人文社会科学表现出为统治阶级利益服务的政治功能。人文社会科学各学科，以各自独特的方式为统治阶级的利益服务，有的同反映旧社会制度的落后意识形态作斗争，有的极力抵制为新社会制度呐喊的新意识形态。

2. 管理功能

管理是社会分工的产物，是围绕主体行为目标，采取计划、组织、指挥、协调和控制等手段，它把管理对象涉及的人、财、物诸因素的流转纳入一定程序，以提高活动效率的运作过程，广泛存在于社会生活的各个领域。长期以来，人们主要依靠实践经验从事管理活动。20 世纪 40 年代以来，在科学管理的基础上形成的管理学，逐步实现了管理过程的科学化、技术化、职业化。管理学是人文社会科学与自然科学交叉的综合性学科群，一方面，因为它涉及物质、能量和信息的流动，必须遵循自然科学规律；另一方面，因为它是在社会领域展开的，又涉及人的心理与行为，是人文社会科学的研究对象。

管理学这个以管理活动为研究对象的新兴学科门类，目前初步形成了以公共管理、工商管理等具体管理活动为划分依据的多级学科体系，出现了元科学、基础理论学科、应用基础学科、操作技术学科四个结构层次。管理学是在概括和总结管理实践经验的基础上形成和发展起来的，是关于管理活动的基本规律和一般方法的专业性理论。在这个背景下，协调社会各方利益、确保社会平稳发展的社会政策的制定，以及影响国计民生的重大决策的确立愈来愈困难。把管理理论运用于具体管理实践，有助于提高管理活动的效率。就经济活动领域而言，管理的目的在于实现人、财、物诸生产要素的最佳匹配，在于实现生产、分配、交换、消费过程的最佳运行。

3. 决策功能

随着工业文明的兴起，社会化的大生产使社会关系日趋复杂，社会发展速度加快，生活的不确定性增加。在现代社会中，单凭领导人个人的智慧和实践经验已难以及时掌握错综复杂、千变万化的社会形势，也难以制定出考虑周全、科学严密、推进有序的社会政策与决策。事实上，社会政策的制定与重大决策是一项涉及面宽、影响因素众多、相互关系复杂的系统工程，需要借助人文社会科学的理论和方法，进行周密调研，科学论证，先期试点，反复修改。因此，人文社会科学在社会政策制定、为决策提供咨询等方面发挥着重要作用。

政策是指为实现一定的路线而制定的行动准则，所要解决的是"如何做"的问题；决策是指做出的策略选择或决定，所要解决的是"做什么"的问题。两者是同一过程的两个不同环节，"做什么"是"如何做"的前提；多种"如何做"的方案又依赖于"做什么"的选择。这一过程就是在社会实践中发现问题、分析问题、解决问题的过程，是涉及该问题历史、现实与未来的认识与实践滚动推进的过程。人文社会科学的理论与方法有助于人们观察、分析复杂多变的社会现象，做出准确的判断和科学的决策。同时，人文社会科学的理论与方法为分析问题发生的原因、波及范围、影响因素和未来发展趋势等提供现成的分析工具。

二、揭示历史意义，构建精神世界

1. 对历史与生命意义的揭示

狄尔泰认为应区分两种过程：一是基于外在事实的纯粹反映过程；二是"关于最初产生于内在经验、没有感觉介入事实的一种事实的范围的过程"，即源于内部体验的建构过程。建构的过程源于内在的经验材料，但却在外部自然过程的影响下而进行，因此它们可以通过一种类似推理的方式被归于后者，形成一类特殊的经验领域。这一领域"具有内在经验中的独立起源和自己的材料，从而成为一种特殊的经验科学的主题"，即人文学科的对象。对于人文学科来说，真正的认识对象并不是外部的世界，而是基于其上的个体的内部体验。[①]

因此，人文社会科学的重要任务在于揭示不同于自然的人类社会历史的真实。这一"社会历史的真实"在狄尔泰看来是蕴藏于社会历史的生命历程之中的。人类社会川流不息、纷繁复杂地持续着，每一特殊个体的生命都只构成了这一整体的部分，它们只模糊地知道相互影响的部分法则。社会历史中"大量的异质因素及这些单位与社会的协作中产生的个别性、控制它们的协作的自然条件的复杂性及产生于许多代的连续性的相互作用的积累"，使我们对于整体难以获得自然科学意义上的结构化知识；然而，作为社会个体的我们，可以从内部加以理解，可以在我们自身知觉的基础上再造、再体验它们；正是"爱和恨、激情的欢畅、我们感情的全部，令我们历史世界的表现生机勃勃。"[②]

在自然科学的视野中，自然是死的，作为生命个体的我们只是与自然相互作用的物质性元素，生命将消失殆尽。实证方法使科学成为只见事实的科学，造就

---

① 狄尔泰：《人文社会科学导论》，华夏出版社 2004 年版，第 8 ~ 9 页。

② 同上，第 4 页。

了只见事实的人。在此情形下，"自然是疏离于我们的，对我们来说，它仅仅是一个没有任何生命的外物。社会是我们的世界，我们切身感受到社会环境与我们全部存在的力量的相互作用，我们意识到社会系统构成的躁动不宁的状态和动力。我们不断要求以动态的价值判断回应我们所认识的社会形态，并以我们生生不息的意志冲动去转变它——至少在意识中。"① 由此，人文社会科学的重要任务就是要揭示这一生命意义。

人文社会科学主要是在价值论框架下展开的，目的在于通过对人类文化与社会本质、发展规律的研究，丰富人类的精神世界、提升生活质量、指导改造社会的实践活动，兼具工具理性与价值理性。人文社会科学不仅有助于营造一个促进经济与社会发展的和谐环境，而且注重探讨与人类生存、发展、幸福有关的价值与意义。"如果人文科学想要求得自身的生存，它们就必须关心价值。这种关心是人文科学与自然科学的最明显的区别。"②

2. 人文社会科学的精神价值

"人文"就是人的文化，就是人的认识能力与精神境界不断提升的过程。人文社会科学隶属于文化范畴，是构成整个社会文化的重要组成部分。人文社会科学主要表现为精神文化，它是人的本质力量的对象化，在社会生活中发挥着极其重要的功能。

其一，人文社会科学是关于人文社会现象及其规律性的系统知识，自觉学习和运用这些知识，可以使人精神充实，心灵净化，视野开阔，提高解决人生问题、社会问题的能力。人文社会科学的思想、价值观念、行为规范等直接影响着人们的思想和行为，促使人们正确处理和驾驭同外部世界的关系，有效地适应时代和社会发展，完成人的社会化过程。

其二，人文社会科学还具有关怀人生、塑造健全人格的功能。人文社会科学就是在人类精神文化活动的基础上形成和发展起来的，它以创造和阐释人文社会世界的意义与价值为目标，具有社会启蒙作用。人文社会科学可以帮助人们破除迷信，解放思想，滋润心灵，启迪心智，提升精神境界，丰富精神生活。它还为人们提供价值观与理想信念的指导，帮助人们解决人生观问题，给人以终极关怀，抚慰和净化灵魂，安顿生命，为人类守护精神家园。同时，人文社会科学的发展过程就是文化教化、培育、塑造人的过程。此外，以想象、直觉等非逻辑思维方式为特征的人文学科，有助于平衡以逻辑思维方式为主导的理性思维的僵

---

① 狄尔泰：《人文社会科学导论》，华夏出版社 2004 年版，第 4 页。
② 范景中：《艺术与人文科学：贡布里希文选》，浙江摄影出版社 1989 年版，第 15 页。

化，有效地提高人的观察力、理解力、想象力和创造力，促进人类思维和认识活动的全面健康发展。

其三，人文社会科学在思想文化建设方面发挥着作用。人文社会科学依靠理论的力量，以潜移默化的形式全方位提高整个民族的思想道德素质，帮助人们尤其是青少年树立正确的人生观和价值观。人文社会科学能够开阔人们的眼界，提高鉴别是非、善恶、美丑的能力，有助于激发人们追求高尚的道德情操和精神境界，规范人们的行为，形成良好的社会风尚。从另一方面看，人文社会科学是整个文化建设中的重要组成部分。一个民族人文社会科学素质的高低，在一定程度上折射着这个民族的精神风貌、文化水平、发展潜力。

人文社会科学研究除生产知识、揭示人文社会世界的本质与发展规律外，还提升出人文精神与科学精神。人文精神关注人的审美情感、道德理想、人格完整和终极关怀等文化价值，科学精神是人类在长期自然科学和社会科学活动中逐步形成和不断发展的一种主观精神状态。科学精神具有丰富的内涵，它包括实证精神、分析精神、开放精神、民主精神、批判精神和革命精神等方面。作为人文社会科学的最重要产物，人文精神与科学精神是整个人类文化的灵魂，它以追求真善美等价值理想为核心，以人的自由和全面发展为终极目的，在人类社会生活中发挥着不可估量的作用。

人文社会科学的具体成果总是在一定社会历史条件下取得的，具有明显的时代性特征，不可能一劳永逸地解决各个时代的所有问题。在科学技术与物质文明高度发达的今天，技术、生产、消费等社会活动普遍异化。生活在物欲横流、充满变数的现代社会中的芸芸众生，比以往任何时代都需要终极关怀。科学技术文明是现代社会的基本特征。科学技术的发展在带来物质财富极大丰富的同时，却引发了一系列精神危机与社会危机：科学技术所彰显的工具理性不断消蚀着传统的价值理性，生命科学对生命奥秘的揭示，使传统的人生意义的超验解释受到严峻挑战；现代科技革命把一切精灵、魂魄、魔鬼和上帝都逐出了自然，在自然界与人类的精神世界之间造成了巨大的鸿沟；社会生活完全依赖于庞大的技术系统和技术化的社会运行体制，科技的高风险后果与生活的不确定性，使个人的盲目感与无力感加剧；现代社会竞争激烈，工作节奏加快，使人的肉体和精神承受着巨大的压力；物质消费的膨胀加剧了自然资源的掠夺式开发，环境污染、资源枯竭、生态危机、文化冲突等一系列全球性问题困扰着人类，如此等等。生活在危机与困境中的现代人呼唤着人文社会科学的全面复兴与快速发展，以便重建人类精神家园，安顿处于流离、迷惘之中的生命。

第四节 人文社会科学的特质

不可否认，人文社会科学与自然科学具有一定的相关性、相似性和统一性。然而，作为一个业已与自然科学并列的独立整体，应该说，人文社会科学是具有自身的特质的：它面对迥异的学科对象，采用在原则上有区别的研究方法，秉承各自的学科主旨。

一、学科对象

通常情形下，不同学科可以从它们的研究对象得以区别。人文社会现象相对于自然现象的特殊性，是导致人文社会科学从根本上不同于自然科学的重要原因。对于实证性较强的社会科学来说，社会现象也是以"客观"形式进入研究的，它们与自然对象的客观性有何区别？对于人文学科等其他形式的人文社会科学来说，人文现象并不是一个纯粹的外在客体，它们与自然客体又有何本质区分？这些问题，只有在认识论层面才能得到厘清，狄尔泰的人文科学（精神科学）理论奠基于此。

1. 与主体和历史相联的客观性

作为自然科学的研究对象，自然现象是以不依赖于认识主体的客体形式而存在的，主客体界线分明，它们是"无情而不以人意为转移的铁的事实"。对于社会科学等"研究普遍原理的科学"来说，社会现象同样被视为独立于个体之外的客体事物，探寻客观的社会（历史）规律是学科的重要目标与发展动力。然而，同样是客体对象，二者却有着一些根本性的差异：

（1）与主体相联的客观性。

自然现象的客观性是指自然对象的自在性，自然规律的存在与演化是不以人的意志为转移的，它们是人类必须接受的"无情事实"。无论是物理的、化学的还是生物的规律，其客观性都源于与普遍经验的符合，在形式上与认识主体绝对分离，可称为"基于主客分离的客观性"。

社会现象的客观性则不同。社会学创立的重要奠基人埃米尔·迪尔凯姆指出：客观性是科学的出发点，社会学的进步取决于客观性的实施，把社会现象当作客观事物是社会学研究的根基。① 社会是超越个体之上的整体，社会学就是对这一整体的客观研究。迪尔凯姆对社会现象的完整定义为：

"所有'活动状态'，无论固定与否，只要是由外界的强制力作用于个人而使个人感受的；或者说，一种强制力，普遍存在于团体中，不仅有它独立于个人固有的存在性，而且作用于个人，使个人感受到的现象，叫做社会现象。"②

虽然迪尔凯姆一再强调社会现象的客观性，或者说社会学仅仅研究可以客观化的对象，但这一客观性既要满足"外在的强制性"，又必须是"作用于个人，使个人感受到现象"，它显然是不能脱离主体的客观性。迪尔凯姆以整体主义视角进一步强调，对这一客观性的认识我们是无法从个体的心理现象分析获得的，一种社会现象只能通过其他社会现象得到解释，从社会去理解社会。③ 因此，社会现象的客观性并不源于与主体的分离，而是超越社会个体之上的，不为单一个体所左右，但由它们所生成的某种整体性，可称为与主体相联的"基于个体与整体分离的客观性"。

（2）历史性。

在经典自然科学的视野中，时间是一个不受其描述变换影响的外部参数，动力学中的运动也只是在"没有时间的时间中进行的运动"④，过去、现在与未来是由同一方程所决定的同一轨道的不同位置。这实际把过去、现在与未来的时间上的差异性消解了，非对称的岁月流逝成为对称的空间化时间。经典科学舍弃了演化，成为存在的科学。由此，自然科学的研究对象大多与时代背景无直接关系，处于历史与时间之外。

与此截然不同的是，人类生活在事实上是历史的，人文社会现象几乎均带有历史性，人文社会科学由其源头起就开始关注对象的发展变化与演变规律。人文社会现象与时代发展息息相关，多带有强烈的时代背景色彩。一方面，只有把研究对象置于具体时代背景之中，才能洞悉其本质；另一方面，唯有沿着历史的时间维度，以发展历程为参照，我们才会理解人类社会的真相。⑤

（3）规律的解释性。

---

① 迪尔凯姆形象地说，"法律存在于法典中，日常生活发生的许多事情表现在统计数字中或者记录在历史材料中。'时髦'可以从人们的穿戴中反映出来，'嗜好'可以见诸于文物艺术，等等。"参见[法]埃米尔·迪尔凯姆：《社会学方法的规则》，华夏出版社1999年版，第23～26页。

② [法]埃米尔·迪尔凯姆：《社会学方法的规则》，华夏出版社1999年版，第12页。

③ "那些把心理学解释当作解释社会现象的根本以及离开社会现象本身去进行解释的做法，都不可取的。社会现象只能当作社会现象来研究，只能通过直接的观察，而不能仅仅借助于中间媒介。"参见[法]埃米尔·迪尔凯姆：《社会学方法的规则》，华夏出版社1999年版，第79～91页。

④ [比]伊·普里戈金：《从存在到演化》，上海科学技术出版社1986年版，第13页。

⑤ 怀特海曾指出："只有参照其被明确化的过程，事物才能最终被理解。"参见[英]A.N.怀特海：《思想方式》，华夏出版社1999年版，第43页。

自然科学规律具有普遍性、可重复性、可检验性以及可预言性。科学家们深信自然规律的严格的确定性与因果必然性，自然"过程的起始条件一旦确定，就可以严格确定地预言此后的事件、过程；同一系统可以在相同条件下实现相同过程。"① 在表述形式上，自然规律都是以函数关系、微分方程、相空间轨道等数学语言加以规范描述，并以数学的演算作为其理论精确性的依据。

然而，"社会学者没有这种确切不变的标准可以用来观察社会现象，没有一种方法可以准确地说明某种社会何时产生、何时消亡。"② 相比自然现象，人文社会现象更为复杂，具有更大的异质性、偶然性、不确定性，发展变化更为频繁，每一次演变都涌现出新奇性，预示着更多的可能性。这些变化即便有所相似，也不是自然现象似的简单重复。③ 社会科学规律常常难于检验，也难于通过试验来重现，它们更多地呈现为某种对社会现象的理论解释，而不是精确的确定性预言。社会科学的这些特点都与自然科学的科学性有很大的不同，甚至导致人们对其科学性的质疑。④

2. 源于内部建构的对象

在认识论上，人文社会现象还具有另一本质上不同于自然现象的根本特征。人文社会科学尤其是人文历史学、哲学等人文学科的研究对象是源于个体内部体验的建构，而不是对外部经验材料的纯粹反映，其学科对象为独特的"主—客"结构，显著区别于自然科学对象的外在的、纯粹的客体形式。狄尔泰把这一特质视为人文社会科学独立性的重要基础。

狄尔泰在分析这一点时，指出我们应区分两种过程：一是"将作用于在感官和借助于思想的联系而产生的东西作为联系的过程"⑤，可理解为基于外在事实的纯粹反映过程；二是"关于最初产生于内在经验、没有感觉介入事实的一种事实的范围的过程"⑥，可以理解为源于内部体验的建构过程。第二种过程（的建构）源于内在的经验材料，但却在外部自然过程的影响下而建构，因此它们可以通过一种类似推理的方式被归于后者，形成一类特殊的经验领域。这一领域"具有内在经验中的独立起源和自己的材料，从而成为一种特殊的经验科学

---

① 郑玉玲：《偶然性与科学》，中国社会科学出版社 1990 年版，第 9 页。
② ［法］埃米尔·迪尔凯姆：《社会学方法的规则》，华夏出版社 1999 年版，第 43 页。
③ 欧阳康：《人文社会科学哲学》，武汉大学出版社 2001 年版，第 128～135 页。
④ 经济学被称为社会科学的皇后，是实证性最强的社会科学。但早在 1898 年，美国经济学家凡勃伦就在《经济学季刊》发表了一篇题为《经济学为什么还不是一门发达的科学？》的文章，引起关注。80 多年后，20 世纪 80 年代美国人艾克纳主编了同名的一本书，继续了对这一问题的讨论。参见艾克纳：《经济学为什么还不是一门科学》，北京大学出版社 1990 年版。
⑤⑥ ［德］狄尔泰：《人文社会科学导论》，华夏出版社 2004 年版，第 8～9 页。

的主题"①，即人文学科的学科对象。对于人文学科来说，真正的认识对象并不是外部的世界，而是基于其上的个体的内部体验。狄尔泰在此认为这一区分具有重大意义，把它视为"作为一个批判立场基础上的走向人文科学独立构成的第一步"②。

狄尔泰进一步认为，人文科学相对自然科学更为彻底的独立性在于"对整个人类世界的生动经验以及它们与所有自然感觉经验的不可比性"。以上第一种过程对应于外部的"自然感觉经验"，适用于自然科学；第二种过程对应于内部的"整个人类世界的生动经验"，适用于人文学科。这一"不可比性"，首先体现在人类精神世界拥有自然界所不具备的四种特性上：人类生活的目的性；人类对所发生的各种事物进行价值评判；人类社会规范的作用，涉及从道德伦理、政治原则到交通规则、礼仪规矩等各类社会生活的方方面面；人类生活的历史性。③ 这些特性相互关联，彼此作用，显著区别于自然科学的对象。目的、价值、规范都在历史中形成，受一定历史的影响；反过来，它们又构成了历史的主要内容，决定着历史的进程。其次，"不可比性"更在于内在经验（体验）与外在经验的本质不同，表明"人类世界的事实并不服从于自然的机械概念……存在于人文世界的事实中的关系不同于联系物理过程的一致性"④这一重要结论。

为何会有如此结论？狄尔泰比较了基于内在经验的理解与基于外在经验的科学计算（描述）的不同。他指出，"实在是通过和我们与各种感觉结合在一起的内在经验（inner experience combined with our various senses）而作用于我们的"⑤，我们对实在的理解依赖于这些内在经验。然而，由于"每一种感觉都被限定在其自身性质的范围内"，不同来源的内在经验是不可比较的。例如，我们无法比较究竟是通过基于触觉的手还是基于视觉的眼睛获得的物质概念更为真实。对于这些不同来源的内在经验，我们无法从其他来源的经验事实中推导有着特殊来源的经验事实可能，"我们只能既定地接受它们，它们的真实性对于我们来说是深不可测的。"⑥这实际表明了人类内在经验的异质性，即在人类不同的内在经验事实之间，事实与性质之间，均存在着一种非连续性或不可推导性。这样，当内在经验的异质性遭遇自然科学式的知识对连续性、普遍性与一致性的追求的内在秉性时，它就成为知识形成的"障碍"。而对于以外在经验事实为对象的自然科学来说，这种障碍是不存在的。"自然科学隶属于把现实中的各种变化追溯为原子运动的计算过程，无论是这种意识的性质还是事实，这种变化可以隶属于计算的

①②④⑤⑥　［德］狄尔泰：《人文社会科学导论》，华夏出版社 2004 年版，第 8～9 页。

③　谢地坤：《走向精神科学之路——狄尔泰哲学思想研究》，江苏人民出版社 2003 年版，第 10～11 页。

纯粹事实，意味着意识的性质和事实的不可推导性并没有给自然科学操作带来障碍。"① 例如，我们可以由纯数学的规定或运动的数量（经验事实描述）毫不困难地得到某一色彩或音调的性质，在这一过程中并没有转折点，只是意识上一种事实关系的变换。此时，虽然我们可以明确地把譬如蓝光解释为相应的频率振动，但我们对蓝色的理解、所体会到的蓝色的感觉是光波的振动所不能推导的。

对于这种事实与性质之间的不可推导性，狄尔泰并不把它们当作"强加于我们的自然知识的外部障碍"，而是强调"它们是固有地存在于我们的经验的真实条件下的限制，是在自然科学的每个阶段的界限。"② 这一界限"不是建立在经验基础上的知识的天然局限，而是一个自然科学结束、一个有自己中心关切的人文科学开始的分水岭。"③ 而所谓的知识障碍恰恰表明了人类精神生活的独特性与复杂性，它们是难于被一致化的。

在此基础上，狄尔泰明确了人文科学独立的必要性："必须有一种整体下的相应的区分，它不同于那些已有的物质法则的特殊领域，在那里，数学、物理、化学、生理学展示了随着进步的一致性而发展的一种从属关系。从物质世界排除出去的人类世界的事实，它的性质和法则，常常预示着当我们尝试将一个领域事实中的从属关系转到另一领域时一个矛盾的产生。这是确实的，与物质的空间顺序与可分性以及支配其各个部分的机械需求相反，人类精神生活的独特性通过自我意识以及与之相联系的意识的统一性，通过自由及与之相联系的道德生活的相应事实表现出来。"④

二、研究方法

依据学科传统，我们并不难分辨自然科学与人文社会科学在方法上的区别，前者是以实证、说明为主导的理性方法，后者多采用内省、想象、体验、直觉等非理性方法。但随着自然科学方法在人文社会科学领域内的广泛使用以及一些新兴的交叉学科的涌现，二者界限越来越模糊。当下，社会科学日益自然科学化，人文学科趋向更多的实证化似乎已成学科方法演变不可阻挡之势。人文社会科学与自然科学是否还存在着方法论上的本质区分？什么是人文社会科学的特有方法？这些问题自其诞生起，就未停止过争论。

---

① ② ［德］狄尔泰：《人文社会科学导论》，华夏出版社 2004 年版，第 10 页。
③ ④ 同上，第 11 页。

1. 个别化与普遍化

德国哲学家亨里希·李凯尔特（Von Heinrchi Rickert）不赞同从研究对象的角度对人文（精神）科学与自然科学进行区分，他认为更为本质的区别在于方法论原则。

（1）自然与文化。

研究对象区分是基于对象质料的对立，研究方法区分是基于形式的对立，二者有一定联系，但后者是更为本质的区分。李凯尔特以文化、历史两个概念与自然的区别代替了精神与自然的对立，以文化（历史）科学区别于自然科学，揭示出文化科学方法与自然科学方法的形式对立。

他指出，"用自然和精神这样一种唯一的对立，根本不能从方法论上把专门科学的多样性划分开。"① 这是因为，"在直接可以触知的现实中，没有任何东西可以在原则上避开像自然科学那样对形式特性进行研究。从这种意义上来理解，只有一种经验科学是有理由的，因为只有一个经验的现实。"② 所谓自然，"是那些从自身中成长起来的、'诞生出来的'和任其自生自长的东西的总和。"③ 所谓文化，"或者是人们按照预计目的直接生产出来的，或者是虽然已经是现成的，但至少是由于它所固有的价值而为人们特意地保存着的……价值是文化对象所固有的，因此我们把文化对象称为财富。"④ 文化是一个比精神更为恰当的表述，文化科学涵盖了宗教、法学、史学、哲学、政治经济学等与自然科学相区别的一切对象领域。

需要指出的是，李凯尔特所强调的自然、历史与文化的对立，更主要的是在方法论意义的区别。对他来说，自然科学与文化科学面对同一个经验现实，"自然"和"文化"、"自然"和"历史"所指的都不是两种不同的实在，而是两种方法论的视角。"当我们从普遍性的观点来观察现实时，现实就是自然；当我们从个别性和特殊性的观点来观察现实时，现实就是历史。"⑤

（2）现实的连续性与异质性。

在李凯尔特看来，经验现实是一种漫无边际的杂多，任何现实事物均具有连续性与异质性特征。任何一种直接给予我们的存在或事情都是连续的，没有截然的和绝对的界限。"自然界中没有任何飞跃。一切都在流动着。……每一个占有

---

① ［德］李凯尔特：《文化科学与自然科学》，商务印书馆2000年版，第15～16页。
② 同上，第16页。
③ 同上，第20页。
④ 同上，第20～21页。
⑤ 同上，第51页。

一定空间和一定时间的形成物，都具有这种连续性……称为关于一切现实之物的连续性原理。"① 相反，我们可以看到，"世界没有任何事物和现象是与其他现象完全等同……每个现实之物都表现出一种特殊的、特有的、个别的特征……一切都是互不相同的……我们可以把这一点表述为关于一切现实之物的异质性原理。"② 经验现实的纷繁复杂，使现实中任何一个最小部分所包含的内容都比任何一个有限的人所能描述的要多得多，能够纳入概念之中的与不得不舍弃的经验现实相比，它们是微不足道的。"与现实本身相比，认识总是一种简化。"③ 现实的这种异质的连续性使任何概念都无法将全部现实包摄在内，任何科学都不是基于反映论之上的对现实的完全"再现"，这是科学所无法完成的任务。科学概念对现实之物的把握力量来自基于现实之上的概念改造。"只有通过在概念上把差异性和连续性分开，现实才能成为'理性的'"④，可以把握的。搭建架于现实之流之上的概念⑤之桥是科学把握现实的必然选择。

（3）方法论的本质区别。

经过细致的论证，李凯尔特指出，面对异质而连续的现实，科学要形成概念，有两种典型的改造方法：或者改造为同质的连续性；或者改造为异质的间断性。不同科学方法的特质就在于它们是依据何种"概念的形成原则"来分开现实之流以挑选出本质成分。

自然科学采取前一种方法，把异质而连续的现实改造为同质的连续性，这是由自然科学的本性所决定的。面对概念内容与复杂现实之间的鸿沟，自然科学采用普遍化方法，排除了经验现实中个别事例的异质性，洞察出超越现实的普遍性，实现了对世界的计算与支配力。在方法上，同质性规定了自然对象的普遍性，排除了它所认为的非本质的异质性，保留了对象之间的相同之处；连续性保证了自然科学对一切其概念范围内个别事物的预言。自然科学的预言是对现实中的普遍之物或特殊之物的普遍性的预言，而不是对个别之物的异质性预言。总之，"认识自然就意味着从普遍因素中形成普遍概念，如果可能的话，形成关于现实的绝对普遍的判断……自然是在普遍化过程中被认识的。这就构成了自然科学知识的逻辑本质。"⑥

文化历史科学采用后一种方法，把异质而连续的现实改造为异质的间断性。对于历史科学来说，其目的不在于提出有预言力的自然规律，也不仅仅是要形成

---

①② ［德］李凯尔特：《文化科学与自然科学》，商务印书馆2000年版，第31页。

③ 同①，第30～31页。

④ 同①，第32页。

⑤ 对李凯尔特来说，概念是指包含科学从直观现实纳入自己思想的一切形成物。参见［德］李凯尔特：《文化科学与自然科学》，商务印书馆2000年版，第35～36页。

⑥ 同①，第38、第43页。

普遍概念，以揭示现实的普遍性；反之，"它们想从现实的个别性方面去说明现实，这种现实绝不是普遍的，而始终是个别的"①，它们是从对象的特殊性和个别性方面叙述对象的一次性发展。对于文化科学来说，它研究与普遍文化价值有关的对象。与对象的自然性不同，对象的文化价值意义并不依据于它与其他现实的相同之处，反而是相异之处。文化价值的一个特性在于，"随着相关的文化价值愈益独特地联结于某一事件的个别形态，这一事件的文化意义也往往愈益增长。"② 某一对象的文化意义并不等同于现实的一切个别杂多，它只是其中的一个部分，这一部分使对象成为文化意义上的"个体"，"成为某种单一的，特殊的和不能被其他任何现实所代替的东西。"③ 对于这一特征，狄尔泰也曾指出："在不可思议的复杂历史社会中相互作用的单位是个体……其中的每个部分都不同于其他，每个部分都构成了一个世界，因为世界别无他处，只存在于这样的个体的表现中。"④

显然，自然科学的普遍化方法是无法适用于此的，因为它们的意义就在于排除现实中"非本质"的个别性与异质性。用自然科学方法来表现文化生活，就把那种只有分离开来才具有生命的东西生搬硬套地凑成一种僵死的普遍性（歌德语）。此外，李凯尔特还从价值选择的角度，更细致地论证，突出文化历史科学的个别性并不意味着要由一切个别性普遍化方法这个漩涡又陷入到非科学评价这个险礁。文化历史科学依然要追求一种普遍性，这是一切科学的本性。但其普遍性不是普遍的自然规律或者普遍的概念，而是在一次性与个别之物中发展的文化价值。

总之，李凯尔特认为文化科学与自然科学存在着基本的方法论原则区别⑤：自然科学方法是运用普遍化的方法，从普遍或一般的观点去考察对象，而文化科学方法是运用个别化的方法，从特殊和个别的观点去考察对象。对自然科学方法来说，本质是排除事物异质性后的同质的普遍性，对文化科学方法来说，"只有那些在其个别特性方面对于作为指导原则的文化价值具有意义的事物，才是本质的。"⑥

---

① ［德］李凯尔特：《文化科学与自然科学》，商务印书馆 2000 年版，第 38、第 72 页。
② 同上，第 38、第 43 页。
③ 与现实本身等同的个别，不能被任何科学所研究。
④ ［德］狄尔泰：《人文社会科学导论》，华夏出版社 2004 年版，第 31 页。
⑤ 需要指出的是，这样的一个原则上的区别只是一种学科方法论的极端，它并不排斥自然科学方法在文化科学领域内的适当运用。现实的科学常常处于这两个极端的中间地带。普遍性与个别性的本质区分也遵循这一原则。李凯尔特在多处做出这一说明。
⑥ 同①，第 88 页。

2. 理解与解释

19 世纪下半叶的欧洲面临着传统文化的危机，自然科学在社会文化生活中越来越占据强势地位，"科学精神变成为哲学"（狄尔泰语），科学主义不断侵袭传统上属于人文学科的领域。在人文科学领域中在方法论上形成了两种主要的倾向：一种是新诞生的实证主义与科学主义倾向，强调通过对知识的界定获取科学概念含义，同时相信人们可以运用与自然科学类似的方法找到社会历史发展的客观规律；另一种是人文主义与历史主义传统倾向，认为人文科学根源于直觉，不适用任何科学方法。面对科学主义运动的强劲势头，他们"只能通过呼吁更为重要和深刻的直觉来无力地反抗……一些学者退到了纯粹的描绘，一些学者仍然停留于华丽却是主观性的注释，另一些人则回到了一种形而上学中。"[①] 在此情形下，狄尔泰承担起了为人文科学确立认识论基础的重任。以生命哲学的思考为导向，狄尔泰延续和发展了知识论寻求确定性的传统，"人文科学知识何以可能"成为他想解决的中心问题。[②] 他既反对科学实证主义精练的但同时也是贫乏、表面性的描述，也反对历史学派只停留于所谓深刻直觉但同时也常常是主观臆测的传统主张，力图在二者之间寻找到人文科学确定性的坚实支撑。这一问题本身是方法论性质上的，狄尔泰的解决方案却来自认识论，本体论与方法论上的思考是围绕着认识论而展开的。

对狄尔泰来说，自然与精神并不是本体论上两种对立存在的实体，而只是对同一现实的两种不同的认识论立场。自然是一种由外而内、物质决定精神的"内行式"立场，在此立场下我们可以由眼前物质自然世界出发，感觉到时空中有序的精神事实，观察到精神生活的变化是受制于外部世界的；精神是一种由内而外、意识决定外在世界的"外行式"立场，此时我们由内在经验开始，就不难发现作用于我们意识中的全部外在世界和从属于意识条件的所有自然法则。这样，精神与自然其实是相互依赖的，它们的区别只具有认识论、方法论上的意义。显然，自然科学采取了内行式的方法，从外说明（erklaeren）世界的可实证的和可认识的所与。自然科学把精神变化与物质变化设想为两个平行的过程，前者服从后者，把一系列的自然因果关系很"自然地"延伸到精神领域，以自然来说明精神，去除了与生命的真实联系。人文科学则是从内理解（verstehen）世

---

① ［德］狄尔泰：《人文社会科学导论》，华夏出版社 2004 年版，第 6 页。
② "我们一直不断地面临人文科学最为一般、也最为重要的问题：关于作为整体的社会历史实在的知识存在吗？"参见［德］狄尔泰：《人文社会科学导论》，华夏出版社 2004 年版，第 80 页。

界的精神生命，认为"物质与精神的关系并不受制于这种因果关系的途径。"①
因此，狄尔泰指出"我们说明自然，我们理解心灵"②，说明与理解分别成为自
然科学和人文科学各自的独特方法。关于理解与解释的诠释学就被视为人文科学
的普遍方法论了。但是，狄尔泰的诠释学是服从于认识论的，解释学的目标是理
解。③ 理解，这一通过外在事实赋予内在经验一定意义的过程，既是人文科学的
研究方式，更是它的认识目的。需要注意的是，人文科学在方法论上对内在理解
的依赖，并不意味它的真实性全部来源于纯粹的精神王国，而是指唯有凭借这一
方式我们才能再现（理解）社会历史现实的生命同一性。"自然科学工作的范围
是关于物理对象的知识的创造；人文科学是对精神客体的解释。在自然科学中，
因果规律占统治地位，在人文科学中，则以创造人的价值为目的。"④ 人文科学
的真正基础是包括自然与精神的社会历史的生活实践，人文科学应以一种历史理
性的批评意识，对人类发展的全部过程的观察加以说明。⑤

3. 初步结论

简言之，人文社会世界的主体性、个别性、独特性、丰富性特征，要求认识
主体具备把握意义世界的主观感悟能力，而这种能力的形成与个体的生活经历、
生命体验密切相关，人文社会科学的认识活动因而带有个体性与差异性特点。以
狄尔泰为代表的思想认为，"（自然）科学和人文学科可以互相补充，因为它们
在探究和解释世界的方式上存在根本区别，它们属于不同的思维能力，使用不同
的概念，并用不同的语言形式进行表达。科学是理性的产物，使用事实、规律、
原因等概念，并通过客观语言沟通信息；人文学科是想象的产物，使用现象与实
在、命运与自由意志等概念并用感情性和目的性的语言表达。"⑥ 李凯尔特则从
方法论角度进行了更细致的讨论，以他为代表的思想倾向可以概括为："（自然）

---

① ［德］狄尔泰《人文科学导论》前言，参见［德］李凯尔特：《文化科学与自然科学》，商务印
书馆 2000 年版，第 16～17 页。

② 洪汉鼎主编：《理解与解释——诠释学经典文选》，东方出版社 2001 年版，第 22～23 页。

③ 由于狄尔泰在近代最早在人文科学领域内引入解释学方法，通常认为他是由本体论上精神与自然
的对立，确立了方法论上理解与解释的对立，进而规定了人文科学与自然科学的对立。然而狄尔泰曾指
出，"解释学必须寻找它与一般认识论任务的关系，以阐明一种关于历史世界的关联的知识的可能性，以
及实现它的方法。"参见［德］狄尔泰：《对他人及其生命的理解》；何兆武主编：《历史理论与史学理
论——近代西方史学著作选》，商务印书馆 1999 年版，第 333 页。

④ ［德］狄尔泰：《人文科学中历史世界的构造》，参见勒希平、吴增定：《十九世纪德国非主流哲
学》，北京大学出版社 2004 年版，第 315 页。

⑤ ［德］狄尔泰《人文科学导论》前言，参见［德］狄尔泰：《人文科学导论》，华夏出版社 2004
年版，第 2 页。

⑥ 《简明大不列颠百科全书》，中国大百科全书出版社 1986 年版，第 760 页。

科学和人文学科的区别在于其分析和解释的方向；科学从多样性和特殊性走向统一性、一致性、简单性和必然性；相反，人文学科则突出独特性、意外性、复杂性和创造性。"①

此外，从具体的研究手段的应用来看，自然科学通常使用实验手段，在人为控制条件下，使研究对象得到简化、纯化和强化，使对象的属性及其变化过程重复出现，从而观察和认识研究对象，达到客观统一的认识。而人文社会科学很难使用实验方法，即使社会科学研究中采用的"试验"、"试点"，也总是随时间、地点和具体对象而改变，很难做到研究对象的简化和纯化，也不可能使研究对象的属性重复出现，与自然科学研究中的实验大相径庭。数学方法是自然科学研究中普遍使用的基本方法，但由于人文社会科学现象的复杂性，至今只有经济学、社会学等个别社会科学门类，采用数学方法作为辅助研究手段。至于人文现象，更难以量化和纳入数学模型，很少有采用数学方法进行研究的成功案例。

---

① 《简明大不列颠百科全书》，中国大百科全书出版社 1986 年版，第 760 页。

第二章

人文社会科学的基本问题与评价

20世纪90年代以来，中国人文社会科学进入了一个学科建制化转型与规模化发展的阶段，其地位与规模显著提升。然而，学科领域内引发的一些基本问题，如意识形态性与科学性问题、体制与运行问题、国际化与本土化问题，引起了社会各阶层对人文社会科学研究的警醒与反思。在这样的背景下，人文社会科学的评价问题，即如何科学、客观、公正地进行人文社会科学评价，如何构建更为合理的评价标准、评价机制和评价体系，以实现人文社会科学科研管理的创新，成为当前人文社会科学发展中刻不容缓、必须要解决的一个重大问题。

第一节　人文社会科学发展中的基本问题

近年来，我国人文社会科学领域的确取得了许多重大进展，但也存在着许多不容忽视的问题，有必要从宏观上揭示目前人文社会科学发展过程中存在的主要问题，展望人文社会科学的未来走势，以引导人文社会科学的健康发展。

一、意识形态性与科学性问题

人文社会科学的科学性与意识形态性之间的矛盾源于其认识论与价值论的矛盾。与自然科学不同，人文社会科学的认识主体与客体对象是二位一体的，这从其诞生之日起就注定了自身认识功能与价值功能不可避免地相互影响、相互作用。认识论上的人文社会科学，特别是社会科学，其认识方法的本质与自然科学并无大的不同；价值论上的人文社会科学则深深地烙上意识形态的痕迹。以为我们可以"滤清"一切意识形态的影响，追求所谓知识论上纯粹的人文社会科学，或者以为人文社会科学就是意识形态本身，根本不具任何科学品格，这两种极端的看法都没有把握人文社会科学的真正本质。长期困扰我国人文社会科学研究的问题是，将人文社会科学的认识意义与价值意义混为一谈，导致"意识形态中心化"、"片面政治化、教条化"，给学界造成了相当严重的甚至灾难性的后果。因此，特别重要的是要区分人文社会科学的两重属性、两重功能，最终在认识论与价值论之间保持"必要的张力"。

1. 作为意识形态的人文社会科学

"意识形态"（ideology）作为社会意识的一部分是相对于"社会存在"而提出的概念。它是特定统治阶级基于自己特定的历史地位和根本利益，以理论形态表现出来的对现存社会关系（特别是经济和政治关系）的态度和观念的总和，它在本质上是统治阶级的自觉意识的理论表现。意识形态由经济基础决定，是阶级意识、阶级利益以及相应的价值观念的反映，又为其存在进行合理性论证与辩护。作为人类精神与社会活动的自我反思，人文社会科学往往具有阶级倾向性，不能一视同仁地为一切阶级、一切政治制度同样有效地服务。正如列宁所说，"建筑在阶级斗争上的社会里是不会有'公正的'社会科学的"。①

就研究主体而言，由于社会科学家本身也归属于一定的阶级或阶层。他们不像自然科学家那样，同研究对象之间无利益关系，而是同被研究对象相互作用、相互影响。他们按照本阶级的世界观、方法论解释社会现象。不同阶级的社会科学家对同一社会现象的解释往往具有阶级倾向性。

还应注意，人文社会科学作为社会意识形态往往比自然科学更容易被当作政治统治的工具，受到社会统治阶层的政治干预和控制，他们通过自己的政府，运用科研物质条件、舆论、法律以至强权达到其控制的目的，这就不能不强化意识形态性对社会科学体系构建的渗透。

现实中许多人文社会科学研究都是在一定的意识形态背景和氛围中展开的，其中政治意识形态的影响最为深刻。统治阶级关心的首先是其政治统治的问题，因此，他们总要把社会成员的一切思想和行为纳入到一定的政治规范之中，以政治权力为支撑，利用各种传媒手段将其统治合理化和泛化。相应地，统治阶级的

---

① 《列宁选集》第 2 卷，人民出版社 1972 年版，第 441 页。

思想也就成了社会的统治思想，政治意识形态也成了一切阅读和理解的有意识或无意识的基本视野，作为一种评价规范和标准而影响着人文社会科学的研究。因此，"科学无禁区"这个正确的命题，在人文社会科学领域里实行起来，比在自然科学领域里要困难得多。

但人文社会科学具有意识形态性，只是一般的抽象。具体到各门学科，则有意识形态程度的强弱之分。具体学科的对象越是触及国家机器的核心部位，其阶级性越强；越是远离国家机器的核心部位，其阶级性越弱。从这个角度，可以将人文社会科学的具体学科分为三个层次：一是意识形态性强的学科，如政治学、法学、政治经济学、伦理学、历史学、新闻学等；二是意识形态性较弱的学科，如管理学、教育学、应用经济学、人文地理学、民族学、人口学、人类学等；三是不具意识形态性的学科，如语言学、考古学等。对具有意识形态性的学科，还应区别其理论体系和研究方法的区别。一般而言，理论体系有意识形态性和阶级倾向性，但其研究方法却可能是无阶级性的，如统计方法、数学模型等，可以为不同阶级的人文社会科学研究所共同使用。

2. 作为科学的人文社会科学

不能以人文社会科学具有意识形态性来怀疑和否定人文社会科学的科学性，要尊重人文社会科学的科学品格。人文社会科学是否具有科学性不能完全用自然科学的标准和方法来衡量，也不能用自然科学的典型特征来替代科学的特征。

人文社会科学作为科学的认知方式，追求的最高目标仍然是关于人及人类社会的客观规律，它通过从经济的、政治的、法律的角度对人类社会的组织结构、功能作用、稳定机制、变迁动因等进行分析，获得关于人类社会发展和运行的系统知识和理论，使人类更有效地管理社会生活；通过关注人的价值、精神、意义、情感等问题，为人类构建一个意义的世界，使人类的心灵有所安顿、有所归依，从而形成一种对社会发展起校正、平衡、弥补作用的人文精神力量。这是人文社会科学独特的科学品格。

人文社会科学在本质上既是求实的，又是创新的。作为人与社会求真关系的一种理论表现，它既为人的活动制定了法则，规范和指引着人的活动，使人不断摆脱盲目、自发，走向理性和自觉，又为人的活动不断开拓着新天地。人文社会科学从理论上是人对外在世界的征服，是人的本质力量的公开揭露和展现。

在方法与逻辑方面，人文社会科学也采用科学化的方法。首要的是依靠系统的观察，抽象出各种关系，形成各种假说和理论。随着科技的发展，人文社会科学研究方法也在不断地改进，日益广泛地运用定量化方法，如采用数学工具、统计、实验、模拟与模型方法等。在逻辑方面，任何成功的社会科学理论和体系，都建立在对"社会事实"的充分研究的基础上，都具有严密的逻辑性和完整的系统性，经得起社会实践的检验。

历史经验告诉我们，自然科学出问题往往只涉及局部领域，而社会科学一旦出问题就会迅速流布，甚至影响一个世代。因此，坚持人文社会科学的科学追求是负责任的表现，是历史进步所必需的。

当然，穷究科学性，必定会追问是否具有客观性。从终极意义上讲，自然科学也不是绝对客观的，科学观察渗透理论，这已为科学哲学所论证。因此，强调人文社会科学的客观性时，本身就蕴含着一个"什么是人文社会科学的客观性"的问题。面对这一问题，我们其实是无法获得终极层面的解释的。自然科学的客观性决定于经验的证实，而经验证实具有独立于主体的客观性，但囿于经验的天生局限性，这种证实只能是有限的，其客观性也是相对的。回到具有二元属性的人文社会科学，就更无法做出准确回答。因为，我们既无法用自然科学的客观性来要求人文社会科学，又不能由人文社会科学自身来确立标准。

客观性终极标准的相对性并不意味不存在实际的客观性要求，人文社会科学不可能找到终极意义上的确定的客观性标准，并不妨碍人文社会科学特别是社会科学对客观性要求的逼近与追求。这个过程就是人文社会科学家超越个人主观限制，抗拒所在社会场域意识形态干扰的过程。

对中国人文社会科学来说，强调客观性是为了弘扬一种求真的学术精神和求实的学术作风。客观性要求的缺位会直接导致学术研究标准的混乱，导致人文社会科学跌落为一个什么人都可以任意胡说，没有对和错，又不必负任何责任的自由市场。

3. 克服片面政治化和片面意识形态化

人文社会科学研究不能超越政治而绝对独立，但如果因此将其政治化，当成政治统治随心所欲的工具，则不利于促进人文社会科学的客观性和科学性。

历史上曾经有过这样的经历：研究经济体制，必须将市场与计划的问题定位于姓"资"和姓"社"的问题。研究历史，只能讲阶级斗争，只能讲农民战争对历史的推动作用。十一届三中全会以前，长期把阶级斗争绝对化，认为在人文社会科学中必须用阶级斗争的观点"观察一切，分析一切，解释一切"，不加区别地看待各门具体学科，完全违背求真的精神，以价值的纷争替代知识的争论，以现实的政治需要决定学术的真伪。

人文社会科学研究应该建构起自己的研究对象，而不是简单地将那些社会热衷的现象作为其研究的当然对象。法国社会学家皮埃尔·布迪厄认为，人文社会科学中登峰造极的艺术便是"能在简朴的经验对象里考虑具有高度'理论性'

47

的关键问题"，而"当一种思维方式能够把在社会上不引人注目的现象建构成科学对象，或能从一个意想不到的新视角重新审视某个在社会上备受瞩目的话题时"，人文社会科学的强大变革力量就会凸显，其批判性与超越性就会张扬。①而简单地甚至是有意地迎合，将自己的学术研究热点仅仅锁定在当下所谓的热点、焦点上，就会丧失人文社会科学所必须具备的批判性，既无法在求真中逼近客观性目标，又无法真正实现其应用的价值属性，仅仅成为迎合当下决策的舆论宣传工具。这种缺乏求真精神的"科学"研究，并不具备对政府决策的理性反思，也就无法最终为政府提供有价值的决策反馈，完全丧失了理论创新的可能。只有真正具有知识价值的人文社会科学成果才能使知识分子从站在远处的、捧场的旁观者变成近处持理性精神、批判态度的积极的政策设计者。

对人文社会科学来说，奠基于个人体验基础上的创作几乎完全是主观思考的结果，主观性恰恰是其存在的主要形式与意义。人文社会科学这种认识与价值的二位一体，既是制约其完全科学性的原因，也是使其区别于自然科学而能独立发展、壮大的重要因素。一方面需要一种求真精神追求人文社会科学的客观性，另一方面又必须正视其价值性属性，在实践中保持"必要的张力"。

二、体制与运行问题

改革开放以来，中国人文社会科学进入了全面快速发展时期，与国际学术水平的差距逐步缩小，但是，在我国人文社会科学的发展过程中也暴露出了一系列体制与运行机制方面的弊端，它们程度不同地产生了消极影响。

1. 社会评价的不规范

社会承认是推动人文社会科学事业发展的动力源泉。人文社会科学满足社会需要的程度，是人文社会科学获得社会承认的基础。由于社会需要的发展与社会价值观念的变化，不同时代对人文社会科学的社会评价往往不同。改革开放之前，人文社会科学主要是通过其政治功能获得社会承认的，而在功利主义占主导地位的当代社会价值观念视野中，人文社会科学难于获得应有的社会承认。目前，人文社会科学社会评价方面存在的问题主要表现在以下几个方面：

（1）社会评价指标体系不合理。

人文社会科学在社会生活中发挥着多重社会功能，实现着多种社会需要。但在以经济建设为中心的社会背景下，经济指标权重增大，经济价值开始成为社会

---

① 邓正来：《关于中国社会科学的思考》，上海三联书店 2000 年版，第 11 页。

评价的主要依据。人文社会科学经济功能的间接性使它在现行社会评价指标体系中处于不利地位，它所创造的其他社会价值权重降低甚至被忽视，难于得到社会全面公正的评价，以获得相应的社会承认。这是导致人文社会科学社会运行过程中诸问题的根源。

（2）奖励机制不健全。

人文社会科学的社会评价主要是通过社会奖励形式实现的。由于人文社会科学经济功能的间接性，往往不为社会所重视。目前，我国尚无人文社会科学的国家级奖励项目，现行的部分省、部级人文社会科学奖励项目也多不正规，奖励额度低，间隔时间长，社会影响小。这与自然科学领域的国家自然科学奖、国家发明奖和国家科技进步奖，以及各省（部）、市等设立的各个级别的各类科学技术奖励规模难以相比。没有必要的社会奖励和社会承认，就难以形成人文社会科学发展的外部推动力。

（3）意识形态因素的片面影响。

人文社会科学的意识形态属性与评价者的意识形态认同感，使人文社会科学的社会评价渗透着意识形态因素的影响，往往使评价活动失去客观公正性。这是导致评价结论分歧的根本原因。

2. 社会地位低下

近代以前，以文史哲为核心的传统人文学科是中国传统文化的精髓，社会地位很高。读书是跻身官宦阶层的主要途径，素有"朝为读书郎，暮登天子堂"之说，知识分子也以"修身、齐家、治国、平天下"为己任。清末民初以来，外来的西方人文社会科学与本土人文学科开始融合，逐步形成了具有中华民族特色的人文社会科学体系。随着科举制度的废除与人文社会科学的迅速分化，逐步出现了职业人文社会科学家的社会角色；人文社会科学原有的显赫政治光环也开始消退，逐渐获得了作为一类学问的社会地位。

改革开放以来，思想文化领域的拨乱反正、正本清源工作，推进了人文社会科学研究的恢复和健康发展。人文社会科学浓重的政治色彩渐渐消逝，畸形的意识形态功能开始弱化。然而，人文社会科学在普通民众甚至领导人心目中的本真形象却未确立起来，往往给人以沉浮不定的神秘形象。在急功近利的文化氛围与片面追求经济绩效的社会环境中，人文社会科学始终未获得应有的社会地位，主要表现在以下几个方面：一是许多人（其中不乏知识分子）仍然带着"文革"偏见看待人文社会科学，无视其科学性和多重社会价值，把政治功能作为人文社会科学的唯一功能。他们对人文社会科学政治功能的理解也是片面的，往往与作为"整人"尤其是"整知识分子"的政治工具联系起来，敬而远之。二是许多人只从经济维度出发，片面看待人文社会科学。他们往往无视人文社会科学对经济发展的多重间接效应，更看不到它的其他社会功能。在这些人眼中只有眼前的直接经济效益，他们觉得人文社会科学只会夸夸其谈，远不及科学技术有用。三是人文社会科学与自然科学在目标、规范、功能、成熟程度等方面的分野，造成了两大知识体系之间的鸿沟与冲突。在以经济建设为中心的国内环境与以综合国力为核心的国际竞争环境中，自然科学的社会地位和作用远高于人文社会科学，因而也占有更多的社会资源。如中国科学院从 20 世纪 50 年代就设立了院士（学部委员）制度，中国工程院从一成立也设立了院士制度，截至 1999 年中科院院士已达 632 名，中国工程院院士也达到了 547 名，而人文社会科学领域至今仍无相应的院士制度，许多杰出的人文社会科学家及其成果难以得到社会的普遍承认。

3. 投入不足

急功近利的文化氛围与功利主义的社会价值观念，不仅使人文社会科学社会地位低下，而且由于经费投入短缺直接制约着人文社会科学事业的发展。从历史角度看，由于我国经济发展水平低下，国家财政拮据，又面临着巩固国防和消除贫困等更为紧迫的重大任务，在改革开放之前，投入不足还可以说是事出有因。然而，改革开放以来，我国经济持续快速增长，国家财力显著增强，但是对人文社会科学投入的增长却十分缓慢，远低于同期对自然科学投入的增长。仅以国家自然科学基金与国家社会科学基金为例，前者基金规模约是后者的 16 倍以上，年均增长速度约是后者的 2.5 倍左右。一些领导只重视物质文明建设，忽视政治文明和精神文明建设。他们认为经济建设与自然科学研究的投入是刚性的，应当予以保证，而人文社会科学研究则伸缩性大，投入可以大大压缩。

对人文社会科学事业的投入大致可分为直接投入与间接投入两部分。直接投入是指用于人文社会科学研究的经费投入，间接投入则是指用于人文社会科学教育、图书情报、仪器设备等支持系统的投入。人文社会科学方面投入不足、社会支持力度不够的影响主要体现在几个方面：一是限制了研究工作的顺利展开和新兴研究领域的拓展，许多有重大学术价值的研究项目，都因研究经费不足而难于进行。如国家社会科学基金资助项目比例仅占当年申请量的 10% 左右，而且资助力度多低于研究工作的实际需求。二是制约着人文社会科学研究的仪器设备更新、图书资料采集、学术交流等工作环节的正常进行。三是大多数人文社会科学工作者的生活水平提高缓慢，收入属社会中等偏下水平，难以应对房改、医改、子女入学等多方面的经济压力，因而他们也难以全身心地投入学术研究，一些学科面临着巨大的生存压力。

4. 急功近利的片面市场化倾向

改革开放以前，我国人文社会科学事业是按计划经济体制运行的。各单位的研究项目、经费、基本建设等都列入计划，由各级财政全额拨款。改革开放以来，为了调动科研院所参与经济建设的积极性和减轻财政负担，国家对科研事业单位进行了一系列改革，减少了对科研院所的财政拨款，逐步把它们推向市场，使它们在服务于经济建设的过程中谋求生存与发展。现在来看，这一系列改革措施比较切合应用与开发型科研机构的实际，因而取得了明显的成效；但不完全符合基础研究尤其是人文社会科学基础研究的实际，产生了许多不容忽视的问题。人文社会科学的经济功能多是间接的，因而研究机构大多难于实现市场化运作。减少财政支持力度，使它们难于开展正常的学术研究，反而挫伤了献身学术探索的积极性。这方面的问题主要体现在如下几个方面：

（1）不利于学科均衡地协调发展。

市场机制虽有利于集中科研力量，解决经济与社会发展中的紧迫问题，但这些问题只是人文社会科学领域的一小部分，远非人文社会科学研究的所有领域。市场化运行机制的弊端在于形成了不公平的学科竞争态势，在促进人文社会科学应用性学科快速发展的同时，却抑制了其他学科的全面发展。以功利主义价值观为基础的这种市场选择，往往会产生社会资源配置上的"马太效应"，造成人文社会科学内部"显学"与"隐学"的分化，甚至淘汰某些"冷门"学科，不利于人文社会科学的学科建设与健康发展。

（2）一些机构偏向单纯企业化运作。

如出版社的企业化运作，使它们往往把经济效益作为首要目标，从而导致学术著作出版难，而迎合大众口味的畅销书甚至低级趣味读物大量印刷。学术刊物的"以刊养刊"，使许多刊物难以为继，被迫改版或停刊；许多刊物不得不向投稿人收取版面费，这不仅加重了研究者的经济负担，而且严重影响到刊物的学术水准。在这一企业化运行体制下，金钱成为许多出版社或学术刊物的"入场券"。有钱，低水平的论著也可以发表；没钱，高质量的论著也难以面世。

（3）学术队伍衰减，后备力量不足。

人文社会科学特别是人文学科的投入不足与市场化的人才流动机制，直接影响着青年一代的职业选择，进而影响到学术队伍的未来发展。青年人尤其是优秀青年的价值取向与职业选择，决定着社会各行业的未来兴衰。近年来的高校扩招主要集中在理工科应用类专业，人文社会科学各专业除法、商等部分应用类热门专业外，报考的优秀青少年人才愈来愈少，人文基础学科门庭冷落。人文社会科学的学术队伍建设不仅滞后，而且其内部各学科之间又存在着严重的失衡现象。

三、国际化与本土化问题

正如全球化一样，人文社会科学的国际化同样也是一股不可抗拒的浪潮，成为其发展的重要走向。在走向国际化的过程中，中国人文社会科学既面临着与世界人文社会科学相融合的新问题，也面临着保持自身发展的独立品格的新挑战。

人文社会科学的国际化包含着两层意思：一是指人文社会科学的发展超越了一国的界限，成为世界人文社会科学的重要组成部分，具有与国际人文社会科学界对话的能力和地位，得到国际人文社会科学界的承认；二是中国的人文社会科学家能以全球的视角，从世界的高度，从整个人类实践的高度来反思中国的人文社会现象和问题，建构中国的人文社会科学理论，引导人们的价值追求。评价人文社会科学国际化程度的指标主要有：认识主体的国际化、认识客体的国际化、科研信息的国际化、研究行为的国际化、研究成果的国际化和人文社会科学研究的政策体制的国际化等。

1. 国际化问题

不应否认，中国人文社会科学的国际化程度近年来有了很大提高。从认识主体看，人文社会科学工作者现在已较容易获得支持到国外进行学术交流，参与国际合作研究项目和国际学术活动。从研究的客体或对象看，中国人文社会科学工作者所关注的问题与整个国际社会是一致的，如对全球化、网络安全与伦理、环境、生态与可持续发展问题的研究就取得了重要成果，获得了与国际同行对话和交流的能力，赢得了国际学界的认可。现代电子通讯和网络技术的普及也确确实实为人文社会科学研究带来了新的活力和助力。但国际化并不是完美无缺的，走向国际化的中国人文社会科学同样面临着国际化的陷阱，遭遇国际化的难题。

（1）西方的研究范式与国内传统融合的困难。

由于西方学术成就的广泛引进，我们现今所使用的理论与方法受其影响很深，尤其是在经济学、社会学、心理学、人类学、管理学等方面更是如此，我们的研究面临着这样的问题：所探讨的对象虽是中国社会与中国社会中的中国人，所采用的理论与方法却是西方的或西方式的。在日常生活中，我们是中国人，在从事研究工作时，我们却变成了西方人。我们有意无意地抑制自己中国式的思想观念与哲学取向，使其难以表现在研究的历程之中……如何协调这种西方式的理论和方法与中国固有传统文化之间的冲突？西方的方法能否真正解决中国自己的问题？而那些较长时间接受西方教育的学者，他们与本国的社团和大学缺乏联系，不太了解国内情况，如何才能使他们发挥特长？这些都是我们必须正视的现实问题。

（2）进行比较研究的困境。

国际化意味着越来越多的国际交流与合作。但在国际合作研究中，由于议程的优先权多在对合作项目提供资助的外来机构和捐赠者一方，他们往往将研究的视角对准我们的问题，我们主要是协助对方研究本地的问题，难以获得对方真实全面的实证材料，很难谈得上真正从比较的观点研究议题。

（3）学术成果交流的不对等。

国际化提供了更多的机会去接触和获取国外的著作，许多人文社会科学工作者如饥似渴地阅读外国作品，并以其作为提升课题研究的指标。对国外著作、学术信息的需求十分强烈，国内翻译和引进国外文章、著作的数量剧增；与此相反，大多数国内文章、著作却从未被翻译成英语或其他语言，难以得到国外同行的了解和研究，不能被纳入更广泛的学术讨论之中。

（4）文化帝国主义的扩张。

文化帝国主义是一种优势文化的心理态势，以本民族文化优于其他民族文化而对之加以排斥和否定，国际化加剧了这种优势心理。国际化网络旨在促进信息、资讯的国际流动，但实质是：网络语言主要是英语，英文的话语霸权充斥网络，其他国家和民族的语言面临着被淹没的危机；同时，网上的信息资源主要来自西方发达国家，其中80%来自美国，这些国家利用其技术和资金的优势，输出各种信息资源，而信息的传播在文化上并非是中性的，发达国家在输出信息的同时也输出其文化倾向、价值观念和意识形态，张扬其话语霸权，这就是区别于军事帝国主义、政治帝国主义、经济帝国主义的文化帝国主义，发展中国家时时面对这些扑面而来的冲击，面临着接受西方文化观念与保持本土文化传统和价值观念的两难选择。

2. 本土化问题

本土化（indigenization）又译为"本国化"、"本地化"或"民族化"。本土化的含义在于使某事物发生转变，适应本国、本地、本民族的情况，在本国、本地生长，具有本国、本地、本民族的特色或特征。中国人文社会科学的本土化主要是将西方人文社会科学的一般理论、概念和方法与中国的文化传统、价值观念和具体实践结合起来，描述、解释和说明中国的人文现象和社会问题，预测中国社会的未来发展，形成自己的理论特色。

本土化的需求并非是中国特有的，它是在第二次世界大战以后美国以外的其他工业国组成的第二世界，和包括中国在内的第三世界国家掀起的一种普遍的学术运动，其原因在于欧美发达工业国家，尤其是美国，在整个人文社会科学领域占据主导地位，其他国家在引进和移植应用外来理论时，常常发现这些理论具有文化的限定性，不适应本国的文化情境，难以应用于本国实践，故而倡导对外来理论进行重新反思。社会学是最先提出本土化取向的学科，在社会学变迁史上，本土化作为一种自觉的群体性的学术活动取向，率先出现于20世纪20、30年代的拉丁美洲（尤其是墨西哥）和中国的社会学界，主要是对具有浓厚西方文化特征的欧美社会学的反思。1953年巴西社会学家拉莫斯在第二届拉美社会学家大会上首次提出本土化运动的主张，要求同仁们丢弃从发达世界运来的"罐装社会学"，建立适于解决拉美问题的学派。在中国，经过了20世纪80年代对西方学术成果的大量介绍、引进和学习之后，各个学科，如法学、人类学、经济学、心理学等，研究力量逐渐加强，也纷纷提出了本土化的发展要求，强调关注本国的社会现实、社会特性和文化传统，进行本土化的理论创新。在全球化时代，当西方发达国家利用其资金和技术优势大力推销其价值观念、意识形态和文化霸权时，本土化研究的意义日益凸显。在本土化研究中要注意的问题是：

（1）本土化的学术取向。

本土化研究的提出主要源于三个方面：一是西方理论具有文化的限定性，不能很好地解释和说明本土的现象和问题，因此要建构本土的理论和方法解决自己的问题；二是随着全球化的发展和西方文化的扩张，民族的、本土的文化有着被淹没的危机，需要本土化的发展以保持本土文化的相对独立性；三是在人文社会科学研究领域内存在大量的套用西方的理论和方法进行"复制型研究"、盲目追随西方的做法，本土化研究就是要对西方的理论框架和研究方法，包括研究的目的以及研究问题的设定等，做出自己的独立分析与判断，形成自己的学术思想和学术风格。

（2）关键在于确立"中国问题"的主体意识。

本土化的目的在于增进对本土社会的认识，解决本土的问题，增强理论在本土社会的应用度。在提出本土化之初，有人开始关注和分析本土的资料，但其所用理论和工具依然是西方的理论框架，其提问的方式依然是西方学术界所建构的问题意识，谈不上是本土化。更进一步，也有人敢于挑战西方的人文社会科学理论，推崇中国经验的独特性，并试图找出西方理论不能做出恰当解释的中国社会现象，从而对西方理论提出某些批评或作局部观点的修正。但这种做法依然不算是本土化，因为那些所谓的独特的"中国经验"之所以能进入这些研究者的视野，实在是由于他们还是以"西方"的视野"发现"了"中国经验"的独特性，至于这些独特的"中国经验"在中国社会里如何获得"同情"的理解，依然不在他们的考虑之列。这表明，当前中国人文社会科学的研究事实上存在着西方的话语霸权，这种话语霸权消解了中国问题本身的重要性，而凸显了西方社会关注的问题。本土化的关键还在于确立"中国问题"的主体意识，切实从中国的实际出发，建构出对中国人的行为及中国社会的组织运作具有确切解释力的人文社会科学理论，真正解决中国自己的问题。

（3）"本土化"应与"国际化"相结合。

本土化与国际化是人文社会科学研究的两个方面。从形式上看，本土化注重本土研究，国际化强调国际交流与研究对象的国际层次，追求理论、概念和方法的普遍性，二者走的是两条不同的路径，但二者并不矛盾。因为完全意义上的国际化研究形成的理论架构、概念系统、方法和研究结果具有文化的普遍意义，适用于描述和解释不同国家或地域的总体状况；但由于研究对象处于不同的地理和人文环境而具有特定的文化限定性，因此，就需要在特定文化背景中将具有文化普遍意义的研究的指导理论和概念具体化、可操作化，使之适合各个特定的文化，这时，本土化就要被强调。只有这样，人文社会科学的研究才可能既具有普遍意义，又能获得有关特定文化的详细资料，被应用于具体的文化情境中，解决各个具体文化背景下的具体问题。由此，没有必要人为地去树立本土化与国际化的二元对立，也没有必要做出非此即彼的选择。以国际化取代本土化必然导致中国文化特征的丧失，而过分强调本土化、斥责外来文化也会滋长片面的民族主义情绪，造成对外文化学术交流的停滞或倒退，这并不符合当下科学的发展趋势。正确的态度是：顺应国际化的潮流，积极参与国际化的交流与对话，通过本土化来获取参与国际化的能力，利用国际化来扩大中国人文社会科学的影响；在具体的策略上，既不应盲目追随西方，也不应闭门造车，而应既清楚地了解西方人文社会科学的发展思路，又能很好地认识自己的文化传统，通过东西方的比较与分析，在新的更高层面上实现两者的必要整合。

第二节　人文社会科学转型期的学术失范问题

在中国人文社会科学进入学科建制化转型与规模化发展的背景下，学科领域内屡屡发生的科研违规、评价失范、急功近利、以量代质等学术失范与学术腐败现象，凸显了人文社会科学研究中学科主体性失落、学术精神衰微等问题。

一、人文社会科学转型期的市场化冲击

在历经 20 世纪 80 年代的学科恢复、重建与新建后，中国人文社会科学于 20 世纪 90 年代开始经受一场学科建制的所谓"工业化转型"、学科运行的所谓

"市场化转型"的冲击，蓦地驶入了一条以建制规模扩张和产出量剧增为主要特征的高速车道。知识生产方式由个体分散研究为主转向集体合作占优势，研究课题的方向也愈来愈多地由个人旨趣转向社会需要，研究方式则由单一学科、单一领域的学者探索为主转向多学科、跨学科的集成运作，研究成果的定量化特征在社会科学中也日趋明显，不同层面、不同领域知识生产的数量急剧膨胀。这一转型是与改革开放后中国高等教育体制与机制的改变紧密相关的，而后者又深受20世纪80年代以来世界各国高等教育的市场化浪潮的影响和推进。

对于这一转型中的市场化冲击，美国学者席劳德（Sheila Slaughter）等称之为"学术资本主义"（academic capitalism）。中国人文社会科学的转型在一定程度上成为这种冲击的一个缩影。席劳德等在对美国、英国、加拿大、澳大利亚四国高等教育考察的基础上指出：肇始于20世纪70年代的政治经济全球化浪潮，正在动摇数百年来、尤其是近代工业革命以来形成的大学学术研究专门化的工作模式。这一浪潮引致20世纪80~90年代以来的高校学术劳动性质的深刻巨变——学术资本主义的兴起。学术劳动日益市场化，越来越多的学术研究集中于与市场相联的应用性研究，经济利润成为学术发展的重要推动力。高校教师不再仅仅进行学术研究，而是积极参与到各类基金的申请、资本运作、产品研发、技术转让等种种市场化环节中。"他们是学术研究人员，又像来自于公共部门的资本主义者，还是拥有国家补助的企业家。"① 这些现象都被称为"学术资本主义"，即"（学术）机构和专业人员以获取外部资金为目的的市场化或类似市场化的行为。"②

只有在这一背景下，我们才能更好地理解人文社会科学评价问题的缘起与实质。高等教育转型所经受的市场化冲击究竟如何对学术精神以及人文社会科学的发展产生影响？在市场利益的诱导下，学者如何在知性的追求与物质的生存及享受间获得平衡？转型中的市场化冲击是否导致人文社会科学评价问题的结构性失控？这些问题都需要我们认真思考。

二、学术失范与规范重建

1. 愈演愈烈的学术失范和学术腐败

伴随这一转型的，是20世纪90年代以来学界学术失范和学术腐败行为的泛

---

① Sheila Slaughter, Larry L. Leslie, *Academic Capitalism: Politics, Policies, and the Entrepreneurial University*, Johns Hopkins University Press, 1997.

② 同上。

滥。这些行为被定义为："在当今学术界，在学术团体的组建、学术站点的设立、学术职务的评聘、学术资源的分配、学术成果的评价、学术奖励的颁发、学术刊物的运作、学术著作的出版、学术规章的制定等方面存在着缺乏规范，或有规范不依，或规范本身不合理，从而贻害中国学术事业的现象。"① 具体表现为：巨量的低水平重复、抄袭剽窃现象的普遍、学术成果的粗制滥造、各类评价满天飞的泡沫学术局面，以及学术权力滥用、学术原则与学术精神的丧失。②

（1）巨量的低水平重复。

其最突出的表现在于大学教材、参考书的编写上。大量的教材从理论表述到篇章结构雷同，"千书一面"。据报道，自 20 世纪 80 年代以来我国出版的各种版本的马克思主义哲学教材已超过 300 种，仅国家图书馆收藏的书名同为《马克思主义哲学原理》的即有 65 种，其他学科如中国革命史、中国近代史、法学概论、大学语文等教材也有类似的情况。这些教材常常是找来三四本已有的教科书，对原有框架体系略为变动，章节顺序上稍作调整，材料内容上加以综合，文字叙述处理一下，即大功告成。

（2）抄袭剽窃现象的普遍。

抄袭剽窃是又一严重的学术失范行为，从论文、教材、辞典到学术专著均有不同程度的抄袭剽窃行为，并普遍化，涉及由高到低的不同层次，从院士、校长、教授、副教授、讲师，到博士生、硕士生、本科生。关于学界抄袭剽窃并没有确切的统计，仅据反抄袭剽窃的著名网站新语丝的统计，就可见一斑。该网站自 2000 年开始关注学术腐败，到 2005 年，就先后揭露了四五百例失范者，其中大多为有一定影响力的学术人员，而这显然只是冰山一角。③

（3）粗制滥造、泡沫学术。

近年来，国内公开发表的学术论文、出版的刊物和书籍数量剧增，但"量"的增加并不必然地伴随着"质"的提高，相反有很多是以"质"的降低和"独创性"的缺失为代价，学界出现了粗制滥造，"繁而不荣"的泡沫学术格局。就辞书而言，据统计资料显示，新中国建立以前的 30 年中，我国仅出版辞书 890 种，而新中国建立以来出版的辞书超过了过去 2000 多年的总和。仅从 1980 年到

① "学术规范与学风建设"笔谈会的编者按，《自然辩证法通讯》，2000（2）。
② 杨玉圣把这一时期学界对失范现象的分析概为六点：缺乏尊重他人成果的学术意识；缺乏健全的学术评价机制；缺乏学术积累和问题意识、自说自话，难以与国际接轨；低水平重复与学术"泡沫化"；学术道德败坏，其中不断泛滥抄袭剽窃浪潮最为令人头疼。参见杨玉圣：《90 年代中国的一大学案——学术规范讨论备忘录》，载杨玉圣，张保生主编：《学术规范读本》，河南大学出版社 2004 年版，第 702～729 页。
③ 方舟子：《世界一流大学建设和学术规范》，载《浙江大学演讲实录》，2005。

1992 年，我国出版的各类辞书就达 4 100 种。① 大量辞书的问世表面上带来了辞书出版的繁荣，但是学术界与辞书界的学者对此不以为喜反以为忧，因为辞书中有大量的劣制品，靠抄袭剽窃、胡编乱造而成。某"辞书编纂专业户"，以 10 年左右的时间，主编、自编出版了 25 部词典，共计 1.7 亿字，"年产量"是 1 700 万字，"日产量"是 49 315 字。

（4）评价失范。

与学术产出的泡沫化相伴而生的是各类评价的满天飞：怨声载道的各类职称评定；引发众多争议的人文社会科学成果评价；激烈的学术期刊评价；沸沸扬扬的中国高校排名、学科排名；等等。这些评价种类繁多、涉及科研活动的各个环节，评价标准、评价效度不一，引发社会与学界的众多争议，更加剧了学术的泡沫化格局。

仅以学术期刊评价为例，随着"核心期刊"在评价中的重要作用，它已由一个图书馆学术文献资源库的初始功能，演变为学术论文水平高低的衡量标尺。但这一标尺却由不同机构，以不同的标准和不同的目的在不同的层面上反复展开，及时熟悉当年度本单位的核心期刊目录已成为学者们的基本要务。十多年来，规模宏大、影响甚广的"核心期刊"的遴选轮番进行。1991 年世界图书出版公司出版《国外科技核心期刊手册》。1992 年北京大学图书馆出版《中文核心期刊要目总览》，1996 年出版第 2 版，2000 年出版第 3 版。同时，北京大学图书馆还于 1997 年、2000 年分别推出《国外人文社会科学核心期刊总览》第 1 版和第 2 版。2000 年，中国社会科学院文献信息中心编辑出版《中国人文社会科学核心期刊要览》，即将推出该书的第 2 版。2001 年国家科技部、卫生部联合遴选出"中国生物医学核心期刊"，也拟出版《中国生物医学核心期刊名录》。2002 年中国人文社科学报学会也在全国高校社科学报评优的基础上，首次遴选出"中国高校社科学报核心期刊"。与此相呼应，中国科学院"中国科学引文索引"（CSCI）公布"核心区期刊"，南京大学推出的"中文社会科学引文索引"（CSSCI）自 1998 年开始公布中文社会科学"CSSCI 来源期刊"；2004 年教育部隆重启动中国高校哲学社会科学名刊工程，如此等等，不一而足。至于各科研院所、大专院校在论文评价时自行编制的"核心期刊"名录，更是五花八门，不胜枚举。

（5）学术权力滥用。

一般认为，学术权力即学术活动的管理权力，涉及教学、科研、学科建设、师资培养、学位授予以及招生就业等诸多方面。狭义的学术权力是指基于专家学

---

① 杨守建：《中国学术腐败批判》，天津人民出版社 2001 年版，第 27～28 页。

者的专业学术地位与知识活动之上而形成的学术支配力、影响力。更为广义的学术权力是指一切学术资源的占有与分配权力。恰当的学术权力是学术有序发展之必需，然而伴随中国高校的迅猛发展，出现了越来越多的学术权力的滥用与腐败。它们集中体现为"权力与现行学术体制的结合和互动……形成了形形色色的以'权学交易'、'钱学交易'为特征，在某种'正当'、'合法'的形式掩盖下的不公正、不公平的学术行为及其现象。"① 这些现象遍布于学术论文发表、职称评定、基金申报、课题立项、成果鉴定、学科点评审、本科与研究生招生等诸多学科发展的环节中。高额版面费问题；各类评审、鉴定中出现的门户之见、亲疏之分、权权和权钱及权学交易；利用招生权和学位授予权，为那些企图谋取学位与学术光环的官员、商人大开方便之门；乃至近年来数起高校重大经济腐败案件都是当前学术权力腐败不同程度的表现。

（6）学术原则丧失、学术精神凋谢。

"繁而不荣，盛而不昌"的泡沫学术局面和更深层的学术权力腐败的背后，是学术原则的丧失。这一现象的普遍化已难以归咎于"人心不古"。当下的情形是：学术的知性原则越来越让位于现实的功利原则，市场化的功利主义行为泛滥；而市场经济赋予功利主义的合法性，反过来进一步消解着知性追求的意义，致使学术精神从整体上萎缩、凋谢，程度之深令人震惊。人文社会科学的主体性、批判性及人文精神定位不清，学界充斥着浮躁气息，以量充质、缺乏精品意识，把学术当成了工业生产的流水线。这一方面表现为对社会热点的大肆炒作，但另一方面对社会的真正的问题又缺乏应有的问题意识和超越情怀。

2. 整饬学术规范

在社会系统中运行的人文社会科学研究活动，必然涉及人文社会科学家之间、他们与所属社会组织之间以及与社会之间等多重利益关系，需要法律和伦理规范的调节。如最基本的原则是研究必须在宪法框架内进行。著作权法、出版法等外部强制约束，旨在使有关研究活动能体现公众的意志和学术发展的需要。而一系列公认的道德规范，如引用他人的学术成果应注明，不能一稿多投，集体研究成果应按贡献大小署名等，则是人文社会科学发展的内部约束力量，它是依靠社会舆论、学会章程、信念、习惯、传统等力量来规范的。

从技术和方法的角度看，学术规范是一种认识规范，是进行科学研究的技巧、方法，是思考问题、分析问题的方式，也是学术创新的基本要素和基本体例；不同的学科具有不同的研究方法和规范，其核心是如何更好地促进学术创新

---

① 周祥森：《与权力结合——产生学术腐败的核心因素》，见香港《明报月刊》，2003（3）。

和知识创新；在价值的层面上，虽然不同的学科会有其各自不同的追求目标、不同的价值观念和不同的思想观念，但各门学科对真、善、美的追求却具有同一性；在制度的层面上，学术规范是制度规范和道德规范的统一，是进行科学研究应该遵循的制度规则。对学术规范不是可要可不要的问题，而是应该怎样建立和如何使规范生效的问题。

（1）学术失范的原因。

分析种种学术失范甚至腐败现象，不少行为人急功近利，以不诚实的态度对待科学研究，以粗制滥造的作品污染读者的视听，以抄袭剽窃占用他人的研究成果，其实质在于将学术研究作为一种谋取私利的手段，将非学术的目的强加于学术活动之中，究其原因，主要有以下四点：

——在道德层面。学术研究主体的道德自律不够，学术共同体学术道德意识不足。且不说抄袭剽窃在法律上有侵犯他人著作权应追究法律责任的后果，就是粗制滥造、游戏学术也是一种对待学术的极不严谨的态度，违反了从事科学研究应有的学术道德。就研究者而言，是科研道德自律不足，缺乏应有的严谨的治学精神和求实的研究态度；就学术共同体而言，则是没有建立良好的学术研究行为规范，没有形成良好的学术批评和舆论环境、健康公正的评价机制和有效的约束、监督机制。自律与他律之间没有达成互补而恶性发展。

——在思想层面。以世俗权力为中轴的意识形态依然起较大作用。"学而优则仕"的传统观念根深蒂固，以世俗权力为中轴的意识形态是人们行为的深层动因，尤其是人文社会科学研究方面，由于缺乏技术上的特征和器物成果的展示，也无法带来生产力上的直接改变，人文社会科学研究工作往往被定位为软任务，最好的出路在于步入仕途。而衡量的标准是什么呢？就要有不仅在质量上而且在数量上也占优势的科研成果，当二者不可兼得时，对"量"的追求便成了粗制滥造的动因。

——在学术评价层面。现行的学术评价制度是种种学术失范行为的"催长剂"。建立在科研成果的"量化"评价基础上的职称评审制度、课题申报制度、成果评审制度和各种评奖制度在客观上滋长了学术失范行为。如评职称、申报课题，主要看发表了多少论文、出了几本专著、编了几套教材、完成了几个课题、获得了什么奖励。"量"的优势真会转成"质"的优势吗？

——在社会大环境层面。任何科学研究都是在一定的社会大背景下进行的，人文社会科学研究也不例外。在当今社会转型时期，追求物质享受、拉关系、走后门、行贿受贿等社会问题突出，科研机构和研究部门也未能免俗，媚俗媚权的现象日趋严重，产生了学术政治化、官本位化、人情关系化、功利化等问题。

（2）整饬学术规范，重建学术道德。

学术失范的影响是恶劣的，当务之急是要探讨如何重建学术规范、整饬学术道德。其实，每个学科根据自己学科的特点都有一定的规范。社会学、政治学、文学、艺术在知识创新方面均有各自的创作体例和思维模式，以贯彻各自的价值观念。但是，精神的、内在的学术规范并不能自然变成外在的行为约束，因此，既要加强人文社会科学工作者自身的道德自律，又要加强人文社会科学共同体的道德约束和监督。同时要依赖于学术评价、奖励制度的完善和发展，加强制度建设和相关的法律建设，加强对违规和失范现象的监控、预防和惩治。规范一旦确立，就要严格执行，严肃查处违规者；转变那种"家丑不外扬"的旧习惯，不手软，不护短，不找借口，不搞"下不为例"，使这些规范内化为科研人员的基本素质。

第三节　人文社会科学评价活动的兴起

人类生活的各个方面都涉及到价值判断，广义的评价可归属为价值判断范畴。科学意义上的评价是价值判断之上的规范化、精确化。人文社会科学由于已成为当代重要的社会活动，本身的规模愈来愈大，作用日趋广泛和深入，针对它的评价活动也不可避免地为人们所关注。但是，由于人文社会科学的特质，对于人文社会科学的评价就需要事先做好厘清的工作。

一、人文社会科学评价的基本分类

评价的实践意义在于，只有通过评价，才能对人类实践活动进行调控，实现有价值的，避免无价值的，从而使人的行为更合目的性。不同的评价目的必定导致评价价值取向的差异和存在形式的区别。依据评价目的的不同，人文社会科学评价呈现为三种基本类型：学术性评价、行政性评价与社会经济效益评价。

1. 学术性评价

"学术评价"是比"学术性评价"更常用的表述。但学术评价常常被简单等同于学术领域内的一切评价（学界评价）。事实上，学术领域内的评价通常包括三种类别：学术性评价、行政性评价和社会经济性评价。为避免以上误解，我们更倾向于采用"学术性评价"这一表述。现代学术性评价传统可追溯到 17 世纪科学杂志的创立。学术性评价是学术界为了促进学术交流、提升学术研究水平，对研究成果知识价值的承认。因此，纯粹的学术性评价就是学术成果的学术价值评价。

（1）历史发生。

1665 年，英国的皇家学会和法兰西科学院先后创立了两份科学杂志。法国的《学者杂志》，内容繁杂，从科学的实验观察报告到一些社会信息都囊括其中；皇家学会的《哲学汇刊》，一份较纯粹的科学杂志，侧重于收录在皇家学会所做实验的说明。科学杂志的创立促进了科学研究的交流，把单纯的印刷转变成了出版，并有助于通过发表的优先性来促进从保守秘密到要求公开化的转变。《哲学汇刊》通过建立一些制度性的方法（如优先权）来鼓励研究者们公布他们的最新研究成果，使成果发表成为在科学档案中永久保存的一种方式。皇家学会取得了巨大成功，它由此囊括了几乎所有的英国科学家（以及许多国外的科学家），使科学家们由纯粹的研究者角色转变为学会成员、杂志撰稿者和读者的三重角色。越来越多的研究者们打破了研究的封闭性，希望通过及时发表研究成果，以得到权威科学家的评价。皇家学会相应建立了对论文发表前的评价制度，以控制稿件的质量，保持杂志和学会的声望。① 英国皇家学会由此开创了现代学术评价的先河。

（2）主要目的。

学术性评价的最初和最基本的目的在于促进学术界有价值研究成果的相互交流，在此基础上逐渐成为认定研究者学术成就的重要途径，促使学术研究的规范化，在更高的阶段中呈现为一种知识发展的自觉。这一过程可概括为以下几点：

——促进学术交流。借助学术评价，学术研究由封闭走向开放。日本科学技术委员会《研究评价指南》制定委员会曾把评价定义为，"一项使研究工作得以顺利展开、在研究人员和评价人员之间进行的学术活动。"② 学术交流使对知识、真理的探索不再是个体研究者的孤独遐想，而体现为研究者之间越来越多的相互协作性和知识共享性，知识的更新速度加快，避免了许多重复性劳动和研究的盲目性。

——提高学术研究水平。学术交流的增多、对优先发表者的承认使学术竞争加剧，迫使更多的研究者参照他人的成果来继续研究。研究者可以根据外部学术共同体的评价对自己的研究进行较客观的衡量，有助于激励其不断提升学术研究水平。

——规范学术研究。一方面缘于学术发表的格式要求，一方面缘于对他人研

① ［美］R. K. 默顿：《科学社会学》（下册），商务印书馆 2003 年版，第 636～646 页。
② 卜卫、周海宏等：《社会科学成果价值评估》，社会科学文献出版社 1999 年版，第 62 页。

究工作的尊重，学术研究日趋规范化，规范化写作也成为学术评价的一项内容。当然，这一规范化进程非常缓慢，"用了一个世纪的时间，科学杂志的版式才或多或少地确立下来，而注脚和引证索引这些学术注释的普遍采用甚至花费了更长的时间。"①

——学科发展的知识自觉。如前所述，学术性评价是一种学科发展的知识自觉。它以普遍知识和真理的探索为最高目标，引导学术研究活动不断取得知识进步，以对学术创新的激励保持学术发展的持久生命力和存在意义。知识自觉抗拒功利追求的泛滥、超越现实的功利性。

2. 行政性评价

现代科学发展的一个重要特征在于建制化，学术研究从纯粹的个人兴趣和闲暇爱好转变为一种社会职业的要求；现实的功利追求逐渐弱化了"为认识而认识"的纯粹知识追求。学术研究者们由纯粹的学者转变为学者与雇员的双重身份。全球化背景下的竞争压力，使各类学术建制单位间的学术资源、学术水平的竞争日趋激烈。建制单位（政府、学术机构等）需要对学科建制的各个层面进行评价，以进行更为有效的公共资源分配，促使知识向有利于其所处社会经济、国家利益、民族利益的方向发展，并保持发展的有序性。行政性评价的必要性由此凸显。在当代，随着政府在学科发展中主导作用的增强，学术建制化的程度日趋加深，行政性评价实际上已成为人文社会科学评价的主要形式和影响学科发展的主要因素。

（1）行政性评价的界定。

对于行政性评价，学界并无明确的界定，通常有两种代表性的观点：一是行政评价就是由行政管理部门所进行的评估活动；二是行政评价就是政府采用行政方式进行的评估。这两种观点都过于宽泛，无法与公共领域内其他行政评价区分开。我们认为，学术领域内的行政评价更准确的称呼是"行政性评价"，它指学术建制单位以学术建制的发展为目标，对其人员与机构学术贡献的评估。需要指出的是，行政性评价的"学术贡献"并不主要指学术研究对学术发展的贡献，而是指学术成果对建制发展的贡献。行政性评价具有以下几个特征：

——建制性。这是行政性评价的首要特征。评价由建制单位进行，评价的目的在于推进建制的发展，鼓励研究人员多出成果，被评价者也是建制内人员与机构。这是因为，作为学术研究者，科学家的劳动成果仅需要得到科学共同体的承认；但作为建制单位的雇员，科学家还应得到受雇的建制单位的承认。建制单位

---

① ［美］R. K. 默顿：《科学社会学》（下册），商务印书馆 2003 年版，第 646 页。

也需要通过建立评价系统来对研究者的价值进行合理估量，奖励佼佼者，激励后进者。行政性评价作为一种建制内的激励制度，通过成果评奖、业绩评估等形式，鼓励研究人员多出高水平成果。政府设立的国家级的奖励系统，通过评估进行奖励，奖励则是为了激励。

——荣誉性承认。行政性评价更侧重于荣誉性承认，是对优异给予充分的肯定而不仅是工具性展示。行政性评价的实质是建制单位对学术研究者在增进科学知识、推进建制发展方面所做贡献给予的承认和荣誉。这一承认并不排斥物质层面的鼓励，但其更重要的意义在于它是来自官方机构正式授予的价值肯定。美国学者杰里·加斯顿曾指出，对一名科学家来说，其唯一财富在于承认他是一位对科学发展贡献了知识的人，（国家）"对科学研究的承认是对科学活动价值的一个重要强化。它有助于保证科学共同体内对过去的重要研究负有责任的科学家将继续从事研究。得不到适当的承认可能会鼓励大量有能力的和多产的科学家从事那些可能会带来某些其他类型奖励——也许是金钱——的活动。"① 显然，科学共同体在此处是被理解为建制中的科学研究的共同体。

——服务于管理。作为一个社会部门，学术建制单位需要对其绩效进行有效的控制和管理。经费投入与支出、学术研究主题、研究人员的科研业绩都需纳入这一管理之中。在此意义上，评价就成为一种必需的管理手段。以我国科研建制中普遍采用的课题制为例，课题是国家对学科发展经费投入的重要方式。课题的选题方向、经费投入方式、结项成果等都需要进行合理的评价，以满足学术研究与社会的应用需要。从科研管理的角度来看，人文社会科学评价的宏观目的和意义在于，以评价来促进人文社会科学健康、有序地发展。评价是要服从管理目标的。科研管理的需要在当下成为人文社会科学评价成长的主要推动力之一，科研活动很大程度上左右着评价标准的实施，评价标准常常因科研管理阶段、目的、对象不同而改变。如借助科研管理手段的导向作用，清华大学被美国《科学引文索引》（SCI）收录的论文数短短几年内由几百篇上升至两千多篇。②

在技术层面上，评价服务于管理，自然对评价方法提出了运作效率的要求，评价应该在保持评价功能的基础上尽量简化、提高效率，这样才能为管理服务。但简化不是简单化。在价值层面上，当科研管理借助评价手段左右人文社会科学知识的生产方向时，人文社会科学的主体性问题就将面临严峻挑战。在功利主义场域下，科研管理目的极易为学术单位间的残酷竞争、行政长官意志、量本位思维等非学术因素所控制，错误地引导学术研究的方向，导致学界的结构性浮躁与

① 卜卫、周海宏等：《社会科学成果价值评估》，社会科学文献出版社1999年版，第3页。
② 刘劲杨、刘永谋：《人文社会科学评价问题学术研讨会综述》，载《中国人民大学学报》（哲学社会科学版），2004（2）。

功利。符合知识本性的知识创造，有时也容易沦为满足一定评价硬性规定的定制化知识的批量生产。

（2）主要类别。

人文社会科学领域的行政性评价涉及不同层面的对象，主要包括以下四类：[①]

第一类，成果评价。按不同的分类标准，人文社会科学成果可以有多种区分。从成果的形式上分，人文社会科学研究成果可区分为最终成果和中间成果两类，前者涉及学术论文、研究报告和著作三个主要类别；后者如研究项目建议书、研究项目中期报告等。在国内，成果评价一般就是指最终成果评价，而中间成果归为项目评价范围。从成果的研究类型区分，可分为基础理论研究与应用研究；按学科知识类型分，有人文学科和社会科学层面的区分，各学科具体成果的形式和内容也有所不同。如前所述，成果评价属于"成就的优异"，其问题集中在两个问题上：一是成果的形式差异；二是成果价值的认定特征。

成果的不同区分在现实的评价中是整合在一起的，这使成果间优异性的比较面临难题。仅以基础研究与应用研究的比较为例，基础研究总体上是以主攻学科前沿的重大难题、探索创新知识、创建新理论的理性追求为其目标，这也是学科主体性的根基所在，评价基础性研究的主要标准往往是学术性和创新性；应用研究是运用基础理论和有关知识解决现实问题，评价应用性研究成果的主要标准是研究成果能否通过完善生产管理等途径实现向现实生产力的转化、能否为决策层提供有价值的决策理论依据和设计方案、能否有益于改善人们的社会关系等。基础研究常常需要耗费巨大的时间与付出，其价值也是潜在的；应用研究则常常是当下的，效益是显在的，这两种迥然不同的成果显然近乎无法比较。此外，人文社会科学所涵盖的有关学科如文、史、哲、经、法、教、管等，每门学科各有自己的特色，不同学科的研究成果也难以比较。

研究者多认为，"成果形式都不足以说明它是'成果'，判断是否是'成果'，需要考察成果的实质内容。"[②] 虽然在内涵上还存有很大的模糊性，但创新性还是被公认为人文社会科学成果的首要价值特征，是学术研究和知识进步的标志。然而，如美国社会学家 R. K. 默顿所言，创新性的最大难题为：在人类活动的诸多领域中我们是难以把值得承认的真正的创新与不值得承认的仅仅是新颖之物区别开的。[③] 这的确是难以区别的。

---

① 与本书不同，李存娜把这几类都归为学术评价的类别。参见李存娜：《人文社会科学评价的问题与反思》，载《学术界》，2004（3）。

② 卜卫、周海宏等：《社会科学成果价值评估》，社会科学文献出版社 1999 年版，第 7 页。

③ ［美］R. K. 默顿：《科学社会学》（下册），商务印书馆 2003 年版，第 599 页。

行政性的成果评价与学术性评价在形式上极为相近，都呈现为极强的学术性，都把对知识价值的重视置于重要乃至首位。但它们还是有明显的不同，学术性评价的目的在于工具性承认，它以促进交流为最终目的；行政性的成果评价，是以荣誉性承认为目的，评价是为了评奖或认定。此外，对于行政性评价，它还面临学术与政治、社会价值与学术价值等因建制本身所带来的冲突；对于纯粹学术性评价来说，这些都是力求避免的。

第二类，项目评价。项目评价不同于成果评价之处在于：项目评价是一种计划评价与过程评价，而不是对最终研究成果的结果评价。"项目评估最为关注的是研究结果是否与当初的研究目标相吻合，是否获得了对认识结论起作用的主要因素，以及成果的科学性等。"① 在项目评价中，大多数评价对象都是中间性成果，其创造性、学术价值、社会价值、方法的可靠性和有效性都是不确定的。此外，成果评价是对已有成果学术价值、社会价值大小的衡量；而项目评价更偏重于对研究项目在一定条件下取得学术或社会价值的可能性与可行性的估量。因此，规划性、过程性、可行性是项目评价的突出特征，其核心是对项目研究工作的过程控制，避免造成项目经费投入、人员投入等的失败。在此意义上，它更接近社会经济效益评价。

第三类，人员评价。人员评价是行政性评价中一个承上启下的关节点，包括专业职称评定、学位评定、各类人才评奖等。其中职称评定是对学术及其建制发展影响最大的。全球高等教育市场化所带来的科研竞争，迫使建制单位把科研产出作为专业职称评定的重要乃至唯一依据，而人员专业职称的构成和数量又成为机构评价的重要依据。当下中国的专业职称评定已演变为：建制单位依据其科研业绩（教学业绩只作为基本考虑条件或根本不考虑）对雇员职业能力的评估，并依据品质性优异的差距，分别授予他们不同的荣誉性承认。专业职称评定的这一特征引发了中国人文社会科学发展中的诸多问题，或者说当前人文社会科学评价的许多问题都与职称评定有关。

第四类，机构评价。机构评价处在行政性评价的最高层面，如本科教学评估、大学排名、学科重点基地、博士点评选，等等。机构评价对建制发展具有直接影响，近年来轰轰烈烈的高校排名的背后是激烈的高校生源与经费之争。国内大学重点研究基地、博士点的竞争也早已白热化。

相较其他类型，机构评价具有以下几个显著特征：

——综合性。机构评价通常是对机构的全方面评价，涉及人员、科研能力、科研产出、教学、声望、运营效益等诸多方面。

---

① 卜卫、周海宏等：《社会科学成果价值评估》，社会科学文献出版社 1999 年版，第 9～10 页。

——建制性与社会化并存。机构评价一方面具有强烈的官方性特征，是由建制的高层机构对下属机构的管理和监督。另一方面机构评价也出现了社会化的趋势，一些社会中立性机构开始介入，如各种大学排行榜、大学竞争力的评价。

——荣誉性承认与工具性承认并存。机构评价的重要目的在于授予所评机构某一资质、某种资源占用的权力，其性质属典型的荣誉性承认；但随着机构评价的普遍，并逐渐成为建制管理的一种手段，其工具性意义越来越显著。民间等中立评价机构的介入更强化了这一趋势。每年机构评价排名变化的意义主要在于提供一种优异的展示，荣誉性的认定反而处于从属地位。

3. 社会经济效益评价

社会经济效益评价主要是针对社会科学。自 20 世纪下半叶以来，社会科学的"应用取向"逐渐成为推动社会科学发展的重要力量。社会科学家与社会改革、商业管理决策者们的联盟逐渐扩张，知识分子的角色发生变化，从站在远处的、持批判态度的旁观者变成了积极的政策设计者和技术人员。[①] 社会科学的量化研究由此大为繁荣，以便为应用性研究提供实证性的支撑。伴随社会科学与社会经济现实利益联系的日益紧密，对其进行社会经济效益评价也变得普遍起来。

商业部门与政府管理部门成为社会科学应用性研究的两个主要的主顾。商业部门主要关注社会科学研究的潜在经济价值，对拟采用的社会科学方案进行经济性的评估，"评估的主要内容是测算多大的投入能获得多大的收益"。[②] 政府部门主要是从国家利益出发，关注社会科学研究对于推动经济、文化、社会发展的潜在价值，评估的主要内容是对各种效益的利弊进行比较、估算以及衡量。社会经济效益评价最为突出的特征是：效益性、测算性。

——效益性。社会经济效益评价的目标就是现实效益与潜在效益的比较，并以效益的大小来衡量社会科学成果的价值，这一效益很大程度上就是指经济效益。随着对人文社会科学的投入的增加，评价自然将越来越关注投入产出比。

——测算性。在量化方法、理论的支撑下，社会经济效益评价最为偏重的是经济效益的测算，并把经济效益作为社会、文化效益的根基。一切评价指标都尽可能地量化，并由量化指标间的测算来计算评价的结论。

---

① ［德］彼得·瓦格纳：《20 世纪——社会科学的世纪？》，载阿里·卡赞西吉尔、大卫·马金森主编：《世界社会科学报告 1999》，社会科学文献出版社 2001 年版，第 24～25 页。

② 卜卫、周海宏等：《社会科学成果价值评估》，社会科学文献出版社 1999 年版，第 4～5 页。

二、人文社会科学评价的哲学考量

对评价进行哲学思考的目的在于确立评价的认识论基础。人类社会的评价活动由来已久，但直到现代评价活动的加剧以及19世纪末20世纪初价值论的讨论兴起后，哲学才逐渐把评价作为反思的对象。

一般认为，评价最基本的形式是依据人的需要尺度，对对象的价值判断。"它是一种以把握世界的意义或价值为目的的认识活动，即它所揭示的不是世界是什么，而是世界对于人意味着什么，世界对人有什么意义。"①

价值问题长期以来是被哲学排斥在知识和科学范围之外的。苏格兰哲学家大卫·休谟在18世纪30年代最早发现了事实问题与价值问题的区分，前者的命题是以"是"与"不是"作为联接词，意味着一种对事实的客观性描述；后者的命题是以"应该"或"不应该"作为联接词，意味着一种对事实的主观性判断；我们是无法由前者的"是"与"不是"推导出"应该"与"不应该"的。其后的近现代哲学大多延续了这一思想，并以不同的目的、形式进一步强化了这一分界。逻辑实证主义为追求科学的确定性而把价值排斥出科学的范畴；宗教为捍卫信仰的权威性，把价值与科学的分界作为宗教与科学分界的一个重要基础；人本主义为抬高人的尊严，同样以这一分界作为人不可被科学化的一个理论依据。②其中逻辑实证主义的立场最具代表性，如英国哲学家伯特兰·罗素曾指出，"当我们断言这个或那个具有'价值'时，我们是在表达我们自己的感情，而不是在表达一个即使我们个人的感情各不相同但却仍然是可靠的事实。……如果两个人在价值问题上意见不一，那么他们不是对任何一种真理有不同的看法，而是一种口味的不同。"③

狄尔泰在人文科学中也区分了事实问题与价值判断的不同。他认为人文科学存在三个层次：知识的历史层次，通过感知描绘实在而形成；人文科学理论层次，通过说明前一层次中被抽象分离出来的现实内容的一致性而构成；人文科学的实践层次，以表达价值判断和预定规则为目的。在狄尔泰看来，历史、抽象理论和实践这三个层次的相互作用关系作为一个共同特性遍及于人文科学之中，前两个层次是事实判断，价值判断层次是人文科学的一个本质性特征，它们具有不同的认识论特征。"当人文科学发展起来时，除了它的知识以外，它还会包括一

---

① 冯平：《评价论》，东方出版社1995年版，第30页。
② 同上，第252～253页。
③ ［英］罗素：《宗教与科学》，商务印书馆2005年版，第139、144页。

种与价值、理想、规则和塑造未来的目标相联系的价值判断和命令系统的意识。当我们评估一个制度的倾向和目标时，对它的政治谴责无所谓真实或虚假，只能说正确或不正确；另一方面，一个描绘这一制度与其他制度的政治判断就可以是真实的或虚假的。"①

因此，事实问题是关于客体对象是什么的描述，价值问题是认识者关于对象的意义判断；事实问题有真假之分，而价值问题无真假只有正误甚至"口味"的区别；事实的描述无法直接推出关于该事实的意义，关于事实的意义常常又与事实的真实描述并无直接的关联。这一价值与事实的鸿沟实际上就把价值问题从本质上排除出了知识的范畴，阻碍了对评价的进一步研究。

1. 从判断到评价

价值与事实的鸿沟引发出有关它们的无穷争论。虽然一切事实问题中也渗透着价值的选择，而一切价值判断中也包含着对事实的认定，但二者依然被认为有质的区别。

（1）基于价值关系之上的事实判断。

在价值与事实严格区分的前提下，理论上我们必须思考的一个问题是，评价被视为一种价值判断，而价值判断是被排除在知识与科学的范畴之外的。是否评价就不应具有真假性，评价结果的不同只不过是个人口味的差异呢？结论是：评价是一种价值判断，但价值判断并不等于评价。

评价尤其是科学意义上的评价是对价值判断的规范化与精确化，它们不再是个体的任意评论或某种纯粹主观情感、口味的表达。科学评价呈现为参照一定标准，依照一定程序，对评价对象的价值进行的估量。需要避免的一个认识误区在于，评价的对象并不是客体本身，而是主客间客观实在的价值关系，评价活动的目标就是揭示这一价值关系。有研究者认为：价值在表面上呈现为客体满足主体需要而产生的一种效应、效果，它是可以直接感知的、外在的、丰富多彩的现象。而产生这一效应的主体与客体之间的关系却是内在的、深藏的、难以直接认识的。"评价主要不是对已有的这种效果这种现象的把握，而是对其深藏的作为产生这一效果的主体与客体关系的把握。它主要不是将现有的价值世界映射在人的脑海里，而是运用思维的能动性、创造性去揭示现象背后的价值关系，建构未来的价值世界。"② 评价所表达的是人们对于价值关系的认识、预测，表达的是人们关于已有、现有和将有的价值世界的观念建构。

---

① ［德］狄尔泰：《人文社会科学导论》，华夏出版社 2004 年版，第 27～28 页。
② 冯平：《评价论》，东方出版社 1995 年版，第 31～32 页。

这样，现象观察转化为观念的建构和评价理论的推演，纯粹的价值判断转化为由一定价值事实关系所制约的事实判断。价值问题经由评价转化为一个有关特定价值关系的事实问题，具有了事实性、真假性，评价回到了知识范围。

（2）基于共识性价值之上的客观性。

黑格尔曾列举了客观性的三种含义：外在的客观性，区别于只是主观的、意谓的或梦想的东西；普遍必然性，区别于我们感觉之中的偶然、特殊和主观的东西；本质性客观，即思想所把握的事物自身，以有别于我们的思想，与事物的实质或事物自身有区别的主观思想。那么评价的客观性源于哪里呢？价值关系的事实属性表明，科学评价不是评价者的主观随意，对象的价值意义由某一特定的价值关系所决定，具有事实性。然而，现实中对象的价值意义是丰富多彩的，其价值关系也是杂多的。价值不是对其价值关系的全部表达，而表现为认识主体在价值关系的杂多中的选择。正是特定的选择，确定了特定的价值关系，才彰显出特定的价值和意义。这是评价的价值属性。①

选择代表着人的需要尺度。在此意义上，所有评价都是"主观的"。我们只关心那些对我们最具意义的某一客观实在的价值关系（不论多么间接）。但这一主观性并不来源于个体的任意选择，而是源于基于价值关系事实之上的"人"的价值预设。"人"不再是个体的评论者，而是具有共识性价值选择的评价者。"人"依据一定的规则或理念对价值关系选择进行预设，并使之外化为形式化的特定的评价标准，形成个体的人所无法随意左右的客观性。

2. 评价中的承认与优异

在评价活动中，价值大小是通过不同评价对象"优异"（excellence）的比较而得以体现的；另一方面，评价对象价值的实现又依赖于评价者对其优异的"承认"（recognition）。因此，承认和优异是评价活动中的关键要素。

（1）工具性承认与荣誉性承认。

根据默顿的研究，所谓承认，通常是指这样一种事实，即认识到或确认某种事物，或者把它归于特定的范畴，或者认为它具有某种（优异性）特征。于是，承认可以大致被区分为两个相互关联的含义：一是"确认"，即如果优异的这些品质不能引起有关的其他人的关注，它们往往得不到展示，也不能被认识；二是"接受"或"肯定"，即由一个社会之公共和私人的机构对建设性成就所做的高度评价，使其优异性为当代社会所接受。默顿把前一种含义称为"工具性承认"

---

① 冯平：《评价论》，东方出版社 1995 年版，第 259～260 页。

（Instrumental Recognition），把后者称为"荣誉性承认"（Honorific Recognition）。①

工具性承认是承认的基础，工具性表明人们获取具有社会价值的成就常常处在潜在的和未展示的状态。任何伟大成就或天才若无法获得展示的机会，对其价值的肯定就无从入手。工具性承认意味着评价工作的一个前提是：清除路障使天才得以表现，提供良好的环境使优异性得到展示。荣誉性承认是承认的最终目的。如果说工具性承认的缺失将导致天才或成就的埋没，那么荣誉性承认的失效将导致某项伟大成就或杰出的才华由于那个时代的原因，未引起公众的关注，造成那个时代的重大损失，导致"未获承认之惋惜"："当我们哀叹忽视了被证明是伟大的东西时，为时已晚。损失最大的是我们自己。而才华展现出来而未被注意只是次要的损失。我们除了失去这些外，我们还会有内疚感。我们作为文化的承继者和传播者，没有履行我们不言而喻的责任，没有使杰出的成就放出异彩并给予一定的荣誉。对重大成就的公众承认将构成我们展现文化价值的一种方式。因而可以说，认识不到这类成就我们就会受到指控。"②

简言之，工具性承认要求我们关注发掘优异成就的潜在可能性，关注机会的提供，使这种潜在可能性比在其他情况下更经常地成为现实。荣誉性承认则要求我们关注杰出的成就，使优异得到时代的承认。这两种承认有着紧密的关联，但通常人们忽略，荣誉性承认的不足将会导致工具性承认的失效。在一个天才和才华得不到承认和荣誉的时代，其结果是将出现一个更不利于他们存在的价值世界，导致更多的潜在天才和才华被埋没。

（2）品质的优异与成就的优异。

对应两种不同的承认，优异可区分为"品质的优异"（Excellence as quality）和"成就的优异"（Excellence as performance）③。品质的优异是指应得到社会公众高度褒奖、公众承认的优异品质。它常常呈现为潜在的能力优异和杰出才华的可能性，社会环境成为压制、阻碍它向现实性转化的重要因素。成就的优异是指，显著地具有某种由成就所证实的优异。对于品质的优异，我们是根据其能力做出判断；而对于成就的优异，我们是依据其工作的业绩做出判断。能力与成就的脱节，常常会导致许多有才能的人并未实现他们的目标，成为"成绩不佳者"（under-achievers）；而那些显然平庸的人，却不知怎么做出了超出他们水平的成就，成为"成绩优异者"（over-achievers）。

这表明，品质的优异并不必然带来成就的优异，而成就的优异并不必然对应

___
① ［美］R. K. 默顿：《科学社会学》（下册），商务印书馆2003年版，第578~580页。
② 同上，第580~581页。
③ 也可译为"演绎的优异"，即行为和成绩的优异。

品质的优异。

（3）承认与优异的关系。

默顿细致地分析了承认与优异的关系，提出了在评价中它们之间存在的问题。

——工具性承认与品质的优异。工具性承认的目的在于能使品质的优异得到充分的展示。工具性承认的技术性操作核心就是"对才能、人格和性格等等完整的大量检验和测量的任务，就是试图对人类品质得出一些可靠的外在指标，而这些靠我们的肉眼是做不到的。"① 默顿引入艾伦·格雷格的研究，把品质的优异按其能力类型区分为四种：壁垒型能力（快速上升，又骤然下落）；高原型能力（迅速达到顶峰，并持续保持其位势）；缓慢渐进型能力（一生都很平稳，既没有大的期望，也没有更大的失望）；大器晚成型能力（由于其能力表现太晚而没有被寄予期望，但其会使成功与奇迹结为一体）。显然，工具性承认更有利于前两种类型，偏爱优异的早熟者，对在经济与社会中没有占优势的大器晚成者造成极大的伤害。

——荣誉性承认与品质的优异。这里的问题主要在于，对能力的荣誉性承认应保持多大的范围。当下的社会评价制度对那些竞争中的胜者承认过多，而对于那些只是名列前茅者承认太少，对排名之后的人关注太少。

——工具性承认与成就的优异。不同于不易观察到的能力，成就的优异似乎直接对应着工具性的承认。默顿在此提出一个问题，工具性承认只注重获得优异成就的个人，无法对促进该优异产生的人或称为"促进优异的优异者"进行承认。他认为，这是一个大的损失，因为他们虽然只创造了很少有知名度的成就，"但他们潜在的才能形成了使他们周围的人取得杰出成就的原因，至少是诱因。"②

——荣誉性承认与成就的优异。这里的问题主要有三个。一是对于成就的形式，荣誉性承认遇到的困惑是"什么样的成就能得到承认"，即成就的"单位"问题。对于同一位研究者来说，究竟是以什么成果形式作为授予他荣誉的代表？对不同成就来说，它们之间的优异性又如何比较？这些都是存在的难题。二是一项所谓的成就应从哪些质的方面加以判断？是它的大众性、正统性还是异端性？在历史上，具有真实独创性价值的东西常常因为其非正统性而被人忽视了，被视为异端学说，直到另一个时代才被接受。三是由谁来做出成就的荣誉性判断？学术建制机构数量和人手有限，常常导致一些天才或非常杰出的人物，无法得到指

---

① ［美］R. K. 默顿：《科学社会学》（下册），商务印书馆 2003 年版，第 583 页。
② 同上，第 596 页。

定承认的官方机构的认可，尽管他们出色地展现了这种优异。

第四节　评价问题的严峻走向与反思角度

人文社会科学评价问题并非一个新问题，其相关讨论可追溯到 20 世纪 80 年代末以来学界对学术失范相关问题的持续反思。面对学术失范的泛滥，学界从对学术失范者个体道德行为的谴责，转而关注学术规范的建构。然而，愈演愈烈的学术失范问题并未随之减弱，人文社会科学评价问题愈益凸显。这一凸显既是学术规范化思考的延续，更是现实困境的必然选择。

一、从道德谴责到学术规范化

学术失范首先展现为学者的道德失范，从 20 世纪 90 年代初的警觉，到2002 年初恶性事件的迭起，学界对涉嫌失范者的谴责从未中断过。20 世纪 90 年代一批敏锐的中青年学者提出、参与了这一代表学界"全面自觉地反省与批判意识的兴起"的大讨论，掀起了一场"大规模的学术规范化运动"[1]，其中涉及何谓规范化，为什么要规范化，要什么样的规范化，要不要规范化，如何规范化等重要问题。[2]

究竟什么是学术规范，学者们见解不一。梁治平指出，"小至学术纪律、引证规则，大至学术传承、学术道德和秩序，都可以包括在规范的概念里面。"[3]陆学艺、景天魁在论及社会学规范化的学术建设时认为，这一规范化涉及科研与管理两个方面。前者包括操作层面的研究规范、知识层面的创作规范与道德层面的学术品格规范，后者指课题论证要符合严格的程序和规范的格式，成果评价要有科学标准等。[4] 陈平原很早就担心，规范会制约思想的自由。这一讨论并无定论，但种种关于学术规范的热烈讨论至少表明两个事实：一是中国人文社会科学在经历"文革"后学科的重建、20 世纪 80 ～ 90 年代的发展后，正开始准备新的

---

① 方文：《中国社会科学：学术规范、学者自律及社会监控》，载《中国书评》，1996（10）。

② 杨玉圣：《90 年代中国的一大学案——学术规范讨论备忘录》，载杨玉圣、张保生主编：《学术规范读本》，河南大学出版社 2004 年版，第 707 ～ 729 页。

③ 梁治平：《规范化与本土化：当代中国社会科学发展面临的双重挑战》，载《中国书评》，1995（3）。

④ 陆学艺、景天魁：《中国现代化进程中的社会学》，载《中国社会科学》，1997（6）。

转型，将逐步走向学科发展的规范化；二是学界希望通过学术规范化运动的洗礼来涤清当下学界泛滥的学术失范行为。作为这一讨论一个阶段性的成果，《高等学校哲学社会科学研究学术规范（试行）》历时三年于 2004 年 8 月由教育部正式颁布，在明确中国人文社会科学研究学术基本规范的基础上，对研究程序规范、学术引文规范、学术成果规范、学术评价规范、学术批评规范都给出了原则性的确定，被视为"学术宪章"的诞生。

表 2 - 1 概述了近年来有关学术规范建设的大事。

表 2 - 1　　　　　　　学术规范与学术评价大事记（1991 ~ 2007）

时　间	事件描述
1991 年 11 月	陈平原等主编的《学人》第一辑（江苏文艺出版社出版）"学术史笔谈"栏目发表陈平原、蒋寅、梁治平、刘东、许明等学者有关学术史与学术规范的文章
1994 年 11 月	《中国社会科学季刊》（香港）编委会等主办的"社会科学的规范化与本土化"专题研讨会在北京举办
1995 年 1 月	邓正来主编的《中国书评》（香港）从总第 3 期开始设立"社会科学规范化与本土化讨论"专栏，陆续发表梁治平、陈来、朱苏力、邓正来、张静、徐友渔、林毅夫、刘东、童世骏、张曙光、许纪霖、杨玉圣等的讨论文章 20 余篇
1996 年 7 月	《自然辩证法通讯》发表李佩珊、薛攀皋的《是英文问题，还是科学道德问题?》
1997 年 3 月	《历史研究》第 2 期发表浩力的《必须遵守学术规范——从"强国之梦"系列丛书说起》
1997 年 10 月 26 日	北京大学中文系、北京师范大学中文系、中国社会科学院语言研究所等在北京召开"纯净学风与文风，促进语言文字学健康发展"学术研讨会
1998 年 1 月	《历史研究》第 1 期发表葛剑雄、曹树基的《是学术创新，还是低水平的资料编纂?——评杨子慧主编〈中国历代人口资料研究〉》
1998 年 9 月 19 ~ 21 日	《世界历史》杂志社等在南京召开"遵循学术规范，加强学风建设，发展世界史学科"专题研讨会
1999 年 2 月 1 日	中国科协所属的 231 家全国性学会主办的科技期刊共同签署《全国性学会科技期刊道德公约》

时　间	事件描述
1999 年 3 月 14 日	《中国社会科学》编辑部和《历史研究》编辑部在北京召开"学术对话与学术规范"学术研讨会，《中国社会科学》1999 年第 4 期发表杨奎松、谢维扬、李伯重、李强、赵世瑜等的相关文章（11 篇）
1999 年 11 月 18 日	科技部、教育部、中国科学院、中国工程院、中国科协联合出台《关于加强科技工作者行为准则的若干意见》
1999 年 12 月 8 日	《自然辩证法通讯》杂志社等在北京召开"重建学术规范　整饬学术道德"专题研讨会，该刊自 2000 年第 2 期开辟"学术规范与学风建设笔谭"专栏，至 2001 年第 4 期，共发表相关文章 65 篇
2000 年 1 月	《历史研究》等首都七家史学刊物发表《关于遵守学术规范的联合声明》
2001 年 5 月	朱青生著《十九札——一个北大教授给学生的信》由广西师范大学出版社出版
2001 年 10 月 16～18 日	《考古》杂志社主办的全国"考古出版物学术规范研讨会"在北京召开，并达成《"考古出版物学术规范研讨会"共识》
2002 年 1 月	约瑟夫·吉鲍尔迪著《MLA 文体手册和学术出版指南》（沈弘等译）由北京大学出版社出版
2002 年 1 月 10 日	《社会科学报》发表晓声（王晓生）的《北大博导剽窃　叫人如何不失望——王铭铭〈想象的异邦〉抄袭哈维兰〈当代人类学〉》
2002 年 2 月 27 日	教育部发布《关于加强学术道德建设的若干意见》
2002 年 3 月 15 日	北京大学第 451 次校长办公会讨论通过《北京大学教师学术道德规范》。同日，首都女教授联谊会在北京举行"加强学术道德建设"主题报告会，并向全国高校教师发出《为高校学术道德建设作出新贡献》的倡议书
2002 年 3 月 20 日	北京大学中国经济研究中心和《经济学季刊》主办"中国经济学学术规范座谈会"
2002 年 8 月 29 日	中国社会科学院党组会议审议通过《中国社会科学院关于加强学风建设的决定》

续表

时　　间	事件描述
2002 年 9 月	《社会科学论坛》第 9 期发表任东来、姜朋、周祥森、张亦工有关学术期刊注释规范的专题讨论文章（9 篇）
2003 年 1 月	《博览群书》发表林猷、田畔、周祥森、杨玉圣等有关学术论文注释规范讨论的专题文章（13 篇）
2003 年 4 月 10 日	中央音乐学院等在北京召开"学术道德问题座谈会"
2003 年 4 月 26 日	《人民音乐》等 16 家音乐学术刊物共同提出《关于加强学术道德建设的联合声明与建言》
2003 年 4 月 28 日	《求是内参》第 7 期发表杨玉圣的《进一步加大学风建设力度，有效遏制学术界的不正之风》
2003 年 5 月 7 日	科技部、教育部、中国科学院、中国工程院和国家自然科学基金委员会联合发布《关于改进科学技术评价工作的决定》
2003 年 5 月 28 日	《中国政法大学学术规范》经该校校长办公会讨论通过
2003 年 11 月	教育部哲学社会科学重大攻关课题"人文社会科学研究成果评价体系研究"正式批准立项，由中国人民大学刘大椿教授任首席专家
2004 年 2 月	清华大学校务会议讨论通过《清华大学关于加强学术道德建设的若干意见》、《清华大学教师学术道德守则（试行）》和《清华大学关于教师校外兼职活动的若干规定（试行）》
2004 年 2 月	"人文社会科学评价问题"学术研讨会在北京召开，来自全国社科规划办、教育部社政司、中国人民大学、中国社会科学院、中央党校、清华大学、南京大学、武汉大学、华东师范大学等单位的 20 多位专家学者参加了会议
2004 年 4 月	杨玉圣、张保生主编《学术规范读本》由河南大学出版社出版
2004 年 5 月 15～16 日	《云梦学刊》编辑部在岳阳主办"学术期刊发展战略研讨会"，并讨论、通过了《岳阳宣言——遵守学术规范，推动学术发展》
2004 年 6 月 22 日	《高等学校哲学社会科学研究学术规范（试行）》经教育部社会科学委员会一致讨论通过

续表

时　　间	事件描述
2004 年 8 月 26 日	教育部新闻办公室召开第 27 次新闻发布会,《高等学校哲学社会科学研究学术规范（试行）》正式下发各高校
2004 年 8 月	邓正来主编《中国学术规范化讨论文选》由法律出版社出版
2004 年 10 月	杨玉圣、张保生主编《学术规范导论》由高等教育出版社出版
2004 年 10 月 17 日	"首都中青年学者学术规范论坛"在北京举行,讨论和签署了《关于恪守学术规范的十点倡议》
2004 年 11 月 3～4 日	教育部社政司主办的"全国高校学术规范与学风建设论坛"在杭州成功举办,教育部副部长袁贵仁作题为《加强学术规范与学风建设　不断推进哲学社会科学的繁荣发展》的主题报告
2005 年 2 月	一批以学术规范为主题的专著陆续出版,包括王恩华著《学术越轨批判》（湖南师范大学出版社 2005 年 2 月版）、江新华著《学术何以失范——大学学术道德失范的制度分析》（社科文献出版社 2005 年 8 月版）、南京大学社会科学评价中心主任叶继元著《学术规范通论》（华中师范大学出版社 2005 年 8 月版）、刘明著《学术评价制度批判》（长江文艺出版社 2006 年 1 月版）等
2005 年 3 月	《曲靖师范学院学报》2005 年第 2 期封二刊登了《关于恪守学术规范的十点倡议》,表明学术规范、学术精神得到更多地方性学术机构的响应
2005 年 3 月 23 日	"陈丹青辞职事件"。《中国青年报》刊出题为《陈丹青:我不想呆下去了》文章,自此陈丹青于 2004 年 11 月向清华大学辞职的事件成为媒体、网络、知识分子以及更广泛的公共话语圈深受关注的话题
2005 年 6 月 24 日	"贺卫方停招事件"。北京大学法学院教授贺卫方在网上发表了《关于本人暂停招收硕士生的声明——致北大法学院暨校研究生院负责同志的公开信》的声明,决定自 2006 年起,不再招收研究生。成为又一涉及学术体制的讨论热点话题
2005 年 11 月 24 日	两院外籍院士、美国哈佛大学教授何毓琦给宋健同志写信,阐述自己对中国学术失范问题的考察。该信后经《科学时报》以《一位外籍院士致信宋健:中国学术失范的原因及实例》为题于 2006 年 2 月刊发

时　间	事件描述
2006 年 1 月	《光明日报》新增的观察版首期便聚焦于学术评价方法问题，刊发了北大中文系以代表作制度对学术评价体系改革的文章。其随后刊发的一系列相关文章进一步激发了国内各界对该问题的深入讨论。一批自然科学领域的院士、哲学社会科学界的资深学者都参与到了有关的讨论中
2006 年 1 月 5 日	中国人民大学召开"中国人民大学书报资料中心 2006 年顾问座谈会"，与会专家围绕如何编好《人大复印报刊资料》，维护学术规范、倡导学术创新，发挥《人大复印报刊资料》在建构中国学术传统和推进中国人文社会科学研究方面发挥更大的作用这个中心议题展开了研讨
2006 年 3 月	《2005：中国教育发展报告》出版，该书以学者的视野明确指出，"计划学术"强调数量而轻视质量的导向，成为学术生产质量滑坡、水平下降的重要原因
2006 年 5 月 ~6 月	教育部先后下发两个有关人文社会科学学术规范的重要文件：《关于树立社会主义荣辱观　进一步加强学术道德建设的意见》、《关于大力提高高校哲学社会科学研究质量的意见》
2006 年 7 月 13 日	中国社会科学院授予方克立等 47 人为中国社会科学院首批学部委员，同时授予了 95 位中国社会科学院首批荣誉学部委员称号。这件事，被称为推进"文科院士"的一个重要举措
2006 年 11 月 7 日	教育部社会科学司副司长袁振国在接受《人民论坛》采访时认为，学术失范严重阻碍了学术进步，影响了学术声誉，败坏了社会风气，必须下大力气制止。他同时指出了学术失范的四个主要原因
2007 年 1 月 11 日	北京大学正式发布《北京大学研究生基本学术规范》
2007 年 3 月 14 日	人大代表们提出治理学术腐败的三方面措施。包括完善惩治学术腐败的法律体系；建立一套科学的、独立的、完整的评判体系；对学术腐败行为要一查到底，绝不姑息。新华社对此进行了报道
2007 年 3 月 23 日	中国科协出台了《科技工作者科学道德规范（试行）》，以引导广大科技工作者自觉遵守科学道德规范，抵制学术不端行为，净化学术风气

续表

时　间	事件描述
2007 年 5 月 25 日	在《学术月刊》创刊 50 周年之际，国内多家学术期刊代表围绕"学术期刊与学术创新"这一论题，就学术期刊如何在繁荣学术、增强学术规范、引领和推动学术创新等方面发挥作用发表看法
2007 年 8 月	北京大学出版社推出"学术道德与学术规范系列"图书。该系列分别从学术道德、文献搜集、研究资讯的管理、阅读和写作指导、科研计划书的撰写、论文写作与发表以及科学研究的基本方法等方面，简要阐述了国际学术的基本规范。此外，2007年北京大学出版社还推出了译著《科研道德：倡导负责行为》；华东师范大学出版社也出版了《诚实做学问：从大一到教授》的学术规范工具书

注：表中 2005 年前内容来自英堂：《学术规范建设大事记（1991～2004）》，载《社会科学论坛》，2005。

二、走向规范化的学术性评价

令学界最为尴尬的是，伴随学界反思的深入和普遍，学术失范行为依旧严重，甚至成为更大的泡沫——学术失范的失范。学术失范、学术腐败的相关讨论成为近年来关注程度最高、关注范围最广的热点和焦点，相关文献（尤其是论文）空前膨胀，众多论文均为跟风追潮之作。我们以中国期刊网数据库为统计基础，分别选择"学术失范"、"学术腐败"、"还原论"不同篇名关键词进行搜索。1991～1995 年在篇名中涉及"学术失范"与"学术腐败"的学术文章均为零；1996～2000 年也仅有 8 篇涉及；而到了 2000 年后，与它们相关的文章剧增，分别达到了 181 篇，增长幅度惊人。作为一种比较，"还原论"这一学术论题则显示出较稳定的变化规律，1991～2000 年均稳定在 6～9 篇，2000 年后即便有所提高，也未如前者数十倍般的增长（见表 2－2）。

表 2－2　　　　不同关键词在中国期刊网的搜索结果*

篇名关键词	1991～1995 年	1996～2000 年	2001～2005 年
学术失范/学术腐败	0	8	181
还原论	9	6	23

*需要指出的是，这一比较只具有相对的意义。2000 年后中国期刊网的来源数据本身有所增长，也是导致 2000 年后相关文章篇数增加的一个原因。此外，也不包括一些不以相关关键词为篇名但却讨论该问题的文章。

显然，形式化的学术规范还不足以对学术失范行为产生直接的影响力，必须走向更为实质性的评价体系反思，学术评价问题就成为必须关注的严峻问题。有学者认为，"这十年的学术规范化讨论只是中国学术规范化运动的第一阶段。中国学术规范化的运动，其目的不仅在于建立各种形式的学术规则，而且还更强调学术内容的实质性规则，比如说如何建构学术评价机制、如何建构学术研究范式以及如何营造中国社会科学的知识增长传统，等等。"①

三、对人文社会科学评价问题反思的不同角度

人文社会科学评价问题是一个复杂问题，涉及评价背景、评价者、评价对象、评价标准、评价目的、评价方法等众多要素；跨越学者、成果、机构、制度、文化等多个层面，并引发教学与科研、学术创新与学术规范、学术精神与现实需要、国际化与本土化、学术导向与市场导向等学科发展不同价值取向间的激烈冲突。迫切需要从不同角度对这一问题进行梳理、剖析，以期获得一个全面深刻的理解，并提供可能的解决途径。

1. 学科角度的反思

"什么是人文社会科学的学科特质"是该层面的中心问题。人文社会科学成果评价的难度巨大，在很大程度上是由人文社会科学的学科的特殊性造成的，其特殊性突出表现在以下三个方面：

——人文社会科学成果的非定量化、非公式化，社会、经济效益的时滞性，产生价值的潜在性，都使人文社会科学的评价有很大难度。以建构人类精神和意义世界为主要目标的人文社会科学成果，完全不同于工业流程的文化产品，它们的价值是难以完全估算和评价的。

——学科的多样性与差异性使人文社会科学评价对象极其复杂。人文社会科学是一个十分庞大、复杂的体系。在大的层面上，人文学科和社会科学本身就不尽相同。具体到学科内部，无论是人文学科所涵盖的文学、史学、哲学，还是社会科学所包括的经济学、法学、社会学、管理学等众多学科都有自身鲜明的特色，在一定程度上，哲学的成果和经济学的成果、史学的成果和管理学的成果、文学的成果和法学的成果是不可通约的。

——当前人文社会科学内部及其与自然科学之间，呈现出越来越强的跨学科

---

① 邓正来：《知识生产机器的反思与批判——迈向中国学术规范化讨论的第二阶段》，载《西南政法大学学报》，2004（3）。

和综合化发展趋势，打破了许多已有学科的界限，更增加了成果评价的难度。如人文社会科学整体性研究态势增强，应用性研究比重加大，东西方文化互补日趋活跃，社会科学与自然科学的联盟更加紧密等。一方面学科的多样性与差异性要求评价反映出该学科的个性，另一方面学科界限的模糊化又需要打破既有模式进行评价。

2. 价值角度的反思

评价总是与一定的价值衡量有关。人文社会科学以社会历史事实为研究对象，本身就是以对社会现象的价值和意义做出判断和评价的形式而存在的。因此，人文社会科学评价呈现为"对评价的评价"。这先在性地决定了一切人文社会科学的评价总要在不同的程度上面临一种根本性的技术困境：假如把某种评价价值视为超越其他价值之上的评判标准，则这种评价在学术上是不公正的；假如坚持学术的公平和公正，使任何一种价值都处于其他价值的批判之中，则不存在任何评价。这一困境表明，绝对公平的、完全公正的人文社会科学评价是不存在的。因此，如何选择是极其重要的。

3. 方法角度的反思

量化方法在克服主观性，增强能行性，提高评价效率方面具有很大的优势。对科学评价的历史追溯表明，国外和国内的相关评价研究，总体上都处于由科技评估向人文社会科学评价拓展的过程中。世界各国都经历了从定性、定量，到定性与定量相结合的方法过渡，大致包括同行评议、指标量化评价、科研计量评价几种形式。但正是量化方法的普遍使用导致人文社会科学评价的诸多问题。

什么是合理的评价方法？什么是合理的评价标准？人文社会科学适用定量评价吗？评价究竟是追求实质公平还是程序公平？这些激烈的冲突，都需从方法角度展开思考。

4. 制度角度的反思

当前人文社会科学评价出现的问题，从更深的层次分析，是学科转型期本身的矛盾造成的。任何科学的评价只有处于同样科学合理的评价机制、评价体制中才能实现评价的最终目标。没有恰当的、科学的评价，就没有科学的管理，就没有对现实问题的深刻反思和学科竞争力的有效提升，也不会有达到宏伟目标的可行性规划。

何谓合理的评价机制？当前评价体制存在什么问题？如何突破功利场域的束缚，构建合理的知识场域？这些都成为从制度角度思考的问题。

第三章

人文社会科学研究成果评价的
理论与方法

人文社会科学由于自身的特质，对评价有着特殊的要求，因而特别需要加强在评价理论和方法两方面的深入研究。

第一节　国内外人文社会科学研究成果
评价问题的研究进展

一、国内人文社会科学研究成果评价问题研究进展

1. 我国人文社会科学研究成果评价的探索轨迹

如何确保人文社会科学研究成果评价的客观性、有效性、公正性、科学性以及操作的简便性，是 20 世纪 80 年代以来广大科研管理工作者十分重视并且长期不懈地进行探讨的一个重要问题。人文社会科学成果评价的原则恰恰是为了解决在科研成果评价中出现的悖论与问题而提出的基本方针。这些原则在成果评价的实践中已经被社会科学管理界普遍认同，它们是：坚持直接指标与间接指标相结

合，坚持主观评价与客观评价相结合，坚持学术价值与社会效益相结合，坚持科
学性与易操作性相结合，坚持重点评价与一般评价相结合，坚持专家评价与科研
管理部门评价相结合。尤其是前三项原则，是针对成果评价的悖论和矛盾提出来
的，而后三项原则更针对评价操作和指标体系设计中的问题。

但是，由于人文社会科学是以人自身及人类社会作为研究对象，具有不同于
自然科学的研究特点与发展规律，其研究成果评价涉及价值判断与时间判断问
题，较为复杂，也是一个世界性难题，目前还无法找到一个面面俱到的万全之
策，只能根据不同的评价对象、评价主体、评价目的来设计相对适用的评价体
系。尽管如此，我国科研人员与科研管理部门一直没有停止过对这一难题的探索
（见表 2-1），择其要者罗列于下：

——20 世纪 80 年代，社会科学院系统、高校系统就社会科学成果评价问题
进行过多次会议研讨，逐步引起社会科学管理部门和社会科学工作者的关注。

——1994 年前后，有关成果评价的研究由自发分散研究阶段发展到有组织
的系统研究阶段。中国社会科学院设立了"社会科学成果评估指标体系的研
究与设计"重点课题，设计了较为完整的指标体系，在院内试行，并于 1997
年通过了专家鉴定，1998 年正式执行，1999 年出版了专著《社会科学成果价
值评估》。

——1997 年，武汉大学博士生娄策群以《社会科学评价的文献计量理论与
方法》为题撰写了博士论文，1999 年又出版了同名专著，系统地将文献计量理
论与方法应用到社会科学评价中。

——2000 年，南京大学编辑出版了《中文社会科学引文索引》。

——2001 年 7 月 5 日，清华大学讨论形成了《清华大学文科科研业绩考核
指标体系（第三次讨论稿）》，提出"代表性学术成果"制度。之后，该制度在
清华大学、北京大学与南开大学逐步实践与推广。

——2003 年 5 月，中国社会科学院文献情报中心研制出"中国人文社会科
学引文数据库"。

——2003 年 11 月，教育部哲学社会科学重大攻关课题"人文社会科学研究
成果评价体系研究"正式批准立项。

——2004 年 2 月，"人文社会科学评价问题"学术研讨会在北京召开。来自
全国社科规划办、教育部社政司、中国人民大学、中国社会科学院、中央党校、
清华大学、南京大学、武汉大学、华东师范大学等单位的 20 多位专家学者参加
了会议。

——2004 年 4 月，杨玉圣、张保生主编的《学术规范读本》由河南大学出
版社出版发行。

——2004 年 6 月，南京大学的国家社会科学基金重大项目"建立和完善哲学社会科学评价体系研究"获准立项。课题组计划利用"中文社会科学引文索引"（CSSCI）几年来的特色数据及其他数据，结合对国内相关评价系统的分析，采用文献—计量方法、调查法、信息组织方法、系统方法等，从哲学社会科学研究评价体系的宏观和微观研究、被评价者和评价者、人文学科和社会科学学科、评价理论和评价实践等方面进行研究。

——2004 年 6 月 22 日，《高等学校哲学社会科学研究学术规范（试行）》经教育部社会科学委员会第一次全体会议讨论通过。其中"学术成果规范"中涉及抄袭、剽窃或侵吞他人学术成果的问题，以及学术成果应注重质量，反对粗制滥造和低水平重复。"学术评价规范"的内容涉及评价机制、评价基本标准（学术价值或社会效益）、评价机构、同行专家评审、评审意见措辞、评议过程保密、被评价者责任。

——2004 年 11 月 3～4 日，教育部社政司主办的"全国高校学术规范与学风建设论坛"在杭州成功举办，教育部副部长袁贵仁作题为《加强学术规范与学风建设　不断推进哲学社会科学的繁荣发展》的主题报告。

——2005 年 2～8 月，一批以学术规范为主题的专著陆续出版，包括王恩华的《学术越轨批判》、江新华的《学术何以失范——大学学术道德失范的制度分析》、叶继元的《学术规范通论》、刘明的《学术评价制度批判》等。

——2006 年 2 月，《科学时报》刊发两院外籍院士、美国哈佛大学教授何毓琦写的《一位外籍院士致信宋健：中国学术失范的原因及实例》，何毓琦阐述了自己对中国学术失范问题的考察。

——2006 年 3 月，《2005：中国教育发展报告》出版，该书以学者的视野明确指出，"计划学术"强调数量而轻视质量的导向，成为学术生产质量滑坡、水平下降的重要原因。

——2006 年 5～6 月，教育部先后下发两个有关人文社会科学学术规范的重要文件：《关于树立社会主义荣辱观进一步加强学术道德建设的意见》、《关于大力提高高校哲学社会科学研究质量的意见》。

——2007 年 3 月 14 日，人大代表们提出治理学术腐败的三方面措施，包括完善惩治学术腐败的法律体系；建立一套科学的、独立的、完整的评判体系；对学术腐败行为要一查到底，绝不姑息。新华社对此进行了报道。

2. 国内关于人文社会科学成果评价的若干观点

综观国内各界对人文社会科学成果评价问题的认识与研究现状，大致可以分为超越观点、创新观点、计量观点、管理操作观点、综合观点等几种类型。

（1）超越观点。

称其为"超越"，是因为该观点强调人文社会科学与自然科学的学科区别以及人文社会科学研究所特有的独立品格，坚持侧重于成果本身的直接定性评价理念，反对采用引文率、获奖率与课题基金资助等间接指标的定量评价方法，反对简单化，反对一刀切，认为人文社会科学成果定量化造成了学风浮躁与学术研究的失范，是学术腐败之源。他们认为，人文社会科学成果不同于工业流程的文化产品，是人类从各个不同角度对自身和社会、自然的一种理性思考。人文社会科学难以提供像自然科学那样明确的鉴定依据，成果价值与社会效益很难用数字来显示，不能简单地把工程计量的方法搬到人文社会科学领域进行人文社会科学成果评估。持这一观点的学者大多从事人文科学的教学与研究工作，对上述中国社会科学院1998年完成的社会科学成果评估体系非常赞赏。这套评估体系是在对数百位专家的调研基础上完成的，这也说明了这种观点在人文社会科学界具有一定的代表性。所以，这里有必要介绍一下中国社会科学院的社会科学成果评估体系。

中国社会科学院的社会科学成果评估体系的最大特点在于：只以论著本身作为评估对象，不考虑其他外在因素。这些外在因素主要指：一是课题来源。不以课题来源评成果，认为课题来源和级别只反映政府管理机构对社会科学的需求和导向，难以证明其学术价值；二是媒体的报道和评价。不考虑媒体的报道和评价，认为新闻炒作仅是某种政治或商业宣传的需要而无学术意义；三是核心期刊。不承认所谓"核心期刊"，认为自然科学在世界上尚有一些公认的权威学术期刊可以作为一种衡量研究成果的依据，但人文社会科学由于意识形态的差异，国外的权威期刊并不适用于我们，国内的核心期刊不足以反映真正的学术价值；四是评奖。不以评奖论英雄，认为我国的学术评奖非学术因素太多；五是学术同行的引用率。学术同行的引用率暂时无法作为衡量标准，认为我国的人文社会科学界尚无科学引证系统，引证者也没有完全养成遵循引证规范的习惯。

需要指出的是，上述"五不原则"的产生是有其现实背景的：南京大学的《中文社会科学引文索引》在2000年编辑出版，中国社会科学院文献情报中心的"中国人文社会科学引文数据库"在2003年5月研制成功；而中国社会科学院的社会科学成果评估体系的研究时段是在1994年至1998年。所以，应当是由于缺少客观评价工具与社会科学研究成果引证不规范，以及其他的社会文化因素，才造成了当时间接评价指标的不可用，而并非间接指标本身缺乏评价意义。单就中国社会科学院的社会科学成果评估体系来说，其指标体系评价方法的探索确实对我国人文社会科学研究成果定性评价的定量化实现起到了一定的推动作用。

（2）创新观点。

这一部分研究学者主要把关注视野投放在基础研究类成果，对资料类、工具书类与教材类则不予涉及。众所周知，"创新是一个民族进步的灵魂"，创新包括科技创新、理论创新与制度创新。2002 年第 8 期的《中国软科学》在科学技术部办公厅调研室的指导下，就目前社会各界普遍关注的"原始创新"话题，举办了一次题为"自然、人文、社科三大领域聚焦原始创新"的座谈会，中国学术界缺乏"原始创新"的问题引起人们普遍关注。就人文社会科学而言，发表了很多的论文，出了很多的成果，但大量的都是重复，了无新意；或者是反复解说某些已有的结论，原创性的东西极其罕见。人文社会科学由于其具有较强的理论思辨性，研究成果的科学创新性评判不如自然科学那样具有可重复验证性。正因为人文社会科学成果创新性判断与操作的复杂性，才出现目前愈演愈烈的抄袭、剽窃或侵吞他人学术成果的现象，造成大量学术研究的低水平重复与研究资源的浪费。

针对这一问题，有文献提出了超越同行评议的复合型学术评议法。[①] 它提出的优先权焦虑、观点数据库、数字学术版图、基本参考文献与入围承认等概念以及复合型学术评估法很具有科学性与操作性。它认为，避免低水平重复是合理配置资源、提高学术竞争力的一个关键。目前的学术规范中存在着一个缺陷，即既没有避免重复研究的措施，也没有类似专利数据库那样完善的检索查新系统，以致引用不充分的情况很多，重要的成果远不能及时地成为同类研究的基础。一贯实行的由研究者自行选择和引用参考文献的做法是在同类及相关研究不多，信息技术不发达的时代延续下来的、约定俗成的产物，而在信息技术日益发达和普及的网络时代应该有所变革和创新，应该建立基本参考文献制度。基本参考文献制度是指把基本参考文献列为论文（著）的指定参考文献，要求研究者了解这些已有的同类及相关的研究成果的学术规范。指定参考文献有两层含义：一是学界提供基本参考文献数据库，研究者可方便地检索、查阅；二是杂志编辑、审稿人和读者假定作者已经读过这些文献，以此为前提来评价论文。基本参考文献制度的建立是逐渐的，用复合型学术评估法的客观确认可有效地建立基本参考文献数据库。实际上，目前一些高水平的专业文献综述、汇编和研究手册就具有基本参考文献的性质。例如《人大报刊复印资料》可以在一定程度上起到基本参考文献的作用。

复合型学术评议法就是建立观点数据库、数字学术版图和基本参考文献数据库。观点数据库已有一些，尽管还不完全，建议规定论文摘要的格式，写成若干

---

① 参见刘益东：《试论超越同行评议的复合型学术评估法》，载《自然辩证法》2004 年第 1 期。

观点（论点）模块，便于加入数据库和引用。所谓基本参考文献就是将通过了复合型评估法创新性确认的成果，汇集成基本参考文献数据库，其观点和观点名称分别加入和标注到观点数据库与数字学术版图上。基本参考文献数据库和观点数据库，直观清楚，使用方便，利于发现热点、启发思路、制定战略和识别人才。这些学术信息化的工作不仅提高了科研效率，而且也改变了科研和评价的方式。比如学术竞争成为在学术版图上的攻城略地，谁的标注圆圈大，数量多，谁就优秀。以观点模块为单位可以解决质与量的关系：一篇论文可以有多个重要的新观点，而一本书却可能一个都没有。

应该说，在信息技术与计算机网络普及的今天，这种复合型学术评议法的实施已经不存在技术方面的问题，具有可操作性。至于在人文社会科学领域建立基本参考文献制度，条件也基本成熟，因为《人大报刊复印资料》、《中国社会科学文摘》、《新华文摘》与《高等学校文科学报文摘》是广受社会科学界推崇的四大文摘，它们的权威性已经得到了多数学术界人士的认可，只是还没有得到国家法律或政策的确认和维护。可见，该创新观点与评价方法实施的技术条件与学术条件俱备，只差相应的政策与法规支持。

为解决学界的重复研究问题，倡议创新，在其他文献中也有许多类似的提法。例如金武刚在其毕业论文中谈到，"无论社会科学研究成果的类型或形式多么的变化多端，有一点，最根本的评价依据，就是创新。这是社会科学研究生存与发展的最本质的要求。离开创新奢谈社会科学研究是不理智的行为。因此，构建社会科学研究成果的评价方法体系，必须以创新为起评点。"他建议以科技成果创新体系为借鉴，在有关的图书情报机构中，建立类似的社会科学研究成果的创新鉴定中心，承担起社会科学创新的认证工作。以创新鉴定中心的鉴定报告为基本依据，再辅以专家的主观评价，就有可能以创新为起评点，实现客观、公正、科学、合理评价社会科学研究成果方法体系的构建，从而在最大程度上约束了专家的个人主观偏见，这是符合社会科学研究与管理需要的。

（3）科学计量观点。

许多社会科学管理部门和研究人员为了使社会科学成果的评定结论尽可能地符合客观性，减少人为因素的影响，开始不断探索如何借助科学计量分析指标来评价社会科学成果。目前，常用的计量分析指标包括主体成果发表的刊物级别，论文收录、转载情况，成果被引证情况，获奖情况等。定量指标分析法的优点是，由于它是根据登载成果刊物的权威程度和成果被转载、引用次数来作为评价标准的一种评价方法，因此它具有较强的科学性和严谨性，不受个人主观因素干扰和其他非科学因素的影响，有助于规范评价行为。

中国特有的文化传统与社会历史状况，客观上存在着对客观评价方法的迫切需求。由于科学计量评价方法解决了长期困扰国人的人情问题，在我国发展非常迅速，引起了许多人的研究与实践。如以上提到的 1997 年武汉大学博士生娄策群以《社会科学评价的文献计量理论与方法》为题撰写的博士论文、2000 年南京大学研制的《中文社会科学引文索引》，以及 2003 年 5 月中国社会科学院文献情报中心编辑出版的"中国人文社会科学引文数据库"等，尤其是 2005 年 5 月刘霞等发表的《从获奖情况看高校人文社会科学的研究竞争力》，通过对教育部颁布的三届"全国普通高等学校人文社会科学研究优秀成果奖"的计量分析，统计了获奖成果的学校分布和学科分布，分析了我国人文社会科学各学科在全国高校的研究力量分布以及各校优势学科分布，并对各高校在人文社会科学研究方面的产出率进行了分析和排序，以从一个侧面研究高等学校人文社会科学的研究竞争力。

然而，对于以著作和科学论文为主要产出形式的人文社会科学成果来说，采用计量分析法也有不足之处。一是由于人文社会科学成果的价值判断存在着延时性，通常要等若干年才能验证其真正价值，因此不可能对其进行及时的定量评价；二是定量分析指标只适用于已公开发表的学术论文和公开出版的著作等科研成果，而对于那些不宜公开发表、已被有关部门采用，并已取得明显经济、社会效益的调研报告成果却无能为力。

（4）管理操作观点。

从文献调查情况来看，这方面研究的文献量最多，但论述重复，观点与方法大同小异，基本上是对中国社会科学院评价体系的仿效或修正。持管理操作观点的作者多从事科研管理或人事管理工作，他们在尽量追求科学合理的前提下，探索易于操作、方便管理的评价方法，一般是通过将定性指标定量化来实现。大都是将成果按应用性的研究报告、学术专著、学术论文、资料工具书和译著分类，分别提出各自的指标，将指标再进一步分解成子指标，研究每一指标中各种子指标的相互关系。然后根据不同的成果类别，确定不同指标的价值或权重。最后提出专家评审的科学方法（如专业范围内的随机抽样原则和保密制度、回避制度）。他们设想运用这些指标体系确定人文社会科学研究者的工作量和职称评审的模式，使人文社会科学评估的指标体系具有操作性和规范性。

但在目前的科研管理与职称评审的实际运用中，除北大、清华、南开等少数著名大学开始试行"代表作制度"之外，我国大部分高校仍然主要是看量化指标，即发表多少篇论文、出版多少专著、有多少获奖，其中"核心期刊"多少篇、CN 期刊①多少篇等。这也是目前我国人文社会科学成果评价及科研人才评

---

① 指在我国境内注册、国内外公开发行的刊物。该类刊物的刊号均标注有 CN 字母，习惯称之为 CN 期刊。

价中改革呼声最大的一个领域。事实上，科研成果的质与量同等重要，量的本身从另一个侧面说明了成果的质；一位学者首先要在研究成果上有质的突破，同时还要通过量的积累来实现科学研究的持续创新。至于在人文社会科学研究领域需要有"十年磨一剑"的学者与成果，这要在原有评价体系的基础上寻求完善，把这些因素考虑进去，而不是完全抛弃原有评价体系。特别在对国家与机构科研成果进行宏观层面上的评价时，量化的统计数据更是不可或缺。

对于科研评价理念的具体操作问题，2004年2月在北京召开的"人文社会科学评价问题"学术研讨会上，与会专家强调，在很大程度上，评价是与管理联系在一起的。我国高校人文社会科学伴随科研管理而发展，人文社会科学的发展需要"规划在先"。甚至可以说，人文社会科学评价的宏观目的和意义就在于，如何以评价来促进人文社会科学健康、有序地发展，评价是要服从管理目标的。反过来看，没有科学的评价就没有科学的管理，评价研究应关注科研管理实践的具体问题，为科研管理提供支持。评价服务于管理，自然对评价提出了可操作性和运作效率的要求。评价是一个逐层操作的过程。评价应该在保持评价功能的基础上尽量简化，提高效率，才能为管理服务。评价追求实质公正不如先追求程序公正，前者难度太大，后者相对更易把握。在某种程度上，任何指标体系都受制于一定的评价程序，如果没有一个科学、公正的评价程序，也就不存在公正的评价。

（5）综合观点。

综合观点试图从更宽广的研究视角对人文社会科学成果进行价值、影响与效益评估，其评价指标不仅包括学术界内部的评价，还涉及成果的社会与经济效益的评价；不仅采用同行评议方法对成果的直接指标进行评价，还采用文献计量方法对成果的间接指标进行定量评价。这种综合观点不仅是上述各种具体社会科学研究成果评价方法的综合，而且是成果评价与成果推广的综合，充分体现了"社会科学要'社会化'"的时代强音。

有文献从同行评议维、引文分析维、货币贡献维与现实收益维四个维度提出了一种高校社会科学成果的四维综合评价模型。[①] 这种观点认为，如果把社会科学成果比作产品，以前的成果评价只是从"生产者角度"进行评价，同行评议是从"生产人员"的角度，引文分析是从"生产技术"的角度。社会科学成果的需求价值分为两个维度：货币需求和现实收益。货币需求来自学校、团体和政府定向性很强的货币资助，需求大小等于资助的总金额大小，因为货币投入实质上是对社会科

---

① 参见李志平：《高校社会科学成果的一种四维评价方法初探》，载《科技管理研究》，2004（1）。

学成果的一种价值预期。现实收益是指现实的单位确实使用了目标社会科学成果后的新增收益，反映了成果的社会价值。虽然这些新增收益不全是社会科学成果的贡献，但如果将货币需求与现实收益相结合可以大致反映该成果的需求价值。

这种社会视野范围的评价理念体现了人文社会科学研究与社会需求相结合的问题意识，有利于增强社会科学研究者的社会责任感，有利于实现社会科学研究的"社会化"。问题意识就是对一些尚待解决的有科学价值的命题或矛盾的承认以及积极解决这些问题的自觉，对问题意识的自觉，也就体现了对社会的人文关怀和责任感。强烈的问题意识作为思维的动力，促使人们去发现问题，解决问题，直至进行新的发现、创新。因此它是学术创新和理论创新的突破口，也是推进人文社会科学发展的内在动力之一。遗憾的是，我们在相关文献普查中发现，关于转换社会科学研究的价值取向、突出理论研究成果的实践价值、实现社会科学研究成果"社会化"的讨论异常热烈，但真正将这些因素反映到社会科学研究成果评价体系中去的研究文献与实践案例却不多见，这需要引起社会科学成果评价研究者的关注与思考。

二、国外人文社会科学研究成果评价概况

在国外的人文社会科学研究成果评价中，无论是人文社会科学还是自然科学，广泛采用的方法是"专家评议"。但专家评议的标准尺度不易掌握，存在很多变数，很难保证评议的客观性。另外，这种方法也不适合新出现的学科和跨学科的评议，评价的标准主要侧重学术性，对实用方面考虑得也不充分。

20世纪70年代以后，人们普遍呼吁在评议中增加更为客观的数值化标准、专家之外人士的看法以及对社会的贡献等标准。同自然科学相比，人文社会科学的评价方法相对滞后，除了专家评议外，其他补充方法，包括计量方法、社会贡献率评价等都有待加强。这无疑与人文社会科学的学科特点和研究规律有关，但同时也与该学科在各国的科学发展政策和重视程度中长期处于边缘地位不无关系。

1. 国外高校人文社会科学研究成果评价实践

（1）日本。

1999年6月29日，日本学术审议会的报告指出：人文社会科学的研究成果，是处理、解决文化诸问题或社会、经济、政治诸问题的基础，也是构筑个人精神生活的基础。人文社会科学，同探索自然法则的自然科学一道有其重要的文化意义，是对长期的社会经济、文化有贡献的科学，因而有必要积极地推进其发

展。要发展面向 21 世纪的科学技术，无论是自然科学还是人文社会科学，都必须进行"先导性、独创性"的研究，让日本成为"有知识存在感"的国家。

作为制定政策的重要一环，日本政府各个部门均设有审议会、调查会或审查会，其成员由各大学的教授或知名学者组成。专家学者们的研究成果和专业知识，在审议政府决策的过程中发挥着重要作用。每当重大政策出台前，政府行政长官都要听取审议会专家的意见。经专家学者审议并提出方案后，再由政府部门提出施政方针，这一做法在日本已成为惯例，体现了日本政府及社会对科学的重视。

关于学术研究中的评价问题，日本学术审议会从学术研究的特点出发，于 2000 年 9 月提出了《关于学术研究中的评价问题》建议书。该建议书由"评价的角度、评价者、整备评价支援体制和向社会公布评价结果"等几部分组成。建议书对经常性资助课题的研究、普通招标型课题的研究和从学术政策角度推进的课题研究等的评价均提出了建议。建议书认为，不仅应让外部研究人员和学者积极参与评价，研究部门也应定期进行自我评价。而邀请外部人员参与评价（日本学术界称第三者评价），则是日本今后大力提倡的方法。为了更好地实施第三者评价，首先要有公正的评价组织，评价方法要有透明性，并且要以自我评价为基础，以该学科领域的学者意见为主。在评价时，不能只重视论文的数量，还要重视有无开创性、有无发展潜力等。评价的结果在研究资源分配时将成为重要的参考系数。

但与美国和西欧相比，日本人文社会科学评价方面的成绩不太理想。联合国经济合作开发组织 1977 年发表了一份有关日本社会科学政策的报告书，指出日本社会科学研究成果的评价方法落后。直至现在，日本用于人文社会科学整体评价的基础数据仍然极不充分。

日本的人文社会科学研究主要在大学，就研究人员和研究费用而言，私立大学的比重较高，私立大学的人均研究费用大大高出国立大学，这使得学术的调查统计无法深入到学科末梢。故审议会建议，今后，在评价学术研究成果时，为确保客观性，应进一步完善包括文献计量学信息在内的数据库的建设。

从 1991 年开始，日本大学开始逐步施行自查与自评制度，到 1998 年，已有 533 所大学实施了自查自评，有 135 所大学实施了外部评价。近年来，采用国际比较的方法较多，如国际间人力资源比较、研究费用比较、学术论文在国际上出版数量的比较、国际合作研究的比较、接受留学生和外国研究人员的比较等，这些比较研究对推动日本人文社会科学的国际化很有作用。

日本许多大学是将人文学科和社会科学放在一个机构里进行教育和研究的，并没有意识到把二者区别开的必要性。为确保评价的客观性，目前使用最为广泛的是文献计量学方法。该方法大致分两种，一种是论文发表数量统计，一种是论文引用数量统计；统计结果建成数据库后进行数值分析，而分析深受论文发表情况的影响。目前，国际人文社会科学界已有美国科学情报研究所和法国国立科学技术情报研究所等几项著名的统计分析。但在这个数据库中，日本的国际贡献度较低。

1997年，筑波大学研究中心的外部评价报告探讨了论文引用率、专业学术杂志刊载率、外国杂志的投稿率、学术作用、社会作用等评价标准，但这些标准在理科中受重视的程度高，在文科中尚未得到广泛应用。

（2）美国。

在美国，人文社会科学的规模和影响很难与自然科学相比，但美国的人文社会科学研究也相当发达，特别是各研究型大学更是人文社会科学的研究重镇。但与政府研究机构常局限于政策研究不同，大学里的研究更具有独立性与学术性。

由于美国的人文社会科学是问题驱动型的，同时还具有实证性、实用性、多样性、重视方法创新等特点，所以美国人文社会科学研究成果大都会对美国社会与政府决策产生很大的影响。很多媒体常报道一些引起社会科学家重视的社会问题，也常报道一些重要的社会科学研究成果以及不同的观点等。由于信息共享，所有的社会科学研究成果，包括为政府作的调查报告、统计数据、咨询意见等，除了确实涉及国家安全的之外，都向公众公开，每个公民都可以在网上和有关报刊上看到这些成果并发表评论。这些都促进了美国人文社会科学研究成果的转化，以及成果评价的社会化，扩大了人文社会科学研究的社会影响。

在美国大学里，如果一个教师没有足够的研究成果发表，就难以被学校继续聘用。在美国学术界就广泛流行一句话，"publish or perish"，即"你要是不能发表论文或写出书来，那就完了"。当教授，搞科研，就得出成果，但是出成果必须遵守学术道德和学术诚信。美国还有一个《芝加哥手册》（Chicago Manual），对写作、编辑、出版作了一系列严格规定，成为大家必须遵守的规约。一旦某人发生抄袭、剽窃等，将被留下不良记录，不但名誉扫地，为学界所不齿，而且危及未来的发展。因此，绝大多数学者都把遵守学术道德作为自己的治学原则和习惯。美国学者把学风上的自律和向学术上的不端行为（scientific misconduct）作斗争看作是建设制度文化的重要措施。所以，只要这些研究成果具有较高的学术价值，那么不论其观点及商业价值如何，一般都能通过同行专家相当严格的评审，得到发表或出版。

美国治学原则和习惯及大量严格的同行评议期刊，使其把成果的发表数量作为评价人文社会科学成果学术价值的主要指标显得有效与可行。而在评价人文社会科学研究成果的学术质量与学术影响方面，美国科学情报所的《艺术和人文科学引用指数》和《社会科学引用指数》则为首选，新含数据库以收录美国人文社会科学学术论文为主，可以满足出版时间、语言、文件类型等条件的检索，也可以通过互联网检索。引用指数不仅包括引用次数，还可以计算出某一领域的论文在其他领域中的引用情况，成为跨学科评价的一个指标。

至于人文社会科学成果的社会影响与社会效益评价，由于其实用性与问题驱动特点，政府研究机构与企业研究机构的成果进入决策层是很自然的事。而大学研究机构的研究成果性质往往取决于研究经费的来源，成果评价的标准也由资助方或基金会来定，关键看其取得的社会经济效益。

（3）欧洲各国。

按照国家与大学的关系，欧洲国家可以分为集中指导型与非集中指导型两种情况，但总的趋势是向"超市指导模式"（supermarket steering model）发展，即国家的作用微乎其微，效率与由市场驱动的活动联系在一起。评价大学的标准是依据其效率、经济、灵活性与生存能力。欧洲各国均引进了市场准入机制，加强了大学的自律。英国是教育系统高度受市场驱动的典型。在德国，大多数人文社会科学研究均在大学系统内进行，是教育与研究关系最密切的国家，这与德国高等教育政策的洪堡传统[1]有关。在法国，终身教师应有 50% 的时间用于研究。欧洲国家一个重要的变化就是，对研究的资助标准和过程日益与对高等教育的资助区别开来。同时，人文学科与社会科学在研究经费的分配方面存在着分割，社会科学往往比人文学科有更多的获得研究经费的渠道和潜在的资助者，这一点与日本不同。

与对人文社会科学的认识和资助方式相伴而生的是研究人文社会科学研究成果评价问题。由于如上所述的大学里来自校外的研究资助和市场导向的研究增加了所谓"学院资本主义"（academic capitalism），欧盟已将相当可观的资助通过"研究框架计划"来分配，许多人文社会科学研究成果的评价标准也以"欧洲研究区"（European Research Area，ERA）的相关政策为依据。该计划的任务是进行成果评估办法和课题管理的交流，致力于提出跨国计划或今后的评估体系的战略性活动。其中，由芬兰科学院负责协调的一项 ERA—NET 计划 "NORFACE"（欧洲研究资助合作的新机遇——社会科学战略）则是针对社会科学研究管理与评价的合作计划，但其对社会科学成果评价的原则与标准主要侧重对社会与政府决策的影响。

---

[1]　威廉·冯·洪堡（Wilhelm von Humboldt）提出的"教与学的自由"，"研究与教学的统一"，"以科学达至修养"等原则不仅成为德国高等教育界耳熟能详的大学口号，而且也以其思想的影响力改造了德国高等教育制度。近百年来，洪堡这个名字，不仅成为德国一所大学的名字，而且也成为表征德国大学传统的象征与符号。

　　至于欧洲各国大学科研成果的学术价值与学术影响方面的评价，主要通过专家组进行同行评议，但也有许多国家辅以引文分析等文献计量方法，实现了定性评价与定量评价相结合。例如英国，大学科研评价体系（RAE）评价科学、人文、艺术三大类学科，其中人文、艺术类学科符合条件的人员要提交 7 年的科研成果，其他类学科要提交 5 年的科研成果。RAE 以同行评议为主要方法，评价在清晰、一致、持续、可靠、高效、公正、平等、透明的原则下进行，所有的研究，无论是应用的、基础的、还是战略的，都给予相同的权重。不管目的是什么以及如何得到资助，只重视科研成果的质量。为了公平一致地评价每个研究成果，每个专家组起草一份描述工作方法和评价标准的声明，并在各大学提交申请之前发表。2001 年 RAE 评价依据是多少成果被认为达到了国内或国际水平，并将结果分为七个等级。而荷兰则不同，荷兰大学协会相信文献计量分析是评价科研成果一个有用的工具，能够补充作为评价主要基础的书面和口头的定性信息。所以，其评价方法是定性和定量相结合的。斯洛伐克则完全采用定量指标，如前 5 年科研出版物的列表，并加以分类（包括 10 份代表性的出版物）；前 5 年的引文数量（包括美国《科学引文索引》，即 SCI）等。1972 年，法国国立科学技术情报所建成了数据库，可以检索除史学外 200 万件以上的人文社会科学论文数据（主要是杂志）。但该数据库以欧洲和北美为主，文献语言含英语、法语、德语、意大利语和西班牙语等。

　　从总体来看，欧洲各国虽然存在许多差异，但各国大学科研成果评价的标准主要是四个方面：研究成果的数量、质量、影响（对其他研究者或知识进步），以及产生的技术、经济或社会效益。而且，欧洲各国都坚持成果质量第一的原则。英国 RAE 不要求科研成果的数量，只要求科研人员提供 4 份有代表性的科研成果；荷兰大学协会的科研评价，除了要求科研人员提供出版物列表，还要求提供 5 份关键出版物及其质量和声誉的其他指标。虽然评价的目的多元化，但各国都是越来越以评价结果为依据进行科研拨款，科研活动越来越与社会需求紧密联系，逐渐从以学科为研究与评价单元，转向以问题与应用项目为评价单元。研究方法也更加具有自然科学的特点，逐渐多样化与规范化，增强了人文社会科学的研究科学性与评价方法的可操作性。如 2003 年初，法国推出一项旨在支持和发展"人文社会科学中的综合系统"的研究计划，这项跨学科的研究计划涉及社会、经济、认知、网络和空间五大综合系统，任务是鼓励人文社会科学研究人员应用现有的技术或发明去处理社会科学研究中的问题，使其习惯于制作模型，实现综合系统在人文社会科学中占有一席之地。

　　长期以来，西方的人文社会科学研究是与教学活动紧密联系在一起的。人文学科一直作为学校教育的科目在学校里存在，19 世纪现代意义上的社会科学也是在大学里实现了它的体制化进程。研究与教学紧密联系，教学与研究相长，教授把教学与研究工作兼于一身。在大学任教，如果不是人文社会科学家就业的唯一途径，也是最主要的途径。随着社会实践的发展，对人文社会科学研究的需求不断增长，研究工作与教学工作开始分离，人文社会科学研究机构作为独立的社会建制日益增多。所以，与自然科学相比，人文社会科学的研究主要集中在大学研究机构是具有历史渊源的。

2. 国外人文社会科学研究成果评价理论

人文社会科学研究与基础研究相比，都具有理论性与思辨的特点，所以二者的成果评价理念与方法有许多相通的地方。作为一种理论探讨，我们认为可以把基础研究成果评价体系提出来进行人文社会科学研究成果评价理论的概述。

（1）"测量科学成果质量的一种新方法"——贝克的测量标尺。

1984 年，匈牙利学者贝克（I. M. Beck）在 *Science of Science* 第四卷上发表了论文"测量科学成果质量的一种新方法"，以科学认识论的结构为依据，探讨了科学成果质量的理论和应用问题，并创造了一种用以测量创造性成果和批判性成果的具有 42 个等级的度量方法。他把科学认识论结构或科学思维模式分解为六个阶段：设立公理；建立定理；联结理论模型和现实；获得经验事实；探索性实践；程序性实践。依据这一思维模式建立的科学成果测量标尺有两个维度：阶段的强度；科学成果的有条件扩展。贝克用该标尺对 40 项成果进行了测量，测量结果说明，最精确的物理学和最不精确的社会科学，具有同样的认识论结构。因此，可以用来非常精当地评估任何一个学科的成果，而且切中要害，因为它同时指向两个不同的方向：理论的深度和"程序性实践"（即成果的成熟度）。

（2）评价基础研究学术成就的新方法——赫希的 h 指数（h-index）法。

针对片面强调 SCI 论文数产生的弊端，找到一种衡量论文质量的科学办法，许多专家学者进行过不懈的探索。2005 年，美国学者赫希（J. E. Hirsch）提出了一种新的计量办法——h 指数（h-index）法，11 月份正式发表在《美国科学院院刊》上。h 代表"高引用次数"（high citations）。一个人的 h 指数是指他至多有 h 篇论文分别被引用了至少 h 次。例如，赫希本人的 h 指数是 49，这表示他已发表的论文中，每篇被引用了至少 49 次的论文总共有 49 篇。与其他统计方法不同的是，要确定一个人的 h 指数非常容易：到 SCI 网站，查出某个人发表的所有 SCI 论文，让其按被引次数从高到低排列，往下核对，直到某篇论文的序号大于该论文被引次数，那个序号减去 1 就是 h 指数。

很显然，h 指数的高低与从事科研的时间长短有关。对于年轻科学家来说，由于发表论文数量太少，论文的数目成了其 h 指数的上限，计算其 h 指数没有多大的意义。h 指数比较适合用于衡量已从事科研多年的资深科学家的总体成就。一个人的 h 指数不会随着时间的推移而减少，只会增加或保持不变。

赫希认为 h 指数的一个优势是很难通过自引来拔高，"无法伪造它"，因为它衡量的是一个人的全部学术成果能否经受长时间的考验。波士顿大学物理学家悉尼·莱德纳（Sidney Redner）接受《自然》的采访时对此也表示同意："想要假造全部的科研生涯是非常困难的。"

（3）诺贝尔奖评奖的基本核心理念：兴趣驱动，时间考验。

诺贝尔物理奖评选委员会委员伯尔杰·约翰森（Borje Johansson）先生于 2006 年 3 月 26 日作客华中师大第 28 期博雅论坛时，面对诸多关于中国人如何才能获得诺贝尔奖的提问，表示"不要为了赢得诺贝尔奖而做科学研究"。他强调科学研究更多应出于兴趣和探索发现的需要，而不是仅仅为了获得诺贝尔奖。在介绍了诺贝尔奖的历史、评奖经过、颁奖程序、获得该奖的科学家所需要的资质和一些有名的诺贝尔奖得主后，对于大家关心的诺贝尔奖的评选如何防止学术造假的问题，伯尔杰·约翰森表示时间是最好的办法，诺贝尔奖的评选委员会用 20 到 25 年的时间来考察一项科学发现的生命力。

（4）构建一种研究成果的多元化目标评价方法体系。

由于学术研究的机构性质不同（包括大学、政府研究机构、企业研究机构），成果特点不同（学术性研究成果、政策性研究成果、咨询性研究成果），以及评价主体与评价目标各异，简单的单一指标排序评价方法无法做到对各种研究成果的客观科学评价；但同时又面临着多目标、多指标评价方法的操作难题：如何实现各种影响因素的定量化描述与归一化处理？这一直是国内外学者讨论的问题，并提出了许多有益的理论模型。美国匹兹堡大学著名运筹学家萨蒂（T. L. Saaty）教授于 20 世纪 70 年代提出了用于多目标决策的层次分析法（Analytic Hierarchy Process，AHP），并在实践中迅速得到了推广和应用。1978 年，美国得克萨斯大学运筹学家查恩斯（A. Charnes）教授、库珀（W. W. Cooper）教授等提出了数据包络分析（Data Envelopment Analysis，DEA）方法，用于评价有限多个单位的相对有效性。20 世纪 90 年代以来，灰色系统方法、人工神经网络方法、物元分析等方法纷纷被引入了评价方法的研究领域，评价理论和方法得到迅速发展。

2003 年，印度的两位学者纳格保罗和罗易（P. S. Nagpaul、Santanu Roy）提出了一种构建研究成果的多元化目标评价方法体系——多目标决策与部分得分排序（Partial Order Scoring，POS）法，这是一种将定性与定量相结合的评价方法，具有很强的科学性与可操作性。

（5）社会科学研究的社会影响力评估。

因为社会科学既要"科学"又要"社会"，而国外非常重视社会科学对政府决策与社会思潮的影响作用，所以社会科学研究成果的社会转化问题与社会影响力测评一直是国外学者讨论的热点。

在 1997 年召开的"国际食品政策研究机构"（International Food Policy Research Institute，IFPRI）会议上，各国专家对此进行了热烈的讨论，并出版了论文集《政策导向的社会科学研究的影响力评价》（*Assessing the Policy-Oriented Social Science Research*）。该书从评价的对象规模、评价时段、供应与需求关系、价值增值、指标选取、评价时差、事前事后评价、个案评价等各方面就相关问题的方法与经验进行了系统探讨。史密斯（V. H. Smith）等又在当年的《美国农业经济杂志》上发表文章对会议的观点进行了总结与发挥报道，可以说是对社会科学研究成果的社会影响测评的一次全面客观的研究探讨。

国际发展研究中心（IDRC）正在做一个单项的总体性评估，目的在于指导今后对政策影响力的研究，使项目官员和合作者理解在应用研究成果影响政策时需要考虑的因素。2004 年加拿大国际发展研究中心评估主任弗雷德·卡登（Fred Carden）博士发表长篇文章《怎样评估科研对政策的影响》，从影响、动因、时间、方法等方面对应用性社会科学研究成果的社会评价进行了详尽论述。

联合国教科文组织的"社会转型管理计划（MOST）"完成于 2001 年，目的在于探讨哪些因素有利于研究成果在社会政策中的利用。这个项目的缘起，是注意到许多国际机构和国家政府为消除贫困、提高国力、应付 21 世纪的社会问题，都在资助社会科学为社会行动出谋划策。但是，政策经常会忽略高质量研究所提供的建议，甚至反其道而行之。该计划即是考察来自 35 个国家现有的正反经验，这涵盖了各大洲和社会政策的大多数领域（尤其是教育、福利、住房、老龄化、移民等）；同时，想方设法使研究成果得以传布，不但让打算影响政策的研究者听到，也要让这类研究的资助方以及政策领域见到。

美国历史学家马兹利什（B. Mazlish）曾撰文对科学的质量问题进行研究，认为评价科学的质量主要来自于学术界内部（inside）和社会外部（outside），"内部质量"是指学术同行对研究成果的学术价值与影响进行评价，科学的"外部质量"则可以看作是国民的"生活质量"，即该研究成果对提高人民生活水准所做出的贡献大小。

第二节 人文社会科学研究成果评价的理论基础

一、人文社会科学研究成果评价的外部理论来源

人文社会科学评价的理论基础是一个理论集合体，由人文社会科学和自然科学的多学科理论共同构成，主要来源于以下学科理论：文献计量学、科学计量学、知识计量学和经济计量学理论；比较与分类理论；逻辑学理论；信息论与系统论；科学管理与决策理论；信息管理科学理论；数学与统计学理论等（见表 3 – 1）。

表 3 – 1　　　　　　　　人文社会科学评价的重要理论来源

理论来源	相关学科	研究内容	在科学评价中的应用
计量学理论	文献计量学（包括情报计量学、信息计量学、网络信息计量学）、科学计量学、知识计量学和经济计量学	分别从不同的角度和层次，以科学研究活动中的不同研究对象为统计单元，用不同的量化指标反映了科学研究活动的数量特征与规律，使人们能够从整体上把握研究主体（包括个人、期刊、机构、地区和国家等）的发展水平和程度	广泛用于科技实力评价、科技竞争力评价、科研决策、科研政策、科研资源配置、科研管理评价、科研评价、学科评价、人才评价、知识评价、学术评价、科技评价、科研机构评价（如大学、研究所排名等）等方面
比较与分类理论	比较学分类学逻辑学	比较和分类是认识事物的基础，将不同的事物根据其属性特征分成不同的类，使其具有可比性	广泛用于科学评价活动中的分类评价、排序评价、评价指标分类等
信息论与系统论	信息科学系统科学	任何事物都可看成是一个由多个子系统构成的有机整体，并用信息反馈和系统控制等理论对系统进行综合研究	将科研活动和科学评价活动看成是一个有机整体和完整系统，并考察各个子系统之间的相互关系

理论来源	相关学科	研究内容	在科学评价中的应用
科学管理与决策理论	管理科学与工程 科技管理	运用各种管理与决策方法对对象的充分认识，即通过评价了解其初始状态，并通过反馈信息对管理进行监控和调整	政府、研究机构、企业和研究者等主体科研绩效评价；科研政策和相关法律法规制定；科研管理与决策；科研资源配置
信息管理科学理论	信息管理学 信息资源管理	任何活动过程都可看作是一个需要大量信息并处理大量信息的信息管理过程；信息是一种宝贵的资源，需要管理开发利用	用于科学评价信息采集、处理、存储和利用，为科学评价提供服务，如评价数据库、评价专家库建设等
数学与统计学理论	数学 统计学	用数学模型描述被评对象之间的复杂关系，并将统计结果代入模型进行检验	构建科学评价方法数学模型、科研投入和产出数据统计、处理、分析与预测

1. 计量学理论

计量学理论是科学评价重要的理论来源和理论基础，人文社会科学评价主要对被评对象的质和量进行评价，而计量学理论则是完成人文社会科学评价量化分析的基础。任何计量都要关注三个方面的问题：一是计量什么（即确定和区分计量的对象）；二是如何计量（即采用什么标准、尺度、方式、方法、工具来计量）；三是计量的效果如何（即怎样检验和改进计量的效果）。

计量在我们生活中无处不在。事实上，在我们日常生活中几乎各个方面都要与计量打交道。"如果某事物不能测度，那么它就不那么重要"，开尔文勋爵所说的这句经典名言经常被人引用。测度与计量我们身边的物体和事件，不仅在科学上是必要的，也是认识自然现象和社会现象复杂性的手段。在组织科学和管理科学中，对现象和事件的测度与计量对于了解与研究它们至关重要。"科研量化评价已是大势所趋"已成为学术界的共识。马克思也曾经指出：科学只有在它成功地运用数学时，才算真正达到了完善成熟的地步。否则仍然是一堆支离破碎的玩艺儿。美国经济计量协会的座右铭是："科学即测度"。尽管人们并不认为测度或计量对科学而言就是一切，但目前没有哪一门科学能真正离开它。

科学评价包括"质"的评价和"量"的评价两个方面。"量"的评价主要是通过数学方法和统计学方法，对评价对象的数量特征和规律进行统计分析

（即计量），来反映其发展状态和水平及其规律。人文社会科学评价在"量"方面的特征主要是科研投入量、产出量（效果和效益）、投入产出比（效率）等。围绕科研活动中的数量特征，形成了一系列计量科学理论，主要有文献计量学（包括情报计量学、信息计量学、网络信息计量学）、科学计量学、知识计量学和经济计量学等。这些学科之间既紧密联系，又相互区别，自成体系，分别从不同的角度和方面，利用数字和统计学方法对科学研究活动中的数量特征和规律进行计量统计分析，并互相印证，共同构成人文社会科学评价量化分析评价的理论基础。为主体从事科学研究活动，为政府部门、企业和科研机构科学管理和决策提供服务。科学计量学、文献计量学、情报计量学、技术计量学，乃至知识计量学、经济计量学的定量手段与方法，特别是排序理论与方法，为人文社会科学评价提供了重要的手段和指标。

2. 比较与分类理论

一般来说，人们认识对象总是从区分对象开始的，要区分就得分类和比较。要对研究对象进行有效区分，进而从事各种逻辑加工，也应从分类和比较做起。因此，比较和分类是人文社会科学评价中常用的思维方法。两者关系密切，比较是分类的基础，分类是比较的结果。

人文社会科学评价活动的过程就是设计不同的评价指标体系，采用不同的评价方法，将不同的评价对象放入各自的评价指标体系中进行比较，或者直接将不同的评价对象分成不同的类进行相互比较的过程。在人文社会科学评价过程中会大量运用到分类和比较的理论与方法，"分类评价原则"是人文社会科学评价的基本原则，这是由科学研究活动的多样性、层次性和复杂性决定的。我国科技部、教育部等政府管理部门在颁布的各类重要政策法规文件中都明确提出了"区别不同评价对象，明确各类评价目标，完善各类评价体系"的原则要求。人文社会科学评价的实质也就是在分类的基础上进行同类比较。例如，评价标准和指标体系的形成本质上是一个分类标准体系的形成过程，类似"中国图书馆图书分类法"的分类体系。亦即，借用普通逻辑学概念划分的方法，根据事物的属性特征（包括本质属性和非本质属性）把事物分成不同的类的过程。然后，再根据事物的基本特征把事物归入不同的类。科学评价的过程就是首先要依据逻辑学、分类和比较理论与方法等形成评价标准和指标体系，并将评价对象通过比较分成不同的类，再将各个评价对象分别与评价标准进行比较或者将评价对象相互之间进行比较，然后将其放入形成的评价指标体系之中，使不同的评价对象找到自己合适的位置。因此，逻辑学、分类和比较理论是人文社会科学评价的重要理论来源之一。

3. 信息管理科学理论

人文社会科学评价需要大量的信息，即科学评价信息。人文社会科学评价信息主要分为三类：第一类是有关评价主体的信息；第二类是有关评价客体的信息；第三类是有关评价中介的信息。在人文社会科学评价活动中，信息的丰富程度决定了科学评价效率与质量的高低。因此，从广义上讲，科学评价过程本质上是一个信息管理过程，它包含着信息收集、整理（筛选过滤、分类组织）、分析（解释）、储存、传递和利用等一系列的信息管理活动，信息管理活动贯穿人文社会科学评价工作的全过程。进行人文社会科学评价需要大量获取和处理有关评价主体、评价客体和评价中介的信息，同时还要借助大量的信息管理方法、技术、手段和工具来处理评价信息，这些都是信息管理的内容。因此，信息管理科学理论是人文社会科学评价的基础理论来源之一，它为人文社会科学评价活动过程中的信息管理提供理论、方法、技术和工具支持。

评价自诞生之日起，就无法脱离信息管理而存在。经过实践的不断推动和理论的不断发展，两者之间的关系更是日益紧密，形成了相互促进、相辅相成的互动关系。一方面，信息管理是评价的基础。信息管理不仅为评价提供了理论依据，而且其方法、技术也是评价的重要手段，信息管理的改进与发展更是评价改进和发展的前提。另一方面，评价是信息管理的拓展和应用，为信息管理提供了新的发展动力。评价工作已成为信息开发利用的重要环节和保障，评价已成为信息管理的新模式和重要手段，评价既是信息管理的重要应用领域，也已成为信息管理的重要内容和目标之一。

4. 科学管理与决策理论

评价是为科学管理与决策服务的，没有评价就没有管理与决策，没有科学的评价就没有科学的管理与科学的决策。科学的评价才能弄清情况，才能为管理和决策提供依据。首先，科学的评价既是科学管理与科学决策的基础与依据，也是科学管理与科学决策的重要环节。其次，科学管理与科学决策还是评价的重要对象和内容，评价不仅为科学管理与科学决策提供直接依据，还是检验和印证管理绩效、决策方案与决策方案执行效果的有效量度。因此，评价在管理与决策中起着双重作用。

目前，在评价中，已广泛借鉴管理学中的绩效管理、量化管理、系统工程等理论与方法用于科研绩效评价和科研管理评价，使评价和科研管理逐步科学化。另外，评价作为咨询活动的一部分，与决策存在着密不可分的关系。咨询与决策是辩证统一的关系，咨询是决策的基础和重要环节，决策是对咨询的论证和检验，并规定了咨询的作用和发展方向。因此，科学决策理论可作为评价的理论构成和依据。

国际著名的智囊机构——兰德公司，在其重要的管理咨询与决策研究活动中，都把状态评估作为一个十分重要的步骤和环节，并且取得了骄人的研究成果。可见，科学管理、科学决策与科学评价已经密不可分，融为一体。因此，科学管理和科学决策理论也成为评价活动的重要理论来源。

二、人文社会科学研究成果评价的内部理论构成

人文社会科学研究成果评价的理论基础不仅来自评价的外部，为评价活动提供抽象的、一般的理论支撑，也来自评价活动的内部，即从不同的评价实践活动中总结、概括和提炼出来的评价理论，为评价活动提供现实的、具体的理论指导。这两部分理论共同构成了人文社会科学研究成果评价的理论基础。目前，与人文社会科学研究成果评价密切相关，较为成熟的相关评价理论主要有竞争力评价理论、科研绩效评价理论、综合、系统评价理论等，这些相关理论的发展和完善都对人文社会科学研究成果评价理论发展具有重大的影响。

1. 竞争力评价理论

对竞争力问题的关注始于 20 世纪 80 年代初。1980 年，哈佛大学教授迈克尔·波特（Michael E. Porter）出版了他著名的竞争三部曲的第一部：《竞争战略》。后来，又分别于 1985 年和 1990 年出版了《竞争优势》和《国家竞争优势》，不断把对竞争力的研究从微观的企业层次上升到宏观的国家层次。

（1）竞争力的内涵与意义。

竞争力可以看作是两个或两个以上竞争主体在追求一个或多个竞争对象的过程中所表现出来的力量，即竞争力就是竞争主体在竞争过程中所表现出来的力量。这一定义有四个层次的含义：第一层，竞争力是竞争主体之间相互比较、较量才有可能存在的一个概念，没有竞争主体之间的相互较量、竞争，也就不存在竞争主体的竞争力问题；第二层，竞争力是指某个竞争主体的竞争力量，从单个竞争主体自身的角度来讲，竞争过程中其所表现出来的竞争力量是他的能力或素质的表现；第三层，从竞争主体争夺的竞争对象来看，竞争主体的竞争力是对竞争对象的吸引力或获取力；第四层，从竞争的结果来看，竞争力使竞争主体最终取得某种收益或某种利益。

因此，从相互比较角度看，竞争力就是某一竞争主体相对于其他竞争主体所具有的优势，即：

竞争力 = 竞争主体 A 的优势 - 竞争主体 B 的优势

= 相对优势（比较优势 + 竞争优势）

就竞争主体来说，竞争力是其拥有的一种能力，即：

竞争力 = 竞争主体的能力

从竞争结果来看，竞争力是竞争主体获得所追求的收益的能力，即：

竞争力 = 收益能力

从竞争对象来看，竞争力是竞争主体所表现出来的对竞争对象的吸引力，即：

竞争力 = 对竞争对象的吸引力

将以上四个角度的定义结合起来，便形成一个关于竞争力的完整定义：

竞争力 = 优势 + 能力 + 吸引力 = 收益能力

从本质上来讲，竞争力是竞争双方竞争力量之间的某种差距的表现，即竞争力来源于竞争主体之间的某种差距，即：

竞争力来源 = 竞争主体之间的差距

学者们对竞争力来源的解释实际上是对竞争主体在竞争过程中所表现出来的各种各样的差距的解释。根据我们对竞争力的定义，可以认为，从静态来看，竞争力来源于竞争主体之间能力的差距；从动态来看，竞争力来源于竞争主体在竞争过程中的行为的差距；从竞争对象角度来看，竞争力来源于对竞争对象的吸引力的差距。决定竞争主体之间差距的因素，也就是决定竞争力来源的因素。

竞争力的本质是一种相对于竞争对手的比较优势，竞争力源于经济领域的劳动分工和比较优势理论。

（2）绝对优势与比较优势。

为了论证自由贸易的好处，亚当·斯密发展了达德利·诺思关于"国际分工"的思想。诺思认为，正像一个家庭不能生产自己所必需的所有物品，要与他人进行交易一样，一个国家也需要发展与其他国家的贸易。在诺思的国际分工理论的基础上，斯密进一步认为，正像国内每个生产部门内部和彼此之间存在着分工并且这种分工的发展能够提高劳动生产力一样，国际上不同地域之间也存在着分工，这种国际地域分工通过自由贸易也能促进各国劳动生产力的发展。斯密还断言，国际间的地域分工是"自然"形成的。哪个国家最擅长生产什么东西，哪个国家应当发展工业，哪个国家应当发展农业，不仅是由历史条件造成的，而且还是由各国的地理环境、土壤、气候等自然条件造成的，因此是不可改变的。

斯密认为分工可以提高劳动生产率，因而能够增加国家财富。如果每个国家都按照自己绝对有利的生产条件（即生产成本绝对低于他国）去进行专业化生产，然后彼此进行交换，则对所有交换国家都有利。他认为，各国不同的自然条件和地理因素以及后天的有利条件（即绝对优势）为国际分工提供了基础。各国在自然禀赋上存在的差异使各国生产产品的成本不同，而国家之间进行贸易的动机就是建立在成本差异的基础上的。如果每个国家都按照自己最有利的条件进行分工和交换，以绝对低于他国生产成本的商品进行交换，可以使各国从贸易中获益，获得比以前更多的商品用来消费，从而使财富获得增加。这就是著名的"绝对优势学说"。

亚当·斯密创立的"绝对优势学说"的意义在于，他第一次全面论述了贸易分工的基础，论证了贸易互利性原理。亚当·斯密解释了产生国际贸易的部分原因，但局限性也是很明显的。"绝对优势学说"不能解释事实上存在的所有产品都处于绝对优势的发达国家和所有产品都处于绝对劣势的经济不发达国家之间的贸易现象，因而其理论缺乏普遍意义。1817年，大卫·李嘉图出版了《政治经济学与赋税原理》一书，在绝对优势学说的基础上提出了"比较优势学说"，第一次以无可比拟的逻辑力量，论证了国际贸易分工的基础不是绝对成本差异，而是比较成本差异。只要各国之间产品的生产成本存在着相对差异，就会出现产品价格上的相对差异，从而使各国在不同产品的生产上具有比较优势。比较优势这一概念，实际上是机会成本概念在国际贸易领域的应用。李嘉图的"比较优势学说"的问世，标志着国际贸易学说总体系的建立。从此，比较优势学说成为西方国际贸易理论的主线。保罗·萨缪尔森称其为"国际贸易不可动摇的基础"。

比较优势学说反映了经济学的逻辑，它论证的核心问题是，在自由贸易条件下如何充分发挥市场价格机制的作用以实现稀缺资源在国际范围内的最优配置。只要市场进入相对容易（国际市场近似于完全竞争市场）以及政府干预温和（尽量用"看不见的手"而不是"看得见的手"来调节国际经济活动），国际竞争的驱动力主要就是由要素成本、相关要素禀赋、本地竞争的激烈程度和本地需求等因素所决定的某种形式的比较优势。按照比较优势学说，一国的最佳贸易政策应是自由贸易政策。这一政策的实质是"不干预政策"，主张通过自由贸易鼓励竞争，让价格机制自动调节供求，以充分利用资源。自由贸易可促进国际分工，使各国都可利用自己的比较优势，通过对外贸易而相互获得各自的比较利益。这样就能有效地配置资源，减少资源浪费，降低产品价格，从而促进经济的增长和发展。

比较优势理论（也称比较利益说）最早可追溯至亚当·斯密。斯密认为一国应该在国际贸易中出口生产成本具有绝对优势的产品，进口生产上占劣势的产品。他的理论也被后来的经济学家总结为绝对比较优势理论。并且由于斯密强调分工以及经济组织在经济发展中的作用，这一理论又被称之为内生比较利益说。李嘉图发展了斯密的比较优势理论，认为即使一国在生产所有产品上都具有较他国的绝对优势或劣势，也会通过国际贸易来实现更多的利益。他的理论被称为相对比较优势理论，并且由于其理论关注资源禀赋的配置状况，又被称为外生比较利益说。以后的比较优势学说的发展主要是沿着斯密和李嘉图这两条相互联系又具有差异的思路进行。其中外生比较优势理论由伊·菲·赫克歇尔和贝蒂·俄林进一步发展，总结成要素禀赋比较优势说（或简称为 H－O 定理），认为比较优势主要由各国的资源禀赋决定，在技术不变的情况下，一国将生产和出口密集使用其禀赋较丰裕的生产要素生产的产品，进口那些密集使用其禀赋较短缺的生产要素生产的产品。这一理论流派长期以来一直居于主流地位。但近 20 年来，传统的外生比较优势理论遇到了强有力的挑战。以克鲁格曼、赫尔普曼和格罗斯曼为代表，在引入规模经济、产品差异等概念体系，批评传统比较优势理论的基础上形成了所谓的新主流，而其他学者们又在批评这一新主流的基础上，从专业化、技术差异、制度、博弈以及演化等不同的角度对比较优势理论进行了拓展。

2. 科研绩效评价理论

绩效评价源于企业管理，主要目的是为了满足决策监督和组织管理的需要，随后被广泛用于各类管理、决策领域。绩效评价在科学研究领域的应用，主要来自两方面的原因：一方面，随着国际竞争的加剧和科学技术的快速发展，世界各国对科学研究活动的投入不断增长，以期通过加大对科技的投入，加速本国科技的发展，并带动国家经济的腾飞，提高国际竞争能力。但一国的科研经费是有限的，不可能无限增长，而科研经费是科研机构和人员生存、发展的基础，因此，对参与科研活动的各个主体来说，有限的科研经费是一种竞争性很强的稀缺资源，每一个科研主体都想从有限的科研资源中争取最大的一份。另一方面，随着社会民主化进程的推进，公众参与公共管理和决策的程度日益提高。面对政府、科研机构和科研人员在科研活动中的公共支出的巨额增长，作为纳税人，公众日益关注科研经费的去向和使用情况，要求政府对科研经费使用情况做出解释。而政府作为科研经费的提供者，科研活动的组织者和管理者，也十分关注科研活动主体（科研机构和科研人员）的科研经费使用情况，需要保证有限的科研经费能得到有效地利用，获得最大效益。在这样一种社会背景下，为了满足社会各方的要求，对科研活动主体进行绩效评价，引起了世界各国的高度重视。

科研绩效评价（Research Performance Evaluation），也称科研绩效评估，是指评价主体通过对科学研究活动或科技活动各主体的能力和绩效进行科学的评价，进而完善激励与奖惩制度，提高效率，实现政府对有限科技资源的合理配置。绩效评价是绩效管理的前提和基础，通过绩效评价能够保证组织及其所有子系统以优化的方式共同工作来获得组织期望的结果。

科研绩效评价的产生与发展是"大科学"时代科学研究活动健康发展的必然要求，自第二次世界大战结束以后，科学研究活动日益规模化、组织化、社会化、制度化和职业化（以"曼哈顿工程"和"阿波罗登月计划"为标志），社会对科学活动能否取得预期成效空前关注和瞩目。如此浩大的科学工程，要想取得预期目标和成效，没有科学的、系统的管理是难以想象的，而要进行有效的管理，就必须对科学活动实施有效地控制和管理，也就必须对科学活动的绩效进行评价。

建立科学合理的科研绩效评价制度与体系是科研活动发展的必然要求，科学研究活动存在探索性和不确定性，具有一定的风险，尤其由政府组织的科研活动又更具有公共物品的特征，风险更大。科研活动是允许失败的，失败本身也是科学探索的一个组成部分。同时，一些基础研究成果的实际水平和应用效果在短时间内也难以验证。这些在客观上增加了绩效评价的难度。但是，科技发展到今天，必然要求建立科学合理的绩效评价制度，以保证科研活动的效率和水平，以保证政府投入的效果。许多发达国家在这方面为我们提供了一些宝贵的经验。它们在增加公共研发资金投入的同时，注重资金的使用效率。为了增加科研产出，许多国家已推进更加灵活的资助制度以及以绩效评价为基础的资助准则。

建立科学合理的科研绩效评价制度与体系，既是政府公共管理和政务公开的要求，又能在一定程度上有利于政府及科研主体科研经费的安全使用，优化科研资源配置，提高资源使用效率；有利于规范管理，提高科研管理水平；有利于建立激励机制，促进科技创新；有利于强化监督，倡导实事求是的学风，减少学术腐败，进而从总体上提高主体科研活动的效率和产出。

3. 综合、系统评价理论

由于科学评价的对象——科研活动系统，不是单一属性、单一目标和单因素的简单系统，而是一个多属性、多目标和多因素的复杂系统，因此，科学评价通常是一种综合评价，需要用综合、系统评价的理论和方法对科研活动系统进行综合、系统的评价。目前综合、系统评价理论和方法的快速发展为科学评价活动与研究打下了坚实的基础。

（1）综合、系统评价的内涵。

综合、系统评价又称多指标综合评价、系统综合评价。所谓综合评价（Comprehensive Evaluation，CE），指对以多属性体系结构描述的对象系统做出全局性、整体性的评价，即对评价对象的全体，根据所给的条件，采用一定的方法给每个评价对象赋予一个评价值（又称评价指数），再据此择优或排序。由于影响评价有效性的相关因素很多，而且综合评价的对象系统也常常是社会、经济、科技、教育、环境和管理等一些复杂系统（complex system），因此，正如里德尔

（S. L. Riedel）指出的，综合评价是一件极为复杂的事情。综合评价是教育、科技、经济、社会、管理等领域广泛进行的一类活动。由于评价对象通常都具有多个不同的属性，所以，综合评价要给出被评价对象的综合价值。综合评价的主要目的是系统地揭示被评价对象系统的状态和发展规律，为科学民主决策提供信息。综合评价的结果直接影响决策的正误。

综合评价是相对于单项评价而言的。它们之间的区别不仅在于评价客体的多少，而且在于评价标准的复杂性。一般而言，若评价标准比较单一、明确，则可称为"单项评价"。反之，若评价标准比较复杂、抽象，就属于"综合评价"。例如，对企业的劳动生产率进行比较分析与评价，就属于单项评价，而对企业经济效益进行全面评判与分析，则属于综合评价。当然，这里所谓的"复杂性"，最直观的表现是评价指标数目上的多与少。单项评价实质上就是单指标评价，而综合评价则表现为多指标评价，因此也称为"多指标综合评价"或"多指标复合评价"。当然，综合评价与单项评价之间的区分界限是模糊的、相对的，因为综合评价的最终途径也常常是通过单个指标来完成的。只不过，综合评价时的"单个指标"与单项评价的单项指标具有本质上的差别，它是高度综合的。

系统评价是系统工程中的一种基本处理方法，它将研究对象作为一个系统来分析，对分析结果加以综合，并在此基础上，对系统进行多方面的、多角度的评价，这样反复进行直到能有效地实现预定目标为止。系统是分析和综合的基础，分析是深入系统内部把握系统各要素及相互关系的基本手段，而综合则是从整体上、宏观上把握研究对象的各个方面。因此，系统评价和综合评价常常紧密结合在一起，称为"系统综合评价"。

（2）综合、系统评价的关键问题。

要完成一次综合、系统评价，需要解决五个方面的基本问题：

——确定评价指标体系。包括评价指标设计和评价指标选取，即明确采用哪些指标进行评价。每一项指标都是从某个方面反映了被评对象的某些信息，正确、科学地使用这些信息，是综合评价要处理的首要问题。选得太多，追求全面，指标之间就会重复，并相互干扰；选得太少，可能所取得的指标又缺乏足够的代表性，会产生片面性。因此在评价指标的选取上要注意多选择一些灵敏度高、代表性强、有一定区分能力又相互独立的指标。选取评价指标要遵循目的性、全面性、合理性的原则，要尽可能覆盖评价的内容，还要有较好的可操作性。评价指标的选择可采取多种方法，包括经验选择法、单因素分析法、多元相关法、多元回归分析法、指标聚类法等。

——确定评价尺度（标准）。评价尺度用来对评价对象进行测定并确定其价值，在评价中要根据评价的目的、评价对象的性质等来确定评价尺度，并准确地给每个评价指标赋值，即确定各个指标的实际值。

——评价指标的处理。不同的指标其量纲是不同的，而且数值差异较大，只有进行无量纲化即规格化处理，才能进行有意义的评价。这个过程就是把指标实际值转化为指标评价值的过程。

——确定各评价指标的权重系数。权重系数是一个非常关键的参数，权重系数不同，评价结果将有一定区别。目前确定权重系数的方法主要有两类：一类称为主观定权法，主要有德尔菲法、二元比较法、层次分析法等；一类称为客观定权法，主要有方差倒数为权、变异系数为权、负相关系数的倒数为权、熵权等。主观赋权法在应用过程中不可避免地会掺杂主观因素的影响，客观赋权法又往往会忽略指标的重要程度。因此，合理的做法应该是把两种方法有机地结合起来，即形成所谓的组合赋权法，从而更加客观真实地反映各指标相对于被评对象的相对重要程度。

——选择评价方法。综合、系统评价的方法很多，使用不同评价方法得出的结果可能有很大的差异。因此，根据评价对象和评价方法本身的特点选取合适的评价方法，也是综合、系统评价中的关键问题。一方面，需要评价实施者对被评对象进行深入的了解，对评价方法及其运用要能熟练把握；另一方面，就是要在一次综合、系统评价中尽可能尝试多种方法，对各评价方法所得出的评价结果进行比评，优选出最佳结果。

（3）综合、系统评价的基本程序。

综合、系统评价通常要经历确定评价对象和评价目标、建立综合评价指标体系、确定指标标值（量化和规一化）和指标权重、选择评价原则并构造综合评价模型、对被评价对象进行综合排序或分类，以得出系统分析和决策结论等过程。

一般来说，综合、系统评价的基本过程可分为五个连贯的步骤进行：

第一步：明确对象系统。这一步的实质是建立一个能合理反映被评价系统（对象系统）被关注特征的系统描述模型，称为概念模型（conceptual model）。评价的对象系统有自然系统（各种资源、环境和生态系统）、人工制造的系统（各种设备、建筑、武器系统等）、技术对象系统（各种待发展的新技术、科研成果及科研项目等）、人和社会系统（各类干部、学生、各种组织单位等），评价对象系统的特点直接决定着评价的内容、方式以及方法。

第二步：建立评价指标体系。对象系统的评价指标体系常具有递阶结构（hierarchical structure），尤其是复杂对象系统常具有系统规模大、子系统和系统要素多、系统内部各种关系复杂等特点，因而使得描述这类系统的评价指标体系呈现多目标、多层次结构。按照人类认识和解决复杂问题的从粗到细、从全局到局部的分层递阶方法，明确评价的目标体系，选用合适的指标体系，明确指标间的隶属关系。

第三步：确定参与综合评价的人员，选定评价原则及相应的评价模型。

第四步：进行综合评价，主要包括：不同评价指标属性值的量化及数量转换与统一量纲，评价专家对不同目标（指标）子集权系数进行赋值，逐层综合。

第五步：输出评价结果并解释其意义。

第三节　人文社会科学研究成果评价的方法基础

一、方法概观

科学评价方法有广义与狭义之分，广义的科学评价方法包括评价准备、评价设计、信息获取、评价分析与综合、撰写评价报告等评价活动全过程所涉及的一切方法，狭义的科学评价方法则特指科学评价分析与综合的具体方法。本节所提到的科学评价方法为广义概念。正如国家科技评估中心副主任、国际技术评价与预测联合会中国执行委员陈兆莹研究员在介绍科技评估中心的科研评价实践时指出的："我们要对评估结果负责，因此比较倾向于使用较成熟和得到公认的评价方法。我们对评价方法的理解和'学院派'是有区别的，'学院派'所讲的方法一般是指方法理论和数学模型的研究，而我们所讲的'方法'更多的是指评价的实施过程和规范。"所以我们通常将科学评价方法分为狭义方法（指各种具体科学评价方法和数学模型）和广义方法（指科学评价活动全过程中所应用的各种方法的总和）两个部分。

科学评价的方法很多，不下数百种，每一种方法都有各自的操作模式或数学模型。但总体来说，这些科学评价方法归结起来可以分为三类：一是基于专家知识的主观评价方法（定性评价方法或专家定性判断法）；二是基于统计数据的客观评价方法（定量评价方法或定量指标评价法）；三是基于系统模型的综合评价方法（包括定性与定量相结合的评价方法和各种综合评价方法）（见表3-2）。也有学者将科学评价方法分为四类：多指标综合评价方法、指数法及经济分析法、数学方法和基于计算机技术的方法（见表3-3）。而国外则将科学评价方法分为文献计量分析法（称为文献评价法）、专利分析法（称为专利评价法）、共词分析（称为内容分析法）、经济影响分析法（称为市场评价法）、同行评议法（包括内部评价、外部评价和定向评价三类）和对影响的下游分析五类。可见科学评价方法是一个方法体系，是一系列评价方法的集合。本节仅就表 3 - 2 作具体说明。

表 3 - 2　　　　　　　　　　科学评价的主要方法（1）

方法分类	方法性质	主要代表性方法
基于专家知识的主观评价方法	定性评价	有同行评议法、专家评议法、特尔菲法、调查研究法、案例分析法和定标比超法等
基于统计数据的客观评价方法	定量评价	有文献计量法、科学计量法、经济计量法等
基于系统模型的综合评价方法	综合评价	有层次分析法、模糊数学方法、运筹学方法、统计分析法、系统工程方法和智能化评价方法等

表 3 - 3　　　　　　　　　　科学评价的主要方法（2）

方法类别		代表性方法
多指标综合评价方法		综合评分方法、视图法、约束法、优序法、线性分配法、逻辑选择法、层次分析法（AHP）、目标决策的方法
指数法及经济分析法		指数法、费用 - 效益分析、投入产出分析、价值工程
数学方法	1. 运筹学方法	数学规划（线性分析、动态规划）、数据包络分析、排队论等
	2. 数理统计法	多元统计分析（包括聚类分析、判断分析、主成分分析、因子分析、Bayes 方法等）、回归分析、相关系数检验法、熵测法、综合关联度、Ridit 分析法等
	3. 模糊数学方法	模糊综合评判、模糊聚类、模糊序、模糊 AHP、模糊距离模型等
	4. 灰色系统理论	灰色统计、灰色聚类、灰色关联度分析、灰色局势决策法、灰色层次评价、灰色评估分配法、灰色综合评价等
	5. 物元分析	物元神经网络、可拓聚类分析、模糊灰色、物元空间（FHW）决策系统
基于计算机技术的方法		人工神经网络、专家系统、计算机仿真、系统动力学、决策支持系统

二、定性评价方法（基于专家知识的主观评价方法）

科学评价的定性评价方法主要有同行评议法、特尔菲法、调查研究法、案例分析法和定标比超法等，这些方法都具有一个共同特点，那就是基于同行或专家过去的知识和经验对评价对象作出主观判断。而其中使用最多的是同行评议法、特尔菲法和调查研究法，以下主要对这三种方法进行简要介绍。

1. 同行评议法

同行评议是某一或若干领域的专家采用同一种评价标准，共同对涉及相关领域的某一事项进行评价的活动，因此同行评议是以专家定性判断为主的方法，其评价结果对有关部门的决策有重要的参考价值。同行评议之所以能通行全球，成为一种评价科研潜力和结果的受人欢迎的工具，它有两大显著优点：一是启用了科技界那些可接受的、有专长的、受人尊敬的成员担任科学研究活动及其结果的鉴定人。这导致了一定程度的质量控制和科学责任，并有利于恪守廉政性准则。二是允许本学科各专业的同事们交流想法、意见、建议和反馈信息，这种交换促进了科学进步，并保持了科学交流渠道的畅通。从这个意义上讲，同行评议是科学共同体内部价值承认和科学质量控制的主要方法之一。目前，科学界普遍认为，同行评议是合理判断研究绩效的最基本方法。但由于同行评议是一个主观过程，它依赖于评议者的看法和过去的经验，因此，在这种不完美的环境中，利用同行评议合理判断科学研究绩效不仅要遵循同行评议的运作机制、过程、方法与程序，而且更应该注重针对具体评价目标与对象，采用适当的评价战略，才能达到预期目的和效果。同行评议也有两大明显的缺点：一是由于人类行为本身存在固有的弱点和偏见，并反映到同行评议之中，造成各种问题；二是由于同行评议方法本身的特点，它给予评议者非凡的权力，同时又需要维持评价过程保密，这两者相结合产生了一些问题。

同行评议作为评价事物的一种重要方法，在我国以及欧美等国科学评价中已被广泛采用。各国的科学基金机构都运用这种方法作为资源分配的辅助决策手段，优化选择申请项目，评价研究结果，从而推动和促进科学的繁荣与进步。实践证明，在科学评价中，尽管同行评议方法由于其主观性，本身还有某些不足和缺陷，并且引起了使用者的高度关注，但它不失为一种实用的好方法，目前尚无其他有效的方法可以取代。美国国会进行的一项调查报告曾指出："同行评议是被使用的最重要的方法，其他方法只是在进行打分评审中偶尔作为证实的手段而采用。"

同行评议法作为目前世界各国在科学评价中使用最广泛的方法，对科学事务具有重要的调控功能，并产生了方方面面的影响。同行评议是由给定的科学领域的若干专家组成的评判委员会来评价科学活动或其结果（如研究、项目和科学出版物等）的一个过程，其目的主要在于：确定科研工作的质量和水平；强调科研活动及其完成者应负的责任；提出科研资源分配的标准和评价体系；提出个人或组织科研绩效的评价标准与评价体系；提出科研政策的制定和评价标准与体系；对科研项目和计划的有效性和可靠性提供判断性评价；提出对科研执行者进行比较评价的标准和评价体系。它在科学评价中主要有评审科研项目的申请、评审科学出版物、评定科研成果、评定学位与职称、评议研究机构的运作等五个方面的作用。因为评价目标不同，同行评议应用的范围不同，因此，用于不同领域的同行评议法，其组织形式和方法、评价标准和评价体系也千差万别，难求一致，无法标准化，使用起来也非常灵活。

随着科学研究活动的变化和科学评价活动的发展，同行评议方法也在不断地发展和完善。同行评议方法根据评价对象的不同特点已演化出各种不同的评议形式（如通信评议、会议评议、调查评议、网络评议和组合评议等），每种形式都有相应的组织方式。此外，由于科学研究活动的复杂化，同行评议已不能满足评价对象多学科化、综合化、跨学科的要求，开始向专家评议的方向发展。即评议专家不仅仅是某一学科领域的专家，而是由多个学科领域、多个层次和多个方面的专家共同构成。

2. 特尔菲法

特尔菲法最早出现于 20 世纪 50 年代末，是当时美国为了预测在其"遭受原子弹轰炸后可能出现的结果"而发明的一种方法。1964 年美国兰德（RAND）公司的赫尔默（Helmer）和戈登（Gordon）发表了"长远预测研究报告"，首次将特尔菲法用于技术预测中。之后，特尔菲法的应用得到了迅速推广。作为一种主观、定性的方法，特尔菲法在科研评价工作中也有广泛的应用。特尔菲法可以用于科研计划、研究项目和科研成果等的评价，也可以用于各种评价指标体系指标权重的设置。

特尔菲法（Delphi）又称德尔菲法，它的提出是为了克服一般的专家讨论中存在的屈从于权威或盲目服从多数的缺陷。它是一种背对背的征询专家意见的调研方法，采用匿名发表意见的方式，针对特定问题采用多轮专家调查，专家之间不得互相讨论，不发生横向联系，只能与调查人员发生关系，通过多轮次调查专家对问卷所提问题的看法，经过反复征询、反馈、修改和归纳，最后汇总成专家基本一致的看法，作为专家调查的结果。特尔菲法可以有效地消除成员间的相互影响，充分发挥专家们的智慧、知识和经验，最后能得出一个较好反映群体意志的判断结果。特尔菲法具有匿名性、反馈性和统计性三个显著的特点。

特尔菲法是集中专家意见和智慧的一种方法，所以实施特尔菲法首先要确定专家组的人选，按照课题设计的知识领域选择、确定专家。专家人数的多少，可根据课题涉及面的大小而定，一般不超过 20 人。在确定专家组后，一般要进行四轮专家调查咨询。

特尔菲法起源于技术预测领域，在最初的预测咨询中，一般只设定预测主题，而不设预测事件，通过四轮匿名性和反馈性的咨询，对预测结果做出统计归纳和判断。具有这些特点的特尔菲法被称为经典特尔菲法。随着应用范围的扩大，特尔菲法在实践中根据具体情况得到了许多改进，产生了许多派生的变型特尔菲法。事实上，在科研评价实践中，应用得较多的是各种变型特尔菲法，经典特尔菲法反而用得较少。

3. 调查研究法

调查是系统获取资料的手段，它是所有评价工作的一个重要环节。

用于科学评价的最主要的调查方法有调查表调查、访问调查和案例研究三种。调查表调查是获取定量数据最好的方法，因为，大量发放基于数据统计目的的调查表并对其回收和分析，所耗费的成本相对其他调查方法少；访问调查分为面对面访问和电话访问，其中，面对面访问可以获得详细的事实与看法方面的数据，但它不如电话访问迅捷、便宜，而面对面访问可以获取被访问者的信任，电话访问则不易，因此，对于高度敏感或保密的讨论，适宜采用面对面访问。由于调查表调查、访问调查在科研管理工作中应用普遍，而且很多论著已做过详细论述，为了避免重复，这里仅对案例研究方法作详细介绍。

案例研究通过评论好的或差的有代表性事例及其做法和经验，可以提供有关经验和成就方面的最翔实资料，并赋予评价者很多的启发。案例研究在科研评价工作中主要有两个方面的应用：一是探索科学研究与技术创新的联系；二是判断科研工作是否符合资助机构制定的政策目标。用于这种目标的案例研究主要有三种类型：一是历史描述；二是"科研事件"分析；三是匹配比较，即回溯分析与其他分析方法的结合，如聚合统计、同行评议、文献计量分析和经济计量分析等。

最早出现的方法是历史描述，主要用于分析某项技术的发展轨迹，考察科学研究与技术创新之间的关系；科研事件分析主要是判别和分析某一技术发展中的"科研事件"。"科研事件"是指新思想的出现以及随后对这种思想的探索。20世纪 60 年代至 70 年代，一些政府机构资助了大量的案例研究项目，以理解科学研究和经济增长的联系。如美国国防部资助的"事后研究项目（Project Hind-sight）"，美国国家科学基金会资助的"技术回溯与科学项目中的重要事件"。但是，这两项研究取得的结果相互矛盾，这说明案例研究存在局限性，美国国家研究委员会（NSB）和国家科学基金会（NSF）将这些局限性归纳为两个方面：一方面，所得结果和结论的有效性依赖于调查者的客观程度、调查技巧和科学知识水平；另一方面，案例研究的结论通常寓于特定的历史环境中，因此不能直接应用到其他研究背景中。这样，在评价研究与开发（R&D）和经济创新之间的联系时，开始利用客观方法，即经济计量和文献计量方法替代案例研究。

三、定量评价方法（基于数据统计的客观评价方法）

定量评价方法又称为计量方法、统计方法。它是通过把复杂现象简化为指标或相关数据，并对科研活动中指标或相关数据的数值进行统计，用数值比较来进行判断分析的方法。目前用于科学评价的定量方法主要有文献计量法（也称科学计量法）和经济计量法两类。实际上，定量评价方法包括科学计量学、文献计量学、情报计量学、技术计量学、网络计量学以及经济计量学等一系列学科理论和方法。

1. 文献计量法

文献计量评价作为目前国际流行的科研定量评价方法，源于 20 世纪中叶兴起的科学计量学和科学引文分析。1962 年和 1963 年，被称为"科学计量学之父"的美国科学家普赖斯，先后发表了两部奠基性著作《巴比伦以来的科学》、《小科学，大科学》，开创了科学定量分析之先河。文献计量法主要是以出版物（论文数量和质量，反映科学生产能力和水平）和出版物的引文（论文被引频次和被引率，反映科学价值、社会价值和影响）、专利（授予权数）和专利的引文为计量对象，考察计量对象在国家、地区、机构、时间、语种、文献类型等不同属性上量的分布特征和规律，并以此为依据来评价各科研主体的科研水平、科研实力和科研能力，作为科研管理和决策、科研资源分配的基础。文献计量方法以文献增长规律、文献老化规律、布拉德福定律、洛特卡定律、齐普夫定律和引文分析法等基本规律和方法为基础，以《科学引文索引》（SCI）、《社会科学引文索引》（SSCI）、《工程索引》（EI）、《中国科学引文》（CSCD）、《中文社会科学引文索引》（CSSCI）等数据库为数据来源和统计工具，形成了一整套完善的计量评价方法，被广泛应用于科研评价、人才评价、学科评价、科学预测、科研管理和科研决策等领域。现代信息技术的快速发展与广泛应用为文献计量法注入了新的活力和生机，使科研定量评价和分析更为科学、客观和准确。

文献计量分析在研究评价中的作用是其他方法不能替代的，因为，对于某些组织性和结构性较强的问题，例如，某个国家与其他国家比较在各学科领域的研究"影响力"，国际合作的规模和特征，基础研究和应用研究在新技术开发中的作用，学科结构以及它们之间的相互关系等，尽管"科学同行"能根据自己的专长对它们进行定性评判，但是，这些评判一般都是零散的，而组织性和结构性较强的问题需要从整体上进行评价。特别是对于交叉学科研究以及具有特殊社会和经济目标的研究，经验证明，同行不能对它们做出较圆满的评判。而且，现代科学发展迅速，新的特征不断涌现，即使是科学家，也不能清楚地阐明科学研究的价值。因此，评价时需要利用特殊的数据，而同行不能提供这些数据。这样，文献计量指标就进入了评价者的视野之中。当然，这并不是说它要替代同行专家，而是作为一种支持和辅助工具。

根据文献计量指标功能的不同，可以把它们划分为两大类型：描述性指标和关联性指标。

第一类，描述性指标。最基本的描述性指标是论文、专利和引文数量，通过统计分析这些指标，可以粗略地估计研究的数量及其影响，粗略地反映技术的产出情况以及科学与技术之间的联系。以这些指标为基础，一些国家还开发了更多指标用于评价科研的质量和效率，如论文量、引文量、论文与引文的比较优势、单位国民总值的论文数和引文数等。

第二类，关联性指标。合作著文的作者分析是最常见的关联性指标，它可以描述科研系统中各参与者之间的现存关系，对知识的流向进行比较分析，展示研究者个体、研究机构以及研究活动的目标部门之间的关系，例如大学与研究所的联系、大学与工业界之间的联系、地方政府与国家的合作关系以及国际合作关系等。共词和共引也是重要的关联性指标。共词从科学术语上揭示了研究主题以及它们之间的相互关系；共引反映了科学认识上的关系以及研究工作上的网络关系。通过共词与共引分析，可以勾画科学活动的全貌，观察科学技术的变化，识别正在涌现的研究主题及其主要贡献者。此外，还可进行学科关联度分析等。

目前，文献计量方法在世界各国的科学评价中仍处于谨慎应用阶段，大多是作为同行评议方法的一种辅助手段。但是随着科学评价定量化的发展，文献计量方法本身的完善，在特定的领域，文献计量方法还是一种行之有效的定量评价方法。特别是海量数据库技术的发展使文献计量分析可以借助计算机自动、经济地进行，将使文献计量方法获得更加广泛的应用。

科研计量评价是当前备受各界关注的国际流行的评价方式，也可能是今后一个时期人文社会科学成果评价的重要手段。其方法是，根据发表科学论著的数量和引证次数，根据不同的评价要求采用对应的细化指标，运用综合集成的方法求得分值，用以衡量人文社会科学成果的学术水平和社会效益。科研计量评价是将正在兴起的科学计量学方法引入同行评议，为专家评议提供公正客观的计量统计分析数据，是科学计量学与同行评议的有机结合。20 世纪 80 年代以来，随着科学计量学的兴起和科研计量评价共识的增加，越来越多的人文社会科学研究机构和管理部门将科学计量学方法引入人文社会科学成果评价和科学家绩效评价，并作为科学决策的重要依据。研制符合人文社会科学特点的科研计量评价体系，是新世纪我国人文社会科学事业发展的要求。

对科学论著进行引证分析，始于 1963 年美国情报科学研究所加菲尔德主持编制的《科学引文索引》（SCI），后来形成了完整的引证检索系统，包括《社会科学引文索引》（SSCI）、《艺术和人文科学引文索引》（A&HCI）、《工程索引》（EI）、《科学技术会议录索引》（ISTP）及《期刊引用报告》（JCR）。其评价方法主要是根据在核心期刊上发表论文的数量和期刊的等级，计量评价某个国家或地区、研究机构、科学家的科研绩效。

目前国际上运用最多的科研绩效客观评价工具就是加菲尔德主持编制的《科学引文索引》（SCI）数据库（加菲尔德创立的引文索引工具，原意是作为一种文献检索工具。但现在，它最令人感兴趣和引人注目的衍生用途是与其他评价指标结合起来，成为评价组织科研绩效的有力工具）。世界著名的科学计量学专家、匈牙利学者 T. 布劳温采用科学计量学 12 项指标，利用每项指标分学科对32 个国家的学科水平进行比较，得出 1976 ~ 1980 年间我国物理学在 SCI 上平均引文率排名第一的结论。1997 年英国学者罗伯特根据 SCI，利用论文的被引次数（RCR）和论文的引文率（RCI）两项指标，分学科领域、分国家进行比较，得出 1981 ~ 1994 年间我国论文数量排名世界第 13 位的结论，论文的质量指标，即平均每篇论文的被引次数居世界第 65 位。

论文引证分析最初出现时，国际科学共同体对它尚存疑虑，但科研计量评价方法很快显示出它的优点和应用前景，在欧美科学发达国家的科研评价中被广为接受，迅速成为国际科研评价的潮流。

由于美国 SCI 收录中国期刊太少，不能全面反映中国的科研活动情况，单纯依赖它难以准确地分析评价中国的科研绩效。在国家自然科学基金会和中国科学院的共同资助下，中国科学院文献情报中心经过多年研制，于 1989 年推出了与美国 SCI 接轨的《中国科学引文数据库》（CSCD），收录了中国出版的 582 种中英文科技核心期刊，每年更新出版。CSCD 具有广泛的论著（专著、期刊论文、会议文献、专利、学位论文等）引用情况、科技期刊引用情况、合著论文发表情况、科研机构论文产出情况、地域论文产出情况、国家重点实验室及部门开放实验室论文产出情况等检索功能。CSCD 还设定了数百个科研评估统计项目，在科技管理工作中具有广泛的应用价值。2000 年，南京大学与香港科技大学合作研制推出了《中文社会科学引文索引》（CSSCI）。该数据库收录了我国大陆出版的中文人文社会科学期刊 496 种，可以提供我国社会研究机构、高校、地区乃至学者个人的论著数量、引用情况及各种排序。国内外的人文社会科学成果评价活动表明，科研计量评价已在科研绩效评价进而将在研究资源分配方面确立自己应有的地位，并将成为推动科研、大学的竞争和发展的重要手段，因而日益受到科教工作者、管理部门的高度重视和社会的广泛关注。科教领域这方面的探讨，为我国的人文社会科学科研评价提供了方法，积累了经验。

　　总之，无论是国外还是国内的相关评价研究，总体上处于由科技评估向人文社会科学评价拓展的过程中，世界各国都经历了从定性向定量，到定性与定量相结合的过渡。20 世纪 60 年代以来美国科学情报研究所相继编辑出版的 SCI、SSCI、A&HCI、ESCI 等一系列引文和科学指标，大大推动了书目分析、引文分析等文献计量方法在科学评价中的广泛应用。但无论国外还是国内单独对人文社会科学评价的研究都还不多。

2. 经济计量法

　　经济计量法主要与资金的测度有关，范围包括从成本/效益分析到 R&D 经费。经济计量法主要用于评价科研活动的投入、产出（或称成本、费用和效果）、效率和效益。既包括科研活动对经济和社会发展贡献的计量、测度和评价，也包括科研活动过程中自身与经济有关的资金、财务等的计量和评价。按照美国学者考斯托夫（Ron Kostoff）的观点，经济计量方法主要有成本效益方法、边际成本效益分析方法和生产函数方法等。按照管理科学的理论，成本效益方法主要考虑成本效益、净现值和回报率。但是，从这个角度很难计算研究的回报率，因为，其一，科学研究的效益主要表现在增加知识存量、提高竞争能力和解决复杂问题的能力、发展新技术和新仪器等方面，这些方面的效益是难以量化的；其二，后人的发现建立在前人的工作基础上，这样，任何一项研究成果，其投资都具有累计性，不能直接测算；其三，研究的成本远远低于产品开发、中试和商业化的成本。基于这些方面的原因，我们认为，不能从管理科学的角度计算研究的回报率，而要换一个角度，即应用投入产出方法，把产出主要定位于论文和培养人才（主要指博士学位获得者），据此评价科研活动的产出效率。生产函数方法主要利用产品、资本、劳力、研究经费支出来估算研究对附加价值的边际贡献，但由于科学研究同附加价值的关系是非线性的和间接的，而且对技术、生产及市场的其他投入因素又使科学研究与附加价值之间的关系更加趋于复杂化，所以，该方法亦有其应用上的难度、缺点和不足。国外也用经济或财务、市场、商业和经营等计量指标和方法来评价科学研究活动中与资金有关的方面。如经济或财务计量指标有成本节省额、投资回报、资产回报、投资返还、经济测度和"货币化"（研发人员创造的利润或成本）；而商业和经营计量指标则包括一系列与科技成果商业化、产品化、市场化有关的经济活动计量指标（如市场份额、销售比率、利润率、产权销售额和收益比率等）。当然这些经济计量指标和方法并不是单独使用的，而是在实际评价中根据需要选择，并对与科研活动有关的经济活动进行综合评价。

四、综合评价方法（基于系统模型的综合评价方法）

综合评价或称多指标综合评价方法是科学评价中的常用方法，尤其是对于群体评价应用而言比较普遍。综合评价方法包括两层含义：一是指将定性评价方法和定量方法有机结合起来进行评价；二是指将多种方法有机结合应用于同一评价对象和过程。目前，常用的综合评价大致可分为九大类（见表3-4）。可以说综合评价是一个方法集合，也是一个方法体系，是一系列方法的总和。

常用的综合评价方法

表 3 - 4

方法类别	方法名称	方法描述	优点	缺点	适用对象
定性评价方法	专家会议法	组织专家面对面交流，通过讨论形成评价结果	操作简单，可以利用专家的知识，结论易于使用	主观性比较强，多人评价时结论难收敛	战略层次的决策分析对象、不能或难以量化的大系统、简单的小系统
	德尔菲法	征询专家，用信件"背靠背"评价、汇总、收敛			
技术经济分析方法	经济分析法	通过价值分析、成本效益分析、价值功能分析，采用 NPV、IRR、T 等指标	方法的含义明确，可比性强	建立模型比较困难，只适用评价因素少的对象	大中型投资与建设项目、企业设备更新与新产品开发效益等评价
	技术评价法	通过可行性分析、可靠性评价等			
多属性决策（MODM）方法	多属性和多目标决策方法（MODM）	通过化多为少、分层序列、直接求非劣解、重排次序法来排序与评价	对评价对象描述比较精确，可以处理多决策者、多指标、动态的对象	刚性的评价，无法涉及有模糊因素的对象	优化系统的评价与决策应用领域广泛
运筹学方法（狭义）	数据包络分析模型（C^2R、C^2GS^2 等）	以相对效率为基础，按多指标投入和多指标产出，对同类型单位进行评价，是基于某一组标准有效性确定相对有效生产前沿面	可以评价出多输入多输出的大系统，并可用"窗口"技术找出单元发展薄弱环节加以改进	只表明评价单元的相对发展指标，无法表示出实际发展水平	评价经济学中生产函数的技术、规模有效性，产业的效益评价，教育部门的有效性

续表

方法类别	方法名称	方法描述	优点	缺点	适用对象
统计分析方法	主成分分析	相关的经济变量间存在起支配作用的共同因素，可以对原始相关矩阵内部结构进行研究，找出影响某个经济结构过程的几个不相关的综合指标来线性表示原来原来变量	全面性、可比性、客观合理性	因子负荷符号意义不明确，需要大量的统计数据，没有反映客观发展水平	对评价对象进行分类
	因子分析	根据因素相关性大小把变量分组使同一组内的变量相关性最大			反映各类评价对象的依赖关系，并应用于分类
	聚类分析	计算对象或指标间距离，或者相似系数，进行系统聚类	可以解决相关程度大的评价对象	需要大量的统计数据，没有反映客观发展水平	证券组合投资选择、地区发展水平评价
	判别分析	计算指标间距离，判断所归属的主体			主体结构的选择、经济效益综合评价
系统工程方法	评分法	对评价对象划分等级、打分、再进行处理	方法简单，容易操作	只能用于静态评价	新产品开发计划与结果、交通系统安全性评价
	关联矩阵法	确定评价对象与权重，对各替代方案有关系价项目确定价值量			
	层次分析法（AHP）	针对多层次结构的系统，用相对量的比较，确定多个判断矩阵，取其特征所对应的特征向量值作为权重，最后综合出总权重，并且排序	可靠度比较高，误差小	评价对象的因素不能太多（一般不多于9个）	成本效益决策、资源分配次序、冲突分析等

120

续表

方法类别	方法名称	方法描述	优点	缺点	适用对象
模糊数学方法	模糊综合评价	引入隶属函数 μ_i; $C \rightarrow [0,1]$, 实现把人类的直觉确定为具体系数（模糊综合评价矩阵）$R = [\mu_{jh}(x_{jh})] n \times m$, 其中, $\mu_{jh}(x_{jh})$ 表示指标 μ_{ij}（在论域上评价对象隶属值的隶属度，并将约束条件量化表示，进行数学解答）	可以克服传统数学方法中"唯一解"的弊端，根据不同的信息可能性得出多个层次的问题题解，具备可扩展性，符合现代管理中"柔性管理"的思想	不能解决评价指标间相关造成的信息重复问题，隶属函数数、模糊相关矩阵等的确定方法有待进一步研究	消费者偏好识别、决策中的专家系统、证券投资分析、银行项目贷款对象识别等，拥有广泛的应用前景
	模糊积分				
	模糊模式识别				
对话式评价方法	逐步法（STEM）	用单目标线性规划法求解问题，每进行一步，分析者把计算结果告诉决策者来对评价结果，如果认为已经满意则迭代停止；否则再根据决策者意见进行修改和再计算，直到满意为止	人机对话中体现柔性思想，体现柔性化管理	没有定量表示出决策者偏好	各种评价对象
	序贯解法（SEMOP）				
	Deoffrion法				
智能化评价方法	基于BP人工神经网络的评价	模拟人脑智能化处理过程里的人工神经网络技术，通过BP算法、学习或训练获取知识，并存储在神经元的权值中，通过联想把相关信息复现，能够"揣摩"、"提炼"评价对象本身的客观规律，进行对相同属性评价对象的评价	网络具有自适应能力，可容错性，能够处理非线性与非凸域性的大型复杂系统	精度不高，需要大量的训练样本等	应用领域不断扩大，涉及银行贷款项目、股票价格的评估、城市发展综合水平的评价等

121

第四章

当前人文社会科学研究成果评价的基本问题

第一节 人文社会科学研究成果评价之审视问题

一、人文社会科学研究成果评价的多种形相

什么是评价？为什么要评价？对评价问题的思考越深入，我们越会感到这一问题的多元性。人文社会科学评价是以多种形相存在的，明白这一点才可能真正给人文社会科学评价以恰当定位。

1. 人文社会科学研究成果评价是一种价值判断，是"对评价的评价"

评价首先体现为一种评价主体的价值判断[①]，是对评价对象价值大小的衡量与比较。与基于事实判断的自然科学评价不同，"人文社会认识对象并不是纯之又纯的单一体，而是凝集着事实与价值于一身的复合体。"[②]

[①] "社会科学成果的评估实质上是一种价值判断。"见卜卫、周海宏等：《社会科学成果价值评估》，社会科学文献出版社 1999 年版，第 57 页。

[②] 欧阳康：《人文社会科学哲学》，武汉大学出版社 2002 年版，第 396～397 页。

在学科建制化背景下，人文社会科学研究成果评价就不再是某一研究者的个人主观判断，而是基于一定事实认定之上的学科共同体的共识性价值判断。这意味着，只有符合一定事实认定要求的评价对象才具有评价的资格，追求评价的主体间客观性是人文社会科学评价的评价本性。[①] 评价的价值属性表明，人文社会科学评价不是一种绝对意义上的客观判断，而是一定评价群体在一定历史阶段、一定认识水平与一定既有成果相比较后的共识性判断。这一判断显然是具有极大局限性的。评价的事实属性表明，评价不应是评价者的主观随意，解决评价问题客观性问题的突破口是以一定方法"控制偏离群体态度的个人化倾向"，实现对"共同利益群体之间价值判断认同度"的逼近。[②]

评价定位是对评价前提的追问，即"评价的目标是什么"或"为什么要评价"，这是人文社会科学研究成果评价的基础性问题。眼下经常说到的评价"定位倒错"主要是指，把人文社会科学研究成果评价视为对评价对象存在价值的绝对判断，忽略了人文社会科学研究成果的评价实际上是"对评价的评价"，是基于人文社会科学研究成果自身价值评价基础之上的再评价，体现为科研管理实践中的价值选择。

2. 人文社会科学研究成果评价是一种学科发展的知识自觉

囿于价值的主体性、价值判断的主观性，以寻求共识性价值判断为目标的人文社会科学研究成果评价，就必须由个体层面的判断上升为适用于评价群体的、可控的、更加规范的价值认定方法。作为方法的评价通常被视为理所当然，评价是一种方法也常常被忽略。在英语中，方法（method）一词是由"沿着"和"道路"两个希腊词根复合而成，目的性（沿着的方向）与能行性（可实施的途径）是方法的基本特征。严格科学意义上的"方法"含义更接近"算法"，具有构成性特征，它是以一定的步骤、程式达到某个确定的目标，前提与结果都具有确定性，每一方法自身是封闭的，必须规范地按一定的步骤、程式实施。[③] 方法的能行性属性意谓，人文社会科学研究成果评价必须是在某些明确原则指导下的具有可操作性的规范性步骤，唯此统一的共识性价值认定才有可能产生，而评价是一种科学性操作。方法的构成性属性意谓，人文社会科学研究成果评价就是以

---

① 显然，这里的客观性不同于经验科学中的客观性含义，它是指超越个体判断基础上的共识性判断。而共识之所以可能的一个重要基础在于一些基本的共同事实认定。

② 卜卫、周海宏等：《社会科学成果价值评估》，社会科学文献出版社 1999 年版，第 61 页。

③ 如我们把系统方法定义为"是指一套以系统思维为指导，旨在提高和改善问题过程的效率和有效性而发展出来的一套原则和步骤。"见朱志昌：《当代西方系统运动》，载许国志：《系统科学与工程研究》，上海科技教育出版社 2000 年版，第 604 页。

构成性的规范操作达致对非构成性的人文社会科学（成果）价值的认定，以一定量化的形式来量度、确认非量化的思想的价值，这难免要陷入思想与规范、培育大师与生产平庸的两难之中。人文社会科学在很大程度上是社会思想的缔造者，创造性思想往往与规范是相冲突的。如何在评价机制设计时，既能保持大师的生长土壤，又能以一定的标准来规范学科的大多数，确是一个极难解决的问题。

人文社会科学研究成果评价是"学科发展的知识自觉"。人文社会科学研究成果的学术性评价内生于学术认知的过程中[①]，它以知识的自觉引导学术研究活动向符合知识本性的方向展开。这一知识本性的自觉超越了任何现实的功利性，抗拒功利追求的泛滥。唯有保持学科发展的知识本性，才能最终达致学术的自主性。而唯有保持这种自主性，它才具有独立存在的理由。"布迪厄坚定地主张社会科学必须首先确立自身的自主性，拿出强硬的科学态度来，因为只有这种方式，社会科学才能获得精确严格的手段，从而在竞争中获得重要的地位和潜力。"[②] 当下的问题在于，如何以人文社会科学研究成果评价来缓解其建制化发展需要与符合知识本性的知识增长需要之间的紧张，缓解学科主体性与学科社会化的紧张。

3. 人文社会科学研究成果评价是一种服从管理目标的科研管理手段

学科的建制化发展总是在一定科研管理手段的推动下进行的，从科研管理的角度来看，人文社会科学研究成果评价的宏观目的和意义在于，以评价来促进人文社会科学健康、有序地发展。评价是要服从管理目标的。科研管理的需要在当下成为人文社会科学研究成果评价成长的主要推动力之一，科研活动很大程度上左右着评价标准的实施，评价标准常常因科研管理阶段、目的、对象不同而改变，科研管理的目的直接决定了评价的目的。如所周知，借助科研管理手段的导向作用，清华大学在 SCI 发表的论文数短短几年内由几百篇上升至 2 000 多篇。[③]在技术层面上，评价服务于管理，自然对评价方法提出了运作效率的要求，评价应该在保持评价功能的基础上尽量简化、提高效率，这才能为管理服务。但简化不是简单化。在价值层面上，当科研管理借助评价手段左右人文社会科学知识的

---

① 日本科学技术委员会研究评价指南制定委员会把评价定义为，"一项使研究工作得以顺利展开、在研究人员和评价人员之间进行的学术活动。"见卜卫、周海宏等：《社会科学成果价值评估》，社会科学文献出版社 1999 年版，第 62 页。

② 邓正来：《关于中国社会科学的思考》，上海三联书店 2000 年版，第 10 ~ 11 页。

③ 刘劲杨、刘永谋：《人文社会科学评价问题学术研讨会综述》，载《中国人民大学学报》（哲学社会科学版），2004（2）。

生产方向时，人文社会科学的主体性问题就面临严峻挑战。功利主义场域下，科研管理目的极易为学术单位间的残酷竞争、行政长官意志、量本位思维等非学术因素所控制，错误地引导学术研究的方向，导致学界的结构性浮躁与功利。符合知识本性的知识创造，有时也容易沦为满足一定评价硬性规定的定制化知识的批量生产，这是必须引起我们充分注意的。

在实践上可行的评价并不以追求评价判断的完备性、终极性为其目标，而是以是否符合评价主体的意愿为实践的价值选择：符合主体意愿者会得到更高的评价；与其背离者则更易失去竞争力（生存力）。评价要服从管理目标。事实上，科研管理活动在很大程度上左右着评价标准的实施，评价不仅服务于管理，在一定意义上，评价就是管理。

把评价定位为管理的好处在于，我们可以不必陷入关于评价意义的争论，而把精力更多地付诸评价实践。然而，这并不意味着人文社会科学研究成果的评价主体就可以恣意左右评价对象的发展道路，因为评价主体的意愿是无法完全脱离评价对象的客观实际的，价值选择既存在于评价对象间，也存在于对象与评价主体间；既是历时性的，又是主体间性的。一个相对公正的评价依赖于不断生长着的、灵活的价值框架，而不是某种僵硬的单一的价值尺度。

评价服从管理，但管理有两种基本模式或思路，一种是计划型，一种是放任型，两者初衷和前提不同，自然，目标和结果也各异。

4. 人文社会科学研究成果评价首先要在鼓励创新思想还是遵循传统规范上选择

人文社会科学研究成果评价面临的首要价值选择是：评价什么？是选择鼓励创新思想，还是遵循传统规范？两者的冲突体现在当前学术界思想家与职业专家的分野上，前者更具创造力，也许更是当代思想的代表者；后者更符合学科的传统规范，是存在的大多数。人文社会科学的研究对象本质上是一个意义世界、价值世界，人文精神体现为人类对自身物质存在有限性和个体功利性的超越。显然，只有创新思想才是人文社会科学的本质，人文社会科学的进步应体现为思想认识的前进和不断深入；另一方面，当前已作为科学建制的人文社会科学，其发展又必须遵循职业化、规范化和标准化要求。过分追求学科发展的规范性、职业化，势必是以牺牲大师、妨碍人文社会科学精品的产生为代价的；然而，一味放纵思想，忽视规范的作用，又会使思想耽于清谈。

如果我们把评价定位为管理，上述冲突并不是不能接受的，因为人文社会科学研究成果评价本身也是一种规范，而评价又注定我们只能按照一定的规范来操作。只有当评价在技术上具有了可操作性并成为某种规范性要求时，评价才能服务于管理实践。因此，除非我们不进行评价，创新思想与传统规范的冲突并不能成为取消规范或否认思想的理由，选择传统规范强调了人文社会科学发展的建制性、规模性；而选择创新思想，所关注的是人文社会科学的生命力与个体创造性。在设计评价规范时应保持必要的张力：既重视专家系统的规范成果，又不忽视创新思想家的创造力。

5. 人文社会科学研究成果评价是一种社会经济活动的核算

建制化的人文社会科学知识的生产主体是围绕众多不同来源、不同规模的研究项目、研究课题而展开的，研究所能取得的社会经济效益、投入产出比等的测算在这些项目评价、课题评价中占据重要地位。人文社会科学研究成果评价此时更多地体现为一项社会经济活动的核算，尤其是在一些应用性的横向研究项目中最为典型。近年来，随着对人文社会科学的投入的增加，人文社会科学研究成果评价也越来越关注其社会经济效益的回报问题。粗制滥造的低水平重复，显然不是这些资本、资源投入的目的。因此，经济核算性质的评价介入具有现实意义。

事实上，只要人文社会科学取得社会建制的形式，就难以离开社会对其投入、产出、功能、效用等的种种评价，作为职业劳动者的人文社会科学的知识生产者们也必须经受各种形式的对其存在价值及其知识价值的评价。当代中国人文社会科学研究成果评价存在的问题，不是缺乏评价①，而是缺乏合理的评价，缺乏对人文社会科学研究成果评价深入、系统、持久的综合性研究。如何依据一定的原则、标准和程序对人文社会科学研究成果进行合理评价，并以科研管理手段来有效规范、推进中国人文社会科学的健康蓬勃发展，已成为建构知识场域、对学科发展影响深远而又难度极大、基础性的紧迫任务。

二、评价规范间的冲突

既然人文社会科学研究成果评价是一种规范的操作，就不可避免地要面对种种规范—标准间的冲突。

---

① 仅以核心期刊的评选为例，近10年来，由国家部委、著名高校等权威单位组织的规模宏大、影响甚广的"核心期刊"的遴选就有10余次之多，这还不包括各科研院所、大专院校自行编制的五花八门的"核心期刊"名录。

1. 学术标准与非学术标准的冲突

任何人文社会科学研究都是在一定的意识形态背景中展开的，具体学科的对象越是触及国家机器的核心部位，其意识形态性就越强。"科学无禁区"这个命题比在自然科学领域里实施起来要困难得多，政治标准与学术标准的冲突有时不可避免，如何在这两种标准间保持张力，既是理论的也是实践的难题。

2. 基础理论研究标准与应用研究标准的冲突

基础研究总体上是以主攻学科前沿的重大难题、探索创新知识、创建新理论的理性追求为其目标，这也是学科主体性的根基所在，评价基础性研究的主要标准往往是学术性和创新性；应用研究是运用基础理论和有关知识解决现实问题，评价应用性研究成果的主要标准是研究成果能否向现实生产力转化、能否为决策层提供有价值的决策咨询等。基础研究常常耗时巨大，其价值也是潜在的；应用研究则常常是当下的，效益是显在的。对这两种性质迥然不同的研究，评价标准显然不同。

3. 本土化标准与国际性标准的冲突

人文社会科学总是要受到所在文化情景的文化限定，人文社会科学研究成果评价也无法脱离一定的文化土壤，评价标准显然会与其他国家的标准有所区别。但"本土化"（indigenization）是一种学术活动的取向，并不是政治活动和狭隘民族主义。中国人文社会科学的本土化，其关键在于确立"中国问题"的主体意识。评价的本土化将是中国人文社会科学发展成熟的重要标志，却并不意味着排斥国际性标准。无论从我们是处于全球化的背景下，还是从人文社会科学也是可比的、可交流的角度，都需要共同的游戏规则。

4. 创新性标准与规范性标准的冲突

思想指向创新，规范求诸共识。创新性是人文社会科学生命力的体现，没有创新性标准的评价是不完善的。特别将"创新性"作为评价的重要依据，体现了对这一问题的重视。但是，当前存在的问题是，何为人文社会科学的创新？以及以何种方式来对创新性进行评价？人文社会科学的创新与自然科学不同，不是共识性的创新。在学术上，思想的创新开始常为许多同行所不认可，因而无法在以共识为基础的规范性评价中得到承认。但"非共识性项目"并不代表其学术上无意义，这既是一个理论难题，也是一个实践难题。

127

5. 不同评价对象标准的冲突

人文社会科学研究成果的评价涉及众多不同的评价对象，包括宏观层面的学科评价，中观层面的机构评价与科研评价，微观层面的成果评价与科研人员评价。例如，对学科评价而言，学科建制的发展与学科认识水平提升并不等同；人文学科和社会科学两者也很不相同，一个以人的生存价值和生存意义为其终极主题，一个以经世致用为其要义，评价标准显然不同。如果再深入到学科内部，文、史、哲、经、法、教、管等各门学科各具特色，评价就不能不关注其个性化特征。此外，对于人文社会科学中论文、论著、报告等不同成果形式，标准也是各不相同的。更困难之处在于，如何判定一项基础研究类型的哲学著作和一项应用研究的社会报告究竟谁的价值更大？

6. 定性与定量标准的冲突

对科学评价的历史追溯表明，国外和国内的相关评价研究，总体上都处于由科技评估向人文社会科学研究成果评价拓展的过程中。世界各国都经历了从定性向定量，到定性与定量相结合的过渡。近几年来，在国内围绕人文社会科学研究成果的评价问题做了不少研究，形成了一批有价值的研究成果。例如，中国社会科学院在对数百名专家多次调查的基础上，于1998年完成了社会科学研究成果评估体系，并且出版了《社会科学成果价值评估》专著。清华大学形成了《人文社会科学科研业绩考核指标体系》，该指标体系从清华大学的实际出发，对论文、论著等人文社会科学成果的评价提出了自己的标准。国内一批高校也制定并实施了各自的"人文社科研究成果评价指标体系"。国家教育部颁布了《普通高校人文社会科学研究成果奖励办法》，尽管是奖励办法，实际上也是一个带有导向性的人文社会科学成果评价标准。国家行政学院科研部对人文社会科学成果的评价方法，坚持直接标准与间接标准相结合，把二者纳入统一的指标体系。

当前人文社会科学研究成果的评价，首先是试图设立某些所谓硬指标（主要是可数量化的指标），对评价对象的学术水平高低、学术成就大小、学术价值优劣做出判定，在这个意义上，评价更多的是比较评价对象在学术价值等方面的量的差别；其次再涉及对评价对象质的判定。究竟是着重以定量的方法来区分评价对象的量的差别，还是着重以定性的方法来区分评价对象的质的差别？或者是着重二者如何结合，这是当下分歧的焦点。

但在评价实践中，无论是定性方法还是定量方法，首先要解决的是被评价对象的"量的差别"问题。

在对量的差别的把握中，定性方法强调的是基于理解的"直接认识"，评价者依据个体的经验与学识水平对评价对象的学术价值、水平给出直接的判断；定量方法必须做的是，首先找到衡量差别的可操作性定量指标，然后再以该指标的量值来客观表征原来难以量化的"量的差别"，如以引用率的大小来表征学术成果的优劣，体现为"间接测量"。直接认识与间接测量的差别才是定性方法与定量方法在人文社会科学成果评价中所必须关注的。直接认识，可视为思想与思想的对话，直接深入评价对象的意义世界、价值世界，是对评价对象的直接感悟、理解与解释；但任何基于评价者个体的定性判断都是主观性的，受限于评价者个体的经验、学识、所处文化环境等各种因素，在这个意义上，一切定性判断又都难免其个体的局限性。间接测量的长处在于其客观性，可以基本排除评价者主观性的影响，更客观、清晰地描述出量的差别的程度；其短处在于，指标体系的设定是带有很大主观随意性的，间接性指标与评价目标的相关性也是难以完全确定的，实际上，它强调的是当下性和现实需要，是用数字掩盖的倾向性。

三、评价实施中的问题

虽然现在国内重视人文社会科学研究成果评价方面的研究与探索，也形成了一批有水平、有影响的研究成果。但是，根据改革开放以来我国人文社会科学的基本特点和新形势下人文社会科学发展的基本态势，以及人文社会科学的特殊性，目前国内在人文社会科学研究成果评价的实施中还存在许多严重问题。

1. 主体问题与评价程序问题

所谓评价主体问题，即人文社会科学研究成果应由谁来评价？由政府一家来垄断评价显然是不合适的，这容易导致行政化倾向和腐败。当前评价发展的总体趋势是，由政府主导向学界自主评价过渡，或者由政府、民间共同评价，社会化的多样的评价中介机构有取代单一的评价主体之势。但多元化评价主体可能造成学科资源各自为阵，各种评价层出不穷、口径不一的乱局。而且，各种评价主体有可能从自身利益出发，或者代表不同对象的利益行事，常常把学术标准搁在一边，以非学术的考量为主导的评价自然乱象百出。

所谓评价程序问题，即人文社会科学研究成果评价的可操作性何以实现？这里有一个由实质评价到程序评价的问题，是指既然实质公正很难达到，那么追求程序公正就可最接近于合理地达到评价的目的。任何评价规范都受限于一定的评价程序，如果没有一个科学、公正的评价程序也就不存在公正的评价。行之万能的指标体系是不存在的，但存在科学的规则和程序安排。评价程序的制定，有赖于建立一套完善、科学、公正的程序，以保证评价者们以公正的"评价眼光"

来进行评价。相对实质评价来说，程序评价更易把握，可操作性更强，不失为一条可行的道路。

2. 对评价者、评价机构的再评价问题

所谓对评价者、评价机构的再评价问题，源于经常遇到的"外行评内行"现象。必须首先对评价者进行审定。人文社会科学研究成果评价应区分机构对机构、专家对机构等不同评价主体间的不同评价，建立相互制约、彼此监督的"对评价的评价"的社会机制。如对专家评价的再评价，一般主张建立如下监督机制：一是保持评审记录；二是对投票负责，正式签署投票意见；三是向社会公开评价意见；四是应集中发表评优成果；五是要充分重视专业协会、专业刊物的监督作用。对机构评价的再评价，也应鼓励评价机构的多元化与良性竞争，例如增加"学术声望"评价，以弥补其他刚性指标的不足。

3. 创新性缺乏问题

以现代化建设中出现的重大的理论和实际问题为主攻方向，既是改革开放以来我国人文社会科学发展的基本经验，也是人文社会科学发展的基本要求。人文社会科学是发展的学科，创新是人文社会科学生存与发展最本质的要求。1999年国家社会科学基金项目优秀成果评选中，特别将"创新性"作为评价的重要依据，体现了人文社会科学发展的内在规律性。因此，构建人文社会科学研究成果的评价方法体系，必须以创新为起评点，也只有这样才能科学合理地评价社会科学研究成果。但遗憾的是现在我们仍然以现有的、固定的、格式化的评价方式来衡量人文社会科学研究成果。

4. 对人文社会科学成果的复杂性研究不够问题

任何评价体系的建构第一步需要解决的难题是评价对象的有效界定，其次才是具体的方法问题。人文社会科学研究成果评价困难的首要原因就在于其学科及成果形式的多样性、差异性极为突出，不具备自然科学成果间具有的许多的均一性，这就使评价对象极其多样和复杂。这种复杂性集中表现在以下两个方面：

一方面，不同层面、不同领域人文社会科学研究成果的复杂性。从成果形式分，人文社会科学研究成果集中于论文、著作、报告这三类；从研究类型可分为基础研究与应用研究；从学科分，有人文学科和社会科学较高层面的区分，还有具体到各学科的不同；从价值标准分，有学术标准和现实效益标准之分。这些区分在现实的评价中是整合在一起的，这就使研究成果间的比较极为

困难，如我们如何判定一项基础研究类型的哲学著作和一项应用研究的报告究竟谁的得分高？仅以基础研究与应用研究的比较为例，基础研究总体上是以主攻学科前沿的重大难题、探索创新知识、创建新理论的理性追求为其目标，这也是学科主体性的根基所在，评价基础性研究的主要标准往往是学术性和创新性；应用研究是运用基础理论和有关知识解决现实问题，评价应用性研究成果的主要标准是，研究成果能否通过完善生产管理等途径实现向现实生产力的转化、能否为决策层提供有价值的决策理论依据和设计方案，以及能否有益于改善人们的社会关系等。基础研究常常耗费巨大，包括时间与资金，其价值也是潜在的；应用研究则常常是当下的，效益是显在的，这两种迥然不同的成果显然近乎无法比较。此外，人文社会科学所涵盖的有关学科如文、史、哲、经、法、教、管等，每门学科各有自己的特色，不同学科的研究成果也不尽相同。

另一方面，同一层面、同一领域内人文社会科学成果的复杂性。即使是在同一研究领域，使用同一量化标准也存在着缺陷。比如，对基础研究学术论文的评价存在着两个误区。一是以学术期刊的质量来评价学术论文的质量具有统计上的合理性，但对特殊的个案却未必合理。简单地说，低质量的论文一定不能发表于高质量的学术期刊，但高质量的学术论文未必就都能发表于高质量的学术期刊。谁来对这种情况进行甄别呢？可见，目前各高等院校和研究单位以学术期刊的质量来评判学术论文的质量，虽然是一种合理的选择，其实也是一种无奈的选择。二是更为重要的方面，由于人文社会科学成果形式具有多样性，单一的论文评价不能反映人文社会科学评价的客观性和合理性问题。例如，在社会科学研究成果的评价中，代表性学术著作具有十分重要的意义。然而何谓代表著作，不同学科是有特殊性的。在某些学科如文学、艺术、新闻传播的成果评价中，作品、创作、设计虽应纳入评价范围，但在对这些著作（包括作品、创作、设计）的评价中，既无期刊检索系统那样的体系，又无现成公认的标准，它涉及更多的人为因素。

概言之，人文社会科学研究成果评价的首要一步就是要对评价对象的复杂性深入研究，总结出各自的特点之后，才轮到方法的选择问题。因此，如何恰当地对不同形式的人文社会科学研究成果，应用不同的标准做出正确、积极的评价，无疑是人文社会科学研究成果评价的一个薄弱环节，更是需要解决的一大难点。

5. 对人文社会科学研究成果评价指标非单一性的忽略问题

人文社会科学研究成果评价对象的复杂性决定了人文社会科学研究成果的评价几乎不可能使用单一性的量化指标。除了某些可以量化的因素外，全面的人文社会科学研究成果评价还必须涉及价值判断、时间（历史）判断和性质判断等非量化的定性指标，其中历史判断和价值判断，即社会科学评价的价值观和历史观，构成社会科学定性评价的基础。

——价值判断。任何人文社会科学研究工作及其作品中都存在作为意识形态核心的价值观，人文社会科学研究成果评价体系是必须把其包括其中的，而如何把握价值的尺度和分寸就是评价的难度所在。

——时间判断或称历史判断。时间因素直接影响价值判断，因为今天看来是离经叛道的东西，明天可能就会成为真理，反之亦然。所以，时间是判断人文社会科学研究成果的重要参数。人文社会科学以人、人化的自然和社会为研究对象，其研究成果更要接受时间和历史的检验。因此，极其重大的、带有革命性的人文社会科学研究成果评价最重要的是历史的判定。但是，当前的人文社会科学研究成果的评价却常常要求在当下做出，这就要求评价者不仅具有深厚的学术造诣和专业素养，还要求他具有历史的眼光和超前的意识，这就是困难之所在。

这表明，人文社会科学研究成果的全面评价是离不开定性指标的，如何把定性因素与定量判定有机结合起来也是评价的难点问题。

6. 对现有评价方法的局限性研究不够的问题

一个成熟的评价体系不是理论思辨的结果，而是在实践的互动中诞生的，其中评价对象、评价目标与评价方法的互动是极为重要的一个环节。每一种评价方法都有其方法所限定的内在目标，只有充分认识了这些内在目标才能更好地建构评价体系。事实上，方法的局限就是评价的局限，不深入分析采用方法的不足就很难真正了解评价的真正内涵和指向。以科研计量评价法为例，其核心方法如前所述是，首先把发表科学论著的数量和引证次数作为评价的基本样本值，然后根据不同的评价要求采用对应的细化指标，运用综合集成的方法求得分值，再用其来衡量科研机构和科学家的科研贡献和学术水平所达到的程度。20世纪80年代以来，随着科学计量学的兴起和科研计量评价共识的增加，越来越多的科研机构和管理部门将科学计量学方法引入科研评价和科学家绩效评价，并作为科学决策的重要依据。但在采用这一方法时，许多人忽略了这一方法的内在局限性，即它难以对单项科研成果的水平进行准确的评价，并且科学计量学方法的核心是通过对一定时期内（通常是一年）同类成果的比较提供学术影响力的数据——被引用次数，引用越多就证明学术价值越大。

这一方法在评价社会科学类应用性的研究时具有方法上的优越性，因为这类研究强调的是当下性和现实性，有价值的当然是得到学界关注的。但对于基础性的人文学科甚至是社会科学来说，这一方法就成为评价的"硬伤"，因为往往重大的基础性、前沿性研究是得不到大家响应的，钱钟书花了20年才写成《管锥篇》，陈寅恪历尽10年写成《柳如是传》，若按此方法一定是无法入评高学术价值著作类的，可又有谁能否认这些著作的传世之价？因此，我们不仅要研究方法的技术性问题，更要研究评价方法技术后的目标和内在设定，这一研究属方法论层面，直接影响评价体系的内涵。

7. 对人文社会科学研究成果评价本土化忽视的问题

人文社会科学总是要受到所在文化情景的文化限定的，人文社会科学研究成果评价也是无法脱离本土化的文化土壤的。本土化的含义在于使某事物发生转变，适应本国、本地、本民族的情况，在本国、本地生长，具有本国、本地、本民族的特色。人文社会科学源于欧洲，在美国得到重要发展，中国人文社会科学的本土化是将人文社会科学的一般理论、概念和方法与中国的文化传统、价值观念和具体实践相结合，描述、解释和说明中国的人文现象和社会问题，预测中国社会的未来发展，形成自己的理论特色。本土化是一种学术活动和学术取向，不是政治活动和政治民族主义。本土化的关键在于确立"中国问题"的主体意识。只有这样，人文社会科学的研究才可能既具有普遍意义，又能获得有关特定文化的详细资料，社会科学也才有可能发展成为"一门充分发达的科学"。

在我国，由于历史和现实的原因，人文社会科学与西方又有很大的不同。主要区别有两点：一是意识形态性，二是社会科学与自然科学管理体制相分离。我国人文社会科学的一些学科如哲学、历史学（特别是党史研究）、政治学、经济学（特别是政治经济学）、社会学、法学、民族学、宗教学、新闻学等，具有很强的意识形态性。实际上，就是在标榜学术自由的西方国家，这类人文社会科学也同样具有很强的意识形态性，同样体现统治阶级的意志和他们自己的价值观。

因此，我们不能照搬 SSCI、A&HCI 及 ISSTP 的标准，把它们作为我国人文社会科学论文评价的指标，而要建立并使用属于我们自己的引文索引和评价指标。人文社会科学的本土化是人文社会科学发展成熟的重要标志。中文人文社会科学引文索引的建立，标志着我国人文社会科学研究成果的评价正在走上一条符合自己需要的发展道路。所有这些，都是我国人文社会科学发展逐渐成熟的标志。然而，现在有关人文社会科学成果评价的本土化问题尚未引起人们足够的关注。从总体上分析，到目前为止，中国人文社会科学研究成果评价研究还处于一个探索和研究期，其主要特征表现为：

——尚未对国际上较成熟的软性目标及学术评价体系进行深入比较研究，借鉴其成功经验。

——尚未对人文社会科学评价对象、评价理论、评价方法的复杂性进行深入研究，以便为具体的方法研究提供适用目标。

——尚未形成完善的，具有导向性、科学性和在实践中可行的人文社会科学成果的评价机制及符合人文社会科学发展规律和发展趋势的、前瞻性的成果评价标准。

——尚未形成与国际接轨、本土化的、实践上可行的人文社会科学成果评价体系。

因此，在已有研究的基础上，深入分析人文社会科学的复杂性，建立与完善中国人文社会科学研究成果的评价机制、评价标准和评价体系，就成为当前我国人文社会科学发展中面临的艰巨任务。

第二节　人文社会科学研究成果评价之失衡问题

人类生活的各个方面都涉及价值判断，广义的评价可归属为价值判断范畴。科学意义上的评价是价值判断之上的规范化、精确化。人文社会科学研究成果评价是以多种形相存在的，不同形相赋予评价不同的蕴涵。如前所述，依据评价的不同目的大致可区分为三类：学术性评价、行政性评价与社会经济效益评价。评价的恰当取舍是当下思考的主题。

人文社会科学研究成果评价的三种类型代表着三种不同的价值取向，它们既对立又共存，彼此力量的较量决定了评价的整体取向。当下我国人文社会科学研究成果评价的一个基本问题在于评价失衡：以行政性评价取代了学术性评价，以功利性价值取向主导了学术价值取向。

一、三类评价的关系

人文社会科学研究成果评价的三种形相显然不是截然分开的，在很多方面存在着交叉性。如行政性评价中既包含对成果的知识价值的承认，也包含对成果现实效益的衡量。然而，三类形相在价值取向上又具有本质性的不同。

瑞典学者厄尔英加（Elzinga）指出，不同的评价主体都可能给评价带来消极影响。他把评价主体区分为相互矛盾、彼此作用的三类（见图4-1）：市场力量（商业评价）、国家当局或管理部门（外部评价）和学术领袖（内部评价）。他指出，市场力量的评价确能比国家当局和学界更易于发现和利用具有现实价值的研究成果，但它是以牺牲基础研究为代价的；国家当局或科研管理部门的评价为了应对国际的竞争，对国际化的强调损害了本国的学派研究传统；而学术领袖对学术"强有力"的指导也会给出错误的研究方向，导致学术研究工作成为对当前主流范式、风尚的适应。①

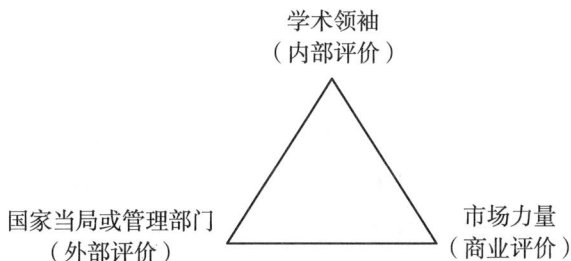

图 4 − 1　不同评价主体间的作用

　　更严重的问题还在于，当这三类主体的评价处于一种错误的动态平衡时，即学术领袖的过度主导，国家当局对国际化的过度强调，市场对应用研究的过度依赖，就会对评价整体产生更大的消极影响。

　　然而，单纯从评价主体角度还不能充分说明评价活动的复杂性。厄尔英加对评价主体的区分并不严格对应于上面所述的三类评价。学术性评价并不就是学术领袖的评价，虽然后者对前者具有导向作用；行政性评价并不等同于由管理部门所进行的行政评价，学术团体所进行的一些荣誉性评价更偏向于行政性评价的特征而不是学术性评价；社会经济效益评价也不仅仅限于商业评价的范围，政府也常常以此作为项目评价的重要内容。因此，在政府、学界、市场这三类主体相互竞争的更深层面，价值取向间的竞争是决定评价整体走向的更为根本的机制。学术性评价以学术价值为其取向，行政性评价以对建制发展的学术贡献为其取向，社会经济效益评价以物质效益的获取为其取向。这三种价值取向处在相互作用之中，共同影响着评价总体格局的走向（见图 4 − 2）。

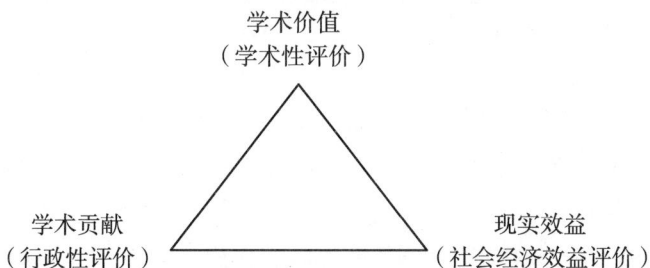

图 4 − 2　人文社会科学研究成果评价中的三种价值取向

---

　　①　卜卫、周海宏等：《社会科学成果价值评估》，社会科学文献出版社 1999 年版，第 5 ~ 6 页。

二、导向的倒错

人文社会科学研究成果评价不仅是一种基于共识性认识之上的价值判断，还是一种学科发展的价值导向。有学者把广义的评价区分为四种功能：判断功能，评价是以人的需要尺度对已有客体的价值判断；预测功能，评价活动中包含着对未来客体价值的预测；选择功能，评价又常常体现为对客体价值序列、价值程度的选择；导向功能，即评价是人类合目的的行动的基础和导引。导向功能是评价的核心功能，前三个功能都隶属于它。① 具体到人文社会科学来说，前三个功能可归结为评价的认识功能，导向功能则是评价的社会功能。人类的合目的的行动总是趋向价值最大的方向，不同评价的价值取向就会对学术研究者产生不同的导引。

学术的本性是排除任何现实功利性追求的。学术的生命力在于对知识、智慧、真理的追求，它是一种知性的召唤、道德的践行。马克斯·韦伯在其著名的"以学术为业"讲演中指出："任何人如果不能……认定他的灵魂的命运取决于他能否在这篇草稿的这一段里做出正确的推测，那么他还是离学术远点好些。他对学问将永远不会有所谓的'个人体验'……没有这种你来之前数千年悠悠岁月已逝，未来数千年在静默中等待的壮志……你将永远没有从事学术工作的召唤。"②

因此，理想的人文社会科学研究成果评价应成为学术精神和学术责任的导引。然而，作为一种社会建制，学术总是难以避免其功利性。对图4-2进一步分析可以看出，以现实效益为取向的社会经济效益评价和以建制获取更多学术贡献为目标的行政性评价都是充满着功利性的。社会经济效益评价遵循学术研究的价值只有转换为现实的效益才具有意义的原则；行政性评价则强调，学术必须为建制发展服务，以其成果为建制在现实利益的竞争中获取更大的资源、地位和影响力。因此，三种价值取向实质上体现为非功利性的学术价值与功利价值的尖锐对立（见图4-3）。

图左侧实线部分呈现为三种价值取向的对立，右侧虚线部分表明，行政性评价与社会经济效益评价在价值取向上的共同性，均趋向于功利价值。于是，人文社会科学研究成果评价总体上呈现为学术价值与功利价值的尖锐对立。

我国目前的情形是，高校体制上的政府主导使行政性评价占据了评价的绝对

① 冯平：《评价论》，东方出版社1995年版，第30～33页，第257页，第2～4页。
② ［德］马克斯·韦伯：《学术与政治》，广西师范大学出版社2004年版，第162页。

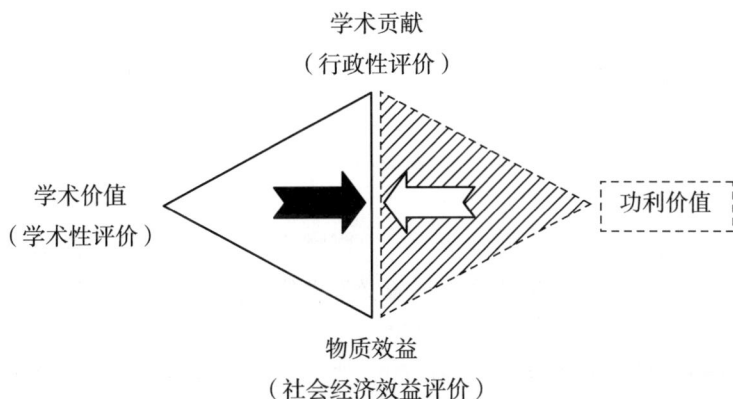

图 4 – 3   人文社会科学研究成果评价中三种价值取向的演变

主导地位，评价完全服务于科研管理的需要。评价活动的目的"主要用于晋升职称的人选、获奖论文或人选、个人业绩评定等。"[1] 在此导向下，学术研究就难以避免各种工具性和功利性的侵害。学术成果只是达致现实利益的手段。越来越多的学术研究者们为了获得相应的利益和地位，更关心需要何时在哪种刊物级别上发表多少文章以满足评价的要求，而其研究成果对于社会、学术的进步有多少价值是处在极其从属甚至不予考虑的事情。这自然导致评价的导向倒错、评价失衡，学术价值导向完全从属于功利价值导向，成为中国人文社会科学发展功利性失控的一个诱导因素。

第三节   对不同类型成果评价的恰当回应问题

由于当代中国人文社会科学的发展正处于转型时期，对于其成果评价必须考虑不同的类型和不同的宗旨，相应地给予不同的处理。总体上来看，一方面，人文社会科学的意识形态色彩淡化，科学性增强；另一方面，在广泛吸纳西方人文社会科学理论的同时，注重当代中国社会现实问题的解决，问题意识觉醒。这将要求评价更具备客观性和针对性，然而，审视中国人文社会科学自身的发展，不难发现其中仍然存在着许多亟待解决的问题，特别是需要把研究及其成果的类型厘清，以便在不同层面做出恰当回应。

---

[1]   卜卫、周海宏等：《社会科学成果价值评估》，社会科学文献出版社 1999 年版，第 5 ~ 6 页。

一、咨政与怡情

任何个人都要决策，当然，影响更大的是管理者层面的决策，尤其是国家层面的决策。这类决策常因其涉及面宽、影响度广、指涉的关系复杂多变而显得更为慎重，也就更需要超越管理者个人的主观臆断，而求助于社会科学的方法与技术来加以论证，这就是人文社会科学的咨政功能。随着现代决策向科学化、民主化靠近，这种咨政功能将变得更为突出。

如果说咨政的取向主要是从物质的、功能的角度看人文社会科学，那么它在精神层面的意义可归结为怡情的追求。这种追求既表现为人文社会科学工作者在其创造性研究过程中陶冶情操、愉悦身心的效果，又表现为人文社会科学对民族文化素养、道德水平和精神境界的提升。

1. 咨政的取向

按照加拿大学者迈克尔·凯利（Michael Kelly）的说法，社会科学对社会的可能贡献集中在决策的有关方面，即能为决策者提供数据、分析的机制、组织框架等，帮助决策者弄清目标，对问题的范围进行预言以及对投入和产出进行评估。一些调查性的研究使决策者能对一些福利性的项目进行仔细的规划和调控。他认为，社会科学研究虽不总能解决问题，却能帮助决策者认识到自己处于什么位置上以及如何去判断某些政策的潜在影响，还能使决策者避免有害的决策。[①]

我们都有可能是迈克尔·凯利所说的那个受社会科学理论影响的决策者。事实上我们每天都在面临选择与决策，虽然这种决策有大与小、轻与重、质与量的区别。而我们所受的教育、我们的价值取向、人生观念以及我们所掌握的知识和信息则常常潜移默化地左右着我们的每一种选择，尤其是在人生的十字路口和重大事件发生之时。特别是有了网络，每当要做某个决定，进行某种选择或做某个方案时，我们已经习惯于上网检索相关的资料，对比类似的案例，希望能从别人的经验里得到某种启示和助力，这就是我们作为主体性的个体对于社会科学理论与决策的体验。我们每天所接触的社会科学的概念、术语与理论已形成了我们关于社会的知识框架，构建了主体性决策的理论基础。

人文社会科学的咨政功能具有久远的历史渊源。从柏拉图的《理想国》开始，西方就传承着一种追求乌托邦的传统，经过中世纪的政教合一的神学时代，宗教思想对政治统治表现了深刻的影响力；在中国，儒家思想、"三纲五常"的

---

① 陈启能、姜凡、李明德主编：《加拿大的人文社会科学》，民族出版社 2003 年版，第 9 页。

观念则伴随着历代的君王走过奴隶社会、封建社会几千年的政权更迭。人文社会科学的咨政功能在社会革命时期，表现为为革命提供指导思想和斗争方略。正如所谓没有革命的理论，就不会有革命的运动，以社会现实问题为研究对象的社会科学成果，可以从思想上武装先进阶级，为他们指明革命的方向，帮助他们制定革命的纲领、路线和步骤。卢梭的"社会契约论"深深影响着法国资产阶级革命，孟德斯鸠"三权分立"的法治思想构建了资本主义国家政体形式的基础；马克思主义的产生是人类思想史上的一次根本性的变革，对关于人文、历史、社会现象的研究具有根本性的指导意义，而它对无产阶级革命和社会主义运动的贡献，则是人文社会科学咨政功能的综合表现。在社会和平时期，人文社会科学的咨政功能在意识形态领域的表现就是既可能同反映旧社会制度的落后意识形态作斗争，又可能极力抵制为新社会制度呐喊的新意识形态。

随着社会的变迁，成长中的人文社会科学也在调整自己的取向。尤其是在科学化的历程中，随着政治意识形态在各个领域的淡化，人文社会科学的咨政功能更多地表现为政策支持和决策咨询的作用。

人文社会科学是社会政策制定和决策的理论基础。决策是指做出的策略选择或决定，所要解决的是"做什么"的问题。政策是为实现一定的路线而制定的行动准则，解决的是"如何做"的问题。"做什么"与"如何做"的判断都需要理论的指导，决策者的理论水平与分析的视角决定其能发现什么样的问题，规范着问题的分析与解决途径的选择。人文社会科学是运用理论认识和科学思维，解决社会发展、社会管理规律问题的科学。人文社会科学的理论与方法有助于主体观察分析纷繁复杂的社会现象，做出准确的判断和科学的决策；这对决策者在复杂多变的社会条件下驾驭时局、研究战略策略、提高管理和领导水平尤其重要。

政策制定与决策对人文社会科学理论的依赖反过来也推动后者的发展。着重运作的政策性研究进一步使人文社会科学从理论走向现实。研究覆盖许多与国家、社会有关的实际问题，如经济的结构性调整、财政金融政策、货币政策、税收政策、民族政策、宗教政策、环境问题、生态问题、失业救济问题、贫困问题、劳资关系、公费医疗、城市住房等；通过对现存的这些社会问题的分析、研究和解释，可对现实各种紧张的社会关系起到一种缓解的作用；设计政策的总体框架和基本内容，可为决策部门提供解答问题的多种可选择的方案。

人文社会科学的咨政功能在我国现代化历程中发挥了重要的作用，但是，当下具有人文社会科学咨政取向的政策性研究也确实存在着"以吏为师"的"政策论证学"心态，这显然不利于发挥人文社会科学固有的咨政功能。关键的对策是要确立和保持人文社会科学知识场域自身的自主性和独立性，克服来自经济、政治等其他场域对其粗暴的控制和支配，尤其是克服政治意识形态、各种权力话语和利益言说对其客观性的干扰，还原为独立、自由、开放的社会科学，正如法国社会学家皮埃尔·布迪厄（Pieere Bourdien）所说的："社会科学只有拒绝迎合社会让它充当合法化或社会操纵工具的要求，才能构成其自身。社会学家只能借助自己研究的逻辑来确立自身的地位。"① 人文社会科学要真正发挥其对社会的建设性意义，就应该按学科的内在规范独立地提出问题、科学地建构自己的研究对象，坚持学理要求和科学的研究方法、研究思路，以科学的规范来把握事物，实事求是地有所发现和创新，而不是简单地重复已有的知识和意识形态话语。人文社会科学学者更要坚持独立的学术心态，解放思想，不唯书、不唯上、不随众，从事实的本来面貌来认识对象，以求实客观的态度设计政策与对策。同时，善于结合先进的科学技术改进和完善研究的方法，从单纯的理论导向向技术化、可操作性转变，即以现代高技术为依托，利用最新的技术手段对对象进行分析、模拟，获取相应的数据并作为决策的依据。例如，建立经济决策仿真实验室，运用仿真技术及经济学等科学知识，在计算机上进行各种实验，就如同物理学者在实验室里做实验一样，综合研究复杂的社会经济问题。

2. 怡情的追求

爱因斯坦在谈到科学探索的动因时曾说，科学的庙堂里住着各式各样的人，有的把科学作为自己的特殊娱乐，有的纯粹是为了功利的目的，而另一些人则是"为科学而科学"。② 爱因斯坦的这一经典界说其实同样适用于人文社会科学研究，但还可以加上一点，就是"为了道德理想与精神提升而思想"。在社会科学建制化形成之前，人文学科主要关注的是人文教化、道德追求、生命的意义和人生的价值。人文学者不仅要求自己有高尚的精神追求，做有德行的人，树立道德的表率，还致力于为社会提供核心的价值规范体系，构建社会的道德秩序。社会科学作为科学确立之后，虽然强化了对纯知识和实用技术探索的内容，但也保持了对美与善的价值追求，坚守关于理想与崇高的传统理念。人文社会科学依然守护着"人文"的本质，对研究者个人和社会都有精神和思想境界的提升意义。

其实，作为一个充满创造性的理性探索的过程，人文社会科学研究同时也是一种复杂的情感体验过程，往往会经历困惑、疑问、苦苦思索、焦虑、失望、心灰意冷、豁然开朗、激情、兴奋、喜悦甚至喜极而泣等心理状态，"痛并快乐着"的话语或许适合对这一过程的描述。"路漫漫其修远兮，吾将上下而求索"，

---

① 邓正来：《研究与反思——中国社会科学自主性的思考》，辽宁大学出版社 1998 年版，第 6 页。
② 沈铭贤、王淼洋主编：《科学哲学导论》，上海教育出版社 1991 年版，第 359 页。

经过希望、期待与煎熬、痛苦洗礼的研究者将变得成熟，在痛与乐的交织中体味科学研究的乐趣。因此，人文社会科学家应具备创造者的情感、意志和冲动，作为科学发现或创新的精神动力。爱因斯坦曾把科学家应具备的情感、意志和冲动比作"宗教感情"，很难在造诣较深的科学家中间找到一个没有自己的宗教感情的人。科学家的"宗教感情所采取的形式是对自然规律的和谐所感到的狂喜的惊奇，因为这种和谐显示出这样一种高超的理性，同它相比，人类一切有系统的思想和行动都只是它的一种微不足道的反映。只要他能够从自私欲望的束缚中摆脱出来，这种感情就成了他生活和工作的指导原则。这样的感情同那种使自古以来一切宗教天才着迷的感情无疑是非常相像的。"① 虽然爱因斯坦是以自然科学家为对象说出这番话的，但在研究的过程中，人文社会科学的创造性成果的获得同样需要"宗教感情"般的投入、执着与坚定。在文学与艺术的创作中，常有创作者把自我深深地陷入自己的作品里而难以自拔。正是在这种投入和执着的研究与创作中，人文社会科学工作者感受了研究之苦、奋斗之艰、进步之乐和成功之甜，经历了情感与心灵的历练。

另一方面，人文社会科学因其人文性的特点而具有世界观、人生观和价值观方面的生成作用，对社会精神的提升、道德水平和文化素养的提高有重要意义。社会科学提供关于社会的知识，提升对社会发展规律的认识，提高人们的文化素养。人文学科往往在主观精神与客观精神、个人与社会、个性与传统的张力中，通过其特有的"匠心"和"功夫"，达到对人生整体意义的理解和把握，探索人性所能达到的境界并开辟人类生活的新的意义域。人文学科还具有道德审美追求，如文学、艺术、伦理学等，非常关注人的审美情感、道德理想和人格完整；心理学和教育学等学科则直接探讨健全而和谐的人格的培养。

人文社会科学对社会精神的提升常常表现在一国人民的精神追求和文化品味中，熔铸在民族的生命力、创造力和凝聚力之中。在全球化高度发展的今天，国与国之间科技、经济上的竞争日益加剧，政治上的利益彼此冲突，文化上的多元价值相互激荡，一个民族，如果没有振奋的精神和高尚的品格，没有强大的凝聚力，就不可能自立于世界民族之林。要弘扬和培育民族精神，就要重视发展人文社会科学，重视人文教化，关怀人的生命。

现在，人文社会科学日益得到重视，特别是其咨政功能得到前所未有的张扬。但人文社会科学的研究同时要坚持自主性发展，按学科本身的特点和需要，科学地建构研究对象，防止那些"偷运进社会科学大门的社会问题"，并对人文社会科学家自己的研究过程和思考工具进行彻底的质疑。否则，如果人文社会科

---

① 沈铭贤、王淼洋主编：《科学哲学导论》，上海教育出版社1991年版，第335页。

学研究的资源完全按照官方所好来确定优先顺序，按照当下的经济、政治的需求来安排，形成"有奶就是娘"的局面，就会使人文社会科学家自觉或不自觉地成为为利益所左右的"近视"的人，损害他们所应该具有的自我批评和信息反馈能力，消解他们作为社会良心的作用。

注意提防人文社会科学研究非怡情化的趋向。20世纪80年代以来，随着后现代主义在国内的传播和走向市场经济的变革，一些人全盘接收了后现代主义思潮反基础主义、反本质主义和反理性主义的观点，宣扬无理想、无正义、无道德、无责任、享乐当时、游戏人生等态度，否定真理与价值，消解理想与正义，躲避崇高，摆脱主旋律；在创作与研究中取消关于世界观、人生观和价值观的感悟，放弃文学家、艺术家、思想家的职业道德要求，主张一种无主体、无义务、无中心、碎片化、平面化、无导向的自娱性、随意性的创作原则和写作风格。这在文学艺术领域的影响最显著，创作主体、表达形式、传播方式及效果都发生了巨大的变化。代之而起的是纯粹的欲望表达，对语词和句式的迷恋，对幻觉、暴力、性爱和逃亡等反常状态的描述，对日常琐事津津乐道，沉浸于卑微的快乐和实用价值的观赏中。"现代性"的价值谱系内所指认的"终极性"、"超越性"的意义已经被消解，剩下的是"后个人主义"式的立场和感觉方式。① 文学艺术的价值和功能取向被拉到一个较低的层次，创作不再有必要的自律，不再承受艰难的探索，不再保持超越性的乌托邦冲动！

也许，后现代主义的影响是一个典型的反例，但就一般而言，怡情的追求也面临着种种边缘化的危机。最早的人文知识分子，就像知识社会学创始人卡尔·曼海姆（Karl Mannheim）所称，是"自由漂浮者"——有着自由思想的特点，有着对国计民生的天然忧患和关怀意识，"在沉沉黑夜中担当守更人的角色"。但随着人文社会科学的建制化发展和知识分子角色的分化，人文知识分子已经从纯粹的单一的"守更人"角色分化为一系列以知识谋生的职业群体。虽然仍有一些痴心不改的人文学者坚守思想的阵地，坚持对道德理想的追求和道德秩序的建构，但更多的人文学者和社会科学家转向了对社会纯知识的追求和实用管理技术的探索，成为社会控制和生产管理不可替代的力量，并在市场经济的海洋里将知识资本和文化资本转化为经济收入和社会地位，淡化了作为思想者的社会精神之向导的意识。也许这种转向无可厚非，甚至有利于国民经济和社会的发展，但如果人文学者完全被利益言说所左右，完全推行市场化的平面创作模式和思想方法，推销商业主义的审美霸权，就又背离了人文社会科学对精神品格、道德理想和审美价值的追求，失去了人文社会科学本应具有的人文精神！

① 陈晓明：《移动的边界》，湖北教育出版社2000年版，第50页。

二、建构与解构

人文社会科学家是问题的提出者，他要对时代不断省思，把怀疑和追问放在优先地位。而对问题之思考与应答的不同进路则构成了建设性与破坏性的不同效果。英国哲学家路德维希·维特根斯坦（Ludwig Wittgenstein）说，有意义的问题必须是能够有答案的问题，有答案的问题才是建设性的问题。而超越情怀的现实意义，一是在对问题的反思中，坚持一种实事求是的客观公正的态度；二是在对现实的批判中，寻求建设性的解答。

1. 批判性反思的解读

人文社会科学家的批判性思维主要沿着以下三个维度进行，一是对社会现实及其问题的批判性反思，二是对人文社会科学本身发展的反思与重构，三是对人文社会科学家自身以及人文社会科学共同体的内在反思。

对社会现实及其问题的批判性反思主要在"形而上"、"形而中"、"形而下"三个层面。"形而上"的层面，主要是对生与死、人与自然、生命与宇宙、此岸与彼岸的两极思考，对生命之价值、人生之意义以及终极关怀等问题的追问；"形而中"的层面，关注现实中的人与社会，包括人的欲望与追求、人的发展，社会制度、社会公正以及社会发展方向问题，也包括人们生活的价值、人与人之间的关系、人与社会的生态学联系以及人类远景等问题；"形而下"层面，则是诸如关注社会边缘群体、社会底层处境的研讨与思考等。

对人文社会科学发展本身的反思，即是关注诸如学科的权重问题、人文学科的边缘化问题、社会科学学科发展中的结构失调与平衡问题，还有人文社会科学发展的社会支持及发展机制、人文社会科学成果评价与奖励、学术失范与规范重建、国际化与本土化等问题。

对人文社会科学家自身以及人文社会科学共同体的反思，主要是对人文知识分子精神、学者人格的重新思考，对人文学者的批判能力及应答能力的评判，以及对人文社会科学共同体内部激励机制的改进等。

自古希腊以来就形成的批判性思维的学术传统，是人文社会科学的意义所在，也是人文学科与社会科学得以世代传承、不断进步的基础。波普尔（Karl Popper）提倡批判精神，认为科学的方法是批判的方法，批判是任何理智发展的主要动力。科学是在竞争中发展的，只有批判，才能前进。人文学者的精神首先也是坚持文化批判，否则，一切学问只是一堆文字符号而已。只有学而无问的学问，只能是伪学问。批判在人文学者那里，是一种内质，而不是某个阶段为应时的目的而表现的姿态。批判直指社会和现实，以高远的心怀，无可推卸的天职，抗议现实中人性的堕落。人文学者一旦丧失批判的勇气，就失去其存在的价值。批判与思想独立是同构的，没有独立的思想，批判就不可能全面和彻底，反过来，批判也催生更有生气的思想。

然而，在当下急功近利的语境中，某些人文学者开始忘掉原来对日常生活的反省和批判，使得知识层文化阐释和文化批判功能衰减，人文社会科学家自身的反思能力减弱，学术含金量降低。现实的利益驱动代替了真正的价值判断，出现了诸如心态浮躁、学问空疏、门户之见、论资排辈等弊端。这些都需要我们及时寻找应对之策，以推进真正的学术繁荣。

2. 批判性与破坏性：解构的意义

批判意味着否定，辩证的否定是扬弃。扬弃，正如黑格尔所说，既意谓保存、保持，又意谓停止、终结；既有克服，又有保留。保留是对旧事物中积极的内容的肯定与汲取，体现事物发展的连续性；克服与革命、破坏、解构等词相联系，是对旧事物的质的根本否定，体现事物发展中的非连续性。批判的过程就是扬弃与取舍的过程。

从方法论的角度看，提倡批判与破坏是有意义的，因为否定旧理论是产生和发展新理论的前提。在科学哲学史上，阿尔文·汉森（Alvin Hansen）以现代格式塔心理学成就所论证的"观察负载理论"的思想给逻辑实证主义之经验（观察）证实原则以沉重的打击，对逻辑实证主义的解体以及历史主义学派的形成与发展起了重要的作用；而关于科学理论发展的模式，从逻辑实证主义的经验累积模式，经波普尔的猜测与反驳模式，到库恩（T. S. Kuhn）的常规科学与科学革命的交替的动态发展模式，几经批判与否定，使学界对科学理论发展的思考从静态到动态、从理论本身到社会因素，进行全面的考察与综合，以达到对科学理论发展模式的比较完满的理解。因此，在科学研究中，人文社会科学家应有敢于否定别人的理论和观点的精神，同时也要有否定自己理论的勇气。在对待已有的科学成果上，要坚持批判性立场，时刻保持质疑的心态，不盲从，不轻信，不轻易接受现成的观念和理论，不迷信权威；在批判性思考的过程中，实事求是，不看关系，不讲人情，以客观的、公正的态度对待科学研究。

从内涵的角度看，批判的人文社会科学研究有益于舍弃旧的思想、观念、方法，破除陈规陋习，树立和张扬新的更具进步性的人文观念和价值取向。与在认识论框架中展开、注重工具理性的自然科学不同，人文社会科学以人文社会现象及其发展规律为研究对象，主要是在价值论的框架中研究社会中的人以及人与人、人与社会之间的关系，目的在于通过对人类文化与社会本质、发展规律的研究，丰富人类的精神世界，提升人们的生活质量，既营造一个促进经济与社会发展的和谐环境，更在于思考、探讨与人类生存、发展、幸福有关的价值与意义，提供价值的规范与导向，张扬生命的意义与关怀。人文社会科学发展的过程，就是人类对社会、生命与价值的理解不断深化的过程。在这个过程中，人文社会科学家所倡导的新的世界观、人生观、价值观和历史观等直接影响着人们的思想和行为，使人的精神充实、心灵净化、思想解放、人格健全、视野开阔，并能提高解决人生与社会问题的能力，正确处理人与外部世界的关系，有效适应时代和社会发展的需要。

一般地说，中国人文社会科学的发展过程是一个不断自我反思、自我批判、自我扬弃的过程。从传统的伦理中心文化取向到 20 世纪初对科学、自由、民主等观念的倡导，从对"文化大革命"时期人文社会科学片面意识形态化、集中计划体制与大一统思想观念的反思，经由对市场经济条件下人文社会科学发展中急功近利、学术行为失范的批判，到对学术责任与科研道德的张扬、对人文学者独立人格的呼唤，都是一个不断自我否定、谋求发展与进步的过程。

具体地说，中国人文社会科学研究的视角随着社会的发展而不断调整、扩充。从对改革开放、市场经济、转型中国的具体研究，到对经济全球化、政治与文化多元化、网络与信息社会生存方式的研究，从对现代化的称颂到对现代性之危机的后现代性反思，这是一个引领甚至超前于社会发展的自觉思考的过程，也是不断提出新思想、新观念，颠覆旧思想、旧观念的过程。

合理的批判和破坏是进步的，但是，将批判和破坏贯彻到底则难免犯偏激或虚无主义的错误。当下，关于现代性和后现代性的言说是学界的主导话语，而西方后现代主义思潮却将现代社会的危机归因于现代性，把现代性看成是造成现代社会一切弊端和一切矛盾冲突的根源，并从多个角度批判、消解和摧毁现代性。后现代主义思潮所表现出来的文化虚无、主体死亡、理想破灭、传统丧失、游戏人生的理论取向，从根本上否定了西方近代以来形成的崇尚理性与崇高的思想传统，是对现代性的彻底消解和破坏。应该看到，后现代主义的这种思想取向在现阶段对我国的文化建设和思想建设具有破坏性的一面，如果照搬后现代主义反对统一、反对基础主义、反对本质主义、无主体、无价值、无理想、无确定之类的虚无主义主张，后果将不堪设想。正确的策略还是要辩证地对待后现代主义，对其合理的具有建设性的思想方法，如多元化、个性化和注重边缘的思想观念可以批判地接受，而对其虚无主义的、破坏性的倾向则要理智地拒斥。

3. 批判性与建设性：建构的途径

批判的意义不限于破坏与解构，在学术领域，批判的目的既不是要否定、打倒权威，也不是要讨好权势，而旨在通过争鸣与辩论更全面地了解问题，达致对事实与问题本身的合理化解释。在社会科学领域，还要寻求问题的解决方案，实实在在地解决问题，哪怕提出的方案并不一定是官方或既有权威所乐意接受的，这就是所谓的批判意味中的建设性。

聪明的学者应承认并善于发现批判中的建设性向度，毕竟批判的过程就是发现问题的过程，爱因斯坦说提出问题本身比解决问题更为重要，而问题的提出与解决对于理论的进步无疑都是有益的。我们常说后现代主义对现代性的批判和消解具有很大的破坏性，但也正因为"后"学的流行，对现代性的反思才更为理性、自觉，出现了哈贝马斯（Juergen Habermas）、吉登斯（Anthony Giddens）、鲍曼（Zygmunt Bauman）等大思想家。与上一辈的现代性思想家相比，在"后"学语境中思考并捍卫现代性的思想家对现代性更多了一种反思的态度。罗尔斯（John Rawls）、哈贝马斯同时对现代性与后现代性持批判的立场，其中哈贝马斯在坚持现代性基本规范的同时也反思了现代性在实践中的缺憾，倡导从意识哲学向交往哲学、从工具理性到交往理性、从主体性到主体间性、从强制的普遍主义到历史地形成的普遍价值的范式转换。正是他的这一系列理论上的新主张，才使他被世人誉为"当代的亚里士多德"。而马尔库塞（Herbert Marcuse）关于"单面人"和"单向度社会"的批判，哈贝马斯对作为意识形态的技术与科学的批判，都是我们在走向高科技社会与消费社会过程中进行哲学反思时的一个参照。在我国，由于受到后现代主义思潮的影响，学者对现代性的危机、现代化的陷阱、现代高科技的伦理后果、科学理性之合理性、科学主义与人文主义的对立等问题的反思也扩散开来，成为学界的一种自觉行为，这对尚处于现代化、信息化阶段的中国之文化建设和精神文明建设是具有重要借鉴意义和参考价值的。而当下学术界对知识分子精神缺失、价值失衡、学术不端行为的批判，对学术责任、学术道德、学术自由的呼唤，无疑对人文社会科学自主性发展、对人文社会科学家之独立人格和精神的保持具有建设性的意义。

从实践的维度看，作为提供关于社会知识和方法的社会科学，其建设性意义则更为感性具体。以社会管理为例，作为在社会各领域展开的以人为核心的组织活动，管理涉及对复杂系统内外诸因素、关系的协调，需要综合运用多学科知识。人文社会科学与管理活动有很强的相关性，为管理学的发展提供着理论支持。一是应用基础学科与操作技术学科层次的专业性管理，需要掌握这些领域的专业基础知识。通过向专业管理领域的渗透，人文社会科学的许多学科知识就转化为专业管理知识，在社会管理中起积极的建设性的作用。二是元科学、基础理论层次的管理理论问题的探讨，往往需要借鉴哲学、心理学、社会学、伦理学、法学、人类学和行为科学等学科的理论与方法，为管理实践提供支持。2003 年的"非典"事件，凸显了我国现行公共事务管理体制、公共危机管理体制和科学研究体制中的许多具体问题，但同时政治学、管理学、决策学、经济学、法学、心理学、社会学等社会科学则从各自不同的视角分析了应对类似"非典"等突发性的公共危机事件的办法，并研究"非典"给社会造成的问题、危机与影响，从与自然科学不同的路径寻求应对危机和缓解危机并将危机所造成的损失降至最低的办法，这就是社会科学在实践中的建设性作用。随着时代的发展，现代社会日益趋向多变、复杂和不确定，在这样的时代，单凭个人的智慧已越来越难以及时掌握错综复杂、千变万化的社会形势，领导者也更难以制定出考虑周全、科学严密、推进有序的社会政策与决策，这就更需要对人文社会科学的理论和方法，进行周密调研和科学论证，以做出准确的判断和科学的决策。

可以说，人文社会科学的建设性意义无论在理论还是在实践的向度都已是不争的事实，深层的问题在于人文社会科学的建设性效果何以可能？如何才能达致并提高当下中国人文社会科学的建设性作用？

回答"何以可能"的问题，要从人文社会科学的本性说起。作为社会知识的生产方式，人文社会科学具有认识功能，是对人文社会世界认识成果的理论化和系统化，它所揭示的人文社会现象、本质、规律等知识，有助于丰富人们的思想，开阔眼界，改进思维方式。人文社会科学的理论与方法有助于人们观察分析复杂多变的社会现象，决定能发现什么样的问题，规范着问题的分析与解决路途，在事先预警、铸造文化、社会改革、理解世界、信息反馈等方面起作用。知识分子参与政治的合法性基础，在于由一个自主的（也就是相对独立于宗教、政治、经济权力）知识世界所赋予的特殊的权威，人文社会科学参与社会管理、发挥建设性作用的合法性基础也来自其独特的认识功能，来自不以人的意志为转移的科学理性的力量。尽管人文社会科学不像自然科学那样具有自在性、同质性、精确性、价值中立性和客观性等特征，它仍是以其特有的方式表现的对人和社会的认识，为社会提供基本的思想、理论概念和结构分析。在如何理解社会的变更，如何避免危机，如何才能更好更快地发展方面，人文社会科学是不可缺少的认识工具和手段。正是人文社会科学的认识功能，才引发其相应的文化功能、政治功能、社会管理功能和决策咨询功能，在国家的政治、经济、思想文化建设和社会公共事务管理中起建设性的作用。

三、实用与前瞻

人文社会科学关涉人类精神活动与社会活动，在现实生活中发挥着多方面的功能。从时间维度上看，最重要的功能集中体现为以解决当下社会现实问题为核心的实用性，以及以预测和规划设计未来发展为核心的前瞻性。但是，近年来，人文社会科学的实用性与前瞻性之间出现了一些不和谐的现象，应当引起我们的重视。

1. 实用性的表现

人文社会科学理论从属并服务于社会实践活动。从人文社会科学体系结构与学科分化角度看，处于不同层次的诸学科与社会实践的关系不同，从而表现出不同的价值指向。沿着自下而上的结构顺序，人文社会科学体系呈现出元理论学科、基础理论学科、应用基础学科和人文社会工程学科等构成层次。各层次学科的探索是围绕"是什么"、"为什么"、"怎么样"、"如何做"等问题展开的。越往上，其抽象度越低，综合性与实用性就越强，反之亦然。

人文社会科学的实用性，是指其在丰富人类精神生活，推动经济与社会发展过程中所起的实际作用，是人文社会科学文化功能与社会功能的具体表现，是评价人文社会科学的重要指标。社会现实问题是通过筹划与社会实践途径解决的，以"如何做"为核心的社会技术创新与应用，在这一过程中起直接的决定性作用。

人文社会科学实用性的表现方式或途径应当从如下三个层面去理解：

——文化功能。人文社会科学是关于人文社会现象及其规律性的系统知识，自觉学习和运用这些知识，可以使人精神充实，心灵净化，视野开阔，提高鉴别是非、善恶、美丑的能力；有助于人们树立正确的人生观和价值观，规范行为，形成良好的社会道德风尚。同时，人文社会科学以创造和阐释人文社会世界的意义与价值为目标，具有关怀人生，修身养性、安顿生命，提升精神境界，塑造健全人格等多重功能。这类功能比较零碎、间接、长效，往往为人们所忽视。但是，在技术、生产、消费等社会活动普遍异化的今天，社会发展速度加快、不确定性因素增多，危机与困境此起彼伏。生活在物欲横流、充满变数的现代社会中的芸芸众生，比以往任何时代更需要人文关怀，更需要安顿处于流离、迷惘之中的生命。因此，人文社会科学任重而道远，支撑着未来人类安详、充实的生活，以及未来社会高速、和谐的运转。

——方法论功能。从逻辑上看，"如何做"是以"是什么"、"为什么"、"怎么样"等问题的解决为前提的，其间犹如刀刃与刀背之间的关系。没有后者的逻辑支持，前者就无从谈起。如果说人文社会科学技术与工程的实用性是直接的、外显的，那么，人文社会科学理论的实用性则是间接的、隐含的。同时，在关于"是什么"、"为什么"、"怎么样"等认识问题的研究成果中，包含着"如何做"的方法论指向，潜在地具有向技术与工程转化的可能性。不以认识为基础的实践是盲目的，不以"是什么"、"为什么"、"怎么样"等问题的解决为基础的行动是短视的。近年来经济学界对"金融危机"的讨论，围绕金融危机的本质是什么，它发生的原因或条件是什么，有哪些表现形式和特点，对经济与社会发展的影响如何等问题展开。这些问题的澄清不仅深化了人们对金融危机的认识，而且也为各国政府与国际金融机构减少金融风险，防范和化解金融危机指明了方向。各国金融实践中所制定的政策和采取的措施，都是针对金融危机发生的原因和条件而作出的，都是金融危机理论研究成果的实践延伸。

——科学成果向实践领域的转化与渗透。由于人文社会现象的复杂性、动态性、主客体区分的相对性等原因，人文社会科学发育迟缓，学科分化粗疏，理论化程度较低。除经济学、法学、教育学等部分领域外，人文社会科学与人文社会技术与工程多处于分立发展状态。这与工业革命之前，自然科学与工程技术的分立发展状况类似。随着人类精神需求的增长与社会发展速度的加快，以往以经验摸索为核心的人文社会技术发展模式，越来越难以适应精神文化创造与社会发展调控的要求，迫切需要理论的规范和指导。

近代以来，人文社会认知活动逐步从单纯的元理论、基础理论研究领域，扩展到应用研究和发展研究领域。人文社会科学的研究范式向人文社会技术与工程领域的扩展与渗透，使以往的技术与工程经验得以总结、提炼和加工，从而孕育和派生出人文社会科学的应用基础学科和工程学科等学科层次。成果向技术与工程转化，对人文社会技术与工程创新起着规范和指导作用；人文社会技术与工程按照人文社会科学理论来创造，摆脱了传统的经验摸索方式，减少了人文社会技术开发与工程实践过程中的盲目性。人文社会科学的应用基础学科和工程学科的发展，不仅把人文社会技术开发与工程设计置于科学化、理论化、系统化的基础之上，缩短了技术开发与工程设计的周期，而且改变了以往依靠师傅传帮带的技艺传授方式，使技艺的传授可以大规模地迅速实现。人文社会技术与工程的未来发展将愈来愈依赖于人文社会科学的发展。人文社会技术与工程的科学化趋势表明，人文社会科学将逐步取代关于人文社会现象的经验性认识，成为人文社会技术与工程发展的直接基础。这也显露出人文社会科学，尤其是其中的应用基础学科和工程学科，已具有很强的实用性。

同自然科学技术一样，人文社会领域的科学技术也是第一生产力。不仅有助于社会物质文明的进步，而且直接参与社会的政治文明和精神文明建设，在促进人类精神生活丰富，经济与社会协调发展，人与自然和谐相处等方面，发挥着日益重要和不可替代的作用。

2. 前瞻性的内涵

应当指出，实用性只是人文社会科学的一种重要属性，而非它的所有属性。

强调问题意识，强调理论联系实际以及人文社会科学的实用性，不等于把以功利为核心的实用价值作为衡量人文社会科学的唯一标准。

任何一门学科都具有描述、解释和预见三种基本功能。人文社会科学除关注现实，具备实用性特征外，还体现出超越现实的前瞻性。这里的前瞻性就是预见性的具体表现。与自然科学的预见性相比，人文社会科学的前瞻性较为复杂，需要进行深入分析。

未来是事物存在的一种特殊的时间状态，是尚未展现出来的潜藏于现实之中的事物存在状态，是处于孕育之中的可能性存在，隐含着种种矛盾和发展机遇，具有比历史和现实更为丰富的属性。从现在来看，事物的历史和现实是唯一的确定性存在，即事物运动在时空中形成的轨迹只能有一条。未来却是尚处于形成、演化和变动之中的可能性存在，是在事物内部矛盾与外部环境将来的相互作用中发展的，是一种尚未形成的不确定性存在。① 尽管事物未来、现实和历史之间存在着前后相继的"血缘"关系，但它们毕竟是事物不同质的存在状态。可见，未来不是既定的感性存在物，对认识者来说不具有直接现实性，不能成为感性直观的对象，只有通过理性思维才能把握。人无远虑，必有近忧。所谓前瞻性就是主体在认识事物历史与现实的基础上，以事物发展规律为依据，对事物未来发展所进行的一种超前的思维模拟与建构。这是实践活动的客观要求，也是人类理智面临的最大挑战。

前瞻性由预测与规划设计两个基本环节构成。在自然科学和工程技术领域，预测与规划设计的内涵单纯、结论准确。自然事物的发生和发展不以主体的意志为转移，只要掌握了自然规律，在给定的初始条件和边界条件下，就可以预见事物的未来发展状况。工程技术活动中的规划设计是在预测的基础上展开的，也是在自然规律的规范和指导下进行的。尽管人们可以控制和改造自然，创造出精美奇妙的人工制品，但是这些活动都不是随心所欲的，都是按照自然规律的客观要求，因势利导，设计建构起来的。主观能动的创造性活动都是在自然规律许可的范围内进行的。

在人类精神与社会生活领域，前瞻性却具有更为丰富的内涵。

——人是人类精神生活与社会生活的主体与创造者。与自然事物的未来相比，人类精神生活与社会生活的未来具有更大的不确定性。这主要归因于人类意识与主观能动性的充分发挥。相信未来的不确定性、可塑性，是人类的基本信念之一。在人文学科领域，前瞻性多表现为面向未来，超越现实生活束缚的精神探求或自由创造。尽管这些探索不一定能转化为现实性，但它们对于现实生活的完

---

① 王伯鲁：《未来研究的哲学阐释》，载《内蒙古社会科学》，1997（6）。

善和丰富却具有积极意义。这些创造性成果彰显了人生的意义和价值，创造出一种至真、至善、至美的理想境界，为人们提供了一种可能的生活形态，起着陶冶情操，提升精神境界的积极作用。柏拉图的《理想国》、康帕内拉的《太阳城》、陶渊明的《桃花源记》等作品，无一不向人们展示出一种人生理想与精神追求，丰富着人们的精神世界，其人文价值是不容抹杀的。

——在社会科学领域，前瞻性主要表现为对社会未来发展的预测和把握。人是社会活动的主体，是社会未来的设计者和建设者。作为社会系统的组成部分，不同主体的思想、目的、行动等因素都直接或间接地影响着社会发展进程。对社会未来的预测是主体调控和干预社会发展进程的依据，而调控和干预措施的实施往往又改变着预测的前提，从而动摇了原预测的出发点。具体地说，对社会未来的预测结果一般都不是价值中立的，主体会从中分析出导致这一结果的趋势和因素。然后，有针对性地制定对策和措施，控制和调节现实实践活动，强化有利趋势和因素，抑制和避免不利趋势和因素，促使事物朝着有利于主体的方向发展。这就干预和改变了事物发展的原有进程。波普尔把这种预测对被预测事件的影响机制称为"俄狄普斯效应"。按照对预测结果的强化或削弱作用的差别，又可以进一步区分出俄狄普斯正效应与负效应两种基本形态。"这种影响或者会引起被预测的事件，或者会防止这种事件的发生……简言之，精确而详尽的社会事件日历这种观念是自相矛盾的；所以精确而详尽的科学的社会预测是不可能的。"①社会系统的复杂性、动态性，预测者知识的非完备性以及所依据信息的不完全性等因素，都决定着预测不可能是精确的和一次性就可以完成的。

——前瞻性是一种面向未来的建设性活动。人既是未来的预测者，又是未来的创造者。对人类精神与人类社会未来的预测和规划设计是一个动态建构过程。预测和规划设计环节相互依存、相互制约，共同构成了一个滚动推进的动态反馈机制。② 预测不仅要尽可能全面地揭示事物未来发展的各种可能趋势及其动态特性，而且同时要探寻其中对主体带来最大价值的可能性及其实现途径和条件，进而形成主体的战略目标，为现实决策提供科学依据。规划设计就是以主体利益最大化为终极目的，围绕战略目标的实现而进行的思维组织和协调，本质上属于思想实验过程。预测是规划设计的依据，同时，规划设计的实施所引起的事物现状的改变，又是再次预测的出发点。

认识世界的目的在于改造世界，就实践活动而言，预测只是手段，规划设计才是目的。规划设计不仅以预测结果为依据，而且以预测方法为基础。它需要具

---

① ［英］卡尔·波普尔：《历史决定论的贫困》，华夏出版社1987年版，第11页。
② 王伯鲁：《发展战略研究理论基础初探》，载《中国软科学》，1997（3）。

体分析各项对策构思的可行性,模拟和预测其对事物发展可能造成的动态影响;进而对各种计划草案进行优选,形成完善的实践活动方案。预测的根据是事物发展的客观规律,起点是事物发展的历史与现状。这个环节可称为"现实决定未来"环节,是事物客观规律性的体现。规划设计的根据是主体的价值观念,出发点是对事物未来的预测结果。这个环节可称为"未来影响现实"环节,是主观能动性的体现。正是基于这一特点,我们说前瞻性是一种建设性的思维活动,旨在提高调控和把握未来发展的能力。它所体现的是一种求极值、求创新、求发展的主体精神。这也是人文社会科学的前瞻性向实用性转化的具体体现。

随着社会的加速发展和全球化进程的加快,影响社会发展的不确定性因素增多;生活节奏的加快,使人们所承受的生理、心理和精神压力趋于增大;工具理性对价值理性的销蚀,使人类精神家园日趋衰败,精神生活贫乏;等等。在这样的时代背景下,人文社会科学的超越性、预见性、建设性作用就显得尤为重要。

3. 实用性与前瞻性的和谐统一

尽管人文社会科学各学科的实用性与前瞻性的强弱不一,表现形态各异,但人文社会科学体系却是实用性与前瞻性的统一体。当前,人文社会科学发展过程中存在的重视实用性、功利性,轻视前瞻性、超越性的倾向,不利于人文社会科学的健康协调发展。这一问题的出现,主要归因于以功利为核心的主流价值观念的选择作用,具有特定的时代背景和深刻的社会历史根源,应当进行具体分析。

我国是一个历史悠久、文化灿烂的文明古国。几千年来,中华民族一直重视对人类精神文化现象的探究,形成了发达的人文传统。相比之下,社会科学则主要是清末"西学东渐"以来,从西方陆续引进和发展起来的。新中国成立以来,由于受极"左"思想的长期影响,人文社会科学沦为政治斗争的工具,处于畸形发展之中。改革开放以来,在以经济建设为中心的社会转型过程中,人文社会科学才步入了恢复和快速发展时期。然而,在市场经济条件下,追求效率、讲究功利的工具理性主义价值观的出现,又影响和制约着人文社会科学的健康发展。

强调问题意识,发挥人文社会科学的实用性,有利于纠正以往理论研究脱离现实生活的不良学风,但也容易使人们忽视人文社会科学的其他属性和功能。这一倾向的后果就是人文社会科学诸学科发展不平衡、不协调格局的出现。从总体态势看,近年来,经济学、管理学、法学等实用性较强,功利价值明显的学科发展迅速,相对繁荣;而文史哲等实用性较弱,功利价值不突出的学科发展缓慢,相对衰落。长此下去,实用性较弱的学科将因得不到社会的应有承认和必要支持,而趋于萎缩乃至消亡;而实用性较强的学科也会因得不到相关基础学科理论的支持,而发展后劲不足。这是值得我们警惕的。

在功利主义价值观念的选择下，人们对人文社会科学前瞻性的态度是复杂的、不一致的。一般地说，社会科学的预见性、建设性具有实用价值，因而普遍受到重视；人文学科的超越性探索与自由创造，因不具备科学性、可操作性与立竿见影的实用价值，而被视为乌托邦式的空想，往往被排斥在学术主流之外。同时，以探求人文社会事物性质与规律为目的的基础性学科，因其前瞻性多是分析性的、单向度的和理想化的，往往被忽视；而以解决实际问题为目的的人文社会技术或工程学科，因其前瞻性多是综合性的、多向度集成的和针对实际问题的，常常受到重视，等等。这也是导致目前人文社会科学发展不平衡的价值论根源。

促进人文社会科学实用性与前瞻性和谐统一的关键，就在于树立多元价值观，客观、公正、全面地评价人文社会科学的属性与功能。应当说，人文社会科学各个学科都具有各自独特的属性和功能，体现出多方面的意义和价值。仅用单一的功利价值标准去评价和选择人文社会科学，无异于管中窥豹，必然会阉割或剪裁健全的知识体系。它所得到的评价结论肯定是片面的，所产生的影响多是消极的。因此，只有在多元价值观念视野中，才能充分、客观、全面地认识各学科的属性与功能，并按照各学科的特点，有针对性地制定切合实际的发展规划，促进人文社会科学实用性与前瞻性的和谐统一。

四、基础性研究与应用性研究

1. 认知与筹划

以人文社会诸领域为根基的纵向分化与横向交叉，是人文社会科学体系结构的基本特征。沿着从理论指向实践的顺序，元理论学科与基础理论学科是以探索人文社会事物的性质与发展规律等理论问题为研究核心，可归入基础性学科；应用基础学科与人文社会工程学科则以探求人文社会科学理论的应用途径，以及人文社会领域实际问题的解决方案为研究核心，可归入应用性学科之列。这两个方面可简要归纳为认知和筹划。

认知与筹划是两种目标指向不同的人类思维活动，从而孕育出两种不同的思维类型。认知的目的在于揭示对象的本来面目；筹划的目的在于为实践活动制定出具体的行动方案。这两种思维活动密切相关，筹划以认知为基础，认知从属并服务于筹划。"认知的最高成果就是形成理论，理论是用抽象概念建构起来的具有普遍性的观念体系；筹划的典型表现就是工程，工程是用具体材料建构起来的具有个别性的实存体系。观念体系是客体对象的主观化，实存体系则是主体意愿的客观化。认知型思维的高级形式就是理论思维，筹划型思维的高级形式则为工程思维。"①

认知是以单一层面、维度的抽象分析为基本特征的思维解剖活动。具体事物属性的丰富性、多样性,与人类认识能力的有限性、认识过程的阶段性之间的矛盾,要求人们从不同的视角、层面揭示事物的性质。这些研究视角、范式的定型化,以及研究成果的系统化就形成了不同的理论体系。现实生活中所遇到的具体事物总是多重属性的复合体,事物的演进往往也是多种运动形式同时并行交错。不通过深入细致、循环往复的认知过程,没有众多理论成果的支持,就不可能揭示出事物各个层面、环节的属性,进而全面把握事物的性质与运动规律。在此基础上展开的筹划活动往往带有一定的经验性、盲目性,势必影响到所制定的行动方案的实施效果。

筹划则是以多层面、多维度的具体综合为基本特征的思维建构活动。与动物本能性活动不同,人类行动具有目的性或计划性。"蜘蛛的活动与织工的活动相似,蜜蜂建造蜂房的本领使人间的许多建筑师感到惭愧。但是,最蹩脚的建筑师从一开始就比最灵巧的蜜蜂高明的地方,是他在用蜂蜡建筑蜂房以前,已经在自己的头脑中把它建成了。劳动过程结束时得到的结果,在这个过程开始时就已经在劳动者的表象中存在着,即已经观念地存在着。"② 筹划是人类目的性或计划性活动的基础与核心。客观现实不可能完全满足人们的发展需要,必须对其加以变革、改造。在实践活动展开之前,人们总是从其所处境况出发,对行动演进程序进行思维模拟,对所涉及的相关事物进行观念运演、组织和建构。以片面的经验性认知成果为基础的筹划,难以适应复杂实践活动的需求,效率较低;而以尽可能全面的相关理论性认知成果为支撑的筹划,可以满足复杂、精密、动态调控行动的需要,成功率较高。

2. 两类学科的地位与作用

人文社会科学中的基础性学科,以分析性的理论思维为基本特征,以探求人文社会事物的性质与发展规律为基本内容,是理论思维的产物。基础性学科不仅是人文社会科学体系的基础,而且也是整个人类知识体系的基础,在人类知识体系的拓展和社会实践活动中发挥着十分重要的作用。

从人文社会科学体系结构看,基础性学科支持着应用性学科的发展。基础性学科是人文社会科学体系中的基础理论部分,是关于人文社会活动基本形式及其

---

① 徐长福:《理论思维与工程思维——两种思维方式的僭越与划界》,上海人民出版社 2002 年版,第 4 页。

② 《马克思恩格斯全集》第 23 卷,人民出版社 1972 年版,第 202 页。

相互转化规律的系统化、理论化知识。该学科层次由来自不同领域的若干理论性学科群体构成。这些学科多是一级学科中的理论分支学科及其相互交叉、渗透而产生的边缘学科。基础性学科的任务在于运用观察、调查、实验、逻辑推演等方法，揭示人类精神活动与社会运动的各种具体形式，阐明精神文化活动与社会发展的基本形态、本质特征、组织结构、相互联系与运动转化机理，提出新见解，创建新理论，增进人类对精神文化现象与社会现象的理解和预见性。

基础性学科一般具有较高的理论抽象性、较强的普遍适用性和逻辑完备性等特点，其结论多是在理想化、极端化、抽象化条件下取得的，难以直接应用于具体社会实践活动之中。但这些理论却从某一层面揭示了人文社会事物的本质及其规律，如果加上具体的初始条件、边界条件，就可以从中推演出具有实践价值的结论。把这些理论成果综合运用到分析和解决现实问题之中，有助于人们全面认识问题的性质、根源及其发展趋势，探寻解决问题的途径和对策。正是从这一意义上说，基础性学科是人文社会科学体系的基石，支持着应用性学科的发展。

自然科学的发展也涉及许多人文社会科学的基础性学科问题。如自然科学体系的逻辑完备性、各学科之间的相互关系、科学的划界标准、科学认识活动的模式、科学的语言学基础等元理论问题，都是人文社会科学基础性学科的内容。自然科学发展中提出的许多问题也超出了自然科学的范围。如宇宙的有限与无限性问题、物质的可分与不可分问题、克隆人的伦理问题、科学家的宗教信仰问题，等等。这些问题也属于基础性学科的内容，对它们的深入研究有助于自然科学的健康发展。由此可见，基础性学科也是自然科学乃至人类知识大厦的基石，支持和推动着自然科学和整个人类认识活动的发展。这也是为什么在自然科学史上，自然科学知识早期依附于哲学、宗教学等人文学科，后来又脱胎于自然哲学的原因。

应用性学科是理论向实践转化的桥梁，由来自人文社会不同领域的若干技术性学科组成。应用性学科主要是通过两条途径成长发育起来的：一是理论向实践转化，从基础性学科中分化派生出来，是基础理论在实践活动领域中的具体应用；二是经验向理论升华，属于人类精神文化活动或社会实践活动领域经验成果的理论概括，是具体实践经验的理论提升或普遍化。应用性学科面向人类精神文化活动和社会实践活动领域，以解决实践过程中的一般性、普遍性问题为研究对象，综合运用基础理论与自然科学技术等领域的成果，直接为提升人类精神境界、改造社会的实践服务。

应用性学科一般具有明确的实用价值指向，以理论与方法的综合性、规范的可操作性、运行的高效率性等为基本特征。应用性学科是社会实践的直接理论基础，在人文社会科学体系和社会实践中处于十分重要的地位，发挥着不可替代的作用。从人文社会科学体系角度看，应用性学科是基础性学科发展的主要动力，支持和推动着基础性学科的发展。理论源于实践，基础性学科的发育根源于现实问题的剖析与实践经验的提升。自基础性学科与应用性学科分化以来，应用性学科直接面对社会现实问题，处于基础理论向人类精神文化活动和社会实践活动转化的中间环节。一方面，它把基础性学科成果及时转化和应用于社会实践活动之中；另一方面，社会现实问题与人文社会实践经验，多是通过应用性学科途径进入基础性学科视野的，又为基础性学科开辟新的研究领域，提供新鲜的事实材料，推动着基础性学科的发展。

认识源于实践，同时，规范和指导实践活动又是认识活动的终极目的。与生产实践活动相比，安顿生命的人文实践与创造幸福生活的社会实践，更需要理论支撑与方案、对策设计。人文社会科学理论产生之前的人文社会实践，多是自发的、盲目的、经验性的和低效率的。人文社会科学理论发育成熟后，在人文社会科学理论与人文社会实践之间形成了一种互动的良性循环机制。随着应用性学科的分化发展，理论对实践的指导作用得到进一步强化。它所发展出来的一系列原则、规范更加具体、实用，更有针对性和适用性，更能满足人类精神文化活动与社会实践活动复杂化、精致化、动态化的发展需求。这也是应用性学科之所以为人们重视的主要原因。

3. 基础性学科与应用性学科并重

近年来，受功利主义价值观念的影响，人文社会科学发展过程中出现了注重应用性学科，忽视基础性学科的倾向。这一倾向导致的直接后果就是基础性学科相对萎缩、冷清，而应用性学科相对兴旺、红火。这与自然科学领域忽视基础理论研究的倾向类似，都是当代工具理性主义观念在作祟。

工具理性主义的核心在于追求效率和功利价值。这一价值观念萌发于人类文明之初，是人类理智的主要表现形态之一，是促进社会物质文明进步的价值论根源。在生产力水平低下，物质财富相对匮乏时期，讲究实用，追求效率的工具理性主义价值观念往往占据主导地位；在社会相对稳定，经济生活相对富裕的历史时期，这一价值观念的主导地位往往会发生动摇。工具理性主义价值观本无过错，有其合理性的根据，错就错在它对其他价值观念的排斥和吞噬。纵观人类历史，崇尚工具理性主义价值观念的民族，往往在短期内就能积聚较强的竞争实力，在与其他民族的较量中多处于有利地位。因此，该价值观念多以正反馈机理演递，比其他价值观具有更明显的竞争优势，对其他价值观念的传承和发展构成威胁。这是应当特别引起我们注意的。

人文社会科学发展过程中出现的这一问题，既有人文社会科学体系内部的原因，也有人文社会科学体系外部的社会历史根源。与自然科学相比，人文社会科学的研究对象更复杂、更难以把握，这是导致它发育和成长迟缓，学科分化不完善的根本原因。从学科属性角度看，基础性学科的发展往往游离于人文社会实践之外，以满足个人求知欲和理论兴趣为发展特征。受狭窄学科视野所限，面对社会现实问题尤其是突发性事件，人文社会科学的基础理论难于发表高明见解，提出建设性对策。而应用性学科与社会实践关系密切，兼具基础性学科的理论规范和社会实践的丰富经验，工具性、实用性更强，对社会现实问题的解决往往能提供有效的可操作性方案。这也是目前应用性学科之所以受到社会各界重视的认识论根源。

从社会发展角度看，市场经济的运行体制为工具理性主义价值观念的扩展提供了适宜的土壤。当下，"时间就是金钱，效率就是生命"的市场经济准则，以及"优胜劣汰"的市场竞争规则，早已超出了经济活动范围而侵入了思想及上层建筑领域，成为全社会普遍认可的主流价值观念。社会经济需求的无节制膨胀，又进一步强化了工具理性主义的统治地位。按照这一价值观念行事，事业就兴旺发达，就能顺应时代潮流；反之，就会为社会的发展所拒斥。在这样的社会大背景下，单纯按工具价值与功利性（经济功能）标准，对人文社会科学进行定向选择，是难免的，但也因此导致我国人文社会科学发展的失衡。

此外，照搬自然科学领域的过时经验，也是影响基础性学科发展的一个重要因素。有些人在总结自然科学技术的发展经验时指出：基础理论学科没有国界，可以为全人类所共享，抢先发表研究成果是基础性学科的基本特征；技术与工程研究成果具有经济乃至政治价值，可以申请专利保护，因而带有明显的个体性与国别特征。基于这一片面认识，他们认为国家应优先发展技术学科与工程学科，而基础性学科则可以倚靠和借用其他国家的研究成果，不必投入过多。

且不论这一观点在自然科学领域是否站得住脚，单就将它直接移植到人文社会科学领域的做法而论，就是极其错误的。除个别元理论学科外，由于人文社会现象的复杂性、动态性、民族性、地域性等特点，人文社会科学理论往往呈现出多元化格局。这也是人文社会科学价值的体现方式。世界上只有一门物理学，但却并存着多种经济学。不同的人文社会环境会孕育出不同的人文社会科学理论，不同的人文社会科学理论又会派生出不同的应用性学科，以及不同的人文社会技术与工程原则。西方人文社会科学理论多不适合中国的具体国情，难以有效地解决当代中国的现实问题，也难以成为我国应用性学科发展的直接基础。基础性学科与应用性学科之间难以割断的"血缘"联系表明，没有发达的基础性学科，就不可能有发达的应用性学科；没有植根于本土的基础性学科，也不可能有解决本土问题的应用性学科。

应当指出，基础性学科与应用性学科之间相互依存、相互转化，犹如树根与果实之间的关系一样。只重视后者而忽视前者的实用主义倾向，无异于只采摘和品尝果实，而不问浇水、施肥、治虫之事。长此以往，必将导致叶枯、花凋、果落，最终连果树也不复存在。无疑，这是一种缺乏整体与长远观念的价值选择，对人文社会科学的健康发展是十分有害的。恩格斯在论及理论的重要性时曾指出："一个民族想要站在科学的最高峰，就一刻也不能没有理论思维。"① 一个民族人文社会科学的理论素养与精神特质，在一定程度上折射着这个民族的精神风貌、文化水平和发展潜力，是综合国力的重要组成部分。没有深厚文化传统与理论根基的人文社会科学是浅薄的，也是没有发展前途的。根深、肥足才能叶茂、花红、果硕。只有在全面而坚实的基础性学科的支持下，应用性学科才能持续、健康、快速地发展，才能在规范和指导人类精神文化活动和社会实践活动过程中，体现出更大的实用价值。

基础性学科与应用性学科的偏废问题，不可能在市场经济条件下自行化解，也不是哪一个人文社会科学工作者所能解决的。在这里，政府与社会团体负有重要责任，应从国家和民族的长远利益，推进精神文明建设以及提高综合国力的高度出发，营造崇尚学术、崇尚真理的社会氛围；应当肯定人文社会科学的多重价值，发挥积极的建设性作用，建构人文社会科学的多元评价体系与社会支持系统。国家在注重应用性学科发展的同时，还应兼具整体观念和战略眼光，强调基础性学科的重要地位以及对应用性学科的支持作用，消除不利于人文社会科学全面、协调发展的社会因素。按不同层次、领域学科的特点，分门别类地进行评价、投入和引导，尤其是要加大对人文学科、基础性学科的支持力度。

4. 直面社会现实，深化理论探索

一般而言，应用性学科是面向社会现实问题的，并以现实问题的解决为指向；基础性学科的发展是围绕理论问题展开的，是理论问题研究成果的系统化。

现实问题在人文社会科学发展过程中占有十分重要的地位。从人文社会科学发展史角度看，人文社会科学各学科就是在概括和提升以往人文社会实践经验，尤其是解决现实问题经验的基础上孕育和发展起来的。对现实问题的认识及其解决方案，又为理论的发展不断提供着鲜活的素材和丰富的营养，是理论发展的重要源泉。人文社会科学各学科分化后，现实问题成为应用性学科成长的助长剂，理论性学科与现实问题之间虽然形成了一定的距离，但是通过应用性学科的传导，现实问题对理论发展的间接推进作用却是不容置疑的：一是为理论学科的发

展提供生长点，二是检验理论真理性、方案合理性和可行性的手段。

现实问题的解决是一项复杂的人文社会工程，需要人文社会科学各学科的协同支持。现实问题总是在具体时空条件下出现的，其发生和影响往往涉及人类精神和社会生活的众多领域，超出了某一具体学科范围，客观上需要多层面、多视角、多学科知识与技术手段的综合支持。理论总是抽象的、理想化的和分析性的，理论性学科从各自视角、理论框架出发，为现实问题的性质、发生原因、演化过程、未来趋势和影响范围等层面的认识，提供分析方法和工具；应用性学科从各自视野出发，为现实问题的解决提供各种途径、操作规范和设计方案。这些工作都为现实问题的认识和解决奠定了良好的基础。事实上，当代现实问题的解决，就是通过综合和汇总了众多基础性学科和应用性学科的贡献，以及自然科学各学科的成果而完成的。

现实问题涉及社会多方利益，是社会各界必须面对的共同问题。人文社会科学家应当走在时代的前列，以训练有素的职业敏锐感最早发现问题，科学地、全面地分析问题，并为问题的妥善解决提供可行性方案。这是历史赋予人文社会科学家的神圣使命。尽管不同学科之间有分工，对现实问题的解决各有贡献，但人文社会科学家面临的问题却是共同的。直面社会现实问题，围绕现实问题开展各自学科领域的研究工作，应当成为当代人文社会科学家科研选题的重要方向。他们既要关心当代人类面临的普遍性、共同性问题，又要特别关注具有中国地域性和民族性的现实问题。任何脱离现实生活，回避社会现实问题，"躲进书斋成一统"的做法，都有悖于人文社会科学家所肩负的历史使命，都是不足取的。在现实问题的解决过程中，人文社会科学家应当尊重事实，捍卫真理，不畏权贵，不以领导人或行政当局的意志、好恶而选题，而改变对问题的看法或解决方案。

强调问题意识，指出关注现实问题对发展中国人文社会科学的重要性、紧迫性，并不等于否定理论问题的研究价值。其实，理论问题是推动基础性学科发展的直接动力，影响着应用性学科乃至整个人类知识体系的发展，是问题意识的应有之义。理论问题的特殊性要求特殊的解决方式，应当进行具体分析。

理论是人文社会科学体系的基石和灵魂，通过解决理论问题而展开的理论创新，是推动人文社会科学发展的不竭动力。人文社会科学家尤其是思想家、理论家，应当充分意识到理论问题的学术价值，肩负起发展人文社会科学理论的历史使命。同样应当强调的是，理论工作者要与时俱进，要善于通过各种途径敏锐地发现理论问题。即使这些理论问题对公认的权威理论体系具有颠覆性，也要毫不迟疑地勇敢地提出来。同时，也要勇于接受理论问题的挑战，创造性地探索解决问题的途径。尤其要坚持真理，勇于突破旧理论体系的束缚，敢于抛弃过时的理论，创建新的理论体系，推动人文社会科学的不断发展。社会应当容许理论界进

159

行大胆探索，支持他们的理论创新活动。

　　人文社会科学家肩负着重要的历史使命。既要树立问题意识，创造性地捕捉和解决当代所面临的理论和现实问题，又要超然物外，关怀人生，以超越情怀致力于重建人类的精神家园。

第五章

人文社会科学研究成果
评价之局限与管理创新

人文社会科学可以看作社会和国家软实力的重要体现，各国为之投入巨大的人力、物力是一点也不奇怪的。高效的评价体系是促进其良性发展的有力保证，而人文社会科学研究成果评价体系的正常运转离不开高效率的管理。我国的人文社会科学事业经过多年的蓬勃发展，不仅培养了大批的专业人才，涌现出了众多的学术成果，而且人文社会科学研究成果自身的评价体系也从无到有，经历了一个逐步完善的过程。但同时我们也应当看到，人文社会科学管理，包括对人文社会科学研究成果评价的理念和运行还滞后于现实的发展要求，有时甚至违背了设立人文社会科学研究成果评价制度的初衷，如此下去，会影响到我国人文社会科学整体学术水平的进步，造成难以估量的损失。解决这一问题的当务之急，是要提高人文社会科学管理水平，在人文社会科学研究成果评价方面更要从管理创新上多下功夫。

第一节　实践省察中人文社会科学研究成果评价之局限

人文社会科学研究成果的评价问题在当前引发了许多非议。也难怪，人文社会科学研究成果的评价系统、评估标准，很多是从理科评价和工程评价中简单照搬过来的，模式单调划一，方法机械简单，迷信量化考核，追求数字指标。特别

161

是在具体评价活动中，受到大量非学术因素的干扰，学风浮躁，弄虚作假猖獗，明显悖于人文社会科学的特点和内在规律。矛盾在于，一方面是人文社会科学规模的急剧扩张，另一方面是现行的人文社会科学研究成果评价似乎已到了"黔驴技穷"的地步。

一、学术评价中的尴尬

人文社会科学研究成果评价本应是一种学术评价。它应由学术共同体主持，是以推动学术的继承和创新为目标、与资源配置相联系、与物质—精神激励相结合的学术体制。这种体制清末民初开始出现在国人前，迄今已一百多年。一百多年来，其运行屡有起伏，评价工作虽然积累了许多经验教训，但学术共同体和整个社会对于现行的评价方式仍然很不满意，评价体制亟待完善。

1. 评价者的角色错位

评价活动的开展取决于两个因素，一是评价体制，二是评价者。公正公平的人文社会科学研究成果评价活动的开展，首先需要一个恰当的评价体制，并且制定一套好的制度；而好的制度本身就意味着，只有那些既具有公信力，又具有鉴别力的学者才有资格出任评价者的角色，而且会预设一系列的机制，以防范评价者的道德出轨，保证良性评价制度的实施。

然而，正如有人批评的，当前的人文社会科学研究成果评价体制不期然造就了另类"学者"，即在通常的学术研究者之外，形成了颇成气候的另类——可称之为"学术活动者"的准学者。学术活动者"三分治学，七分攻关"。他们精于拉关系、走后门、搞交易，善于揣摩刊物编辑动向，工于琢磨评审部门之所好，修炼出一套擅长于在高级刊物发文，在国家级、省部级获奖、中标的"真功夫"，而对名誉则当仁不让，对报酬必拿首份，是现行学术评价体制下的"弄潮儿"，其身份正逐渐向学术掮客转变，正变成自己不搞学问的"老板"。① 在这样的评价体制下开展的各项活动，常常招致广泛的批评。

在人文社会科学研究成果的评价中，专家系统十分重要。专家系统是某种科学团队，用以同行自治和评价。学术活动特别依赖系统的自治和共同体内部的评价，因而专家系统的自主权对于知识认定和制度安排来说是不可缺少的先决条件。学术争鸣，外行并无发言权。专家系统具有相对的独立性和自主权，才能保证其独有的解释权威；如果非学术组织和因素过多地渗透和干预，则会使之失去

① 刘明：《学术评价制度批判》，长江文艺出版社 2006 年版，第 51 页。

信用。

不过，这种独立性和自主权在中国的人文社会科学研究成果评价活动中目前尚难实现。这是因为，专家系统及其同行评议在中国尚处初创阶段。中国社会是一个人情社会，谁也摆脱不了求人帮忙和为人帮忙，这对于客观公正的学术评价是不利的。在中国特有的"差序结构"中，作为一个"单位人"，每个评价者都要名正言顺地在必定得到回报的承诺下，为本部门、本单位争人才、争学科点、争面子，为朋友、同事争资源、争奖励，等价交换原则大量渗透到评审中，因而在各类机构的评议中，"同行评议"有很大的局限性。况且，评价者不仅难免主观性，而且往往存在知识结构陈旧、理解新思想滞后等缺陷。有研究认为，当前同行评价机制的作用有弱化的趋向。主要表现在：一是评审专家专业知识不足，遴选与组成不科学——"外行评内行"、"内行是杂行"、"内行不懂行"；二是制度不健全，操作系统不匹配，同行专家难过人情关、行政关；三是同行因信息不对称，难以对作品、项目和机构进行客观评价，评价结论的产生过程不规范等。① 评价者由此发生了角色错位，成为某部门或某个人的代言人，使正常秩序下的公平竞争蜕化为无序竞争。

评价者的学术名气也是一个强相关的系数。人文社会科学研究成果评价者的学术水平和研究能力是参与评价的先决条件。理论上，评价者应当仅以自己的专业眼光来评价学术成果的价值，而不掺杂专业之外的因素，冒充"全科专家"尤其是评价之大忌。但就学者本身而言，越是学界名气大的人，越有资格参与评议，并且越有资格推荐他人参与评议。因而当有名人参与的项目被评审的时候，名人的声望和依靠名人声望的人多少都会占些便宜。有的不出名的科学家的论文用知名科学家的名字发表，以便得到发表的机会和引起学界的注意。

此外，非内行的评价者占的比重过大也是一个不容忽视的问题。在人文社会科学研究成果的评价中，外行或准外行占的比例大，对评价专业的语言、方法和动态不了解，不熟悉相关的背景文献，因而很难对评价对象做出公允的判断，评价效果也就被大打折扣了。很明显，学术权威和权威的学术机构在不能自我控制、不掌握最新科研成果的条件下，有时也会良莠不分、不识精粹，把与主流观点相违背的学术成果当作无意义的"次品"、"废品"抛弃掉。尤其是那些与传统思想、传统理念相背离的观点，有时恰好被一些权威科学家错误地否定。权威专家往往是在自己熟悉的领域、运用常规的方法、成功解决难题的人。但他们也和常人一样，存在着难以摆脱的思维定式，在一个新开辟的领域，他们的学识和

---

① 胡杨：《建树学术规范，反对学术腐败——评〈自然辩证法通讯〉有关"学术规范与学风建设"的讨论》，载《学术规范读本》，河南大学出版社2004年版，第745页。

经验并不足以判断对象的优劣。面对崭新的思路，他们以固有的评价尺度去衡量，就有可能淘汰一些真知灼见，甚至阻碍学术的良性突变。[①]

从其本质来说，这是一种"学术经济化"的现象。在市场经济体制建立和完善的过程中，由于市场价值观念的负面效应波及，学界产生了许多功利至上、弄虚作假、大肆炒作、假冒伪劣的现象，"学术经济化"是一种可悲的错位。有些人顶着学者头衔，却心有旁骛，在项目申请中，使用走关系、谎报成员等不正当竞争手法；争到项目后，又将经费用于奢侈采购、宴请、旅游等非科研活动；到结题时使用抄袭剽窃、粗制滥造等手段，赶制"学术成果"应付了事。诸如此类，屡见不鲜。"跑课题"、"跑经费"、找熟人、托关系等现象成为学界的一大独特"景观"。

这些现象又与人文社会科学研究成果评价的制度环境很有关系。在许多高校和科研单位中，都把能否获得基金资助和课题赞助，列为学术工作者能力强弱、是否具备晋升资格的重要依据。尽管人文社会科学与自然科学不同，其研究活动不需要太多贵重的仪器设备，部分研究项目也不需要做长期、大量的调查寻访，只要求课题主持人有一个敢于思考、善于思考的头脑以及相当数量的图书资料。遗憾的是，评价人文社会科学工作者的"价值"往往都会有一项"课题一票否决制"，规定凡没有主持或参与省部级以上科研项目的人员，在评价中一律作"降级处理"。这就人为地使不少科研人员将主要精力放在拉关系、跑项目上，而很少花功夫搞教学和科研。在各单位的评价体系中，看重的是课题拿到没有，至于课题做了没有，做得怎样，则是次要的，因为争得课题比完成课题所获得的评价分值要高得多。也就是说，许多课题研究者，往往拿出大部分精力去搞课题设计、去参与中标的种种"公关"活动，而用在完成课题上的时间和精力就不多了。有的研究者光比赛谁花钱多、谁的课题级别高；课题做了一两年，连一个提纲都还没有搞出来，经费却已经用了上百万的现象也不罕见。

西谚有云："任何人均不可为自己事务的法官。"学术精神的本质在于自由，学界的主流价值是求真。东西方文化尽管有许多差异，但在要求评价者的"道德—文章"二者不可偏废方面，却是相互呼应的。评价者应当自律、自爱、自尊，不以物喜、不为物累，珍惜学者的学术操守、坚持学者的独立人格。评价者在同一话语体系中进行学术对话和交流时，不能有过分的随意性。特别是对利益分配，一个人不能既参与分配，又主持分配，既是"候选人"，又兼任"评选人"，既是运动员，又做裁判员。否则，即使你主观上力求公正公平，客观上也很难让别人心悦诚服。

---

① 刘明：《学术评价制度批判》，长江文艺出版社 2006 年版，第 69～71 页。

　　在科学已高度职业化的今天，科学的无私利性只能是一种理想化的期待。在现实中，科学受到严峻的挑战，因为它受到很多"不正当研究行为"的影响。[①]爱因斯坦也认为，在科学的殿堂中，追逐功利型和智力快感型的人占多数；通过科学职业，以谋求职衔晋升、博取社会声望为动机的"私利性"已为学界不少人认同。而这种"私利性"是花了纳税人的钱运行起来的，对于"取财无道"的某些学人，需要有社会舆论的批评和监督，亦即评价者也需要对外部系统保持一定的开放度。人文社会科学研究成果评价系统作为社会道德的风向标之一，如果"不正当研究行为"从评价者个人发展到整个学术共同体，必将触发全社会的信任危机。

2. 对量化方法的迷信

　　自 20 世纪 90 年代以来，为便于对学术研究从事管理和激励，许多学术机构都引入了学术成果定量化评价方法。通过定量规定研究成果的等级，计算研究成果的数量，赋予教学和科研人员的劳动以不同的分值，从而加以计酬和奖励。在美国首先出现的量化方法在当今中国得到了广泛的认同，呈现出强化和扩张的趋势。量化评价的方法论标准在人文社会科学研究成果评价中已经表现得淋漓尽致，当然也引发了大量的批评和争议。

　　学术管理的定量化被西方学者称为"麦当劳化"（McDonaldization），其核心是专注于"形式理性"：可计算性、可预测性、效率至上性、技术取胜性。[②]量化评价提出的所谓在经费、学科点、院士数、成果级别、经济效益等诸要素的计量上一视同仁或按比例换算的法则，其结果是极大地伤害了人文学科和教育，从机构到学者再到成果的人文社会科学各个层级，被整体矮化。这个思路的片面落实，直接导致了人文社会科学之间的恶性竞争，使得强势机构（和研究者）愈来愈强，弱势机构（和研究者）愈来愈弱，学术竞争环境趋向恶化。

　　我国时下风行的学术量化评价涉及的领域十分宽泛。每个学术机构都可以围绕论文、著作、课题、奖金等不同的目标，建立自己的得分—量化指标体系，把学者研究成果的价值按照"课题、著作、论文、译著"排序，按级别、数量、排名位次赋予分值，把职称评定、岗位聘任等凡与学术研究有关的活动都纳入量化的范围。受成果量化的影响，科教文卫各机构，教师、医生、干部、职工等人员，都要求发表一定数量的学术论文，要有一定的"科研工作量"，才能上岗、评优或发放津贴、晋升职称。这种硬性规定自然会鼓励低层次或速成式的写作，

---

①　[美]唐纳德·肯尼迪：《学术责任》，新华出版社 2002 年版，第 262 页。

②　[美]乔治·里茨尔：《社会的麦当劳化》，上海译文出版社 1999 年版。

造成"成果"泛滥。不少人无可奈何，每年都为此投入大量精力拼凑所谓的"学术成果"。有关部门为了满足这一庞大群体的需求，"大跃进"式编辑、出版、发行各类增刊、文集、专辑等。在虚假学术繁荣的表象下堆积起无数的泡沫文字，湮没了真正有价值的学术研究。[①]

这样的量化评估导致研究人员不去努力实现研究目标，而去追求获得最大的计量得分。量化评价方法激发了大量回避重大难题的短期功利行为，以及把成果拆解发表、重复发表、增加自我引证等对于学术研究本身并无意义的行为。如在课题评审的实际操作过程中，课题设计与研究质量是两回事，评审课题是匿名评审加具名评审，可以说"郑重其事"，到了结题评审时却只有通讯评审或做一个简单的评审形式，就算通过了。至于课题包含了多少新的成果，为学界提供了多少学术信息，就不是人们重点考虑的事情了。这种"中标难，通过易"的评估体制，可以说是本末倒置。

量化评价指标体系的随意性、加权方式的人为性，更是难以准确而有说服力，价值序列的合理性也受到种种批评。其中"核心期刊"的名分，最为引人争议。目前在中国，最受关注的"核心期刊"目录有三个：北京大学的《中文核心期刊要目总览》，中国社会科学院的《中国人文社会科学核心期刊要览》，南京大学的《中文社会科学引文索引》。大多数学术机构都以这三个目录为基准，作为科研成果量化考核的依据。虽然这些评价机构也声明，"核心期刊表只是一种参考工具"，"核心与非核心只是一个相对的概念，任意过分夸大核心期刊的作用，不恰当地使用核心期刊的做法都是错误的"。[②] 实际上，制定目录的这三个机构各自的指标体系不一，参考的依据不同，因而判断的标准也不一样，赋予的权重有很大的差别，彼此之间的结果就有很大差别。如果把应用型文科、理论型文科、学理性研究、咨询性研究等不同类型的成果放在一起评议，强不可比而硬比，这样以"核心期刊"为标准来计量科研成果的价值，再到作者的价值，不能不让人生疑。

量化模式更不利于学者个性的发展。学者都有个性，最有学问、最有思想的学者往往也是个性最强的人，其发挥专长的表达方式时常与众不同。科学的价值观本身，要求用怀疑和批判的态度对待一切既成的理论，学者的任务并不在于总要去证明什么，有时倒是企图去怀疑什么。但目前，国内大多数的学术期刊都按照量化评价标准，将论文按某种统一模式进行编审，只有按照这个模式写作的论文才是"学术成果"，才有可能列入"精品"；而未按该标准写作的论文往往被

---

① 蒋寅：《与学术进步相关的几个概念》，载《学术规范读本》，河南大学出版社 2004 年版，第 136 页。

② 戴龙基、张其苏等：《中文核心期刊要目总览》第 3 版，北京大学出版社 2000 年版，第 2 页。

"退修"或不予以采用，并常常被划入非"学术产品"的范畴。这样的评价标准不是适应学者的风格，而是强行将学者纳入主观僵化的模式中，往往成为扼杀学者个性的"杀手"。

以《中国学术期刊（光盘版）检索与评价数据规范》（以下简称 CAJ—CD 规范）为例。CAJ—CD 规范是国家新闻出版总署 1999 年 1 月 12 日向全国高校社会科学学报推行的引文和参考文献编排规范，实行几年来，取得了一些成果，但招来的议论也不少。有学者撰文认为，CAJ—CD 规范过于简单化，它不要求著录译者、对页码标注方式没有详细说明、著录外文文献显得"不中不西"等①，没有充分考虑到人文社会科学文献类型和性质的复杂性，对其技术性缺陷和是否具有普遍的适用性提出了质疑，但又显得无可奈何。因为 CAJ—CD 规范"背后有强大的组织支撑着"，如果不采用 CAJ—CD 规范，就没有资格参加评优活动。"你发表的文章质量再好、水平再高，影响再大，也是白搭。"②

单纯以编辑部的等级来确定学术论文等级是不合理的。然而，在"管理科学化"的口号下，目前我国各高校和人文社会科学研究机构在制定学术职称晋升条例和考核教研人员年度业绩时都规定了相应的量化指标，在现行体制下固然出于无奈，但从长期发展来看，并不利于创新争鸣和繁荣学术的目标。其一，机构与学术并不一定成正比，在"机构越大、刊物级别越高、论文得分越高"的模式下，不少货真价实的学术成果就有可能被打入"冷宫"；其二，刊物编辑部门往往为关系稿、人情稿所累，不少的栏目和选题还因人而异，所规定的"匿名审稿制"也是有名无实，既不能充分实现学术面前人人平等，在规范面前也难以保证人人平等，高级别刊物的"高质量"也就打上了双重疑问。

另外，对著作出版的级别不予以考虑也是不合理的。因为评价标准实在不好以出版社的级别大小来判定其学术水平，评价制度的制定者干脆撇开出版社的级别，仅以著作的部数和总字数来确定价值大小。在赋值办法中，以"专著"和"编著"分类，按"执笔"和"合著作者"来计算分值。在这样的评价条例下，最好赚钱的办法是去编书，只需剪刀糨糊，再加几个助教或研究生，就可以轻松编教材或当主编了。有些"主编"更容易，可以一字不写、不改，依靠其"名望"或"老资格"，便可以坐享其成。难怪有人讽刺说，不少"高产作者"的"大作"只有三个读者：作者、责任编辑、排版员。

但奇怪的是，在对人文社会科学研究成果的评奖中情况又不一样。评奖活动

---

① 周祥森：《注释编排方式略议》，载《学术规范读本》，河南大学出版社 2004 年版，第 380 ~ 381 页。

② 任东来：《我们需要什么样的学术注释规范——对〈中国学术期刊（光盘版）检索与评价数据规范〉的批评》，载《学术规范读本》，河南大学出版社 2004 年版，第 385、387、402 页。

除在很大程度上受刊物级别的左右外，出版社的牌子却又成为申报项目能否得到认可的重要权重。

更有甚者，几乎所有的人文社会科学研究机构都认定，凡进入国际索引系统论文的价值均高于国内期刊发表的论文。如果有幸发表在诸如《社会科学引文索引》（SSCI）、《人文社会科学会议录索引》（ISSHP）、《艺术与人文科学引文索引》（A&HCI）等国际索引系统的论文都能得到很高的奖励和赋值。在清华大学等理工科院校，其量化评价的指标往往都是直指与国际接轨的在 SCI、EI、ISTPH 上发表的论文和获奖情况，人文社会科学只能处于陪衬的地位。与此相反，北大人文社会科学的得分则不及理科的三分之一，顶尖文科的得分只有最好理工科的五分之一。① 全国各文科院校尽管作了种种努力，但大多数人仍然感到人文社会科学研究的环境不是改善了，而是更困难了。其实，这些文献索引系统只是收集了一个时期内在世界范围正式发表的全部书刊的内容，被当前文献索引收录只是表明某书或某刊已经发表，并不涉及对该书刊所收录成果的评价问题。据统计，近年来我国以国外引文索引期刊为导向的学术研究呈现出数量方面的强劲增长，但有价值、成果优秀学者的产出简直与其不成比例。

量化评价还演绎出很不合理的高校学科排序。大学"排行榜"本来是一种舶来品，但其发展势头十分迅猛，从排名的"品种"来看，1987 年中国管理科学研究院科学研究所只有 1 项指标，如今发展到包含总排名、研究生院排名、人才培养排名、学科研究排名等概括高校基本功能的综合或单项排名。然而，将没有可比性的东西放在一起，非要论出高低上下来，如此得出的序位也就失去了意义。尤其是某些不能量化的指标，如大学的学术声望、学术口碑，研究机构的学风、对社会和文化的贡献等，这些必不可少又很难量化的指标如何估算，估算得是否合理，怎样做才合理等，都是值得探讨的问题。

众所周知，学术成果的灵魂是其思想学术水准。学术成果的价值必须经过一定的时间才能看清楚，无论是评价成果、评价学者还是评价机构，都应当给出一定的滞后时间，不能患有"近视症"。"学术成就的大或小，通常要很多年后才知道……学术成就的衡量，最可靠的是经得起时间的考验"②，衡量学术成果的价值，最终的标准只能是历史的实践。大量的人文社会科学案例说明，相当一部分学术成果问世的时候，并不被人们看好，甚至是遭到主流社会激烈反对的，但后来的时间和实践却证明具有崇高的价值。哥白尼的日心说、当代中国学者关于社会主义市场经济的观念等都是生动的例证。

---

① 陈平原：《大学三问》，载《书城》，2003（7）。
② 张五常：《衡量学术的困难》，载《学术上的老人与海》，中国社会科学出版社 2001 年版，第 37~41 页。

人文社会科学研究成果量化评价方法在中国的出现，与学术研究职业化和小科学时代向大科学时代转型时，国家强化对学术活动的干预有深刻的内在关联。不可否认，量化方法具有一定的合理性，但这种方法的作用不可高估，它毕竟只是对于管理具有工具性作用，在学术活动中仅供参考。况且，国内外有识之士已对其消极后果有了清醒的认识。"平庸学识的过度产生是当代学术生活最夸大其词的做法；它会因单纯的篇幅而隐匿了真正重要的著作；它浪费了时间和宝贵的资源"。①

二、过度行政化与官方评价之无奈

20 世纪 20 年代，中国文化人认识世界的知识基础，已经决定性地脱离了传统经学的桎梏，而转换为以科学为代表的近代体系。评价语境的奠基，标志着中国学术的转型，今后的学术活动，必将围绕学术评价权力的争夺。但在对学术权力的争夺中，人文社会科学研究成果评价中的行政干预无处不在，造成了人文社会科学研究成果评价的很多"硬伤"。

1. "学官"与学者孰重孰轻

人文社会科学研究成果的评定反映着学者们的诸多无奈。其一，学界和民间组织的权威性评奖很少，且让人议论纷纷；而主管部门组织的评奖则由于主管官员主导的色彩甚浓，官员所占的比例往往远高于一般研究人员所占的比例，评奖的学术水准很难让人信服。其二，除了行政官员之外，越是高级别的评奖，有发言权和投票权的，其"学官"的级别也越高；申报人的头衔越大，其可能得到的"资格分"、"同情分"也就越高。其三，在评奖过程中，本位主义、地方主义以及会上会下的游说攻关、利用关系打招呼，给予公费旅游、高额评审费等也愈演愈烈。在这样的背景下，评奖结果中的学术含量就不能令人信服了。②

一般来说，行政官员与学术官员彼此都是最为熟悉的，"学官"之间更是经常见面，于是，在评委会及获奖、中标者中，"学官"的比例便比其他学者高得多了，这时，"学而优则仕"与"仕而优则学"是并行不悖的。在学界内部，最有评价发言权的往往是"学官"而不是学者，其派生的产物是，"学官"可以跨行评价，而学者却对同行也鲜有评价的机会。拥有一定行政权力和职责的部门必然要以长官意志左右评价方向，行政品位与学术品位难免会发生冲突，官员身份

---

① ［美］乔治·里茨尔：《社会的麦当劳化》，上海译文出版社 1999 年版，第 112 页。
② 刘明：《学术评价制度批判》，长江文艺出版社 2006 年版，第 61 页。

与学术身份也难免发生矛盾，这样肯定不利于特立独行、标新立异的学术创新。

正确评价一项科研成果，必须充分了解国内外在这一领域的研究现状，并实事求是地在学术成果中确切交代前人已经做过的工作，自己的成果是否具有创新性，这些高度专业的问题只有依靠科学本身，依靠同行的集体审议才能做出正确判断。但当前我国人文社会科学界有一种不正之风，就是一旦取得一些成果，首先想到的不是同行的意见，而是领导和官员的看法。事实上，任何一位领导，即使自己也是有高度成就的科研工作者，也无法对所有专业的每一个细节问题都了解清楚，可以说，受行政干扰的人文社会科学研究成果评审过程必定是受人非议的。① 以"领导指示"作为评价研究成果的指标，极有可能诱导官学勾结，促成新形式的行政腐败和学术腐败，行政干预则极有可能造成"同派评议"、非理性拔高等严重问题。

2. 学术权力的腐败

学术权力，指的是运用和支配学术资源的权力，包括课题评审权、成果鉴定权以及发稿权、招生权等。改革开放以来，学术权力得以恢复和重整，学界从过去的"清水衙门"转而成为可以获取权力和金钱的"黑土地"。在"官本位"依然盛行的中国社会，学术研究活动受到政治因素的严重干扰，产生"学术政治化"现象，主要表现在："官大学问长"；学术权威的负面效应增强，学阀现象、学术剥削严重；学术权力寻租等。②

政治（权力）干扰学术在中国曾经有过的教训是十分深刻的。在以"阶级斗争为纲"的年代，中国的学术史几乎成为一部政治评价的历史。在奉行文化专制主义和历史虚无主义的"文化大革命"时期，学术活动则完全中断，学术思想被全面扼杀，学者是"牛鬼蛇神"，这时候的学术评价完全被"大批判"取代。人们当时对学术问题的理解，在相当程度上是从政治权力运作的功利目的上去掂量，从逻辑上是难以理解的。

改革开放以来，我国的物质生产拥有了比较宽松的环境，其发展变化史无前例，但精神生产相对来说尚"发育不良"。对于学术研究所必需的资源，在很大程度上处于行政支配和垄断之中，并从行政本位延伸到学术研究的官本位。在这种背景下，从官本位派生出的定量化管理，发酵成当前人文社会科学研究成果评价的严重弊端。

---

① 王业宁、刘建康等：《正确评价基础研究成果》，载《学术规范读本》，河南大学出版社 2004 年版，第 704 页。

② 胡杨：《建树学术规范，反对学术腐败——评〈自然辩证法通讯〉有关"学术规范与学风建设"的讨论》，载《学术规范读本》，河南大学出版社 2004 年版，第 743 页。

"官本位"下的人文社会科学研究成果量化评价带有浓重的行政主导色彩，学术活动的价值大致取决于其被认同的有关行政部门的级别。学术依附于政治和权力有两种倾向，一是学人的为官之道，二是学人随"上峰"摇摆。它们都是"官本位"思想在学术界的直接反映。这不仅影响了包括人文社会科学在内的研究工作的自主性和独立性，而且不断侵蚀学术研究的基本价值。以国内公开发行的人文社会科学期刊为例，刊物的级别高低以主办单位的行政级别来区分，发表在高级别刊物上的文章"水平就高、影响就大"。此外，人文社会科学书籍的出版、奖励、研究资助等，也以主持该项活动的部门的级别高低为标准，以做出"指示"的部门或首长的级别高低来衡量其成果的价值。在这样的情况下，人们质量意识淡薄，过于关心和追求论著的数字、数量和规模，学术创造沦为商品生产，学术堕落和腐败愈演愈烈，就一点也不奇怪了。

章太炎曾把从内脏烂起称之为"鱼烂"。学术腐败是"鱼烂"的典型，是当前权力腐败的一种表现，是危害学术风气和社会风气的毒瘤。近年来，不断泛滥的抄袭剽窃浪潮最为令人头痛，揭露、抨击学术腐败是学界内的热门话题。业内人士都认识到，如果不遏制猖獗的腐败行为，如果违反规则的现象竟因为权力庇护而无从追究，那么，评价公平与公正便无从谈起。

不少学者认为，同行评议有别于行政评价和公众评价，对于开展科学决策和分配学术资源具有举足轻重的作用。但在中国的具体国情下，学术机构的官本位，决定了学术独立的困难，同行评议也会沦落成一个"熟人关系网"，在一些难以隐名的评议范围内造成"熟人好办事"。"要获得政府资助的研究项目将取决于'你是什么人'。许多申请项目获得资助，主要是因为这些申请者已为资助机构所熟悉和已受过其资助。"① 由这样的权力因素所左右的学术评价活动，正如有人所说的，想不腐败都难！

三、评价体系的基本限制

人文学科在传统中国是主流学科，诸子百家、经史子集，内容包罗万象、丰富多彩。在现代中国，人文社会科学作为思想保证、价值导向、智力基础和精神凝聚力，在社会生活中日显重要、不可或缺。人文社会科学的发展就其本性而言，要求评价体系与之相适应，但评价体系往往具有滞后性和有限性，突破性成果不符合评价标准之事时有发生，对评价体系的这个基本限制必须了然于胸。

---

① 吴述尧主编：《同行评议方法论》，科学出版社1996年版，第21～22页。

1. 要规范化，不要削足适履

"郑人买履"的故事说："宁信度，勿自信也。"这种削足适履的情况类似于现代某些学者把评价规范看得比学术发展本身更重要，宁可"戴着镣铐跳舞"。"度"、"镣铐"指的是学术规则、评价条例。由于"度"和"镣铐"的束缚，特定时代的绝大部分学者，只能遵循社会认可的、在前人那里行之有效的学术思路行事。这种境遇，虽然有利于常规学术的积累和发展，却让那些"天纵之才"感到压抑和郁闷。[①]

在当前中国，令人不安的是，人文社会科学评价设计者的主观意向性太强。就人文社会科学学术机构所颁行的各种条例、办法、规定而言，不同机构的选择会有很大的不同，对于发表（出版）在不同等级媒体上的论文、著作、教材、课题、译作等，给予的权重或奖励的差距也非常大。例如，为了与国际"接轨"，在国外索引目录所涵盖的刊物中发表，则比国内刊物发表的分值要多十几倍、几十倍。

在学术规则、评价条例的"权威"引导下，学术机构的资金、职称、岗位，以及由此带来的住房、汽车等待遇问题作为稀缺资源也成为争夺的对象。为了得到更多的资源，教研人员急功近利，使出了九牛二虎之力，"努力在高级别刊物上多发稿，在高规格项目上多获奖，在高层次机构上多拿课题"。"老实"一点的"买断"版面发表文章，工于心计者采取同一成果更名发表、合作发表等"合法"策略，要不就是费尽心机申报课题，中标后却又推脱应付、敷衍了事。诸如此类"应急作品"，大部分都是学术上的无效劳动或学术"垃圾"，对读者、对社会并无意义。

依据软性的评价标准，具体成果的价值估定最终取决于评价的主体。但自20世纪中叶以来，知识的急剧增长，伴随学术深化带来的研究领域的细分，学者们很难再有精力邃密群科，如果涉博，势必就不能臻于精深。即使在一个学科内，往往也不能精通各个研究领域，不能对什么问题都拥有发言权。即使是杰出的学者，也多是某个分支的专家。面临具体成果的评定，要做出客观公正的评价是很难的。[②]

更有甚者，课题大小与评审之公平、严肃成反比。所谓"小课题大评，中课题中评，大课题不评"就是明显的例子。对于资助力度较小的一般课题、青

---

① 陈平原：《超越规则》，载《学者的人间情怀》，珠海出版社 1995 年版。

② 蒋寅：《与学术进步相关的几个概念》，载《学术规范读本》，河南大学出版社 2004 年版，第135 页。

年课题，要经过通讯评议、初审、终审等程序才能立项，而对于资助力度大的重大课题、专项课题等，则往往是因人设题，定向资助，大笔经费流向特定的机构和个人。其结果是，有能力、有时间、缺经费的，不能做大做深；而一些有关系、有办法的，却利用课题多头立项，因改头换面得到多方资助，但研究内容和深度却没有实质性的突破。①

如此说来，将学术评价囿于固定规则之中，显然是盲目而幼稚的。有些人文社会科学家一生发表论著甚少，但每一篇都是分量沉沉。而有些学人发表论文数以千计，尽管生前可能声名显赫，却没有留下"精品"、"上品"、"传世之作"。即使那些在"国外发表"的论文，价值也有很大差别。在世界范围内，近代科学经过百余年的发展，每一个学科都形成了一系列质量由高到低、水平各不相同的刊物。不同学科的巨大差异，使人文社会科学成果有可能在一定的文化圈层内引证率相对高一些，而与文化背景无关的圈层则少有问津。由于文化背景差异，其成果具有相当的不可比性，因此，评价一份研究成果的水平，就不能简单地以数量或是否在"国外发表"来体现其真正的学术价值。

有学者认为，中国人文社会科学学术发展的最大困惑是自己的研究"范式"尚未建立，而试图靠评价规则来解决建立范式的问题，实际上是差强人意的。对评价规则的遵守，是拥有某个共同范式的学术共同体的公共行为，但人们无法在实质意义上确定一个普遍的、必然的、绝对的评价体系。学科不同，评价体系就不可能一样，若以某种具体的学科标准作为所有知识门类的共同规范，那么，"知识的地盘"将会不断萎缩。②

2. 评价是实现正义的工具而非正义本身

将学术产品质量进行等级评估，并与学术资源分配相联系，是近代社会的事物，并且曾是自然科学的"专利"。因为自然科学的特点是其客观性，自然法则能否成立，程度如何，必须接受观察实验的检验；与此相联系的资金问题又涉及哪些研究机构和研究者个人值得资助。这样，"能不能评估"和"要不要评估"两个条件都得到了满足，评价制度便应运而生。③

前已述及，人文社会科学与自然科学是不一样的。中国古代以文史哲为核心的人文学术，以及西方的神学和哲学，都具有很强的主观性，学者们没有不认为自己的观点是好的、值得认可的，学术产品之间找不到公认的标准来客观评定高

① 刘明：《学术评价制度批判》，长江文艺出版社2006年版，第8~9页。
② 陈少明：《对规则的疑虑——从90年代的学术转向谈起》，载《汉末学术与现代思想》，广东人民出版社1995年版，第253~254页。
③ 刘明：《学术评价制度批判》，长江文艺出版社2006年版，第64页。

低上下；另一方面，古代学术活动往往是私人性质的，学术圈子很小，即使评估也是直接的、用不着量化。

学术评价问题，说到底就是一个分配正义的问题。分配正义指的是"对物质、利益和社会责任的公平配置"。① 学术评价的目的，就是期望学术劳动能够得到与其贡献相当的回报，包括职称的评聘、荣誉的授予和经费的资助，并赋予相应的社会责任。这里的关键是，如何做出"给予每个人以其所应得的"判断，如何进行"分配"。

由于当前中国的评价体制公信力不高，缺乏一流学者支撑，计划色彩浓重。匆匆兴起的人文社会科学成果评价的定量化办法，又在短期内直接影响到研究者和有关部门的利益、声誉和资源配置，分歧自然非常大。

国家实力有"硬实力"与"软实力"之分。相对于自然科学而言，人文社会科学"软而无形"，是一种"软实力"。自然科学"显性"的"硬件"作用和人文社会科学"隐性"的"软件"作用好比车之两"轮"、鸟之两"翼"，共同构成社会全面进步过程中的支撑点和驱动力。不过，作为"隐性""软实力"的人文社会科学成果突破到底怎样衡量，如何给成果的创造者应有的评价，却鲜有公认的标准。

对于自然科学研究，由于其可重复实验的性质，并且基本上形成了共同体公认的范式，内行与外行界限分明，相对而言，其评价比较容易做到客观公正。但对于人文社会科学而言，由于其研究总是受到特定的文化传统和社会环境的制约，其成果的非实验性、范式的多重性、内行和外行的界限模糊，使得这种专业活动在谋求实体正义方面产生了更大的困难。因此，程序正义的重要性便彰显了出来。

目前，如何使人文社会科学的评价规范化，是学者们最为关注的话题之一。有学者认为，人文社会科学研究成果评价体制有三个层次。第一层是核心层，即评价制度本身，包括宏观的学术机构评价、中观的学者评价、微观的学术成果评价；第二层是环境层，即学术活动的内环境，包括学术理念、学术机构的权力结构、学科结构与教学模式等；第三层是社会层，即学术活动发生的社会政治经济结构、意识形态取向、文化背景与道德状况等。② 三个层次的规范化必须环环相扣，相得益彰，才能逐步推进这一制度朝着公正公平的方向演化。

几千年来，生生不息的文化传承与学术创造，使中国文明曾经辉煌灿烂、独树一帜。在 21 世纪建构一个与传统相承、与世界接轨的先进评价制度，对

---

① ［美］罗伯特·所罗门：《大问题》，广西师范大学出版社 2004 年版，第 310 页。
② 刘明：《学术评价制度批判》，长江文艺出版社 2006 年版，第 26 页。

于振兴和繁荣中国的人文社会科学，提升全民族的道德文明水准，是至关重要的。因为欠缺健全有效的评价制度，有时好坏分不出来，水平高的人的作用看不出来，这可以说是整个评价体系诸弊端中最大的弊端。这种弊端催生大量追逐功利型的"学术贩子"，不利于学界思想道德水准的提升和国家智力资源的优化配置。巨大的物质和精神激励的代价不应该造就出道德上残缺、学问上低能的人。

评价体制的使命是选拔优秀人才，激励先进成果，推动学术进步。建立学术评价的努力，固然无力阻止学术垃圾的产生，但可以评定何为垃圾、何为非垃圾。由于评价制度是一定时期社会政治结构，尤其是教育文化形态的反映，所以不能就评价制度本身讨论评价制度，而是必须将其纳入现代国家体制的大系统中进行考察。1985 年，中共中央《关于科学技术体制改革的决定》规定："要真正做到尊重科学技术，就必须保障学术上的自由探索、自由讨论；使人们无所畏惧地去追求真理，提倡各种学派在百家争鸣中多作建树，反对滥用行政手段干预学术自由。"2004 年 8 月，《高等学校哲学社会科学研究学术规范（试行）》颁布，提出了有关哲学社会科学研究评价的底线要求，有助于提升学术道德、改进评价机制、营造有利于人文社会科学发展的人文环境。

评估体系对人文社会科学学术活动的发展常起着制约和导向作用。一方面，中国人文社会科学界应积极探讨具有中国特色的学术评价制度，确定出一整套控制学术研究质量的办法，其程序的公正性、有效性必须得到学界普遍认同，并且让外国同行听到我们的声音。目标是提高文科评价的科学水平，通过肯定经过艰苦劳动而取得的有价值的成果，否定急功近利或投机取巧的不端行为，引导人文社会科学学界形成诚实、刻苦、严谨、扎实的学术风气。[①] 另一方面，尽管人文社会科学评价体制存在着不足，但也不能有虚无主义的思想。举世尊重的诺贝尔奖的遴选程序，也和任何奖励的评选程序一样，不可能没有缺陷。诺贝尔奖评选委员会就坦承：我们不可能发现谁是最好的，因为谁也不能给最好的下定义；即使尽最大努力，疏忽和不公正也不可能杜绝。[②] 因此，正确的做法应该是：在借鉴和吸收中改进。

---

① 张积玉：《学术规范体系论略》，载《学术规范读本》，河南大学出版社 2004 年版，第 163 页。

② 朱克曼：《科学的精英——美国诺贝尔奖获得者》，商务印书馆 1982 年版，第 22~23 页。

第二节　当前人文社会科学研究成果
评价管理方式的误区

　　当前，在我国流行的人文社会科学研究成果评价方式主要有同行评议与科研计量评价。其中，行政管理对同行评议干预过度以及对科研计量评价的过度侧重，造成了人文社会科学研究成果评价管理方式的缺失。

一、刚性有余而弹性不足

　　人文社会科学研究成果评价是一项特定活动的实施过程，这一实施过程以数字作为具体的体现。但是，在人文社会科学研究成果评价活动的具体实施中，数字概念的内涵被一味缩小，其应有的更多功能被不断削弱，导致学术成果数量的增长与学术整体质量的提升这一合理的共生关系出现脱节，学术成果数量的增长并没有必然带来学术整体质量的提高，二者渐行渐远，使得人文社会科学研究成果评价进入一个循环不已的困境，并迫使人们在二者之间勉强进行抉择。而这一抉择，往往使学术成果的数量指标占据上风，在冷落学术质量水平提升的同时，学术成果则已名不符实，进而导致急功近利的学术氛围。要改变这　现状，对人文社会科学研究成果评价管理方式的硬性量化体系进行一番审视势在必行。

　　硬性量化体系弊端重重，学界人士疲于应付，无暇顾及学术成果的质量，久而久之，学术精品罕见，学术活动沦为物质利益的等价物，在量上的大幅度推进跃升为学术活动的中心准则。许多高校和学人将大部分精力投入到对有限学术资源与学术利益的争夺上面，无形之中，学术规范失衡，学术腐败泛滥。不可否认，现行人文社会科学研究成果评价管理方式的硬性量化体系已使许多学术研究机构及学人走入误区，造成学界主体价值观的迷失。扭转这一态势的利器，非转变评价管理方式对量化的迷信不可。

　　我国人文社会科学研究成果评价一般带有强烈的行政主导色彩，自上而下依次展开，体现出了其固有的权威性。一个课题从立项、申报、中标到结题，很少看不到行政干预的影子，这样长期实施下来，人文社会科学研究成果评价管理的行政主导成为单一的评价管理主体，固化了学界的思维，使学界与公众对行政主导外的学术评价日趋轻视。仅此一条，便抑制了评价管理主体多元化的趋势，抛弃了许多有益的评价视角，放弃了更广阔地审视人文社会科学生存状态的努力。

反过来，学科评价管理的行政主体的排他性更加巩固，学术性评价管理的灵活性逐渐瓦解，只好任由学科评价管理方式在传统框架内故步自封。

行政主导的学科评价管理势必带有计划的色彩，不论是组织课题招标，还是统计以论文为主要代表的科研成果数量，前提就是对科研活动所做的一番先验性的规划，并把这个规划目标绝对化。其实，人文社会科学研究成果很多是无法预期的，如果没有一定的弹性，容易造成资源配置过程坠入主客观脱节的歧路，束缚发散性思维，抹杀个性化研究的创造性，堵塞许多有益的研究路径，造成评价角度的固化。固化的模式还往往体现在不合理的"外行评价内行"上，由于外行对学界内部情况了解不深，容易简单地在单纯数量上确立评价准则，片面注重量的考察，以数量为本位，带来重量轻质的问题。

行政主导的人文社会科学研究成果评价管理，在评价科研成果时主要看重量的存在，所以常常忽视其后续发展。然而，科研成果是整个科研活动"链条"的中点，而不是终点，其更大的价值其实体现在"后半链条"上，即其开发与应用。但目前"前半链条"成为重点，人们特别关注科研活动的量的实现，只要取得了量的优势，评价管理的目标便已实现。既然科研成果的进一步发展已不再纳入评价管理的眼球，许多可能获得效益的成果就将半途而废，这会严重影响学术资源的优化配置，造成科研活动链条的人为断裂，无意中"雪藏"了科研成果。

科研活动"链条"不再延伸，直接影响了科研成果的转化。现行的人文社会科学研究成果评价管理方式，少有对科研成果转化的激励，致使许多科研成果流于形式，所谓科研成果只能变成一个个毫无生气的数字指标。科研成果的转化与现行的评价管理方式之间的互动机制欠缺，这一情况必须引起足够的重视。

二、对评价管理方式缺乏理性把握

现行人文社会科学研究成果评价管理方式之所以出现这么多的问题，关键在于评价主体对这一评价本身只有感性层面的认识，而没有理性层面的深刻把握。评价本身只表现出其浅层的指标意义，却将最值得追求的价值导向功能放在一边。价值追求是人文社会科学的出发点和归宿，是人文社会科学研究成果评价管理的着眼点。管理这个概念，说到底，是在一个系统内对现有资源的再配置，目标是达成一种结构意义上的和谐，为的是实现管理客体在功能发挥上的最优化。人文社会科学的评价管理也是如此，在这一过程中，人文社会科学学术资源与评价导向资源共冶一炉，评价导向资源充当实施具体管理的无形之手，评价导向越合理，则学术资源在学术产品生产时的配置就越优化，生产出的学术产品就越有价值，评价本身就越符合在其设立时的初衷。由此可以看出，人文社会科学的评价管理本身是一个自洽的系统，内部的评价导向是管理的关键。评价导向是一种无形资源。在这里，理性主要表现为追求评价主体的多元性、保护评价目标的多样性、尊重评价对象的个体性、认识学科发展的长期性等。

现行人文社会科学评价管理方式的理性缺失是一目了然的。单一的评价主体以行政管理的方式对学科的进展作出判断，多少带有行政干预的色彩；产生划一的评价标准，不利于学科的自主发展；评价目标即使在评价主体的心目中是多样性的，但实际上，评价目标对于评价客体来说已经成为争取更多论文的发表，申请更多的硕士、博士点以及在学界得到更多的发言权等，即演变为对有限学术资源的争夺，同时异化了学术资源本身，使其变成谋取更大学术利益的工具，而不是宝贵的精神财富。在划一的评价标准下，评价对象的个性发挥受到限制，个性化研究得不到应有重视甚或被迫中止，许多有潜在学术价值的科研成果由于不能与现行评价标准相容，不得不被压入箱底，整齐划一的学术套路代替了百花齐放、百家争鸣，思想的碰撞变得日益困难。学科发展的长期性这一客观规律也被忽视，评价时间固定，且多是人为的周期性评价，那些必经长期锤炼方能呈现于世人面前的人文学科成果，为适应学科评价的划一性，不得不简化学术内涵、压缩学术外延，以应付学科评价的程式化要求。不难理解，现行的人文社会科学研究成果评价管理方式，不仅不利于调动学界踏实做学问的主动性，还造成目前人文社会科学难出学术精品、亟盼学术大师的尴尬局面。

第三节　人文社会科学评价管理的创新

人文社会科学评价管理方式的理性缺失使评价陷入操作困境，呼唤理性的回归成为人文社会科学评价管理方式创新的突破口。具体来说就是要着眼学科的良性发展，释放出更多的学术活力，让学术活动的发展方向与评价制度本身的设立初衷一致，真正起到学科发展助推器的作用。默顿曾指出："像科学这样具有其自身的不断前进的动力的领域，受到了鼓励，其发展就会比受到贬损时迅速得多"。[①]

---

① ［美］R. K. 默顿：《十七世纪英格兰的科学、技术与社会》，商务印书馆 2000 年版，第 116 页。

一、人文社会科学评价管理的理性回归

1. "以人为本"，多元追求

学科评价管理本身决不是学科发展的枷锁，而是促进学科良性发展的有效选择之一。但是，一种僵化思维指导下的学科评价管理完全有可能钳制学科的良性发展，最终成为学科发展的枷锁。尤其是对于人文社会科学，这种钳制作用更为明显，会阻碍人文社会科学必备的发散性思维的正常发挥。如果说正是人文社会科学的复苏才有了文艺复兴运动的产生，告诉了人们什么叫做"以人为本"，那么"以人为本"的理念在今天则将成为人文社会科学评价管理方式转型的先导。从历史深处走来，人们会发现，人文精神在今天的人文社会科学评价管理中闪烁着理性的光芒，值得追求和期待。

人文精神的核心是以人为本，体现在人文社会科学评价管理当中就是要以尊重人文社会科学发展的客观规律为本，以保护学者的学术活力为本。"学者是有个性的，最有学问、最有思想的学者恰恰也是个性最强的人，每个人自有其发挥专长的表达方式，我们的评价标准应当是适应学者的风格，却不应当将学者强行纳入主观僵化的评价标准，这是学术工作题中应有之义。"① 要真正将这些原则纳入到人文社会科学评价管理的日常工作中，就应该改变人文社会科学评价管理的唯量观，不仅要进行定期评价，还要根据某些学科的特定情况，实施长期评价、跟踪评价以及成效评价，对不同的学科制定不同的评价标准，培养各学科以质取胜的价值诉求，逐步摆脱单纯对学术成果高数量、高产出的崇尚，这样有助于学界形成踏实做学问的良好学术氛围。这种学术氛围的形成，也反过来有力地保护了人文社会科学学者的学术活力，他们将会更自由地安心从事自己感兴趣的研究工作，解决学科建设与发展中真正迫切需要面对的难题。可以说，尊重人文社会科学发展的客观规律与保护人文社会科学学者的学术活力相辅相成，这样的人文社会科学评价管理思路，有助于改变那种"繁而不荣"、"昌而不盛"的尴尬局面。

"以人为本"的原则要伴随多元的弹性诉求。多元的弹性诉求意味着人文社会科学评价管理目标的不拘一格，依照各学科的具体情况制定不同的管理目标，并且给予各个管理目标以足够的伸缩空间，并配合各学科不断出现的新问题而进行适当调整。

---

① 刘明：《学术评价制度批判》，长江文艺出版社 2006 年版，第 52 页。

　　人文社会科学评价的管理目标，大而话之，就是对人文社会科学在一定时期内的整体发展情况进行科学合理的判断，根据判断，做出评价预期。这一评价预期既是对人文社会科学在前一时期发展情况的总结，也为人文社会科学随后的发展提出合理的指导意见。这一目标的实现不是一蹴而就的事情，需要参与评价的各方良性互动。学术共同体必须将管理创新放在第一位。这里说的创新，首先是把"多元"与"弹性"这两个要素加入到现行的人文社会科学评价管理之中，从而将现行人文社会科学评价管理盘活。"多元"是指在人文社会科学评价共同体中实现评价主体的普遍化，每个参与方不仅各司其职，而且都在对人文社会科学评价方式本身的改进与管理上拥有平等的发言权，使人文社会科学评价管理方式本身对尽可能多的合理化建议实行全方位的覆盖；这里的"弹性"修饰"诉求"，"诉求"又指代"目标"，也就是说，制定人文社会科学评价管理目标不宜一步到位，要留有相当的余地，并根据具体情况的发展不断地做出调整。比如在评价过程中，评价主体要改变以往对于评价客体单向式的考核，及时建立评价客体对评价主体的反馈渠道，在这个反馈渠道中，进行主客体的互换，让被评价者对评价者的工作依据学科发展的具体情况提出改进意见，并实施有效的监督，实现对评价工作的评价，在一定程度上模糊评价主客体的身份差异。真正地平等参与，使评价主客体双方能注意自己的不足，实现人文社会科学评价共同体内部的良性互动。管理创新不仅限于对内部资源要素的再次配置，还可以对内部资源进行一次功能意义上的再定位，重新界定各资源要素的功能范畴，实现管理对象在管理目标上的整体飞跃。管理创新模式遵循的主要原则之一，是管理不在于资源要素配置的改变，而在于实现资源要素功能的提升，适时进行资源要素的功能换位，营造多角度的审视空间，及时发现管理过程中出现的问题，并找出应对之道，实施动态管理。人文社会科学评价不仅仅是统计一定时期内的学术成果，更要对这些学术成果进行客观的分析，以促进人文社会科学事业的发展。这是一个以"人文社会科学"为中心的发展图式，"评价"与"促进"相辅相成，没有"评价"就没有"促进"，没有了"促进"，"评价"也就失去了意义。人文社会科学评价管理的创新，将"主动的评价者、被动的被评价者"转变为"文科评价共同体内的积极参与者"，也将为跨越学术成果"量"与"质"的鸿沟储备巨大的能量。

　　造成现行人文社会科学评价管理中学术成果"量"与"质"脱节的原因有对人文社会科学评价管得太死、评价的角度太单一，等等，但更重要的是理性缺失对人文社会科学评价视角的侵蚀，忽视人文社会科学评价中更应该追求的东西——搭建"量"与"质"的桥梁。一般来说，学术成果量上的增长应当带来学术成果质的进步，但现在却出现了奇怪的学术成果"量"与"质"的脱节现象。以学术成果的数量统计指标为主要考核参照的现行人文社会科学评价方式是造成这一现象的主要原因。在某个学术领域取得学术成果的重要条件是学者们是否对该领域拥有足够的求知兴趣与探索热情。现行的人文社会科学评价往往忽视学者的研究兴趣，更不能积极地引导研究兴趣，学者为了应付评价，在短期内尽快增加学术成果的数量，不得不委屈学术成果质量，尽可能地多发论文，造成学术成果数量与质量成反比的现象。因此，不能在评价方式上搞"一刀切"，而要将学者进行学术研究的主动性作为评价的潜在目标，对其学术成果进行长期跟踪评价。致力于改变学术成果量与质成反比的现象，可能在起初会出现学术成果数量下降的情况，但这挤掉的是学术泡沫，却给了学者在学术上休养生息的时间，假以时日，就会有高质量的学术成果涌现出来，并且逐步带动学术成果数量的提升，扭转学术成果量与质脱节的现象。搭建起"量"与"质"有效联系的桥梁，正是人文社会科学评价管理创新的基本诉求。

2. 学术共同体的角色转换

人文社会科学各学术共同体在长期的学术活动中，逐步形成了自己特有的一套学术活动的机制，学术共同体内部的各个学者在这套学术机制下从事学术研究、发表学术成果；根据实际情况，这套学术机制又会不断地自我调整，日益趋于成熟，成为学术共同体内部的行为准则，也可以说是一套符合客观实际的学术运行准则，其本身的运行过程正是学术共同体对学术成果进行评价、调整、再评价的过程，是一种趋向自为的评价行为。行政评价过程与学术共同体内部的自为式评价不同，看到的主要是学术成果的外化表征——量的积累，并以此作为评价的主要依据，因而可能为学术共同体内部的学术行为失范埋下伏笔。这就是说，人文社会科学的评价管理方式应尽快向"小管理"转变，即回归学术共同体有效进行自为式评价，给予学术共同体更多的自主权。评价主体要扮演学术共同体价值导向者的角色。要允许学术共同体的成员不定期地向评价主体申报近期的科研学术成果，便于同行对同行进行评价，为学术共同体创造出一个有利于学术研究的宽松环境，"同行评议之设计，就是允许本学科、专业的同事们交流想法、意见、建议和反馈信息。这种交换促进了科学进步，因为同事们得以向其他科学家学习，并保持畅通的交流渠道。"[①] 这样一种学术共同体内在的学术运行机制，将学术发展的迫切性与评价的促进性有效地结合起来，可抵制来自学术共同体外部评价的盲目性。

学术共同体的角色转换为自为的整体，是人文社会科学评价管理的重要目标

---

① ［美］盖斯勒：《科学技术测度体系》，科学技术文献出版社 2004 年版，第 233 页。

之一，这样不仅能发挥学科共同体对本学科发展脉络的深刻把握，也能促进外在评价主体把更多的精力用在对各学科的政策扶持上，形成优势互补的结构。在这一基础上，学术共同体自为式评价管理目标就会与人文社会科学创新的评价管理目标达致统一。

3. 人文社会科学行政管理形成张力

行政管理是对建制化学科的评价实施管理的通用形式，已经经历了一个长期的发展过程。目前，出现了对行政管理在人文社会科学评价管理体系中地位的反思，如果强调人文社会科学评价管理体系应有活力的释放，却又不得不面对人文社会科学评价管理体系出现失序的风险，遭遇到了"一管就死，一放就乱"的难题。如何在"管"与"放"之间掌握好一个适当的度？这就不可避免地要考验行政管理的张力。怎样才能顺利地形成行政管理的张力，具体来说，就是怎样在人文社会科学评价管理中坚持"有所进有所退，有所为有所不为"的原则，既有管理重点，也有退出机制。

人文社会科学评价中行政管理的重点应主要放在对人文社会科学的政策引导上。人文社会科学的发展规律是客观的，但引导人文社会科学各学科与实际相结合却是可以通过有效的管理而达到的。例如，社会科学诸学科多属应用性学科，在探索过程中必须与社会相关实际情况密切结合，才能体现出其价值，实现该学科的社会功能，行政管理的重点应在此。行政管理的介入以组织相关信息的流入为主，为人文社会科学从理论阶段向实际应用阶段的过渡提供信息支持与政策导向，人文社会科学在这之后的发展，方纳入相关行政部门对人文社会科学实施评价的阶段，这是学界与政府共促学科发展的最佳阶段，也是实施行政管理最有效率的阶段。再如，恰当处理学界的"马太效应"也是人文社会科学评价的行政管理的难题。学术界的"马太效应"，通俗来讲，就是指学界内有名望的学者，其学术成果得到肯定的可能性远比没有名望的学者的学术成果得到肯定的可能性大得多，即使是后者的学术成果质量高于前者。① "马太效应"阻碍了学界正常的新陈代谢，不利于年轻学者的涌现，这也是学界内部难以逾越的障碍，应有外力的注入来解决这个问题。在学术成果向实际应用过渡阶段，行政管理主体应一视同仁地对各个学者的学术成果进行跟踪评价，直到实现其社会价值为止，并据此作出合理的评价，筛选出真正有价值的学术成果，给予作者以奖励，而不是以学者的名望来区分学术成果的优劣。这也使人文社会科学的行政性评价与人文社会科学内在的自为式评价形成互补，对行政管理模式是一创新。这就是行政管理

---

① 〔美〕R. K. 默顿：《科学社会学》〔下册〕，商务印书馆 2003 年版，第 610~616 页。

在人文社会科学评价中的"有所进"与"有所为"。至于"有所退"与"有所不为"，是指对人文社会科学评价实施行政管理不必面面俱到，而现在的情况是人文社会科学评价管理层级"大而全、小而全"，不仅有政府层级的人文社会科学评价，还有各高校、科研机构等职能部门组织的人文社会科学评价。它们都带有浓重的行政主导色彩。评价项目过多、过滥，评价手段单一，这样下去不利于人文社会科学的健康发展。要改变这一状况，行政性评价就应从某些层级撤出，重点完善关键层级的人文社会科学评价管理。由此可见，"退"是为了更好地"进"，"不为"是为了更好地"为"，有了退出机制，才会有管理重点，这是人文社会科学评价的行政管理的张力的最好体现。

二、人文社会科学评价管理创新平台的构建

人文社会科学评价所出现的问题应从人文社会科学评价管理的创新中寻求解决之道，解决的方向应当针对现行评价方式与发展的实际情况相脱节这一矛盾。提出理性构建管理创新平台，就是要在尊重人文社会科学发展规律的前提下，确立一种与人文社会科学的发展同步、着眼于人文社会科学全面繁荣的评价管理理念。

1. 评价管理方式与人文社会科学发展同步

人文社会科学评价是为人文社会科学发展服务的，但是，由于人文社会科学评价工作的功利化倾向，评价与发展的关系本末倒置，评价成了相关各方争夺学术资源的主要战场，评价的意义被严重曲解。结果是，人文社会科学评价"一声令下"，诸多学科"俯首帖耳"。各学科不得不放弃长期形成的价值标准，一味地迎合争夺学术资源的功利化考虑。许多需要长期积累、深入思考才能完成的学术成果，往往会换一种面目，在几天之内被突击完成，成为争夺学术资源的筹码。人文社会科学评价的管理方式不能与人文社会科学发展的步调一致，甚至误导人文社会科学的发展，使学界对评价工作的认识发生了偏差。要改变这一现状，必须实现人文社会科学评价管理方式与学科发展的同步。

人文社会科学发展是一个动态演进的过程，人文社会科学评价则是一个相对静态的评估操作。这种状态意味着评价往往滞后于发展的实际。人文社会科学评价体系已然成型，难于推倒重来；人文社会科学发展的现实时不我待，须有应对之策。要解决这个问题，必须从评价的管理创新方面入手。我们已经知道，人文社会科学评价管理方式与人文社会科学的发展实际同步是解决这个问题的突破口。为此，必须实行评价主体与评价客体之间的互评，这也是实现双方信息对称

的最佳途径，通过评价主客体间的相互管理、共同管理，达到双方的一致与同步。在这一管理关系之中，关键又是实施组织好评价客体对评价主体的信息反馈。每当评价主体的评价方式与发展实际相冲突时，评价客体就可以向评价主体及时反馈有关信息，帮助评价主体扭转评价中出现的偏差，并对此提出自己的意见，以供评价主体进行参考。这属于一种事后管理；为了使评价工作尽可能地科学化、规范化，评价客体在评价任务、评价目标订立之初，就应该对评价主体反馈一定的信息，结合本学科发展的实际，观察评价主体在评价任务、评价目标的订立上是否合理，发现问题后要及时纠正，使得评价方式更加合理。人文社会科学评价主体在这一过程中不仅被动地接受反馈信息，而且还要对各评价客体实施一种弹性化的政策引导。这一政策引导的方向是在参考了评价客体的反馈信息后确定的，看似带有强制性，实则并没有对人文社会科学发展作出硬性规定，而是尊重人文社会科学发展的主动性及其客观规律。可以看出，这种管理模式最大的优点在于消除评价主客体双方的信息不对称性。由现行评价滞后于发展的实际所引起的信息的不对称，往往误导评价工作。消除这种不对称，对人文社会科学的发展是一个极大的促进。

2. 评价管理着眼于理论创新

现行人文社会科学评价措施由于其明显的"数字挂帅"的模式而广受诟病，它不仅无助于人文社会科学的社会功能的全面发挥，而且使许多学科潜在的社会价值长期蛰伏。鉴于此，一种使"数字挂帅"科学化的评价方式成为改进评价方式的选项，它立足于人文社会科学实际来引导学科功能的发挥，是"弹性化政策引导"方式的延伸。

理论创新是人文社会科学实现其社会价值的核心步骤。理论创新的过程漫长而艰辛，成败难以预测，但却具有全局性的意义。进行理论创新，不仅需要资金上的支持，而且需要一个既重结果又重过程的评价体系。理论创新本身具有无穷性特点，是一个不断推进的过程。一个理论成果的取得往往是理论创新某一阶段工作的结束，又是下一阶段理论创新工作的开始。对理论创新过程进行评价，是理论创新最适用的评价形式。如果以重结果的评价方式对其评价，必然打击理论工作者的积极性，致使许多有价值的理论创新研究半途而废。要消除这一评价弊病，除了应认识到理论创新的无穷性特点之外，还要在人文社会科学评价管理方式上有所创新，即需要调动评价主客体两方面的主动性。这里最能动的因素是人文社会科学评价客体，鉴于理论创新工作的复杂性、长期性，评价客体应适时以目标成果的子成果的形式，主动向评价主体上报科研项目进展情况，使其合理量化。这虽说也是一种"数字挂帅"式的文科评价形式，但却合理得多。评价客体以子成果的形式上报科研进展情况，为评价主体提供了评价依据，也可以说是参与了评价工作的管理，可称之为"协同管理"。思想教育、决策咨询等功能的发挥必须以坚实的理论创新为基础，直接提升其实现程度。所以，理论创新既是思想教育、决策咨询等社会功能实现的基础，又是促进人文社会科学事业全面发展的真正动力。理论创新一招活，人文社会科学的发展全盘活。

3. 动态的人文社会科学评价管理

对人文社会科学评价工作的管理方式若能随着人文社会科学的实际发展而不断创新，就意味着一种趋于合理的人文社会科学评价管理体系的成型。这种动态的人文社会科学评价管理体系，就是评价管理方式创新的平台。"以人为本"为这个平台打下了基础，提升了高度，学科共同体与行政管理的有机配合成为这个平台的创新源泉。

在这个创新平台上，首先要实现对人文社会科学评价的动态管理。评价不再拘泥于某些固定的"点"，而是着眼于一个无限延展的"面"。重"面"的好处在于能够全面把握学科的发展过程，在无限延展的评价空间内，得出合理的评价结论，以无限延展的"面"带动评价标准的科学化、多元化，消除静态管理的负面效应。其次，人文社会科学评价管理的形式不再仅仅限于行政管理，出现了与行政管理方式良性互补的学术共同体的自为式管理，这是一种将行政管理部门的政策优势与学术共同体内的专业优势有机结合起来的新型人文社会科学评价管理模式，这种评价管理模式既保证了评价管理政策的连续性，又充分尊重了学术共同体的意见，使学术共同体的合理诉求成为改进评价管理体系中不合理内涵的有效参照，并给予学术共同体充分的评价管理自主权，以顺应发展规律。可以看出，学科的发展已成为评价管理的中心，学科的发展不仅成为评价管理工作的参照系，也真正成为评价管理工作的目标。人文社会科学的发展是一个动态演进的过程，以发展为诉求的评价管理工作必定会因此而实现管理的动态化，这样一来也将使得评价管理工作的创新成为一种主动的创新，创新过程也更加能符合发展的实际，形成良性循环。这种评价管理模式也是"以人为本"在评价工作中的体现，具体来说就是要以学者为本，尊重学者所进行的正常学术活动。学者是学科发展成败的能动主体，没有对正常学术活动的尊重，就没有对发展的良好预期，评价管理工作也就毫无意义。所以说，以学者为本是人文社会科学评价管理工作的出发点，做到这一点，就会形成学术共同体与行政管理有机配合的新型管理模式，而发展作为评价管理工作的中心地位就会巩固。"以人为本"这个人文社会科学评价管理创新平台的基础也会进一步夯实。

经过以上几个方面的分析，可以理出人文社会科学评价管理创新的脉络。首先是要贯彻一种"以人为本"的价值理念，立足于发展的实际，根据各学科的特点，有针对性地对其实施评价管理。其次，在进行管理的过程中，既要发挥行政管理的政策优势，也要保证学术共同体发挥自己的专业优势，使这两个优势资源互补于评价管理的创新过程之中，提高评价的管理效率。这种管理模式是一种弹性化的管理，可以有效消除不合理的学术成果统计数字对评价结果一锤定音的武断，改变了评价管理的僵化状态，使学界有更多的精力从事纯粹的科研工作。现行的人文社会科学评价管理体系之所以问题成山，就在于不合理的"数字挂帅"现象。一旦有了科学、合理、规范的评价管理体系，更多高质量的学术成果才能涌现，并有效地延伸学术链条，使其生发出更大的社会价值。学术评价说到底就是一种与学术体系内部的内生力量共同推进学术进步的努力，如果把握不当，极有可能使学术界一味追求功利，最终阻碍学术活动的正常开展。在人文社会科学评价中，没有一个好的管理手段，不能及时对评价管理方式有效创新，就不会实现评价的初衷。"理性"、"创新"是人文社会科学评价管理的关键词，只有具备这两个要素，人文社会科学的评价管理体系才能既合理又有生气。

第六章

人文社会科学研究成果评价
问题的制度分析

当前中国人文社会科学研究成果评价出现的问题，从更深的层次分析，与20世纪80年代开始的全球化背景下高等教育受市场化浪潮冲击、90年代以来中国社会经济的转型以及高等教育改革有着密切的联系。这些浪潮导致中国人文社会科学在运作方式上的多元转型，并伴随某种根本性的制度性变迁。在新制度学派看来，制度既表现为规则的集合，又体现为一定形式的组织，制度变迁的一个核心是组织与环境中支配行为与相互关系的规则变化。[①] 中国人文社会科学的转型既带有强烈的政府主导性，又兼具市场功利的泛滥，终致人文社会科学研究成果评价问题的制度性失控。

第一节　市场化浪潮对全球高等教育的冲击

20世纪80年代以来，在现代高度发达的科技支撑下，随着跨国公司、跨国资本、跨国生产以及跨国营销等的迅猛发展，带来全球的政治、经济乃至文化的全球化浪潮。这一浪潮对各国影响的广度、深度、强度、速度都是空前的。各种

---

① V. W. 拉坦：《诱致性制度变迁理论》，见［美］R. 科斯、A. 阿尔钦、D. 诺斯等：《财产权利与制度变迁》，上海三联书店1994年版，第329页。

跨国性的组织、机构、条约不断涌现，国家日益陷入一个联结紧密的国际大市场之中。全球化所带来的一体化意识、国家界线的模糊、国家和地区之间高度的相互依赖与激烈竞争等，致使各国都不同程度地走向了改造之路，以应对快速变迁、信息爆炸、知识密集的全球社会经济体系的挑战。[①]

一、全球化背景下高等教育的多元转型

作为当代社会的主要知识产出者，高等院校在经济增长中的作用越来越为政府所重视，同时高等教育规模的膨胀又使政府背上了沉重的经济负担。如何既解决高等教育的资金问题，又能充分发挥高校知识创新在经济增长中的重要功效，以对全球化竞争浪潮给予响应，成为世界各国高等教育变革的重要命题。公共部门的市场化、去官僚化、绩效控制等管理主义与新公共管理理念成为变革的主要基调。全球高等教育自 20 世纪 80 年代以来所发生的一系列重大变革，明显呈现为是对全球化竞争的响应。

1. 教育的特殊产业性

早在 20 世纪初，韦伯就在感叹德国大学的美国化，无论是在本质上还是外观上，"旧式大学的构成方式都已成幻影"[②]，不可避免地向着大型资本主义企业形态大学转变。随着现代大工业革命的发展，尤其是 20 世纪中叶后，大学已不再是一个摆脱了外界束缚、放弃了暂时利益、保护人们进行纯粹知识探索的自律场所，也不再是一个可以"按照自身规律发展的独立的有机体"。[③] 20 世纪 90 年代以来知识经济等新经济模式的形成直接与大学的科技创新有关，而知识产业的崛起又进一步要求大学有更多的知识与技术创新。这样，大学作为知识的生产者、批发商和零售商，不仅介入社会生活，大学的边界已经伸展到能够拥抱整个社会。[④] 高等教育成为一种特殊的产业、国民经济中的一个产业部门，成为不以传统产业的物质生产而是以劳务的提供为主的新的经济领域。

高等教育产业大致可包括两部分：一是高等教育本身。随着知识重要性的提

[①] 戴晓霞：《全球化及国家（市场）关系的转变：高等教育市场化脉络分析》，载戴晓霞、莫家豪、谢安邦主编：《高等教育市场化》，北京大学出版社 2004 年版，第 3～50 页。

[②] ［德］韦伯：《学术与政治》，广西师范大学出版社 2004 年版，第 158 页。

[③] ［美］约翰·S. 布鲁贝克：《高等教育哲学》，浙江教育出版社 2004 年版，第 17 页；另见戴晓霞、莫家豪、谢安邦主编：《高等教育市场化》，北京大学出版社 2004 年版，第 55～56 页。

[④] ［美］克拉克·克尔：《大学的功用》，江西教育出版社 1993 年版；另见戴晓霞、莫家豪、谢安邦主编：《高等教育市场化》，北京大学出版社 2004 年版，第 55～56 页。

高，越来越多人要求接受高等教育的学习训练，高等教育的规模大大膨胀。本国学生、外国留学生都成为拉动教育产业的力量，世贸组织则把教育和商业服务、通讯、金融等 14 项并列为服务部门，是全球贸易中重要的服务性产业。在国外开设分校、远程教育、大量招收海外留学生等不仅增加了国家收入，还有效提高了国家的知名度和影响力。二是高等教育对产业发展的贡献。面对激烈的全球科技竞争，由政府主导的产学研合作在 20 世纪 80 年代后在各国普遍推行。大学除了提供产业发展的高级人才，还对塑造创新氛围，直接或间接实现技术的创新与突破发挥着重要作用。[①]

2. 国家、高等教育与市场的关系

高等教育长期被视为由国家提供的公共服务，与市场是没有太大关联的。一切公共产品是由全民共享的，不具有排他性，如国防、公安、司法等。随着时代的发展，高等教育已由"纯公共产品"向"准公共产品"乃至"私人产品"演变。高等教育具有显著的排他性，一些人享用后，就相应地要减少另一些人对它的享用；高等教育在当代是一种有着较高私人回报率的生产性投资，它对个人的回报远大于对社会的回报。高等教育更多体现为个人提升自我的个体选择。美国学者米尔顿·弗里德曼曾指出，公立教育是一种政策的垄断，由于缺乏市场竞争压力，造成教育的效率质量不同。[②] 但是，教育毕竟不同于企业的生产运营，教育必须保持其较高的稳定性，国家也需要通过高等教育构建社会稳定的共同价值标准。市场的不完全性使完全私营化的大学是无法提供超越市场之上的稳定性的，并有可能导致社会教育资源因市场原因造成浪费和不可弥补的人力资源损失。这些因素又赋予了政府干预高等教育的合理性。因此，高等教育不得不走向市场化，但"大学对市场化的选择不是非此即彼的选择，而是通过协调政府、市场和大学自身要求三种力量，表现出对纯粹市场的超越。"（Andy Green，1997）[③]

戴晓霞在克拉克（Burton Clark）国家权威、市场、学术寡头"协调三角"（the triangle of coordination）模式的基础上，进行了调整，建立了全球化情境下的国家、市场、高等教育三者关系（见图 6 - 1）。[④] 全球化对国家、教育的冲击是巨大的，政府把越来越多的控制权让给区域性和国际性组织，"教育也变成可

---

① 戴晓霞：《全球化及国家（市场）关系的转变：高等教育市场化脉络分析》，见戴晓霞、莫家豪、谢安邦主编：《高等教育市场化》，北京大学出版社 2004 年版，第 3 ~ 28 页。

② 谢安邦、刘莉莉：《市场化：大学的选择与超越》，见戴晓霞、莫家豪、谢安邦主编：《高等教育市场化》，北京大学出版社 2004 年版，第 55 ~ 65 页。

③ 同上。

④ 戴晓霞：《全球化及国家（市场）关系的转变：高等教育市场化脉络分析》，见戴晓霞、莫家豪、谢安邦主编：《高等教育市场化》，北京大学出版社 2004 年版，第 3 ~ 28 页。

以通过人造卫星和有线电视在全球市场购买的个人消费品"。①

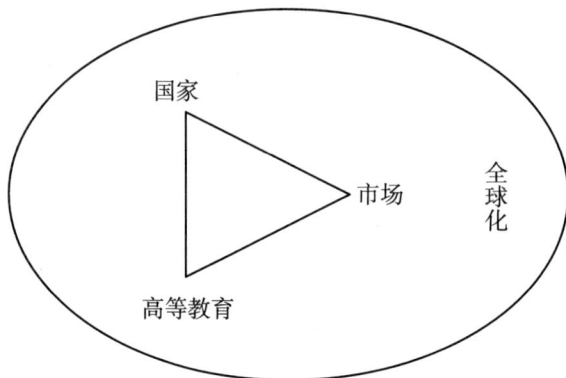

图 6－1　全球化、国家、市场和高等教育

在全球化情境下，不论是国家、高等教育还是市场都难逃其影响，处在互动力量之中。

为更明确地表示三者的关系，我们建立了图 6－2。由该图可以看出一个不断增强的全球化循环：全球化以市场为媒介，给予国家、高等教育全球化压力。国家与高等教育被迫向市场化与公共管理化转型，以应对挑战，这实际又推进了全球化进程。在此情境下，高等教育在全球化情境下承受的是来自国家和市场的双重压力。

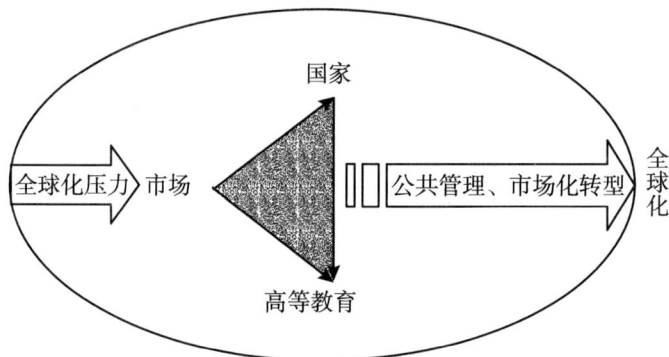

图 6－2　全球化、国家、市场和高等教育的互动与转型

3. 管理主义与新公共管理理念兴起

全球化的竞争压力迫使公共部门必须改变过去只偏重行政权力、不讲经济效

---

① 戴晓霞、莫家豪、谢安邦主编：《高等教育市场化》，北京大学出版社 2004 年版，第 22 页。

益、不注重节约、脱离市场等弊病，向市场化转型。人们相信可以运用私有领域或市场的信念、概念、原则和做法，更高效地营运公共事业和公营部门。管理主义（managerialism）与新公共管理（new public management）理念由此兴起，经济（economy）、效率（efficiency）、效能（effectiveness）等理念成为高校变革的目标。

据戴晓霞、莫家豪等的研究和概括，各国高等教育的变革都大致经历了"解除管制（deregulation）→民营化（privatization）→市场化（marketization）"三部曲。解除管制，即解除原来严格的管制与限制，让更多符合条件的社会大众参与公共事业的竞投和服务；民营化，即把原来只允许政府为合法提供者或需要者的，转为开放给其他社会人士或团体的共同参与，如私立大学；市场化，在公共部门引入市场化原则与管理手段，改变公共官僚化体制的弊病。前两部曲主要是在宏观层面的体制调整，旨在公共领域内建立一个多元的竞争主体，第三部曲则表现为，运用市场价值及策略，使高等教育商品化，以市场原则来营运高等教育。高等教育由纯粹的知识生产，转变为以满足消费者（学生、家长及雇主）需要为目的，以消费者为组织管理销售核心的企业化组织。

政府与教育的关系在这一过程中也发生了变化，政府由财政的主要提供者转变为监控者。为了保证不同市场主体的竞争公平和由市场化教育提供的教育水平和教育质量，国家需要按照管理主义的理念，通过一系列绩效责任及其评定来对其监控。于是，"不同政府纷纷引入企业精神，发挥管理主义以提升高等教育机构的效率和效益"。[1]

4. 市场化的取向

伴随高等教育转型的市场化取向会向何方发展，会产生怎样的影响？"当公共服务和社会政策走上'市场化'道路时，我们必须认真审视当市场机制在国家（公营）事业运作上全面应用后所带来的种种问题。"[2] 公共部门实施市场化的主要目的在于由"公共官僚化政府"（public bureaucracy state）模式向"合约化政府"（contract state）模式转变，以改善和提升政府在公共服务和社会政策上的质量和效率。这一转型不应只被视为技术层面上工具与手段的变化，而是一种制度与价值的再造。市场的价值信念倡导公平的竞争，市场个体能自主进退、自由供需、自由交易，反对超越市场之上的垄断和权力专制。然而，一个有利于交

① 莫家豪：《中国大陆、香港、台湾高等教育市场化：源起与理解》，见戴晓霞、莫家豪、谢安邦主编：《高等教育市场化》，北京大学出版社2004年版，第33~50页。
② 戴晓霞、莫家豪、谢安邦主编：《高等教育市场化》，北京大学出版社2004年版，第275~278页。

易行为的市场运作架构又依赖于国家权力的适当行使，政府的主导价值观念、政治目的和利益的界定，均会使这一市场化的制度再造呈现为不同的政策结果。公共管理学者 C. 胡德（C. Hood）认为至少存在着以下四种不同的"合约化国家模式"形式①：

——指导式（steering state）。即政府通过合约手段，实质上强化政府的统治和干预社会发展的能力。

——非道德性（amoral state）。由政府或高层公职人员所持，或者只通过合约化去增加本身的权利。例如把公共服务合约判给特定集团，以换取回佣、接受贿赂。

——赋权式（empowering state）。指政府以合约化推行公民参与，倡导由多元化的市场主体共同提供公共服务，实质上限制政府权力的膨胀。

——消费主义式（consumerist state）。政府视公共服务为纯粹的生产与消费关系，推动自由竞争与个性化选择，旨在提高服务消费者的利益。

这些不同的形式表明了"泛市场主义"和"国有化"两种制度力量的局限。指导式和非道德性形式表明，市场化进程还可能导致披着市场外衣的更具管制性的政府，产生政府主导的市场寻租以及更隐蔽的"政府失效"，合约沦为体制装饰性的工具；赋权式与消费主义式则为市场化的理想模式，但即便向市场化转型，也会产生不同偏重、不同程度的多样化，即市场化自身也是多元的、有其自身限制的，还暗藏着随时可能发生的"市场失灵"危险。对高等教育来说，就始终要面对传统的"教育理想"与现代的"市场理性"、"纯粹的知识追求"与"知识的功利需要"之间的种种冲突。理想的抉择似乎并不是非此即彼的二者择一，而是在二者之间找到一种平衡，相互制约、相互促进。

二、市场化浪潮对中国高等教育的冲击

中国高等教育受市场化浪潮的冲击与中国的社会经济体制改革有着密切联系，初期略慢于经济体制改革的进程，20 世纪 90 年代中后期开始提速，持续至今。这一进程，同样经历了"解除管制→民营化→市场化"三部曲式的演进，但这三部曲并不是相继进行的，而是交织在一起的，具有中国自身的体制特点。

纵观中国的社会经济转型，可用"千年未有之变局"来形容。它将是中国社会经济体制、组织机制、制度体系、文化观念、价值理念、思维范式的全局

---

① 张炳良：《公共服务改革与市场化：未解的吊诡》，见陶黎宝华、邱仁宗主编：《价值与社会》第 2 集，中国社会科学出版社 1998 年版，第 147～159 页。

性、多层面的大转型。20 世纪 90 年代初，中国在经历过 1978～1990 年的由计划经济到商品经济的改革探索之后，于 1992 年在中国共产党十四大上正式确立社会主义市场经济体制为改革目标。市场化成为中国全方位、多层次社会经济转型的核心内容。十五大后，在确保经济 8% 以上高增长率的基础上，国有企业改革、金融系统改革及政府机构改革逐步深入，五项与人民生活紧密相关的粮食流通体制改革、投融资体制改革、住房制度改革、医疗制度改革、财政税收体制改革全面铺开。十六大则把全面建设小康社会作为总目标，持续在经济社会的各领域推进市场化原则。中国市场经济改革的成就令世界瞩目。

自 1978 年起中国高等教育的改革就已开始，但到 1985 年发布《中共中央关于教育体制改革的决定》，才针对教育领域中央权力过于集中、管理过严的情况，明确要求实行中央统一领导和地方政府分级管理相结合的管理体制。政府"在加强宏观管理的同时，坚决实行简政放权，扩大学校的办学自主权"，特别是高等学校的自主权，有意识地让地方政府、各种社会力量参与教育的发展。在市场经济成为中国经济体制改革的总目标后，中国高等教育受市场化冲击的进程加快。1993 年，《中国教育改革和发展纲要》正式颁布，"建立适应社会主义市场经济体制和政治、科技体制改革需要的教育体制"成为教育改革的一个重要内容。1995 年，《中华人民共和国教育法》正式颁布，进一步鼓励了地方和社会非正式部门支持教育，同时下放了一部分管理权与财政权。在这一进程中，与市场经济逐步接轨相对应的高校教师人事制度改革、职称制度改革、工资制度改革、管理制度改革、科研制度改革等相继施行。

1998 年后，以中国高校的合并、扩招和一些重大研究项目的启动为标志，中国高等教育踏上了一条规模化的扩张之路。按照"共建、调整、合作、合并"的方针，经过持续努力，高等教育管理体制实现了深刻的变革。至 2000 年底，已涌现出 1 300 余所私立高等教育机构，其中经教育部批准、国家承认学历的私立大学 43 所。[①] 到 2002 年底，有 597 所高校合并组建为 267 所高校，原国务院有关部门直接管理的 367 所普通高校中，有近 250 所划转省级政府管理，形成了中央和省级政府两级管理，以省级政府管理为主的高等教育管理新体制。高等教育毛入学率达到 15%，标志着高等教育进入国际公认的大众化教育阶段。[②] 到 2004 年底，全国普通高等学校数达到 1 731 所，研究生在校生达到819 896 人，普通本专科生在校生达到 13 334 969 人，成人本专科生在校生达

① 邬大光：《市场化：中国私立高等教育的选择与响应》，见戴晓霞、莫家豪、谢安邦主编：《高等教育市场化》，北京大学出版社 2004 年版，第 240 页。

② 《中国教育改革与发展情况》，载 http：//www.edu.cn/20040107/3096922.shtml（中国教育和科研计算机网）。

到 4 197 969 人，高等教育毛入学率继续提升到 19%，普通高校教师也增长到 970 506 名。①

第二节　中国人文社会科学转型的统计分析

中国人文社会科学于 20 世纪 90 年代中后期开始的转型，显然是对中国高等教育转型的一种响应。在政府与市场的双重推进下，人文社会科学建制发展迅猛。这一转型首先体现为建制规模与数量的膨胀。普通高校招生数、从业人员、研究机构、科研经费、研究成果在规模与数量上都有大幅度的增长。其次呈现为以政府主导的市场合约方式成为建制发展的主要形式和推动力。后者构成了人文社会科学转型在制度层面的重要特征。

一、方法说明

本节我们采用统计方法对这一转型进行分析。数量分析的好处在于能把思想中一些模糊的理念清晰化，更好地揭示出对象的特征；不足之处显而易见，统计数据基本上是以宏观层面的同质化规律与均势来取代了微观层面的异质性特征。

1. 计量指标

我们主要采用了"年增长率"与"所占份额"两个指标，以及它们的衍生性指标。

"年增长率"，属过程性指标，用于揭示人文社会科学发展的趋势性特征，主要是幅度。相应的还有年均增长率，是各年增长率的算术平均值。年增长率计算公式为：

年增长率 = [(当年数值 - 上一年数值) - 1] × 100%

"所占份额"，属对象静态的结构性指标，用于揭示对象数量的结构性关系，即特定数值在总额中的所占比例。相应的有年均份额，为各年份额的算术平均值。所占份额计算公式为：

所占份额 = (特定数值 ÷ 该组数值总额) × 100%

---

① 数据来源：《中国教育统计年鉴（2004）》，人民教育出版社 2005 年版。

2. 数据分类

所有数据除非特别注明，均来自《中国教育统计年鉴》（1997～2004）。由于所有原始数据基本上都依据的是教育部 1993 年对现有学科的分类标准，我们只能在此标准之上进行分析。1993 年教育部规定的专业目录共包括：哲学、经济学、法学、教育学、文学、历史学、理学、工学、农学、医学十大门类。按此分类，"人文社会科学"包括哲学（含马列、宗教）、经济学（含管理学）、法学、教育学、文学（含新闻学、外国语言学等）、历史学（含图书馆学、档案学等）六个门类，其余理、工、农、医（研究生目录中还包括军事学、教育学）则为"自然科学"。"人文学科"则包括文学、历史、哲学三个门类，但考虑到新闻学、外国语言学与狭义文学学科的性质差异，我们采用历史与哲学的数据来代表了人文学科的发展趋势。"社会科学"我们以经济（含管理学）与法学作为其突出代表。

3. 统计表格

统计表格中每一对象一般涉及年增长率、所占份额、所占份额年增长率以及年均值四项指标。在计算年均值时，均是指 1999 年之后（含 1999 年）的相关数据均值，1997 年、1998 年相关数据仅作为对比参照值。

二、建制规模的扩张

截至 2004 年底，以人文社会科学为职业的研究人员已达到 30 余万，人文社会科学领域的高校教师数量也占据了 50% 强，相关的课题经费有了大幅增长，以下我们运用统计方法从几个方面对此作一概观。

1. 高速增长的人文社会科学事业

普通高校本专科招生数、研究生招生数、高校教师数以及人文社会科学科研人员的变化都直接反映出人文社会科学建制规模的扩大。

（1）普通高校招生数分析。

1999～2004 年的高校本专科扩招整体上是以年均 27.12% 的速度增长，1999～2000 年增幅巨大，达到 40% 以上，其后稍缓。在这期间人文社会科学高校招生数有了显著增长，2000 年达到其年增长率的峰值，高达 52.55%，其年均增长率为 32.11%，比自然科学的年均增长率高出近 8 个百分点。从所占份额的变化分析，人文社会科学的增长势头迅猛，其份额已从 1997 年前的 40% 增长到 2004 年的 50% 强，超过了自然科学，并保持年均 3.92% 的增长态势。自然科学所占份额则处在年均 − 3.04% 递减态势。这表明，近年来的人文社会科学不仅绝对量有大的增长，而且还大大扩张了其所占份额，与自然科学"平起平坐"了（见表 6 − 1）。

表 6 − 1　人文社会科学与自然科学高校本专科生招生数比较分析

统计指标　　年份	1997	1998	1999	2000	2001	2002	2003	2004	1999 年后均值
合计（人）	1 000 393	1 083 627	1 548 554	2 206 072	2 682 790	3 204 976	3 821 701	4 473 422	
年增长率（%）		8.32	42.90	42.46	21.61	19.46	19.24	17.05	27.12
人文社科（人）	402 620	437 190	624 442	952 588	1 295 125	1 575 712	1 910 319	2 262 298	
年增长率（%）		8.59	42.83	52.55	35.96	21.66	21.24	18.43	32.11
所占份额（%）	40.2	40.35	40.32	43.18	48.28	49.16	49.99	50.57	46.92
份额年增长率（%）		0.25	− 0.05	7.08	11.80	1.84	1.67	1.17	3.92
自然科学（人）	597 773	646 437	924 112	1 253 484	1 387 665	1 629 264	1 911 382	2 211 124	
年增长率（%）		8.14	42.95	35.64	10.70	17.41	17.32	15.68	23.28
所占份额（%）	59.75	59.65	59.68	56.82	51.72	50.84	50.01	49.43	53.08
份额年增长率（%）		− 0.17	0.03	− 4.79	− 8.97	− 1.72	− 1.62	− 1.17	− 3.04

1999 年以来的高校研究生招生总体上达到 27.12%，与本专科速度增长相当，2001 年峰值为 39.32%，是 1998 年值的 3 倍。2001 年人文社会科学研究生招生达到其年增长率的峰值，高达 54.44%，是 1998 年值的 3 倍，其年均增长率为 32.86%，比自然科学的年均增长率高出 6 个百分点。但从所占份额分析，人文社会科学的份额波动并不大，与自然科学保持三七开的稳定比例，并未扩大其所占份额（见表 6 − 2）。

表6-2　　　　人文社会科学与自然科学高校研究生招生数比较分析

统计指标 ＼ 年份	1997	1998	1999	2000	2001	2002	2003	2004	1999年后均值
合计（人）	63 749	72 508	92 225	128 484	165 197	202 611	268 925	326 286	
年增长率（%）		13.74	27.19	39.32	28.57	22.65	32.73	21.33	28.63
人文社科（人）	18 754	22 169	27 174	37 814	58 401	70 431	95 426	119 173	
年增长率（%）		18.21	22.58	39.16	54.44	20.60	35.49	24.89	32.86
所占份额（%）	29.4	30.57	29.46	29.43	35.35	34.76	35.48	36.52	33.50
份额年增长率（%）		3.93	-3.63	-0.12	20.12	-1.67	2.08	2.93	3.29
自然科学（人）	44 995	50 339	65 051	90 670	106 796	132 180	173 499	207 113	
年增长率（%）		11.88	29.23	39.38	17.79	23.77	31.26	19.37	26.80
所占份额（%）	70.58	69.43	70.54	70.57	64.65	65.65	64.52	63.48	66.50
份额年增长率（%）		-1.64	1.60	0.05	-8.39	0.91	-1.11	-1.61	-1.43

（2）高校教师分析。

普通高校教师数1999年后也开始提速，年均增长率达到15.95%，远远高于1998年0.69%的年增长率。高校教师增长的峰值在2003～2004年间突显，达到34.92%，这与本专科生招生在1999～2000年间达到峰值，研究生在2000～2001年间达到峰值，恰好形成一个自然演进的系列。人文社会科学高校教师在这期间获得很大发展，保持年均20.67%的年增长率，高于自然科学8个百分点，其份额在1998年后提升了10个百分点，至2004年底占据50%强，且保持了4.07%的年增长率。自然科学高校教师数虽然也保持了年均12.11%的增长率，但相对增长较慢，其份额不断减少（见表6-3）。

表 6 - 3 人文社会科学与自然科学高校教师数比较分析

统计指标 \ 年份	1997	1998	1999	2000	2001	2002	2003	2004	1999 年后均值
合计（人）	404 471	407 253	425 682	462 772	531 910	618 419	834 342	970 506	
年增长率（%）		0.69	4.53	8.71	14.94	16.26	34.92	16.32	15.95
人文社科（人）	160 226	163 948	180 730	204 350	246 903	297 454	421 869	495 990	
年增长率（%）		2.32	10.24	13.07	20.82	20.47	41.83	17.57	20.67
所占份额（%）	39.6	40.26	42.46	44.16	46.42	48.10	50.56	51.11	47.13
份额年增长率（%）		1.62	5.46	4.01	5.12	3.62	5.12	1.07	4.07
自然科学（人）	244 245	243 305	244 952	258 422	285 007	320 965	412 473	474 516	
年增长率（%）		-0.38	0.68	5.50	10.29	12.62	28.51	15.04	12.11
所占份额（%）	60.39	59.74	57.54	55.84	53.58	51.90	49.44	48.89	52.87
份额年增长率（%）		-1.07	-3.68	-2.96	-4.05	-3.14	-4.75	-1.10	-3.28

（3）人文社会科学活动人员。

全国普通高校人文社会科学活动人员在 2004 年达到其增长峰值，年均增长率为 5.48%，高于 1998 年。但由其增长率来分析，其增长具有波动性，2001 年增幅较大，其后略有回落，2004 年达到峰值（见表 6 - 4）。

表 6 - 4 普通高校人文社会科学活动人员※

统计指标 \ 年份	1997	1998	1999	2000	2001	2002	2003	2004	1999 年后均值
总计（人）	225 909	233 079	236 239	243 582	261 174	277 256	286 444	320 068	
年增长率（%）		3.17	1.36	3.11	7.22	6.16	3.31	11.74	5.48

※ 按 1998 年《中国教育统计》注明，科研活动人员，指高等学校职工中，在本年度从事大专以上教学、研究与咨询工作服务的教师和其他技术人员、辅助人员。

2. 增长中的边缘化

人文社会科学整体的迅猛发展态势常常遮蔽人文学科在增长中的相对边缘化。我们曾在对改革开放后人文学科发展的研究中认识到了这一问题①，近年来的发展更印证了这一趋势。我们分别选取历史与哲学作为人文学科的代表，经济、管理与法学作为社会科学的代表，进行相关统计分析。

在表6-5、表6-6、表6-7的基础上，我们制作了表6-8对人文学科近年的发展进行分析。不难看出，在年均增长量方面，不论是史哲还是经管法都保持着正的增长率，这表明二者都处在规模与数量的绝对增长中。但显然史哲的增长率远远低于经管法，本专科招生数年增长率差距近8倍，高校教师方面差1倍，研究生招生数方面也差距明显。悬殊的增长率势必导致所占份额的巨大差距，在本专科招生数方面，史哲所占份额竟只有经管法的1/30，且以-17.68%的递减速率减少，而后者则以年均6.8%的正增长率不断提高份额。研究生招生数方面，史哲的份额也仅占据后者的1/8，同样保持负的份额增长率。高校教师中，史哲类教师约占经管法的1/3，亦以负的份额增长率递减。这都表明，以史哲为代表的人文学科绝对量的增长并未削减其相对的发展缓慢，而处在一个不断被边缘化的增长态势中。

表6-5　　　　人文学科与社会科学高校本专科招生数比较分析

年份 统计指标	1997	1998	1999	2000	2001	2002	2003	2004	均值
合计（人）	1 000 393	1 083 627	1 548 554	2 206 072	2 682 790	3 204 976	3 821 701	4 473 422	
史哲（人）	17 965	17 724	20 833	23 850	17 887	17 526	17 850	21 195	
年增长率（%）		-1.34	17.54	14.48	-25.00	-2.02	1.85	18.74	3.46
所占份额（%）	1.80	1.64	1.35	1.08	0.67	0.55	0.47	0.47	0.89
份额年增长率（%）		-8.92	-17.75	-19.64	-38.33	-17.98	-14.59	1.44	-16.54
经管法（人）	194 894	207 309	306 177	478 061	701 351	870 648	1 061 873	1 252 450	
年增长率（%）		6.37	47.69	56.14	46.71	24.14	21.96	17.95	31.57
所占份额（%）	19.48	19.13	19.77	21.67	26.14	27.17	27.79	28.00	24.24
份额年增长率（%）		-1.80	3.35	9.60	20.64	3.91	2.28	0.76	5.54

① 刘大椿主编：《中国人民大学中国人文社会科学发展研究报告2002》，中国人民大学出版社2003年版，第301~313页。

表6-6 人文学科与社会科学研究生招生数比较分析

统计指标 \ 年份	1997	1998	1999	2000	2001	2002	2003	2004	均值
合计（人）	63 749	72 508	92 225	128 484	165 197	202 611	268 925	326 286	
史哲（人）	2 044	2 224	2 854	3 785	4 525	5 191	6 737	8 454	
年增长率（%）		8.81	28.33	32.62	19.55	14.72	29.78	25.49	22.76
所占份额（%）	3.21	3.07	3.09	2.95	2.74	2.56	2.51	2.59	2.79
份额年增长率（%）		-4.34	0.89	-4.81	-7.02	-6.47	-2.22	3.43	-2.93
经管法（人）	11 505	14 010	16 411	23 048	38 653	46 649	62 092	75 883	
年增长率（%）		21.77	17.14	40.44	67.71	20.69	33.10	22.21	31.87
所占份额（%）	18.05	19.32	17.79	17.94	23.40	23.02	23.09	23.26	21.12
份额年增长率（%）		7.06	-7.91	0.81	30.44	-1.60	0.28	0.73	4.26

表6-7 人文学科与社会科学高校教师数比较分析

统计指标 \ 年份	1997	1998	1999	2000	2001	2002	2003	2004	1999年后均值
合计（人）	404 471	407 253	425 682	462 772	531 910	618 419	834 342	970 506	
史哲（人）	21 544	21 537	22 337	24 056	25 281	29 518	40 198	45 818	
年增长率（%）		-0.03	3.71	7.70	5.09	16.76	36.18	13.98	13.90
所占份额（%）	5.33	5.29	5.25	5.20	4.75	4.77	4.82	4.72	4.92
份额年增长率（%）		-0.72	-0.78	-0.94	-8.57	0.43	0.94	-2.01	-1.82
经管法（人）	40 803	42 474	45 422	51 869	70 988	85 327	130 831	160 133	
年增长率（%）		4.10	6.94	14.19	36.86	20.20	53.33	22.40	25.65
所占份额（%）	10.09	10.43	10.67	11.21	13.35	13.80	15.68	16.50	13.53
份额年增长率（%）		3.38	2.31	5.04	19.07	3.38	13.65	5.22	8.11

表 6 - 8　　　　　1999～2004 年人文学科与社会科学综合比较分析　　　单位：%

统计指标	本专科招生数			研究生招生数			高校教师数		
	合计	史哲	经管法	合计	史哲	经管法	合计	史哲	经管法
年均增长率	32.1	4.3	35.8	32.9	25.1	33.5	20.7	13.9	25.7
所占份额	46.9	0.8	25.1	33.5	2.7	21.4	47.1	4.9	13.5
份额年均增长率	3.9	-17.8	6.8	3.3	-2.7	3.8	4.1	-1.8	8.1

三、政府主导下的高等教育转型

中国高等教育的发展历程表明，政府对高等教育正由国家控制型向国家监督型转变，在管理方式上由单一的行政管理转向以立法、拨款、规划、信息服务、政策指导等市场化手段为主要方式的宏观管理。[①] 这一转变并不意味着政府对高等教育的放任，它依然保持着主导地位，国家依然是教育的首要资助者和管理者。市场化是作为管理者的政府在管理方式、运作机制上的取向变化而不是体制的实质变迁。[②]

1. 政府的主导作用

（1）经费分析。

依据《中国教育统计年鉴》"全国普通高等学校人文、社会科学研究与发展经费情况"表中数据，我们把研发费用分为两大类：一类为"政府性投入"，具体包括科研事业费、科研基金（2001 年后才有）、国家社科规划与基金项目经费、中央其他部门社科专项经费、省市自治区社科专项经费等五项内容；另一类为"市场性投入"，包括企事业单位委托项目经费、自筹经费与其他收入三项内容，[③] 它既

---

① 岳经纶：《教育市场化趋势下中国大陆高等教育与政府的关系》，见戴晓霞、莫家豪、谢安邦主编：《高等教育市场化》，北京大学出版社 2004 年版，第 206～224 页。

② 这仅仅是一种过渡，还是体制的局限？中国私立大学在中国始终是处在极其从属的地位的，无论是从规模还是教学质量、生源都难以对国立大学形成竞争。

③ 科研事业费：指学校上级主管部门从科学事业费、教育事业费中通过切块和按项目戴帽下达，以及高校从教育事业费中安排的社科研究与发展经费；国家社科规划、基金项目经费：指国家社会科学基金委员会拨付的社会科学规划项目经费（包括全国教育科学领导小组拨付的教育科学五年一次的规划项目经费）和社会科学基金年度项目经费（包括青年项目经费）；中央其他部门社科专项经费：指中央（国务院）各部门（非学校上级主管部门）拨给学校的各种专项社科研究经费，包括中国社会科学院拨给高校的专项科研经费；省、市、自治区社科专项经费：指各省、市、自治区领导机构拨付的社科研究规划（基金）项目经费，以及列入省、市、自治区党委、政府和其他委厅局（非高校上级主管部门）计划以外拨付给高校的各种专项科研费；自筹经费：指学校从自有资金或其他各种收入中提取并转用于社科研究与发展的经费。参见《中国教育统计年鉴（1999）》，人民教育出版社 2000 年版。

包含市场的直接投入，也包括以市场为导向的非政府性的其他投入。

表 6-9 表明，1999 年后高校人文社会科学的研发经费增幅迅猛，年均增长率达到 43.96%，2000 年、2001 年两年更是高达 70% 以上，远远超过 1998 年 13% 左右的年增长率。这一高速增长的经费是如何构成的呢？1999 年后，政府性投入的年均增长率达到 39.74%，所占份额一直保持在 60% 以上，其份额增长率在 1998 年猛然提升后，逐年缓慢下降；市场性投入 1999 年后的年均增长率高达 53.83%，其份额大致稳定在 33% 左右，份额增长率则在 1998 年下跌后，基本保持了 6% 左右的幅度。二者比较，政府显然担当了这一超常规发展的主角，成为拉动人文社会科学经费增长的主要原因，发挥着主导作用；市场性投入处于从属地位，但其高速的增长率充分显示出了市场化的勃勃生机，但总体上还未对其份额有根本性的提高。这与人文社会科学的学科性质有关。

表 6-9　　　　　　　人文社会科学研究与发展经费构成[※]

统计指标 \ 年份	1997	1998	1999	2000	2001	2002	2003	2004	1999年后均值
合计（千元）	2 622 930	2 974 678	3 444 498	6 235 529	10 711 036	15 334 592	19 199 910	24 343 243	
年增长率（%）		13.41	15.79	81.03	71.77	43.17	25.21	26.79	43.96
政府性投入（千元）	1 667 568	2 209 016	2 475 833	4 348 757	7 032 739	10 116 668	12 462 215	15 195 613	
年增长率（%）		32.47	12.08	75.65	61.72	43.85	23.18	21.93	39.74
所占份额（%）	63.58	74.26	71.88	69.74	65.66	65.97	64.91	62.42	66.76
份额增长率（%）		16.81	-3.21	-2.97	-5.85	0.48	-1.61	-3.83	-2.83
市场性投入（千元）	955 362	765 662	968 665	1 886 772	3 678 297	5 217 924	6 737 695	9 147 630	
年增长率（%）		-19.86	26.51	94.78	94.95	41.86	29.13	35.77	53.83
所占份额（%）	36.42	25.74	28.12	30.26	34.34	34.03	35.09	37.58	33.24
份额增长率（%）		-29.33	9.26	7.60	13.49	-0.91	3.13	7.08	6.61

※ 2000 年、2002 年、2003 年、2004 年原《中国教育统计》合计数据有误，本表对其进行了修正。

在自然科学研发领域，虽然政府资金依然是经费的主要提供者，并保持年均29.83%的增长率，但其份额已与市场性资金持平。市场性资金保持了26%的年均增长率，份额长期保持在50%左右（见表6-10）。这反映出自然科学研究与市场的联系远高于人文社会科学这一事实。

表6-10 　　　　　　　　　 高校自然科学研发经费构成

统计指标 \ 年份	1997	1998	1999	2000	2001	2002	2003	2004	1999年后均值
投入合计（千元）	7 045 339	8 198 192	9 931 231	14 269 289	17 473 271	21 963 499	25 333 773	34 439 699	
年增长率（%）		16.36	21.14	43.68	22.45	25.70	15.34	35.94	27.38
政府资金（千元）	3 480 237	3 894 039	4 611 282	7 642 755	8 824 015	11 444 878	11 710 024	17 252 081	
年增长率（%）		11.89	18.42	65.74	15.46	29.70	2.32	47.33	29.83
所占份额（%）	49.40	47.50	46.43	53.56	50.50	52.11	46.22	50.09	49.82
份额增长率（%）		-3.84	-2.25	15.35	-5.71	3.19	-11.29	8.37	1.28
市场主导（千元）	3 565 102	4 304 153	5 319 949	6 626 534	8 649 256	10 518 621	13 623 749	17 187 618	
年增长率（%）		20.73	23.60	24.56	30.52	21.61	29.52	26.16	26.00
所占份额（%）	50.60	52.50	53.57	46.44	49.50	47.89	53.78	49.91	50.18
份额增长率（%）		3.75	2.03	-13.31	6.59	-3.25	12.29	-7.20	-0.47

（2）政府性课题分析。

表6-11表明，提交政府有关部门的成果自1998年开始有显著增长，2001年、2003年的年增长率竟高达50%以上，1999年后平均年增长率为28.11%。分析2001~2003年数据，其超常规的变化显然与政府在此期间课题经费的迅猛提升有着密切关联。政府不仅以资金为动力，还以政府所关注的紧迫问题作为课题立项主题，吸引学术研究者们的关注，其主导效应明显。

表 6 – 11　　　　　　　　政府性课题分析表

统计指标 ＼ 年份	1997	1998	1999	2000	2001	2002	2003	2004	1999 年后均值
课题数（项）	22 676	26 917	29 760	31 942	41 037	51 892	62 788	79 831	
年增长率（%）		18.70	10.56	7.33	28.47	26.45	21.00	27.14	20.16
提交政府成果数（项）	3 865	5 029	5 462	5 107	8 099	10 430	15 945	20 137	
年增长率（%）		30.12	8.61	-6.50	58.59	28.78	52.88	26.29	28.11

2. 以课题制为核心的科研方式

课题制日益成为现代大学科学研究的主要方式，国家以课题招标的形式让有限的公共资源以市场竞争的形式获得公平分配和高效利用。近年来中国政府显著加大了对人文社会科学的投入，课题是其中的重要部分。1998 年以来的课题经费基本保持在总投入的 50% 左右，年均增长率为 41.35%，与总经费的增长率相当。从整体上看，2000 年、2001 年人文社会科学经费增长幅度最大，年增长率均超过 70%，峰值高达 81.03%。对课题费的投入增幅最大的时期也集中于此，2000～2003 年连续三年增长率在 45% 以上，政府的政策性因素明显（见表 6 – 12）。

在课题制的促进下，随经费的大量投入、课题数的增加、科研人员的增多，人文社会科学的产出数量明显提高。1999 年后课题数年均增长率保持在 20.16% 左右，2000 年有一凹点，但当年经费投入并未减少，反映出课题规模有大的增长。科研投入人数近年来也保持在 10% 左右，2000 年的凹点同样反映出资金额额巨大的课题并未随之增多人员。参与课题的研究人员在全部科研活动人员中基本保持约 13.6% 的份额，自 1998 年以来有一定的提高，其年均份额增长率约为 3.5%。这反映出越来越多的科研人员参与到课题中来，课题的竞标日趋激烈。

表 6 – 12　高校人文社会科学课题投入情况

统计指标　　　年份	1997	1998	1999	2000	2001	2002	2003	2004	1999 年后均值
当年经费总投入（千元）	2 622 930	2 974 678	3 444 498	6 235 529	10 711 036	15 334 592	19 199 910	24 343 243	
年增长率（%）		13.41	15.79	81.03	71.77	43.17	25.21	26.79	43.96
当年课题投入经费（千元）	1 292 630	1 623 925	1 980 918	3 462 491	5 226 353	7 648 891	9 994 189	12 332 031	
年增长率（%）		25.63	21.98	74.79	50.94	46.35	30.66	23.39	41.35
所占份额（%）	49.28	54.59	57.51	55.53	48.79	49.88	52.05	50.66	52.40
课题数（项）	22 676	26 917	29 760	31 942	41 037	51 892	62 788	79 831	
年增长率（%）		18.70	10.56	7.33	28.47	26.45	21.00	27.14	20.16
投入人数（人）	26 294	28 220	29 743	30 419	34 635	37 901	42 614	47 680	
年增长率（%）		7.32	5.40	2.28	13.86	9.43	12.44	11.89	9.21
占全部科研人员份额（%）	11.64	12.11	12.59	12.49	13.26	13.67	14.88	14.90	13.63
份额增长率（%）		4.02	3.99	-0.81	6.19	3.08	8.83	0.13	3.57

第六章　人文社会科学研究成果评价问题的制度分析

专著和论文是人文社会科学的主要产出，我们曾对 1990～1995 年中国人文社会科学文献进行研究得出其年均增长率为 6.4% 的结论。① 表 6 – 13 显示出 1998 年以来，不论是专著还是论文的年增长率都已显著超过上一阶段。1999 年以来，专著年均增长率约 8.4% ，论文年均增长率约 11.9% ，二者都在 2001 年达到其增长率的峰值 29.4% 和 14.6% 。2003 年二者都有一个较大幅度的增长率下调，专著还呈现为负增长率，这显然与当年经费投入年增长率的突降（降幅达 50% ，见表 6 – 12）有关。若以课题投入人数作为论文的产出者计算，自 1999 年以来，研究者们的年均论文数已达到 5 篇，年均增长率 2.56% ，再考虑真实论文产出的非均态分布，个别作者的产量必定惊人。

表 6 – 13　　　　　　　人文社会科学课题成果产出情况

统计指标＼年份	1997	1998	1999	2000	2001	2002	2003	2004	1999 年后均值
当年出版专著（部）	5 590	5 981	6 307	7 038	9 107	9 688	8 701	9 374	
年增长率（%）		6.99	5.45	11.59	29.40	6.38	– 10.19	7.73	8.39
发表论文（篇）	107 744	122 775	140 492	153 366	175 742	195 548	211 635	240 291	
年增长率（%）		13.95	14.43	9.16	14.59	11.27	8.23	13.54	11.87
按课题投入人数计算的人均篇数	4.10	4.35	4.72	5.04	5.07	5.16	4.97	5.04	5.00
年增长率（%）		6.17	8.57	6.73	0.64	1.68	– 3.74	1.48	2.56

3. 投入与产出量的计量模型分析

任何市场逻辑都会基于这样一个前提：更多的投入产生更多的产出，更多的竞争产生更高的资源利用效率。具体到人文社会科学的转型来说，资金、课题、人员投入的增长应带来产出的增长，这二者之间存在着一种直接的相关性。为了考察这一相关性，我们采用统计建模的方法来进行研究。

---

① 刘大椿主编：《中国人民大学中国人文社会科学发展研究报告（2002）》，中国人民大学出版社 2003 年版，第 304～305 页。

（1）数据筛选。

综合考虑，我们决定采用时间序列分析法。以论文数作为因变量，以课题经费投入、课题数作为自变量。考虑到 2000～2002 年经费的超常规发展，我们增加一个虚拟的政策变量，作为第三个自变量。在这些基础上构造出数据矩阵。

表 6 - 14　　　　　人文社会科学投入产出建模基础数据

变量符号	变量名称	1997 年	1998 年	1999 年	2000 年	2001 年	2002 年	2003 年	2004 年
Y	发表论文	107 744	122 775	140 492	153 366	175 742	195 548	211 635	240 291
X_1	课题投入经费	1 292 630	1 623 925	1 980 918	3 462 491	5 226 353	7 648 891	9 994 189	12 332 031
X_2	课题数	22 676	26 917	29 760	31 942	41 037	51 892	62 788	79 831
X_3	政策影响	0	0	0	1	1	1	0	0

（2）建模。

我们使用计量经济学 EVIEWS 分析软件来进行建模与检验。建立如下模型关系：

$$Y = 24.3 \sqrt{X_{1(-1)}} + 645.6 \sqrt{X_{2(-1)}} + 10\,626.4X_3 + \varepsilon$$

式中，Y——论文数；X_1——课题投入经费；X_2——课题数；X_3——政策；ε——扰动系数。

该模型检验结果如下：

因变量：Y

方法：最小二乘法

日期：2006 年 8 月 20 日　时间：22：19

样本（调整后的）：1998～2004

包括的观测：8

变量	系数	标准误差	t - 统计量	概率
X_1（-1）'（1/2）	24.34751	3.907617	6.230782	0.0034
X_2（-1）'（1/2）	645.6045	44.05674	14.65393	0.0001
X_3	10 626.38	2 875.869	3.695016	0.0209
拟合优度	0.994464	因变量均值		177 121.3
调整后的拟合优度	0.991696	因变量标准差		41 598.46
回归标准误差	3 790.694	赤池信息量准则		19.61601
残差平均和	57 477 439	施瓦兹准则		19.59283
相似度	-65.65604	F 统计量		359.2754
杜宾沃森检验值	3.183701	概率（F 统计量）		0.000031

可以看到，这三个自变量均在 2% 的置信水平下，可以比较好地通过检验。就整个模型而言，判定系数约为 0.99，DW 值 F 统计量约为 359.3，说明整个模型拟合很好。

（3）模型分析。

该模型表明，当年论文的产出量与前一年的课题经费投入、课题数以及当年的政策影响具有正相关性，较好地满足非线性的量化关系。经费投入和课题数均具有一定的时间滞延性，对下一年的产出产生直接影响。考虑到平方根关系，以及二者的数值单位，比较起来，课题投入经费的影响力度更大，课题数处于从属地位。虚拟的政策影响变量表明政府制定的政策对人文社会科学论文的产出量的影响也不可忽视，在特定时期其影响力具有相当大的作用。然而，也正是这一数量关系上的"完美"拟合为中国人文社会科学功利追求的泛滥奠定了基础。

第三节　转型中的制度性失控

政府主导和市场化方式是中国人文社会科学转型的两个主要特征。前者使人文社会科学的发展具有显著的"规划性"，政府对于学科建制的发展具有绝对的权威性，学术政治化成为一种制度性倾向；后者在新公共管理主义的浪潮下，倾向于以市场运营方式来分配公共资源，以市场的功利性竞争作为发展的动力，科研管理中则强调企业逻辑的重要性。人文社会科学的学术研究愈益服从于政治权力和现实的功利性需要，纯粹的知性追求日渐衰落。企业逻辑、学术的政治化倾向与功利性失控可作为当代中国人文社会科学的制度性失控的主要表征。

一、企业逻辑的损害

如前所述，在全球高等教育的市场化过程中，作为产业的高等教育关注经济绩效与管理效率是其产业属性和市场属性的必然要求。企业精神和企业逻辑在高校管理中的运用是不可避免的。企业逻辑的根本出发点在于获取经济利润，严格的可量化的成本管理、对过程的可控性、占有尽可能多的产品市场份额、效率至上等都是其重要内容。伴随市场化进程的深入，学术劳动逐渐分工化、资本化；学术研究者资本家化；教师开始习惯被雇员化；高校则被视为某类知识生产的机器、培训人员的流水线、可以制造适用于某类实际问题的方案工具箱、一个同样以经济绩效为生存基础甚至主要目标的组织。显然这一视野与我们在传统中对大学和学术的定位是相左的，诸如"教授是否依然把理论知识视为更具根本性与基础性意义的研究，市场的压力和对研究资源的依赖正在改变学术的认识论吗"① 等问题凸显出来。就中国人文社会科学的转型来说，以下两个问题具有代表性。

1. 现实功利与知识探索的冲突

人文社会科学并不排斥对服务于普遍社会实践的功利性取向，其知识性追求依赖于社会实践中鲜活的生活体验，并逐渐取得相对的知识独立性，反过来对前者产生指导力。贝尔纳曾指出："假如科学的功能在于为了观照宇宙而去观照宇宙，那么我们今天所说的科学根本就不会存在了……促使人们去作科学发现的动力和这些发现所依赖的手段，便是人们对物质的需求和物质的工具。"② 不论是自然科学还是人文社会科学，作为一种社会建制，只有达到其社会功能得以发挥的程度，才能获得足够的社会投入及各种资源，赢得发展。毕竟，"公众对科学（自然科学和社会科学均包括在内）的认可，不仅仅是根据它们宣称要使人更深入地认识世界，还要根据它们的社会实用性，这种实用性即它们对决策和解决社会中存在问题的贡献，以及更好地造福于民众的贡献"。③ 在此意义上，普遍功利性追求与知识性追求是相互促进的，具有一定的统一性。

然而，当人文社会科学嬗变为服务于某一社会集团的"一种事业"、研究者们赖以生存的"一种职业"，即成为攫取现实利益的"一种工具"，根植于普遍实践的"普遍功利性"就蜕变为实现某一实体、某一个体在某一时期的生存物质需要的"现实功利性"。随着我国社会经济转型的不断深化，诸如社会经济结构变迁、就业与社会保障、人口的规模结构与时空分布同时发生剧烈变化、环境资源、公共危机等社会现实问题越来越迫切。中国社会比任何时候都迫切需要得到社会科学的有效支撑，需要以人才培训、知识生产方面的规模化提升来解决人才与知识的缺口。在此背景下，政府科研管理部门以企业的逻辑不断强化着人文社会科学研究的现实功利性。科研管理制度并不特别鼓励基于个人好奇心的探索，而是强调"现代社会科学研究的价值在于产生实际的社会效果，获得广泛的社会效益，切实起到思想保证、精神动力和智力支撑的作用。如果研究活动成为个人的孤芳自赏、研究成果被束之高阁，那不仅没有发挥研究的价值，而且是

① Sheila Slaughter, Larry L. Leslie. *Academic Capitalism: Politics, Policies, and the Entrepreneurial University* [M]. Johns Hopkins University Press, 1997, 20.

② ［英］J. D. 贝尔纳：《科学的社会功能》，广西师范大学出版社 2003 年版，第 9 页。

③ 阿里·卡赞西吉尔、大卫·马金森：《世界社会科学报告（1999）》，社会科学文献出版社 2001 年版，第 7 页。

对社会资源、公共资源的浪费。"① 在管理部门看来，不仅自然科学要实现成果转化，哲学社会科学也要实现成果转化，要建立完整的科研管理制度，"从理论研究到技术转化，到产品开发，再到实效评估，形成一个完整的科研管理系统，切实把哲学社会科学研究的社会功效发挥出来。"② 人文社会科学成果的转化途径包括：向教学转化；向社会普及转化；向决策咨询转化；向文化产业转化。

显然，这些科研管理的指导思想渗透着强烈的企业逻辑，以现实的功利追求代替了更具普遍性知识和价值的追求，与知识性追求产生原则上的分离。当现实功利成为知识生产的最主要的目标时，真理倒成了有用行动的手段和功利攫取过程中的副产品，引发全局性的功利性失控，具体分析请见下文。

2. 管理效率与学术本性的冲突

既然人文社会科学学术研究被视为一种生产，产量与效率的追求就不可避免。对于学术研究者来说，这一逻辑就演变为，最大限量地发表文章、出版论著；最大可能地占有学术资源，赢得影响力；最多地获取现实的物质与非物质利益。对于管理部门来说，这一逻辑导致以企业管理生产的方式来管理学术，各种各样的绩效评价、成果评价、职称评价成为科研管理的主要内容。③ 中国正形成"评估浪潮"，"对应于国家和省市的教育主管部门，几乎每个'口子'都要进行评估，重点实验室评估、重点学科评估、学科基地评估、课程建设评估、教材建设评估、优秀博士论文评估以至校园环境评估……"④ 这还不包括每年不计其数的各类大小课题的评价。

铺天盖地的各类评价，其行为特征可借用前文提到的乔治·里泽（George Ritzer）的用语来形容，即"麦当劳化"（McDonaldization）。在他看来，麦当劳对管理效率的追求规则已逐渐主宰社会的诸多方面，或者更恰当地说麦当劳模式凸显了现代企业管理对效率的追求原则，具有高效性、可计量性、可预测性、可控制性四个突出特征⑤。我们借用这一模式来说明当前学术管理的特点。

——高效性。麦当劳模式提供商业服务的从一点到另一点的最短路径，能在最短的时间内最高效地满足顾客从饥饿到吃饱的需求问题。当前大多数评价都强调评价的效率，能在最短的时间内、最多地达到评价的结果。如即便是对一部几十万字的学术专著的评价，常常也是在一次学术委员会的讨论中得到裁决。每到

---

①② 教育部社会科学委员会秘书处组编：《中国高校哲学社会科学发展报告（2005）》，高等教育出版社 2006 年版，第 443～444 页。

③ 见《中国高校哲学社会科学发展报告（2005）》导论相关部分。

④ 熊丙奇：《体制迷墙——大学问题高端访问》，四川出版集团天地出版社 2005 年版，第 102 页。

⑤ ［美］乔治·里泽：《麦当劳梦魇——社会的麦当劳化》，中信出版社 2006 年版，第 12～15 页。

博士答辩的高峰期，一位博士生导师在短短的一个月内对十几篇博士论文作出结论性的意见，都已见怪不惊了。

——可计量性。可计量性是管理效率的基本保障。对麦当劳来说，可计量性旨在强调可以量化的产品销售状况（市场占有率、成本）和服务供应的时间成本。在麦当劳体系中，数量等同于质量，可以大量且快速获得的商品一定是好的商品，多即是好。此外，麦当劳员工提供服务和顾客得到服务的时间是可精确计算的，多长时间到达就餐处、多长时间就餐、多长时间能够返回，都可计量。当前学术管理评价的一个趋势在于数量化，如前所述，数量化方法已经渗透到了各个环节，以量代质已成为一个既简便又具有表面的客观公正的方式，引发诸多问题，对该问题的讨论请见本书相关部分。

——标准性（可预测性）。麦当劳开创了极度标准化典型，确保了其产品和服务在各种场合的一致。麦当劳提供同一口味的食物和同一文化的氛围，顾客与员工的交流也是标准的、可预测的。事实上，麦当劳试图通过创新性的方法来创造这样一种就餐体验：无论你走进世界上任何一家麦当劳，这种体验都是一样的。为了克服管理中的人为因素，当前学术管理制定了一系列的各种均一化的标准。不同的评价对象常常划归到同一标准中，追求标准的统一是当前学术管理的重要趋势。基础研究与应用研究成果不区分，不同学科的成果评价不区分，对教师的评价统一用科研的产出来划分等级，以标准工作量的评价来代替难以标准化的定性的评价，等等。如在职称评价中，教授需要完成多少篇学术论文，在哪一级别刊物发表，多少专著，多少课题，国家级或省部级课题获奖数等都有标准化的规定。

——可控制性。无论是就餐的顾客还是员工都受到严格的有限控制，以提供整齐划一的服务。顾客能享受的服务是有限的，点餐长队、有限的菜单、简单的座椅都使顾客遵从了麦当劳的管理意图——快速吃完，然后走人。员工受到了比顾客更直接的控制，只能从事有限的规定活动，大多数操作都由高度技术化的机器来完成，最大限度地减少了人的因素造成的不可控性。当前科研活动中的课题制是这一模式的最好代表，科研活动总是有失败的，科研尤其是人文社会科学的成果是难以预先规划的。但几乎一切人文社会科学课题都遵照了自然科学模式，不允许失败，不允许无法完成。越是重大课题，在课题立项之初，其主要论点、主要的论证材料、主要的结论都已完成，待课题申报成功后，研究所剩下的工作只是填空和完善罢了。课题成为管理部门控制学术生产的有效手段，而职称评价是对学术研究者的更直接、影响更大的控制，它们通常是以严格、标准的量化指标来迫使学术研究者们必须在某一时间段内完成规定数量的产品，至于成果质量本身并没有太多人在意。

刘明把这种源自管理效率和管理体制要求的评估弊端概括为八点①：

——激励短期行为。迫使学术者努力在高级别刊物上多发稿，在高规格上多获奖，在高层次上多拿课题，致使大部分研究都是学术的无效劳动、昙花一现。

——助长本位主义。评估带来的众多利益，致使评价者常常由学术权威转变为部门利益的代言人，从部门集团利益而不是从学术水平来决定评估。

——强化长官意志。众多评估的一个共同点是根据发表论文的刊物的主办单位行政级别来评定论文的等级，这造成行政权力对学术权力的侵蚀，强化了长官意志。

——滋生学术掮客。在此规则下，众多学问人转向"三分治学，七分公关"，甚或专攻公关之道，学者蜕变为学术活动者、学术掮客。

——扼杀学者个性。各类评价的标准化的一个结果是，大多数评估都只采用学者的规范的学术论文，或在学术期刊上发表的论文，其他成果都不予承认。这显然损害了学者学术多样性的选择，笔记、评论、杂文都只是学者闲暇的个人爱好，不算学术。

——推动全民学术。以科研为本的评估，造成高校教师的全民学术和论著的大跃进，但其中大多都是重复性劳动，并对教学造成重大冲击。

——诱发资源外流。对学术国际化的过分强调，致使评价无视文化背景的差异，认定在国际上的发文就一定比国内的发文更具价值。

——误识良莠人才。以量化评估为核心的评价体系所确立的优秀者，多是产出量和产出效率高的人才，这些所谓优秀与人文社会科学对思想的要求，难以比拟，良莠不分。

蔡毅归结为，"目前的学术评价体系太急功近利，尚不科学规范和缺乏应有的公信力。它忽视了人文科学的特殊性质，忽视了长期的学术积累、厚积薄发和精益求精。它僵硬而缺少弹性，接纳不了特异和另类，容忍不了空白与失败，容易助长只重数量不重质量、只重学历不重学力以及重虚名、轻实学的学风。"②

二、学术的过分政治化倾向

在韦伯看来，学术与政治都是社会中的势力，彼此间存在着某种政治性的关系。它们均试图通过"外在的与内在的（动机）选择"，使某一种特定的"人类类型"成为支配典型的社会规范秩序。但是它们毕竟是两个不同的价值系统，

---

① 刘明：《学术评价制度批判》，长江文艺出版社 2006 年版，第 48～56 页。
② 蔡毅：《建立一套良好的学术评价体系》，载《学术界》，2003（6）。

分别具有各自特定的制度结构和行为期望。政治以责任伦理为导引,以行政组织为依附;学术研究则以价值中立为准则,独立于政治之外。从制度的观点来看,学术必须保持其相对的自主性,其意义并非是为了能使学者在象牙塔中专心从事学术研究,然后让其成果向社会转化;而是在于保持其学术对现实价值的批判性。对现实的政治立场和文化价值的学术批判,一方面,形成与政治的"价值探讨",发展出对既定之决策意义的反思,政治在此必须面对学术判准的考验;另一方面,它也可以不断刺激学术去处理新的、与政治相关的问题,并借助文化理念与价值参照来建构其研究对象的科学性认识,使学术自身获得发展。① 可见,学术自主性不仅是实现学术的政治功能的保证,也是学术自身得到发展的基础。然而,学术的过分政治化倾向与中国高校的官办性特征相结合,形成了两个对中国人文社会科学的学术发展制度性的不利后果。

1. 学术自主性的缺位

对于中国人文社会科学来说,政治标准与学术标准的关系问题一直是一个重要问题,"将学术问题政治化依然是打击对手的杀手锏。"② 中国这半个多世纪的学术研究大背景之一是,从新中国成立之初开始,学术随即成为政治的附属品,学术必须接受政治的领导。③ 事实上,人文社会科学转型中的市场特性并未带来政治性的弱化,政府对人文社会科学科研管理的课题设计、内容安排和学术交流都把加强政治意识作为一个重要原则,倡导学者把学术研究与国家利益、民族利益紧密结合起来,从国家长治久安的高度来认识和从事研究。④

朱雪梅对此指出,在浓厚的政治和意识形态的氛围中,中国学术缺少正常发展所需要的宽松环境,日渐丧失了学术特有的独立性和自主性,沦为政治权力和意识形态的附庸。⑤ 事实上,中国社会经济转型伴随着各种行为规范、价值理念、道德标准之间的激烈交锋,真理与谬误、规则与非规则的边界模糊而不确定,社会价值理念正由传统的、明晰但比较僵硬的形式向后现代的、多元的、灵活而非确定性的形式转变。这些价值与规范的不确定性迫切需要人文社会科学的自主性,使其与现实保持一定的距离,以现实的批判性和纯粹的知识性特质来建构理念,以摆脱现实功利性追求的局限。

---

① [德]韦伯:《学术与政治》,广西师范大学出版社 2004 年版,第 101~151 页。
② 李存娜:《人文社会科学评价的问题与反思》,载《学术界》,2004(3)。
③ 陈桥驿:《论学术腐败》,载《学术界》,2004(5)。
④ 教育部社会科学委员会秘书处组编:《中国高校哲学社会科学发展报告(2005)》,高等教育出版社 2006 年版,第 441~442 页。
⑤ 朱雪梅:《学术腐败与学术制度的重建》,载《社会科学论坛》,2004(5)。

邓正来在《知识生产机器的反思与批判——迈向中国学术规范化讨论的第二阶段》一文中指出，"知识生产和再生产的活动虽说在一般意义上是个人性的活动，但是在中国发展的今天，知识生产和再生产的活动却并非如此，因为一如经济活动、社会活动和政治活动尚处在转型的过程中一般，知识生产亦处于一个我所谓的'自上而下'的'知识规划'时代——知识生产和再生产领域实际上还处于亟待改革的阶段。"① 在他看来，当前学界存在着两种违背知识场域逻辑的知识生产方式以及与之相应的"类型知识"，即不是以理论脉络和知识发展范式为依凭而是以某种规划为根据或以其他各种需要（比如说社会需要、经济需要和政治需要）为根据的知识生产。这两种"类型知识"生产既涉及"一国内部与经济、社会和政治等场域之间的关系"，也涉及"中国社会科学场域在世界结构下与西方社会科学场域之间的关系"，只有处理好这两个向度，中国人文社会科学的自主性才可真正形成。

2. 行政权力对学术的侵蚀

政治总是与权力相联，权力的分享、分配、维持或转移乃是政治活动中最具决定性的考虑。② 学术的过分政治化也必然带来行政权力对学术的侵蚀。

如前所述，中国高等教育的市场化冲击并未动摇高校整体的官办性特征，市场化的合约式运作也没有削弱反而在一程度上增强了行政权力的影响力。朱雪梅尖锐地指出，中国学术的官办性质，政治权力与学术互相寻租，学术依附于政治权力，沦为权力的婢女。③ 中国高等教育从高层的政府至底层的研究者与就学者，形成了一个由行政权力与现实功利编织成的利益结构体系，学术只是这一利益体系的表面现象。这一行政权力与管理主义的效率结合在一起，对学术就会造成更大的损害。如以提高管理绩效为目标的各类评估，其实质只有在行政权力的体系内才得以显现："对上，评估成为推动工作、控制进度、展示成绩的法宝；对下，评估成为一所学校的工作线索、工作中心、工作抓手。"④ 学术本身却被严重地忽视了。

---

① 邓正来：《知识生产机器的反思与批判——迈向中国学术规范化讨论的第二阶段》，载《西南政治大学学报》，2004（6）。

② ［德］韦伯：《学术与政治》，广西师范大学出版社2004年版，第197页。

③ 朱雪梅：《学术腐败与学术制度的重建》，载《社会科学论坛》，2004（5）。

④ 参见熊丙奇：《体制迷墙——大学问题高端访问》，四川出版集团天地出版社2005年版，第102页。

三、功利主义的膨胀

作为一种建制，人文社会科学并不排斥对普遍功利性的追求。中国人文社会科学转型问题的关键点是：在政府与市场推进建制发展的过程中，功利主义取向主导甚至取代了其知识性的追求。运用当代管理学家彼得·圣吉（Peter Senge）的系统思考方法，我们对近年来人文社会科学在宏观与微观层面制度性的功利性失控作一分析。

1. 功利追求的宏观失控

深入剖析中国人文社会科学在当前宏观层面所处的功利追求的结构性失控，可得到图 6 - 3。

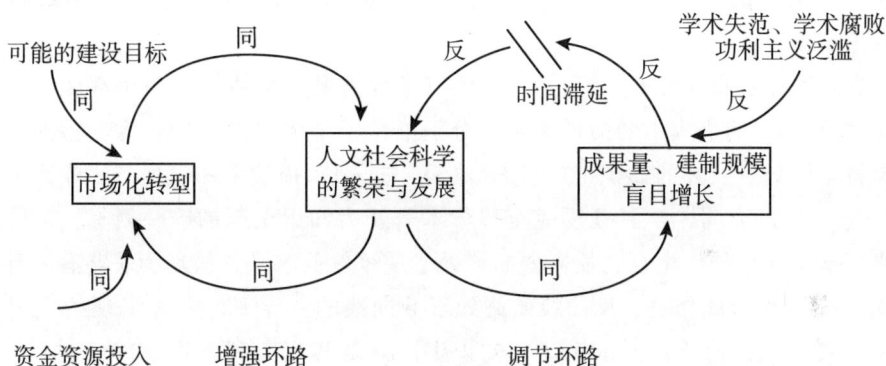

图 6 - 3　中国人文社会科学宏观层面功利追求的宏观失控

由图观之，以"人文社会科学的繁荣与发展"作为学科转型的设定目标，增强环路表明，转型与最终目标是一正反馈关系，资金、资源的投入愈多，对学科建制化的推动力愈大，而随着在一定可能建设目标引导下的学科建制化不断推进，人文社会科学愈显繁荣与发展。但这是有"成长限度"的，调节环路表明，表征人文社会科学繁荣与发展的成果数量与建制化规模的扩张，会诱致学术失范与学术腐败等功利主义行为泛滥。时间滞延则表明，由于这一诱致是有时间间隔的，势必导致增强环路的虚假判断，盲目地扩张、加速学科的建制化进程，又进一步产生更多的功利主义泛滥，陷入结构性失控。

导致这种结构性失控的一个重要原因在于：转型过于重视量的扩张，忽视转型的结构升级与质的提升，把量的标准置于其他价值认定标准之上，把质的高下简单约化为量的多少。高校间的竞争演变为学术资源的"掠夺与比拼"，学校科研竞争力强弱等同于学校的科研成果数、博士点等的多寡，科研管理的政绩取决于拿到的重大科研课题数，乃至学科的发展成绩等同于投入资源的多少与产出成果的量。

2. 功利追求的微观失控

当这种量本位标准被"锁定"时，量的追求就演变为学者们的"生存本能"，以知识追求为本性的"学术需要"就让渡于以现实利益的获取为目标的"生存物质需要"。[①] 于是，学者的成就大小等同于他发表成果的多少，彼此学问高下的较量演变为产量的竞争。进而言之，知识的创造蜕化为订制加工、程式化生产等工业化流程的运作。陈力丹曾对当前人文社会科学普遍采用的"课题制"规范运作形式提出了批评，他认为课题制是与人文社会科学特别是人文学科自身的研究方式相背离的，"思想创造是无法计划的"[②]。这样下去，最终的结果只能是"繁而不荣，昌而不盛"的泡沫学术格局，学术腐败依附于其上。

这种失控过程如图6-4所示。该图以学术需要（K曲线）与生存物质需要（S曲线）在时间进程中的演进关系，分别描绘了个体层面四种较为典型的人文社会科学研究者所处的知识生产状态。(c) 与 (d) 描绘了知识生产中较为极端的情况。(c) 表明，学者几乎完全以学术需要为知识生产的唯一目标，K曲线始终处于主导地位，生存物质需要始终处于一个较低水平，呈现为一略有上升的姿态；(d) 则与此相反，K曲线始终处于S曲线的主导下，个人实现的主要动机来自功利性的物质需要的满足，知识生产只是其现实利益追求的陪衬；(a) 揭示出一名学术研究者作为职业劳动者的较为理想的现实知识生产状态，在达到学术需要与生存物质需要均衡点前，其主要精力及知识生产的动力来自生存需要，此阶段会由于生存需要而无法避免功利主义的可能，但会收到不断增长的学术需要的制约。当跨越这一点时，(a) 实际转换为 (c)，其个人实现需求的主要途径转换为学术需要，处于良性的知识创造状态，S曲线基本稳定在 n'点，K曲线则处于持续的增长态；(b) 揭示出个体层面的功利追求失控过程。在达到学术需要与生存物质需要均衡点之前，虽然学术需要K曲线占据主动，但其优势在S曲线不断增长的情况下逐渐丧失，此阶段已难免功利主义

[①] 需要说明的是，"生存物质需要"区别于通常意义上的诸如"生理"、"安全"等需要，它在此特指与以追求知识为目标的学术需要相区别，以获取现实功利为目标的物质性需要，既包括学者维持与其地位相称的基本生活条件、学术资源的需要，也包括攫取不当名利的需求。

[②] 参见刘劲杨、刘永谋：《人文社会科学评价问题学术研讨会综述》，载《中国人民大学学报》（哲学社会科学版），2004（2）。

行为。在越过均衡点后，K 曲线渐次低落，甚至难于稳定到 n′点，S 曲线处于迅猛的上扬态势，（b）失衡为功利追求主导的（d），导致个体层面的功利追求的失控。

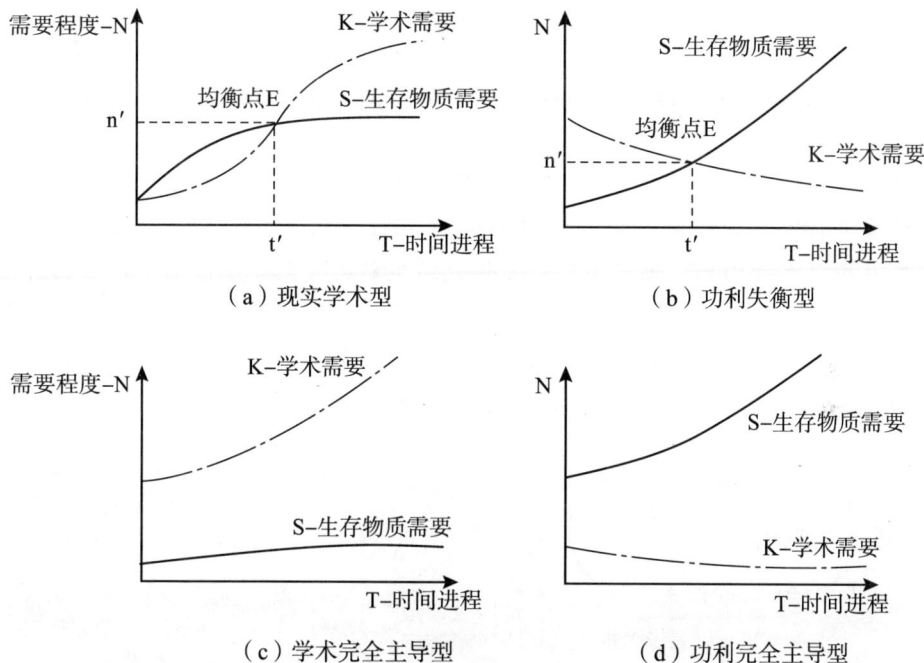

（a）现实学术型　　　　　　　　　（b）功利失衡型

（c）学术完全主导型　　　　　　　（d）功利完全主导型

图 6 - 4　个体层面功利追求失控的分析与比较

3. 功利主义场域的形成

剖析图 6 - 4 可以看出，导致个体行为功利化的主要动机源于以获取现实利益为目标的生存物质需要，一旦 S 曲线超越 K 曲线，学术失范与学术腐败的可能性就大增，直至完全为功利追求所主导（见图 6 - 4（b））。当前问题的真正症结在于：个人生存物质需要实现程度日益成为自我实现的首要途径和标志，知识追求的超越精神愈来愈屈从于现实的物质利益攫取，形成功利追求泛滥的场域①，必然导致学术失范与学术腐败的发生。试问：20 世纪 90 年代以后，究竟

---

① "场域"（field）为法国社会学家布迪厄（Pierre Bourdieu）的用语。"所谓场域，乃是由附着于某种权力（或资本）形式的各种位之间的一系列客观历史关系所构成的。"首先，社会生活在现代是通过将自身分割为不同的场域而存在的，如经济、政治、审美、知识场域等。其次，每个场域都规定了各自特有的价值观，拥有各自特有的调控原则，并且彼此难以化约，这些原则界定了一个社会建构的空间。参见 P. Bourdieu and L. Wacuant, *An Invitation to Reflexive Sociology*, Chicago：University of Chicago Press，1992，187；邓正来：《关于中国社会科学的思考》，上海三联书店 2000 年版，第 7～8 页。

是什么机制导致人文社会科学众多的知识生产者把满足生存物质需要作为了自我实现的首要乃至唯一动机？反省一下，必有所悟。

从经济哲学的视野来看，市场经济的价值交换属性是拒斥价值的模糊性的，商品的价值就是其有形与无形市场价值的总和。在市场经济场域下，商品的非市场价值是难有价值的，市场价值对于非市场价值具有优先性、排斥性。市场价值的认定又是由质到量的转换，一切物品成为商品的过程就是被赋予价值量的过程，而无法被量化的价值不具有交换意义上的价值。在此意义上，囿于质的认定的模糊性，或者说一切价值质的确定都必须合乎量的形式，人文社会科学的社会建制化就不得不遵从具有优先性的市场（社会）价值的导引，允许其凌驾于非市场价值之上，以发挥其所负载的社会功能。而一切市场价值的量化特征，又要求人文社会科学成果、知识生产者自然接受市场给予其的量化价值并"标价"。于是，量本位标准主导质本位标准，市场价值主导非市场价值，形成市场价值与量本位标准优先的功利主义场域（见图6-5）。

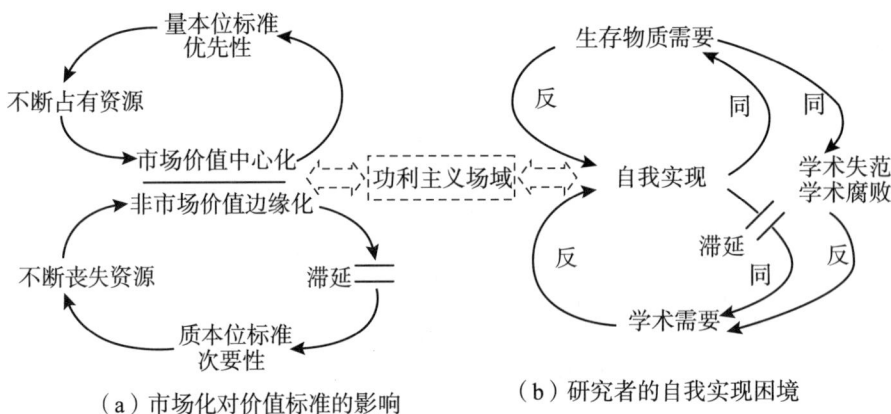

（a）市场化对价值标准的影响　　　　（b）研究者的自我实现困境

图6-5　中国人文社会科学功利主义场域的形成

（a）表明了功利主义场域形成的结构性外因，市场化进程导致市场化程度愈深，市场价值中心化就愈明显，量本位标准也愈具有优先性，反之非市场价值及质本位标准愈受到排斥；（b）描绘了功利主义场域形成的结构性内因，处于场域中的人文社会科学的知识生产者，在自我实现中陷入"舍本逐末"的循环，日益把当下满足生存需要作为自我实现的首要途径，忽视了追求知识对自我实现的根本意义，其副作用是导致学术失范与学术腐败的"合理性"，侵蚀了代表学者自我实现的最本质目标——学术追求。需要注意的是，功利主义场域与（a）、（b）两者的作用是双向的，它们既是功利主义场域的建构者同时亦是场域的被作用者，导致宏观与微观层面的功利追求的结构性失控。

深陷于功利主义场域的中国人文社会科学的知识生产者们，在生存物质需要与学术需要之间无所适从，面临着前所未有的挑战：一方面，作为现实的职业劳动者，他必须使自己或自己生产的知识得到市场的价值认定，否则他无法生存；另一方面，作为知识的创造者，他又必须遵从学术需要，从知识本性出发，完成学者的自我实现。当前场域下，对于一名理性而现实的知识生产者来说，前者的实现具有迫切性、时效性，后者具有长期性、间接性，因此，理性的选择往往是"现实学术型"（见图 6-4）。但是，一旦整个场域完全陷入"以量代质"的恶性循环时，功利追求就成为不可避免的选择，最终导致全局的结构性失控。

第四节 制度性失控的矫正

面对人文社会科学评价问题的结构性失控，在体制上一条可能的解决之道在于：实现功利逻辑的制度性超越，建构出符合学术本性的知识场域，以解决当前的窘境，开创中国人文社会科学健康发展的崭新局面。

一、功利逻辑及其危害

当下中国人文社会科学功利场域的膨胀主要源于学科建制功利逻辑的制度性失控。所谓"逻辑"在此特指理性行为的方式、准则。人是合目的、合规律的理性行动者，行为理性的逻辑性凸显其行为的理念；所谓"失控"并非指"无控"，而是指学术逻辑的"失守"；所谓"制度性"则强调这一学术逻辑的失守是系统的、跨层级的，从宏观、中观到微观的各个层面上功利逻辑都已掌控、支配了学科发展的总方向，以现实的功利性侵蚀了学术精神与学术传统，以功利场域取代了知识场域。

1. 功利逻辑的多层面分析

在前面分析的基础上，结合表 6-15 我们对此进行更深入的思考。

表 6-15 中各项内容并不追求绝对、精确的严格区分，仅以相对的区分来揭示问题的实质。宏观层面大致对应国家的教育政策与产业性质、总的指导理念；中观层面对应高等院校等学术单位与研究机构；微观层面可对应学术研究者个体。

表 6 – 15　　人文社会科学评价制度中功利逻辑的多层面分析

层面	主导理念	正面举措	负面效应
宏观	市场逻辑	高等教育的转型	学术资本主义、教育产业化
		学术的国际化	本土化的弱化，对 SCI、SSCI 的盲目推崇
	政治逻辑	确立政治的领导地位，学术必须服务于社会	学术政治化、学术研究的实用取向（应用研究突出、基础研究薄弱）
中观	企业逻辑	公共管理主义：以绩效评估为核心的学术管理体制	以学术成果的产量与效益取代学术与知识的实质进步；以行政性评价、社会经济效益评价主导甚至取代学术性评价
	管理逻辑	外在的、客观的量化评价方式	以量代质、以刊代文、以外在标准形式评价取代内在的实质内容评价
	行政逻辑	以竞标为主要方式的由中央到地方的各级课题制	诱发学术资源的马太效应，导致资源的寻租与利益的不公正分配，滋生各类腐败行为
微观	量化逻辑	奖勤罚懒，以科研考核为核心、与物质生活待遇紧密挂钩的职称评定制度	功利主义泛滥：学术研究（"为使用而生产"）转变成学术生产（"为获利而生产"）
	生产逻辑		学术研究由学术需要转变为生存需要
			全民学术，制造学术垃圾
		以科研促进教学	过分倚重科研，教学衰微

　　——在宏观层面上，市场逻辑与政治逻辑是功利逻辑的主导理念，以应对全球化科研竞争压力为目标的我国高等教育市场化举措，导致高等教育的产业化和学术资本主义取向；而对学术的意识形态要求，又不可避免地产生学术的政治化与应用性取向。

　　——在中观层面上，企业逻辑与行政逻辑成为功利逻辑的主导者，对公共教育事业的绩效追求，必然需要在以行政体制为主的中国高校中推行企业逻辑，致使行政性评价取代了学术性评价，外在的量化评价极大地削弱了人文社会科学对学术实质进步的要求，而以竞标为主要方式的课题制并未形成由竞争产生学术资源的有效利用，行政逻辑与企业逻辑的"合谋"反而诱发学术资源的马太效应，导致资源的寻租与利益的不公正分配，滋生腐败行为。

　　——在微观层面，作为企业逻辑的顺延，量化逻辑与生产逻辑成为管理者和学术研究者的理性选择。奖勤罚懒，以科研考核为核心、与物质生活待遇紧密挂钩的职称评定制度使学术研究由学术需要转变为生存需要，由学术探索转变为学术生产，致使功利主义泛滥，学术失范行为失控。职称评定的"唯科研主义"则导致高校教师对教学的轻视，严重动摇着大学的这一传统根基。

　　这一失控，也可以图 6 – 6 更形象地表示出来。

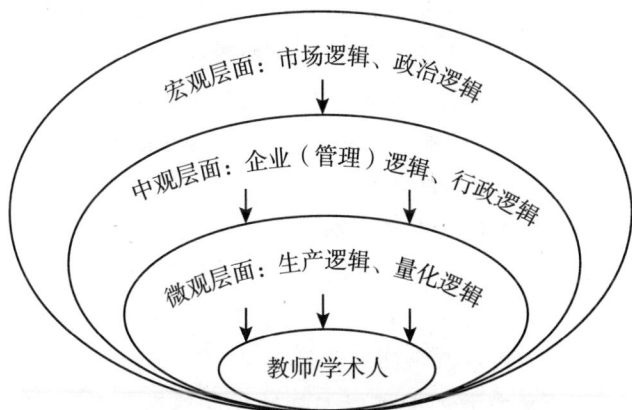

图 6 - 6 功利逻辑的制度性失控

这些"合理的"功利逻辑在不同制度层面的不同形相，共同构成对功利性的制度性追求，最终汇聚为对其体制内雇员（教师）同时也是学术人强大的功利性压力。选择功利成为生存的"合理"选择。

2. 功利逻辑的危害

功利逻辑制度性失控的一个重大危害在于：它实际赋予了功利逻辑的合法性与专断性。不论是机构还是个人，一旦进入功利场域，其生存之道就在于对功利性的严格遵循。以上我们为了更细致地揭示问题把功利逻辑具体化为：政治逻辑、市场逻辑、企业逻辑、管理逻辑、行政逻辑、量化逻辑及生产逻辑等多种形相。其中，宏观层面的市场逻辑、中观层面的管理逻辑与微观层面的量化逻辑对学术的侵害最为根本。它们分别对应竞争理念、绩效理念与量化理念。前文已对后二者进行过阐述，这里仅对竞争理念略作分析。

竞争理念是市场逻辑得以实行的一个理论前提。在古典经济学中，经济系统的效率正相关于资源配置的效率。20 世纪初意大利经济学家、社会学家帕累托给出了一个经济效率的衡量标准——"帕累托效率"（Parato efficiency），其相应的资源配置方式被称为"帕累托最优"（Parato optimal）。帕累托效率是指：对于某种经济资源的配置，如果不存在其他生产上的可行的配置，使得该经济中的所有个人至少和他们在初始情况时一样良好，而且至少有一个人的情况比初始时严格地更好，那么这个资源配置就是最优的。帕累托效率成为古典经济学的重要理论依据和基本信念：帕累托最优是资源配置的最有效方式，任何一个社会想要得到的帕累托资源配置都可以通过市场竞争机制来实现。

当我们以市场逻辑来推动人文社会科学的发展时，需要认真反思两个相互关联的问题：

——市场竞争方式是学术资源的最优配置吗？在经济学与社会学中，帕累托最优引发了众多关于效率与公平的论争。帕累托最优原理实际暗示出这样一种事实：高效的市场资源配置是以相互损害的竞争为基础的。只有当竞争达到"一个人使得自身境况变好的唯一途径是从他人那里拿走资源，从而使得他人境况变坏"① 的程度才是理想的竞争，也才会产生资源的最优配置。显然，帕累托最优配置并不就等于使所有各方都好。事实上，在现实社会中即使一方几乎占据了全部资源，另一方处在生存的边缘挣扎的情形一样可以达到帕累托效率。这里的效率是针对资源的分配与利用来说的，并不包括社会公平的"最优"的含义。事实上，市场竞争的通常结果是"富者愈富、贫者愈贫"。当市场竞争方式主导了学术资源的配置时，其结果则导致学界"马太效应"的发生：有名望的研究者、研究机构更有可能被认定具有更杰出的能力，也就会在竞争中获得更多的机会去获得更多的成就，并且这种可能性会不断增加，成为不公正的受益者；而对于那些尚未出名的研究者、研究机构，对其学术能力和学术贡献的承认就会受到抑制，成为所谓公平竞争的实际受害者。②

——遵循市场效率原则的学术资源配置又是否会更大可能地导致学术发展的最优？这一问题也可表述为：基于竞争之上的马太效应是否会促进学术研究的发展？默顿从科学社会学角度对此进行了中肯的分析：一方面，马太效应有助于提高那些声名显赫的科学家的科学成果的知名度，这对于其中一些科学巨匠们思想、方法、研究规范及价值观的传播和交流极有益处，推进了科学的进步。马太效应还会"迫使"有声望的科学家们对自己成果的责任感，以回应学界对他的高度期望。另一方面，马太效应代表着一种社会主流思想潮流与共识价值的整合，这会降低那些鲜为人知的作者的成果的知名度，会对真正具有创新性的成果抵触，阻碍了科学的进步。科学史中的大量的例子表明，许多重要论文恰恰是由相对不知名的科学家撰写的，但被人忽略了多年，如孟德尔的遗传学说。③ 这一点在人文社会科学领域尤为突出，众多新思想总是首先以离经叛道的形式出现的。

以上的分析并未彻底否定基于竞争的市场逻辑，但已揭示出市场逻辑与学术取向的根本差异。马太效应的存在使竞争在起点就显失公平，竞争以公平的形式进一步加剧了马太效应的程度。在此情形下的帕累托最优实质演变为不公正受益者（有声望者）的最优，它是以对不公正受害者（无名望者）的损害为前提的。学术界在此背景下，共识性的、社会主流的思想（者）成为这场竞争的赢家，

---

① ［美］斯蒂格利茨：《经济学》，中国人民大学出版社1997年版，第318页。

② 默顿曾引用《马太福音》中说："凡有的，还要加给他，叫他有余；而没有的，连他所有的也要夺过来。"参见［美］R. K. 默顿：《科学社会学》（下册），商务印书馆2003年版，第614页。

③ ［美］R. K. 默顿：《科学社会学》（下册），商务印书馆2003年版，第605～632页。

竞争在此呈现为一个对其不断建构与巩固的机制；而时下不入流的、真正具有创新性与批判性的思想（者）将成为公平的输家，竞争在此呈现为一个对其不断否定与打击的机制。当这一机制愈演愈烈，并且与行政体制的力量合谋时，它就会完全阻碍学术的应然走向，学术将逐渐丧失其自主性、创新性。

二、知识场域的建构

面对结构性失控，彼得·圣吉认为，结构性难题的解决之道不在于对个别事件的穷根究底，而在于对其整体的系统思考（Systems Thinking），通过深入了解"影响我们个别的行动，以及使得这些个别行动相类似背后的结构"①，就有可能洞穿结构生长、演化的动态复杂性。如何建构与功利场域相对抗的知识场域是中国人文社会科学健康发展必须解决的问题。

1. 宏观上的考量

在宏观层面，剖析图 6 – 7 可以看出，制约总目标实现的主要因素分别为增强环路中的"资金与资源的投入"与调节环路中的"功利主义泛滥"。目前的"瓶颈"之一是资金与资源投入不够。仅以国家自然科学基金与国家社会科学基金为例，前者的规模约是后者的 16 倍以上，年均增长速度则是后者的 2.5 倍左右，而我国人文社会科学事业投入的绝对量，也远低于发达国家的投入。② 这个因素将直接制约人文社会科学的发展。然而，在投入达到一定规模、经费已经不是发展的"瓶颈"时，"功利主义泛滥"成为制约总目标的主要因素，并导致"我们越是努力地跑，似乎越像在原地踏步"的僵局。

彼得·圣吉称这一模式为"成长上限"，解决办法是：不推动增强环路，而应致力于消除调节环路中的限制。在宏观层面解决这一功利追求结构性失控的关键点在于，如何抑制人文社会科学成果量与建制规模的盲目增长。

方案一：在增强环路中削减投入，通过抑制成长的规模和速度来减低学术失范的机会；这一方案等于部分又回到了人文社会科学低投入、低地位、任其自生自灭的老路，历史证明它是难以适应当前市场经济时代的，失去外部推动力的学科是难以大发展的。恩格斯曾指出："社会一旦有技术上的需要，则这种需要就

---

① ［美］彼得·圣吉：《第五项修炼》，上海三联书店 1998 年版，第 46 页。

② 刘大椿：《中国人民大学中国人文社会科学发展研究报告（2002）》，中国人民大学出版社 2002 年版，第 289～293 页。

能比十所大学更能把科学推向前进。"①

方案二：在调节环路中，通过规范与评价的介入，制约功利主义的量的扩张，减少学术失范与学术腐败的发生。这一方案的问题在于，规范与评价对功利主义的量的控制作用是间接的，无论是作为"自律准则"还是"外在规则"，学术规范在知识生产中的作用均体现为一种针对个体的间接、柔性的过程控制；而作为一种价值评估的学术评价，是对知识生产的结果控制。这意味着，规范与评价的有效程度取决于它们在学科结构中的并入程度，并且它们的并入势必会在调节环路中增加"时间滞延2"，其可能后果是增强环路对功利主义泛滥不利影响的判断，反馈随之延迟，无法通过及时减少其成长和投入来直接抑制劣质成果数量的剧增。

因此，我们应把两种方案结合起来，以图6-7示之。一方面我们需要在调节环路中建构自为的、系统的学术规范与学术评价机制，涤除学术领域内的粗制滥造之作，形成优良的学术传统和学术氛围，促成学术研究向质的提升转型；另一方面也必须在增强环路中建立学科投入的评价机制，重点考量影响学科建制化转型与项目建设的重大举措，通过合理评估，谨防出现为了标榜政绩、浮夸繁荣的盲目投入。如果把需要时间积累和艰苦探索的学术创新等同于市场的商业化运作，试图以资金资源的高投入在短时间内换取人文社会科学的迅速增长，其结果难免诱发调节环路中更多学术腐败的发生。

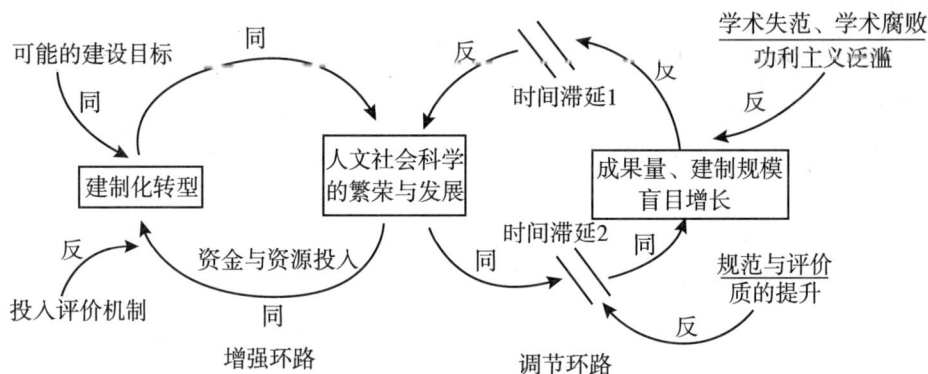

图6-7　宏观层面功利追求失控的应对

由图观之，宏观层面的解决之道在于，建构能真正并入调节环路中的学术规范与学术评价机制，对过分的功利追求给予间接的抑制，此外建构增强环节中的投入评价机制亦很重要，特别是要克服学科建制化转型中的浮躁扩张行为。时间滞延1、时间滞延2表明，功利主义场域的矫正是需要时耗的，非短期行为。

① 《马克思恩格斯选集》第4卷，第505页。

2. 知识场域建构的一个方案

剖析图 6-5，我们面临结构性困境：（a）表明，除非放弃学科的建制化及建制的市场化这一发展之路，否则人文社会科学将永远处在功利追求这把高悬于头顶的达摩克利斯之剑的威胁之下；（b）表明，除非我们能突破人文社会科学功利主义场域，否则我们注定要挣扎于一个"物质生存"的功利主义时代，遗忘学术精神。在宏观制度层面上，现代学术的发展已很难完全"逃避功利"。人文社会科学在整体上转型的市场化特性成为学科发展的最大的功利性背景。对此矫正的一个重要途径是能够建构出与市场逻辑相对抗的制度性非功利机制，并进而形成与功利主义场域相对抗的"知识场域"。学术如何在竞争的机制下走向繁荣，又如何不致因过度的竞争陷入功利的拼争、丧失学术精神，已成为中国人文社会科学在体制层面必须要解决的问题。我们认为，让学术适度远离基于市场逻辑之上的学术资源争夺，超越基于物质生存需要之上的学术生产量的比拼，还学术资源配置以适度的"非竞争性"，形成有利于学术精品的回报机制，是当前中国人文社会科学发展的迫切需要。

作为一种理论上的思考，我们以系统思考的方法建构出一种可能的解决思路。图 6-8 的左图是对知识场域内部机制的理论尝试。在图的核心，上部以非功利逻辑为导向的学术生存循环与下部的以功利逻辑为导向的物质生存循环，形成了分立的状况。"分立"表明了两类行为是"共存"的而不是舍此取彼、偏执一方。功利与非功利都可获得按照自身逻辑发展的可能性，或尽快地取得功利成果或十年磨一剑取得学术精品。"分立"并不排斥对立，功利成果会对执着于学术生存者产生功利诱惑；而取得学术精品在合理的评价体系下，所带来的学术声望和巨大回报又会造成对物质生存者的震动。"分立"的关键在于，取消了以市场竞争来对学术资源的完全配置，强调应把学术资源划分为非竞争性的资源与竞争性资源。前者应达到一个适度的规模，去除生存与学术产量的紧密联系，让真正有学术追求的学术人能安心于所得，不求致富但求心安，致力于学术精品的探索；后者是对学术实用取向的回应，以激烈的竞争推动学术的应用取向，回应社会或学者个人生存的要求。

需要指出，图 6-8 为知识场域建构的理想模式图，许多问题还无法回答：场域内具体包含哪些要素，内部如何建构出有利于学术生存的良性机制，场域外是何种结构性力量，等等。然而，除非我们甘愿坠入功利追求的泥沼之中，否则就应当对知识场域进行探索与建构。

当下，知识场域的边界是模糊的，很难确定它究竟应包含哪些内容，推动它对抗功利主义场域的具体机制应如何建立？然而，注重学科主体性，弘扬优良的

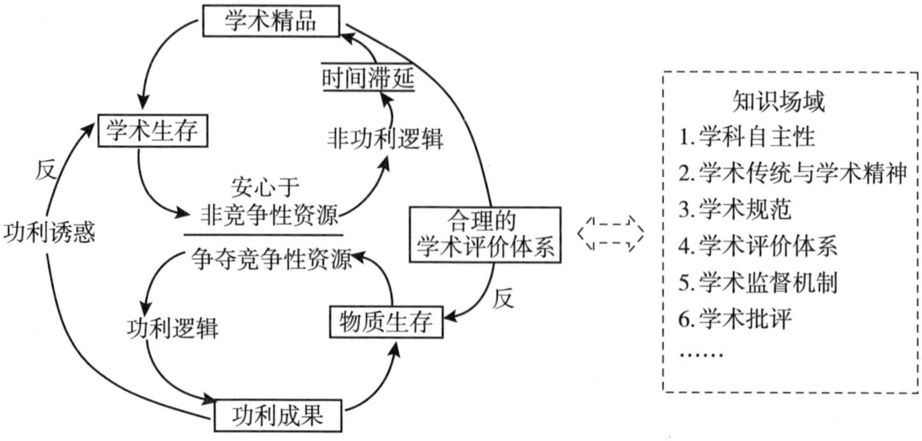

图 6 - 8　中国人文社会科学知识场域的建构

学术传统，谨守学术精神，遵从学术规范，建构公正、科学、完善的学术评价体系和学术监督机制，一定是知识场域的重要内容。其中，学术评价体系的建立尤为重要和紧迫。如何建立超越功利逻辑的人文社会科学评价体制、机制？如何把十年来有关的讨论与反思并入学科建制化转型的现实运作过程？如何由评价之路向更为艰巨、复杂的知识场域建构迈进？等等，都已成为我们面对的迫切问题。

第七章

人文社会科学研究成果评价
问题的理念审思

要解决好当前人文社会科学研究成果的评价问题，方法设计和制度分析固然是不可缺少的，但并不是足够的。没有思想上的顿悟，没有一种对问题的超越性把握，我们很难跳出至今在评价问题上所陷入的怪圈。因而有必要沉下心来认真地作一些理念层面的审思。

第一节 在人文社会科学研究中突出问题意识

一、何为出发点

评价问题要想得到恰当的解决，最重要的条件是对评价对象有一个深切的把握。那么，当下在人文社会科学研究中，阻碍它得以成长的最突出的问题是什么呢？

反思新中国成立以来我国人文社会科学的发展历程，不难看出，问题意识淡漠，运作性不强，是制约我国人文社会科学发展的突出问题。

问题意识淡漠既有学科自身的原因，也有特定的政治根源和社会历史根源。从学科属性角度看，人文社会科学往往受统治阶级及其意志左右，研究重心多以

227

统治阶级的利益、好恶为转移。同时，人文社会科学又被看作政治斗争的工具，政治敏感性强，备受各方关注。不顾及当权者的忌讳，不投其所好，这样的理论探讨，曾经是极其危险的行为。直击社会现实问题，一旦触犯权势当局的利益，学者个人及其成果难免遭受打压和封杀。这是导致人文社会科学界问题意识淡漠，运作性弱，理论勇气不足的政治根源。

新中国成立之后在特定的国际、国内社会条件下，政治批判一度代替学术讨论，政治定性取代学术结论，问题意识难以萌生，人文社会科学的发展是扭曲的、迟滞的。改革开放以来，社会环境渐趋宽松，政治干预逐渐弱化，但是长期以来形成的学术"惯性"依然存在，无形的学术"禁区"仍然束缚着人们的思想。这是导致问题意识淡漠的社会历史根源。

基于这两方面的原因，一些人文社会科学工作者，至今不敢触及敏感的理论问题，更不敢涉足引起困惑的社会现实问题。他们的研究工作要么限于注释经典著作，在经典体系内兜圈子；要么仅仅为现行政策或政治理念作宣传。即使在人文社会科学的应用学科或工程学科中，也多是迎合长官意志，不敢越雷池一步；对问题避重就轻，隔靴搔痒。虽然有一些视学术良心为生命、责任感强的学者，不随波逐流，直面社会现实问题，大胆进行理论探索，可惜他们当时很难得到恰当的评价。

应当指出，问题是研究的起点，也是学科发展的生长点。对于人文社会科学，问题意识淡漠，脱离时代与社会现实，无异于切断了发展的源头，必将成为无源之水、无本之木，生命力将随之枯竭。认识到这一点，对于应当在成果评价时确立怎么样的理念、建立怎么样的标准，就不致南辕北辙。人文社会科学成果评价自应促进问题意识的树立。

下面，我们试图为凸显问题意识而矫正几个最严重的定位倒错。

1. 努力走出体系本位意识

应当看到，人文社会科学各学科的发展很不平衡，有些学科发展状况甚至不尽如人意。这其中既有人文社会科学自身局限性的作用，也有现行科研体制以及与此相关的一系列体制的弊端。而在这种种原因中，一个内在的、起直接制约作用的因素是思维方式存在的局限，是"体系本位意识"的消极作用。

体系本位意识，是指人文社会科学工作者在科学研究中，以概念与概念、范畴与范畴之间的逻辑关系以及学科体系的严谨、完整和包容性作为主要的关注对象。具体表现在研究工作中，无论是研究课题的确定还是课题研究所要达到的目的，都主要是以学科体系本身的需要为出发点。

由于体系本位意识的作用，人们往往更注重从学理的角度考虑学科的需要，也就是说，更容易并且更主要地是以一种较为封闭、静止的观念和较为狭窄的眼界来构思学术研究。在此过程中，关注的主要是概念、范畴、逻辑、体系以及学科本身的知识积累，而构成学科发展前提的活生生的社会现实则得不到应有的重视，甚至完全被忽略。在这种情况下，学术研究便难以从现实中发现问题、得到启迪、获得灵感，因而也难以与时共进。

随着时间的推移和客观条件的变化，体系本位意识的负面影响逐渐显现出来。特别是当这种意识逐渐成为不自觉的集体"冲动"时，当这种意识导致为体系而体系、把体系当做学科建设的全部目的时，就会形成一种经院习气，束缚学科不断更新和发展，成为阻碍人文社会科学研究不断拓展和深入的因素。

当人们对一系列纷至沓来的新现象、新问题感到迷惑不解，需要理论提供一种有助于"解惑"的认识，而理论又回避推诿之时，理论研究的作用难免令人质疑。在这样的情况下，学科建设、理论研究也就得不到公众的认同、理解和支持，这也是人文社会科学长期遭到社会轻视的部分原因。

新时期所出现、形成的新问题，是很难完全纳入既成的知识和概念框架、以原有的理论体系来认识和解决的。这并不是说原有的理论体系对研究、解决这些问题不起任何作用，相反，无论问题如何"新颖"，都必须借助某些现有的概念、范畴和知识体系，只是不能停留于此。关键在于，不能学究式地面对问题，如果囿于体系本位意识，所提问题其实不需要解决，它们不构成真实的难题，因为提问的时候，答案已经有了，表面的热闹只是使学术讨论始终在一个圈子里打转。

2. 摆脱功利主宰导向

市场经济鼓励人们追求个人利益。但是，在社会尚未建立良好约束机制的情况下，过分强调个人价值和个人利益，容易浮躁和急功近利，对迫切的规范化和本土化要求反而掉以轻心。以法学为例，在向市场经济体制转型的条件下，众多学者转向法学研究，的确兴起了法学热。但在法学研究中问题很多，其中最关键的是，学术规范尚未健全。"没有学术性的引文或引证，这表明法学界没有借鉴和学术积累。法学界要不断地研究新问题，提出新问题。而引文或观点引证就是不断推进学术研究、深化研究水平的一个基础，一种保证。只有熟悉了某个领域内一些主要的著作和文章，才可能发现其中的矛盾和新问题，才可能有新的洞识，才可能推进自己的思想；并进而推进法学界的研究。"[①] 同样，市场经济呼唤着大量的工商管理人才，商学研究热应声而起，MBA遍地开花，但在这一领

---

① 朱苏力：《法治及其本土资源》，中国政法大学出版社1996年版。

域的研究也与法学类似。不同的是，法学研究多为不注重借鉴，而商学研究却是一味效仿。学界已经注意到这种倾向，大呼学术本土化问题亟待解决。

近期引人关注的学术界的弄虚作假、粗制滥造、抄袭剽窃、包装注水等现象，部分也是市场经济体制不完善在学术领域的表现。在短期利益驱动下，一些学人自律不足，随波逐流，求量不求质，不端行为频生，甚至成为金钱的奴隶。

然而，不能全怪学者个人，现有的学术激励制度、成果评价体系过于急功近利，工资、职称、奖励、房子及各种其他待遇都决定于科研成果的多寡。学术成为谋利的工具。急功近利的浮躁心态严重败坏了清正严明的学术风气，致使不少人从以往的"羞于言利"蜕变为"事必言利"，甚至把社会上走后门拉关系、请客送礼等套路引入科研成果的发表、鉴定、评奖和职称的评审之中。这样的学术激励制度、成果评价体系强化了"四重"、"四轻"的现象。一是重项目申报，轻制度建设。在申报项目时争先恐后，一旦项目得手，皆大欢喜，忽视甚至根本没有制度上的约束。二是重科研结果，轻科研过程。只要最后有结果就行，不管该结果是如何得来的，不管其治学的过程。三是重成果形式，轻成果效益。只要文章发表了，书出版了，就算是有成果了，不管它有没有社会效益和经济效益。四是重成果数量，轻成果质量。文章越多越好，评职称、得奖励，只看重数量，而不管学术水平如何，有无创新之处。这些现象的存在，在客观上刺激了一些人的名利意识，诱发了浮躁情绪，导致在科研工作中不愿甘于寂寞，更不愿淡泊名利，从而产生学风不正、学术腐败等问题。

科研管理本身是一门科学，但是现在的人文社会科学的管理，在相当一部分高校和研究机构，就是催促各个部门及个人每个季度和每年填一堆表格，统计谁、哪个部门发表了多少文章，获得了什么奖，争取到什么级别的课题和拿到多少课题费，再根据这些统计数字，通过一定的程序提升某人的职称，给予某部门更多的经费。长此以往，人文社会科学很难获得大的发展。

各大学热衷于争形式主义的一流，无形中也促动着人文社会科学的浮躁。朱学勤对此批评道："到处争办一流高校，争博士点，争国家重点学科，全是一流，还有一流吗？在这样的情势下，我若是大学校长，也不能免俗。这些校长院长既是催问者也是被催问者，有点类似高中毕业班的班主任。普通教师更是让数字、表格逼着走，搞得人心浮躁，出现一些恶性竞争。有些青年教授一年出一本书，'十年磨一剑'成了'一年出一书'，哪有做学术研究一年出一本书的，这又不是写小说。"[①] 可见，在社会科学研究中，由于市场经济浪潮以及学术评价体系的不健全，导致急功近利、奢望立竿见影的思想严重，很多学术成果质量低

---

① 朱学勤：《大学要避免学术浮夸和"大栗子"》，载《光明日报》，2002 年 2 月 19 日。

下，粗制滥造，重复现象严重。

市场经济鼓励竞争，这对促进经济的发展确实功不可没。但是，科学研究工作不能等同于经济工作，虽然不能不言功利，但如果受功利主宰、成为功利的奴隶，势必走向歧途。特别是一些基础学科、重大理论课题等方面的研究，都需要研究者潜心钻研，甘坐冷板凳。黑格尔曾说过："科学，作为服从其他目的的思考，也是可以用来实现特殊目的，作为偶然手段的；在这种场合，它就不是从它本身而是从对其他事物的关系得到它的定性。从另一方面看，科学也可以脱离它的从属地位，上升到自由独立的地位，达到真理，在这种地位，它就无所依赖，只实现它自己所特有的目的。"① 在这里，黑格尔谈到科学的两种作用：一种是服从于其他部门的要求，但这只能是偶然的和为了实现特殊目的；只有当科学不再从属其他部门而独立思考时，它才可能真正发展自身。人们除了在经济、政治利益驱动下无休止地开展各种功利性活动外，也需要没有功利目的地思考一些非功利意义的问题，实现一种对世界的精神上的把握。如果一个社会没有极少数的人文社会科学家的思考，这个社会的进步与发展也就无从谈起了。另一种作用是，人文社会科学与自然科学虽然都是科学，但是在对其成果进行鉴定时，自然科学通常有精确的衡量标准，社会效果在一定程度上也可以量化。人文社会科学无法提供像自然科学那样明确的鉴定依据，即使存在社会效果，也难以用数字来显示。因此，在评估人文社会科学成果方面，不能简单地把工程计量方法搬到人文社会科学领域来。现在人文社会科学的量化管理几乎无孔不入，助长了学风浮躁，因而出现不少鉴定通过后便成为垃圾的所谓"成果"也就不足为奇了。

3. 去片面意识形态化

在人文社会科学与意识形态相互关系问题上存在两种片面观点：

其一，把两者相互混同。英国科学哲学家拉卡托斯断言，在社会科学领域，支持者的人数、虔信程度、鼓吹力量是决定因素，社会科学由于等同于意识形态而不能再称之为科学。知识社会学的代表人物卡尔·曼海姆认为任何思想体系都是社会的政治的和现实存在的产物，因而社会科学不仅受到意识形态的制约，并且两者正逐步趋于一体化。西方马克思主义者如马尔库塞批判"意识形态终结论"，认为意识形态不会终结，只是形式会发生变化而转移到生产过程和大众生活中，但他同样把社会科学与意识形态看作一个东西。

其二，将两者截然对立。第二国际的伯恩施坦、考茨基都认为意识形态与所有的科学（包括社会科学）是不相容的。现代西方学者如波普尔主张在社会科

---

① 黑格尔：《美学》第 1 卷，商务印书馆 1982 年版。

学与意识形态之间进行严格划界，认为只有将二者分离开来，社会科学才能实现真正的"自我理解"。技术统治论的代表人物贝尔更是主张对包括社会科学在内的整个社会的思想体系进行"非意识形态化"，取消各种意识形态的影响而代之以各种具体的"技术解决方案"。

在我国，《辞海》、《中国大百科全书》都提出："社会科学属于意识形态范畴"、"意识形态包括社会科学"。人们常说马克思主义是意识形态，其实这种说法过于笼统。马克思主义的世界观和方法论、总的理论原则和思想体系是意识形态，而马克思主义的经济学、历史学、社会学则是科学，或是建立在牢固的科学基础之上。

经典作家强调社会科学首先是一种探索真理的认识活动，其首要标志应当是对科学性的追求，以及怎样努力排除非科学因素（包括反动阶级的意识形态）干扰的问题。马克思早就对研究主体的价值取向提出了要求，即真正的学者应当具有独立思维的品质，要有与干扰这种独立性的外界影响以至反动势力进行斗争的勇气。马克思曾反问道："难道真理探讨者的首要任务不就是直奔真理，而不要东张西望吗？"[1] 对于一个真正的学者来说，对真理的追求要胜过附带上的团体或个人的因素。马克思认为："一个人如果力求使科学去适应不是从科学本身（不管这种科学如何错误）而是从外部引出的，与科学无关的、由外在利益支配的观点，我就说这种人'卑鄙'"。[2] 马克思称赞英国资产阶级经济学家大卫·李嘉图是客观的，他的客观性就在于如果科学要求他作出与他的阶级利益相对立的结论，那么他也能作出。可见，马克思所强调的是，社会科学的首要任务应在于探索真理以及在探索过程中要采取实事求是的科学态度，反对把科学研究变成外界影响尤其是统治阶级思想影响的产物。这提醒我们：一定不要把简单的意识形态立场作为我们学术思想的预设，那结果必然是导致很多的伪问题，伪命题四处横行，使问题的提出缺乏诚实性，因为这种提问法早已有答案，而且答案也只能有一个，很可能阻碍人们对学理问题的诚实探讨。

学术批评难以正常开展的一个重要原因，就是分不清学术和政治的界限。"文化大革命"时期把学术问题一概视为政治问题，把学术批评当成正确的批评错误的，政治上先进的批判政治上反动的，以这样的态度当然就难以开展正常的学术批评了。

从总体上讲，人文社会科学有作为意识形态的一面，也有超越意识形态的一面。如果将其完全政治化、片面意识形态化，以价值评判代替知识争论，以一时

---

① 《马克思恩格斯全集》第 1 卷，第 6 页。
② 《马克思恩格斯全集》第 26 卷，第 2 册，第 126 页。

的政治需要决定学术真伪，既严重影响学术的独立性，也使人文社会科学研究不敢、不能直接提出真正的问题，这是不利于学科健康发展的。

人文社会科学研究的片面意识形态化，完全违背学术求真精神。以价值评判代替知识争论，以一时的政治需要决定学术真伪，既严重影响学术的独立性，也使人文社会科学研究不敢、不能直接提出真正的问题。在片面的政治压力之下，为了求得生存空间和研究的权利，许多知识分子不得不曲意逢迎、谨小慎微或者噤若寒蝉，以免触犯禁区。反对学术片面政治化，并不是否定意识形态对人文社会科学的指导，而是要在政治与学术、实践与学理、意识形态与求真之间保持"必要的张力"。反对学术片面政治化，需要放开言路，以更加包容的心态来对待学术研究，不要"打棒子、扣帽子、揪辫子"，允许学术界对学术问题进行自由的讨论。

4. 不唯上

"唯上"主要指的是人文社会科学研究容易受到来自政治权威和学术权威支配的畸形现象。

在政治上，中国作为一个专制史源远流长的文明之邦，以皇权神圣与等级制度为内容的专制统治构成了中国各个历史朝代的共同特征，奉行纲常礼制的专制思想教化着治国之吏和学术精英，官学结合成为了中国历史上不可动摇的学术传统。政治权威至上的专制主义，以及屈服于它的"史官文化"混迹于各个领域，在媚世谄上的浊浪滔天之中，成为中国社会向现代民主制度转型的重大障碍。顾准认为，"所谓史官文化者，以政治权威为无上权威，使文化从属于政治权威，绝对不得超过政治权威的宇宙与其他问题的这种文化之谓也。"[①] 在"史官文化"环境中，知识与文化没有独立的余地。

学术自由和学术民主是学术权力的前提。学术权力必须以通过民主方式获得的学术共识为出发点，否则这种权力的行使，就有可能侵犯其他学者的权利——学术自由。顾准说："学术自由和思想自由是民主的基础，而不是依赖于民主才能存在的东西。因为，说到底，民主不过是方法，根本前提是进步。唯有看到权威主义会扼杀进步，权威主义同科学精神是水火不容的，民主才是必须采用的方法。"[②]

第二次世界大战时期的德国，对该国科学最直接的有害影响来自于纳粹政府的政治极权主义。借助于这种反动的社会政治势力，纳粹党徒打着反对伪科学的旗号，破坏、歪曲科学的基本原则，践踏科学的基本精神，即便是自然科学，也

---

①② 《顾准文集》，贵州人民出版社1994年版。

是以我划线，把相对论物理学和现代原子物理学贬斥为"犹太科学"，使这些代表物理学最新进展的学科很快人去楼空、濒临崩溃的边缘；把德国的大学很快就置于纳粹党徒的政治控制之下，使曾经让德国引以为豪、让世界称慕的德国大学声名扫地。他们对理论科学家似乎有一种特别的不信任感，大学中不仅有许多"非雅利安"的教授被开除，而且其余的人也是根据他们对纳粹党的忠诚程度而不是根据他们的科学成就和学术能力来任用选择。结果使得学术骗子们竟能与有才能的科学家竞争并占有研究资金和设备，政治权威可以随意践踏通过科学研究获得的并且经由科学同行确认的知识成果。

在学术上，权威指的是一些有特定的权力的人。权力包括奖励权、强制处罚权、法定权、专业威信和人格威信。具有前三种权力的人通常是官员，这些人可能来自任命，也有可能来自选举。具有后两种权力的人被称为非正式领导，他们通常是自发产生的。而只有具备全部五种权力的人才被全体组织成员认可为组织的领导。

科尔兄弟对科学界（具体说是美国物理学界）的社会分层问题做了详细的研究，并得出了两个重要的结论：一是科学界是由一小群有才智的精英统治着的，所有主要的承认形式——奖励、有声望的职位和知名度都被一小部分科学家垄断；二是大部分科学家的工作对科学发展的贡献很小，明显地，这一小群有才智的精英就是学术权威。[①] 学术权威是指那些具有专业威信的科学家，他们是社会分层的结果，是马太效应（又称为累积效应、光环效应）的产物。

一个学术权威也可能同时是某个研究组织的领导，如卡文迪什实验室的主任；也可能不担任任何行政职务，如费因曼。通常，非科学领域的人们对学术权威产生很多神话，比如学术权威具有超凡的魅力、学术权威总是对的、学术权威的人格总是高尚的、学术权威总能站在科学前沿、学术权威对科学领域以外的知识也应该十分了解，等等。

简单地说，所谓的"学术权威"，就是表现一种较大的学术权利。学术权威既可以是享有学术权利的个人，也可以是一种学术权威组织。当学术权威以个体形式表现时，其学术权力的大小是经其学术能力的高低来衡量的。此时，个体的学术修养、学术成就、学术经验和学术品格等都会构成衡量指数。当学术权威以组织形式出现时，首先表现为该组织中享有学术权利之个体间的一种民主形式；同时，该组织学术权威的高低，来源于该组织个体学术能力与它组织个体学术能力的比较。

学术权威对科学发展的积极作用建立在这样的假设基础上：因为他已经在过

[①] ［美］乔纳森·科尔、斯蒂芬·科尔：《科学界的社会分层》，华夏出版社1989年版。

去的科学活动中展示了自己的能力，人们就有理由相信他以及他的那个圈子的其他人会继续发挥他们的效用。因此，尽管他们得到稀缺资源可能是不公正的，却是有效率的。在科学探索过程中，某学科领域形成了学术权威是这门学科逐步走向成熟的重要标志之一。学术权威可带领和指导广大研究者不断向科学的深度与广度探索，在研究探索过程中，这种"权威"角色对科技进步和推动学科发展有着重要作用。学术权威的产生可以使他们所在的科学研究集体在社会系统中的地位和影响得以提高，从而使该科研集体在社会系统中能发挥更大的作用。科学群体形成的这种权威结构是一个科学群体得以维系、协调和巩固的保证。

但是，学术权威的负面作用也在这里：一是科学家的创造年龄特征表明，科学家并不总是富有创造力的，他们在成为权威之后创造力是递减的；二是科学家在成为权威之后，会更多地承担科学研究之外的义务，他们并不总是像刚进入研究领域的新科学家那样把时间放在所承担的项目上；三是一个新科学家的成败与他的研究成果能否被及时承认密切相关，而这种承认又往往取决于一些权威的态度，由于学术权威们拥有对他人学术成果评价的权力，从而增加了对新的科学观点和科学家压制的机会；四是人们容易对学术权威盲目崇拜，对科学成果的承认和评价演变为对人的承认，不利于对科学成果的公正评价，致使一些有新意的学术成果难以脱颖而出；五是科学群体内在研究成果承认上的"贫"、"富"差距而形成一种等级体制，使得大多数成员在心理上难以平衡从而造成内部矛盾。[①]学术权威容易使一些实质上是十分荒谬的理论被人们不假思索地接受下来、奉若神明，如果这些理论是由权威、名人提出来的。

新思想的孕育和成长，有赖于自由的学术空气；学者的创新精神离不开学术自由环境的滋养。囿于学术权威的观点和政治权威的权力，是不可能提出什么有价值的问题的，也无法发现现实中涌现出来的重大理论和实践问题。只有突破这些约束，树立创新的信心，问题意识才有真正建立的可能。

二、凸显问题意识

20 世纪著名的哲学家卡尔·波普尔首先系统提出科学始于问题的观点："科学开始于问题，而不是开始于观察；尽管观察可以引出问题来，不期而然的观察，也即我们的预期或理论发生冲突的观察尤其是这样。科学家面前自觉的任务，总是通过建立解决这种问题的理论，例如通过解释出乎意料的未曾解释过的

---

① 张九庆：《自牛顿以来的科学家：近现代科学家群体透视》，安徽教育出版社 2002 年版，第11 页。

观察，以求得这个问题的解决。而每一有价值的新理论都会提出新问题，和谐的问题，如何进行新的以前没有想到过的观察检验的问题，而且主要正是因为提出了新的问题，这一理论才是有成效的。"①

波普尔还首次提出了科学发展的动态模式，指出科学研究是"始于问题并终于问题"的无穷循环。

波普尔的这个看法同样可用于人文社会科学研究。

对于人文社会科学，问题的作用就在于它能导向新的理论发现、激励学术的进步。综观人类知识的进步史，学术问题是理论进步的起点，它们启发对人文社会现象的观察和思考。问题的提出和解决不仅能导致知识的积累，使原有理论得以完善与发展，而且能导致知识新理论的建立，催生知识革命和社会革命。

劳丹认为，问题可以分成经验问题和概念问题两大类。② 如果人们对所观察到的任何一种现象感到新奇或者试图进行解释，就构成了经验问题。比如，为什么每个人的个性、气质会不一样？为什么西方生育率很低甚至负增长而中国的生育率却居高不下？在经验问题之外，还存在另一类所谓的概念问题。概念问题是基于理论内部出现的矛盾、理论与外部背景的冲突而提出的问题。理论内部的矛盾包括逻辑上的不一致、基本概念含混不清等。理论与外部背景冲突，主要是指同一领域不同理论之间的矛盾，理论与社会价值观、文化传统等不一致产生的矛盾。

当然，科学问题的分类是相对的，人们可以依据不同的标准进行各种分类。譬如，按其正确性可以分为正确问题和错误问题；按问题求解类型不同把问题分为回答"是什么"的问题、回答"为什么"的问题和回答"怎么样"的问题；按其对理论产生的不同影响分为常规问题和非常规问题。

问题提得好与不好，可以见出研究者的知识水准、敏悟力和洞察力。不过，考察人文社会科学问题的价值，并不能单纯用知识尺度衡量。这里面涉及提出学术问题的心理动因。也就是说，学术界无问题或充斥伪问题是因为提问题者的心理扭曲所致。纯粹知识进步的提问，源于人类敏感、好奇、竞争和游戏的欲望，接近于人性的童真和纯朴。这种提问方式显示了个人的兴趣所在，追求心性满足。有的学术问题是出于对生存困境的感悟甚或恐惧。外在的和内在的矛盾冲突激荡出精神的求索，求知成为智慧的解脱方式。从对生存困境的感悟中提出学术问题，需要经过一个抽离性的阶段，即把由直觉和情感把握的东西抽离到理性认知的层面，把关涉直接欲望的功利满足的东西抽离到历史的社会的层面。这两个

---

① ［英］卡尔·波普尔：《猜想与反驳——科学知识的增长》，上海译文出版社 1986 年版，第 318 页。

② ［美］劳丹：《进步及其问题》第一章、第二章，华夏出版社 1998 年版。

抽离互为表里，形成强大的逻辑力量。

问题意识是一种叛逆思维习惯，是以质疑索解的态度审视主客观世界时所形成的思维方式和文化观念。实际上，问题意识也是一种洞鉴古今的批判精神和忧患意识。

问题意识具有三个突出特征①：

——客观性。问题意识必须以客观事实为基础，是人对客观实在以质疑的思维方式所进行的抽象和概括。离开客观性，事先未具体分析被研究的现象的特点以及支配这些现象的规律性，那不是问题意识，而是鸡蛋挑骨头式的无事生非、杞人忧天和庸人自扰。所以问题意识关怀的是真问题、实问题，而不是伪问题、虚问题，更不是自设障碍，自我否定。

——超前性。问题意识实际上也是一种超前意识，是为了防患于未然、推动工作顺利向前发展，少出差错、少走弯路而进行的一种预测性思考和探索。这种超前性也是人对事物发展过程中可能出现的偏差或可能遇到的阻力的一种认识和估计，它既带有先见之明的性质，也是人类自己对自己的一种警策和忠告。

——批判性。问题意识与生俱来就带有批判性或否定性，实质上是一种辩证的扬弃，即在事物发展过程中，继承积极因素，抛弃消极因素，推动事物朝着健康正确的方向发展。所批判的对象，是事物发展过程中显露的或潜在的消极因素。这种消极因素是客观存在，是潜在的未然型消极因素。如果说显露的已然型消极因素像过街老鼠，已引起人人警觉，聚而歼之；那么，潜在的未然型消极因素则有点像隐伏在人体内的癌症，若无事先洞察，则很容易断送人的性命。

学术史表明，任何一个学科领域形成的初始原因并不是建立学科体系的需要，而是因为现实中的种种问题"累积"到一定程度，并且出现了加以认识和解决的客观需要；与此同时，原有的知识又难以完全把握和解决这些问题和现象，因而产生了形成新知识的需要。一个学科领域的形成无非是这些新知识积累到一定阶段的产物。这也就是说，学科和学科体系的形成并不是进行该学科知识探讨的原动力和所要达到的最终目的，而是作为一个过程的知识探讨的结果。

目前，一些学科状况不尽如人意，其中一个内在的基本原因，正在于混淆了学科建设的原因、过程与结果之间的逻辑关系，因而把学科、学科体系当成了研究的出发点和研究工作的目的。这也正是体系本位意识发展到极端时所必然造成的结果。问题的关键不在于是否要进行学术研究和学科建设，而是以什么方式、通过何种途径进行学科建设。

从体系本位出发指导学科建设并不是一条行之有效的合理之途。我们应当改

---

① 李思民：《问题意识的理论阐释》，载《哈尔滨学院学报》，2002（1）。

变那种以学科逻辑体系的形成和完善作为学科建设的最终目的的做法，寻求一种更为开放、更能适应人文社会科学发展基本趋势的研究模式。这就必须构建问题意识。

以问题为研究对象，所遵循的应当是而且只能是问题本身的逻辑。问题的性质、问题形成的过程、造成问题的种种因素、该问题与其他问题之间的关系、解决问题可能存在的方式和途径、解决问题所应采取的步骤、问题解决可能产生的各种后果，等等，所有这一切，构成了问题的全部逻辑。这种逻辑与学科的逻辑并无本质的差异，但在具体的研究工作中却往往是不同的。问题的逻辑遵循的是从个别到一般、从具体到抽象的道路，而不是相反。只有从具体的、特定的问题出发进行探索，才有可能对该问题形成普遍的、一般的原理和结论。一般原理只是作为工具、作为方法而起作用，并不是认识的出发点，更不是认识的目的。

培养问题意识，其目的一方面在于使工作少出纰缪，使思维成品和实践结果更真、更善、更美，多一些正效应，少一些副作用；另一方面使人们处于困难不利的情况时，能看到光明，看到前途，鼓起勇气，不致消沉落伍。

世界正处在新旧格局交替的大变动、大调整之中，面临历史上难得机遇和严峻挑战的我国改革实践，也已进入攻坚阶段，已经触及了一系列深层次的利益调整、价值观念变革和实践操作等方面的难点问题。对现象把握得越透彻、越具体、越敏锐，就越能激发人的问题意识，越能使研究者对自己的暂时结论保持清醒、谦虚的态度。

第二节 强调学者品格与多元追求

在中国，治学与做人从来就是互补的。人文社会科学研究成果的评价固然不能直接与对学者本身的评价混同，但是，学者品格在很大程度上影响到研究成果的品位和质量，那是毫无疑义的。在评价理念的营建中，应充分注意和强调学者品格与多元追求。

一、人文传统和"文人精神"

在以伦理追求为主旨的文化积淀中熏陶成长起来的中国人文知识分子，自古就形成了有别于西方人文学者的人文传统，在西方同仁关注自然，探求自然、宇宙的发展本源与规律，探求超越现象世界的客观的纯粹知识之时，中国的人文学者将关注的目光更多地投向了生活现实和现实中的人本身，在"人文"与"天道"契合的视野里，虚置彼岸，执着此岸，形成了独特的"文人精神"：一是深刻的忧患意识；二是对道德理想的探求和对社会道德秩序的建构与维系；三是具有强烈的政治抱负，关注政治、参与政治，置政治于学术之中。

忧患意识是中国传统人文学者追求道德理想、施展政治抱负的精神本源。正如苏轼所说"人生识字忧患始"。反观中国古代的智者、文人墨客，无不忧国忧民，具有为民请命的责任感。忧患意识代表了中国圣哲以及志士仁人的共同心理，是几千年来中国学人向自然与人文社会环境挑战所形成的基本意识，是中国知识分子特有的道德和文化情结。忧患是作为主体性的人文学者的自觉忧患，也是关乎人、关乎现世的悲悯。"先天下之忧而忧，后天下之乐而乐"，忧患的对象是生灵之疾苦、民众之安居、国家之安定，忧患的解决方案是"修身、齐家、治国、平天下"。忧患乃是一种入世的取向，忧患的情怀源于生存的困境，又始于主体对于现世与民生的自觉责任。当杜甫慨叹"安得广厦千万间，大庇天下寒士俱欢颜"之时，诗人道出的是直面人生之困境又难以超越这种困境的无奈与失落、担负民生责任却又无以尽责的悲凉与愤慨。"阐释中国的焦虑"是传统文人的自觉取向。

忧患意识引发的是对道德理想的追求、对理想道德秩序的建构，以及对天下的责任感和政治抱负。传统的人文学者希望并且努力为社会提供完善的核心价值体系，构建与维系社会的道德秩序，提供生命的意义与生存的慰藉。"在沉沉黑夜中担当守更人的角色"，正是传统人文学者的形象写照。"立德、立功、立言"是古人之"三不朽"，也是传统人文学者的人生追求，或以文章传世，或以功业垂册，或以气节典范。"立德"是"三立"之首，是最高境界。文人不仅要提供社会的道德规范，更要率先遵循，以气节为重，是道德理想的践履者、守护者。孔子在其所处的年代，不仅是智者的形象，更以"德行"著称。"立功"体现了政治上的抱负，即以民族大业为重，为国家建功立业。"学而优则仕"，既是国家对学有所成者的栽培与重用，也是传统文人报效国家的"路径依赖"。"立言"是学者的本分，要著书立说，传承古老文明。正是在"立德、立功、立言"的追求中，中国的传统人文学者才走出了自己独特的"爱国兴邦"之路。这种经历史积淀而成的人文精神一直传承下来，深深影响着近代以降的人文学者，引发了后来知识分子爱国、救国和新文化运动。

中国的人文学者在历史上的作用是辉煌的。他们曾被塑造为一群超人，一群在人格上高于普通众生的精英，一群为知识、为某种价值和信念随时献身的文化英雄。文学曾经是解放思想的号角和鼓手，作家是自由民主的代言人，能诗会画的青年才俊则是花样年华的姑娘心中不可动摇的偶像。而今，如同风吹云散，一切都在改变，包括曾经的得意与失意！也许可以这么说，中国的人文学者从未在历史的和平时期遭遇过如此深刻的失落，一种在政治与经济的热浪外、在科技英才激昂的凯歌中默然走向边缘化的失落。这种失落是多维度的。

其一，行走在政治与经济的夹缝中。20世纪七八十年代，曾是中国的人文学者极其得意的历史时期，他们在反思"文化大革命"、引导思想解放的运动中立下了汗马功劳，居于主流意识的中心。然而，随着国家改革开放政策的实施，"以经济建设为中心"成为国民社会实践的轴心，市场经济更是国家政治诉求的首要内容，政治运动让位于经济实践，经济工作是首要的政治活动。经济话语逐渐取得了话语霸权，政治与意识形态不再独领风骚，文化形态呈现了多元化态势，文化的政治性成分逐渐降低，不再只是政治的宣传工具，并且逐渐恢复其自主性，但是，人文学者的话语范围则逐渐边缘化。

其二，作为社会道德秩序的建构者和核心价值体系的提供者的困境。由于经济的崛起和社会政治、文化趋向多元化，在价值领域，传统的"中心化价值体系"失去了整合作用，原本与政治意识形态一体、居于主流意识的中心、旨在提供社会核心价值体系的人文知识分子，面对的却是是否继续充当建构者和阐释者角色的问题。人文学者是否应该在物欲横流的时代里担当起安顿生命的职能，为世人提供超越的道德理想，引导他们走上升华之路？这是几年前关于人文精神大讨论的焦点问题。赞成者认为：知识分子是社会的良心，倘若人文学者不为社会提供某种道德理想，那么，他们就是彻底失职的。反对者则推论：伦理中心主义是中国文化的一个历史性疾病，总想成为道德精英也是中国知识分子的致命弱点；在提倡个体平等的20世纪，知识分子不过是诸多社会角色之一，在精神上并不先天地高于其他个体，并没有为他人提供道德理想的权力；每个人的道德理想只能由每个人自己去建立，知识分子则应该适应自己生存的平凡化，放弃成为道德精英的企图。这两种观点在当时各有其拥护者，双方争持不下。随着时间的推移，后一种观点占了上风。提倡知识分子走向纯粹化和平民化，以具体的求知行动代替原来的道德中心主义实践。这种思潮实际上是对中国传统文化伦理中心主义的反动，体现了中国知识分子对自身的重新定位。虽然普通民众在这种重新定位时摆脱了被启蒙、被团结、被教育的被动位置，但曾经作为民众启蒙导师的人文学者则被悬置于政治—经济的空挡，徘徊于官方—民众的边界。这无疑使人文学者陷入极度的失落情结之中。一个失去了历史感、无法在社会的价值体系构造中起支配作用的群落，自20世纪80年代后期以来逐渐迷失了自己的历史位置。

其三，消费文化的兴起使人文学者遭遇冷清之境。一边面临市场之海洋，一边背负思想之沙漠，这种两难的困境是人文学者的现实遭遇。消费文化的日渐兴盛是传统的人文学科和人文学者无法回避的现实。消费文化自其诞生之日起便与娱乐性、市场化、商业化相伴随。娱乐性的消费文化以其轻松、自在和即时性的欢娱吸引了众多观众尤其是年青人的眼球，而一向以严肃、深沉、理性自居的传统文化、精品文化则显得高高在上、遥不可及。

在消费文化兴盛的同时，各种影星、歌星和文化掮客迅速崛起，他们以文化资本家的身份不仅占领了市场，赢取了丰厚的利润，而且社会地位不断提升。相反，人文学者的"门庭"则日渐冷清，不仅失去了趋之若鹜的追随者，经济上的回报也难以如意。特别是巨额消费和豪华商场，把囊中羞涩的知识分子彻底拒之于"幸福"的大门之外。大款大腕成为这个时代的主体，发烧友、追星族日新月异，大众文化全面主宰群众的精神生活。所谓"高雅文化"、"严肃文学"的冷落，不过是人文学者失落的佐证。

应该说，摆脱了政治意识形态的人文学科在 20 世纪 90 年代以后获得了相当大的发展空间，人文学者可以在各个向度比较自由地思想和创作。但文化市场化的趋势，又不得不使新一代的学者靠近商业主义的审美霸权，以急功近利的姿态书写商品化作品，在市场取向与理性追求的矛盾中煎熬。

其四，与科技人才的显耀相比，人文学者的境遇似乎更边缘化了。人文学者与科技工作者在国家现代化、市场化的进程中，经受着社会地位的逆向变迁。一方面，人文学者居于主流意识中心的地位在淡化；另一方面，则是科技工作者在"科教兴国"的进程中逐步受到重视，逐渐走向国家权力的中心地带，技术官僚现象日趋突出。

20 世纪七八十年代，在思想解放的大讨论中，人文学者表现了自"文化大革命"之后少有的政治热情，而且当时的政治参与因为有了思想创作的自主性、独立性这种特殊的身份与权威而显得更加合法、更加公正和超越。他们似乎是以代表全社会、代表人民的名义干预政治，人文学者体味了未曾有过的社会优越感。然而，在 90 年代以后，伴随着现代科学技术在中国现代化进程中的突出贡献，工业的发展、农业的改造、经济结构的调整无不有赖于技术上的创新，科技人才的社会地位日益提升。科技人才以其专业特长构建了自己独特的权威性，并由此合法地介入国家的决策层和管理层，成为令人瞩目的技术官僚群体，构成国家权力中心的重要力量！与之相反，人文学者的声音则显得越来越小，似乎渐渐淡出了政治舞台。

这种历史性的变迁是否最终只能化成人文学者无奈的叹息？其实，就本质而言，学者或知识分子是"双维的人"。布迪厄认为，"他们要作为知识分子存在和继续存在，只有（而且只有）被赋予一种特殊的权威，这个权威是由一个自主的（也就是独立于宗教、政治、经济权力）知识世界赋予的，他尊重这个世界的法则；此外只有（而且只有）将这种特殊权威用于政治斗争。他们远非如人们通常想象的那样，处于寻求自主（表现了所谓'纯粹的'科学或文学的特点）和寻求政治效用的矛盾之中，而是通过增加他们的自主性（并由此特别增加他们对权力的批评自由），增加他们政治行动的效用，政治活动的目的和手段在文化生产市场的特定逻辑中找到了它们的原则。"① 可见，成为知识分子不仅意味着自主性与自由，而且意味着把它用于政治参与，并使这种政治参与获得特殊的权威性，两者缺一不可。人文学者的边缘化只是特定时空条件下的特定现象。

二、多元追求的兴起

人文学者作为社会分层中一个特殊的群体也许因社会及自身社会地位的变迁而失落，但失落并不必然地导向失败或终结，尤其是对于作为个体的人文学者，在遭遇人文学科的困境之时，合乎情理的选择应是对学科走向及个人学术行为的反思，寻求走出困境的办法，而每一种选择无法超越的是多元化的现实。

多元化源于社会同质性的消解。在改革开放之前，我国传统的经济、政治与文化之间是一种高度同质的整合关系，计划经济、以阶级斗争为纲的政治与一元主义的文化，三者彼此协调。但在思想解放、改革开放之后，尤其是 20 世纪 90年代以来，三者之间的这种同质整合关系在很大程度上被打破了，呈现了分裂状态。经济与政治、政治与文化、经济与文化之间并不总能相互支持与阐释。因为三者的变革速度是不同步的，经济最快，文化次之，政治滞后，并且三个领域的变革并不必然地相容或相通，有些在经济领域推行的改革就被明确规定不能相应地运用于政治或文化领域，经济发展与企业经营中的自由取向不适用于政治管理和意识形态领域。同时，经济、政治、文化各领域的内部在其发展的历程中也呈现出分裂、多元的状态及异质化的倾向。经济领域中，不同地区可实施不同发展战略的取向，分工与合作在现代科技支撑下的深化和细化，多种经济成分的并存，不同利益组织存在的合法性，不同企业构建与存在模式和经营取向的自由选择，多种分配因素与分配方式的现实操作，都是经济领域多元化的表现；在政治领域，意识形态话语霸权的淡化，国家经济职能和公共事务管理职能的提升，多种政治因素的并存，多种管理模式的实施，对民主政治的追求与公民不断扩大的政治参与，是政治领域多元化的表现；在文化领域，社会文化的非群体化，高雅

---

① ［法］布迪厄：《艺术的法则：文学场的生成和结构》，中央编译出版社 2001 年版，第 396 ~ 397 页。

文化与通俗文化、精品文化与消费文化的分野，不同的创作模式、不同风格的文化作品的并存，多种价值观念与不同的文化价值取向，都是文化多元化的表现。

多元化不是中国特色，更不是中国首创，而是全球发展的基本趋向。多元化成为一种思潮发端于20世纪中叶的西方社会，是后现代主义的基本取向。信息技术的日新月异和广泛使用，传播工具和传播内容的多样化，推进了世界形象的多样化和社会文化的非群体化，也加深了人们在价值观念上的差异性。后结构主义反中心、反主流价值、反霸权的主导思想曾使青年学子欢欣鼓舞。而全球化的发展，则推进了多元主义的拓展。全球化导致的悖论在于，全球化一方面加剧了某种一体化，同时也培育了多元化的可能。在全球性的资本扩张中，无法回避的是当地的社情和文化传统；跨国公司越来越倾向于当地化、本土化，文化的多元性价值参照必然地渗透进全球性的制度规划之中。

多元化之合法化呼唤的是对话与理解，是对异质性的宽容。在多向性的选择中，任何人都没有权力把一种自以为是的"普遍真理"、"绝对真理"作为"共识"强加给别人。"共识"只能在理性、自由、遵循规则的对话交流基础上产生。同行对话、学术争论是走向相互理解的基本路径。评判论争的标准不是唯我独尊，不能认为：唯有自己的阐释、解答模式或价值标准才是绝对正确、无限有效的。这个时代需要多元的、各种不同的阐释模式与评价标准的相互宽容、共存，它不但容忍而且呼唤异质的阐释模式与评价标准，同时又努力在不同的模式与标准之间形成良性的互补，在多元的基础上进行对话和沟通。"无害的便是有益的"，每种选择或取向或许都有其存在的理由，关键不在于选择了哪种理解方式，而在于促使人们就认同问题达成一种合理的自我理解。在对现实生活的关注中，人文学者也不能单纯地对某一特定的生活方式或生活计划的实质表示赞成或反对，更多的应是倡导一种健康向上的生活状态，鼓励人们过一种自觉的生活。

多元化是对绝对的、单一的评判标准的反动。学人对绝对的或中心化的价值标准的质疑和否定曾使以构建社会的核心价值体系为己任的人文学者深受重创，甚至成为他们从此"远离"尘嚣的理由。其实，逃避从来就不是解决问题的办法，正确的选择应是对人文学者身份本身的重新反思和自我定位。摘下启蒙的帽子，更多地是要关注现实中具体的人和事。一个学者的真正使命在于高度重视人类的实际发展过程，并且时时促进这个过程。"促进"的对策应是对现实的关注，是发问并寻找解答的方案。按照波斯纳的说法，公共知识分子就是那些以公众为对象、就政治和意识形态的公共问题发表意见的知识分子。一个物理学家尽管他在物理方面可能卓有建树，但他因为不参与社会问题而不是公共知识分子。一个人即使没有高的学历，但是因为他是社会问题的发言者，就是公共知识分子。公共知识分子是社会的牛虻，要像苏格拉底那样对现状发问，公开质疑现行的社会制度与秩序。人文学者既熟悉生活世界的语言，又熟悉专家文化的语言，可以主动地运用其专业能力，介入公共话语，讨论共同关心的问题，正是通过这样的公共话语，促进现代社会达到自我理解和自我调适。因此，人文学者应成为关注并就社会问题发言的公共知识分子而不仅仅是"象牙塔"里的学究。

对社会公共问题的关注意味着人文社会科学家要保持对社会的独立批判精神，在"出世"与"入世"之间保持必要的张力。传统的"出世"是一种放眼山野的取向，现代躲在"象牙塔"里的"出世"则把作为学者的社会责任和社会良知仅仅留在了自己的头脑里，是逃避现实的"伪超越"。"入世"则是一种现世的取向，是对社会公共问题的关注，是对"伪超越"的超越。没有绝对超然的"出世"，也没有无法自拔的"入世"；"入世"是主要的取向，"出世"是为了与问题保持距离，而跳出问题则是为了看清问题，是为了对问题的批判与超越。或许，在多元化、合法化的今天，"出世"与"入世"的融合也是多元化追求的应有之义。

总之，正如多元化的现实、方法和评判标准之不可逆转一样，人文学者更要张扬多元化的价值取向。反观当下的学术腐败和种种"准官员"、"学术小农"心态，都与对政治地位或经济利益的片面追求相关。走出权利话语和利益言说的狭隘视野，多元化的学术追求将会带来中国人文社会科学真正的春天！

第三节　呼唤精品　期盼大师

学术的本意在求真。以历史的眼光透视，人文社会科学研究成果固然不能没有一定的数量和规模，但更为根本的追求是质量，是出精品和大师。

一、何为学术精品？

关于"学术"，不论是把"学"与"术"分开理解，还是认为"学"与"术"不可分，强调"学术"求真的本来含义并无不同。

今天，一致强调"学术"的求真本意，于中国而言，具有极为重要的意义。因为在学术实践中，存在着太多假的干扰和诱惑。

尽管如此，学界的灵魂始终坚持着：学术的本质和逻辑要求是"求真"，人的自由和全面发展才是学术的最高境界，并没有什么高于人本身的东西。如果在学术的逻辑之外再预设一种新的逻辑，以致把非学术的需要看得比学术的逻辑更重要，甚至用功利的或政治的标准来衡量学术，就无异于否定了学术本身，而这正是 20 世纪中国学术史上的最大悲剧。①

学术的最主要、最直接目标是塑造高质量的学术成果，即所谓"学术精品"。评价一部研究成果为"学术精品"，其意义似乎可以表述为"完美的学术作品"、"学术作品中的精华"、"精雕细刻的学术作品"或是"成了精的学术作品"。

"成了精的学术作品"听起来有些可笑，想来却不无道理。若无百年、千年的苦心修炼，花依旧是花，草仍然是草，断然不会变成"花精"、"草精"；而一部学术作品，倘若没有时间的锤炼，没有"板凳要坐十年冷，文章不写一字空"的精神，相信也不会"成精"，变不成"精品"。

尽管可以相对严格地厘清"精品"的含义，但如果没有比较的话，我们将很难对"学术精品"的内涵进行精确的界定。学术精品这个词汇在这个时代反复出现，与其说是对所谓精品的追求，毋宁说是对学术庸品、假品、伪品与劣品的彻底反对。

为什么会出现大量的庸、假、伪、劣？一言以蔽之，庸俗的逐利倾向！马克思说，人们奋斗的一切，都同他们的利益有关。那么学者的利益在哪里？难道除了在探索真知的过程中享受到的精神的愉悦与满足之外，学者，被这个神圣的称呼所代表的群体还应该有其他的利益追求吗？在马斯洛的理论里，人最高的需要是自我实现的需要。什么是自我实现的需要？就是"想要变得越来越像人的本来样子、实现人的全部潜力的欲望"。② 对于真正的学者而言，"他们的活动本质上不追求实用目标，他们是在艺术、科学或形而上学的思考中，简言之，是在获取非物质的优势中寻找乐趣的人，是以某种方式说'我的国度不属于这个世界'的人"③，这就是真正学者的自我实现，或者说，这种意义上的自我实现就应该是身为学者的最大利益。当然，人还有生理的需求、安全的需求，有归属和爱的需要，还有自尊和他尊的需要，学者是人，对这些人类基本需要的满足是他们能够实现自我的基础，但如果自我实现的全部内容只是功名利禄、吃穿用度的话，这些学者便不配做学者，最多也就博得一个"学匠"的名号而已。学者同学匠最大的不同在于：在学者的眼中，学术同自己的生命是融合的，而在"学匠"的眼中，学术却是只管肚子，不管脑袋的。

以上所讲的是造成学界赝品泛滥的主观原因，在客观上，之所以越来越多的

---

① 方朝晖：《"中学"与"西学"——重新解读现代中国学术史》，河北大学出版社 2002 年版，第 406~409 页。

② ［美］弗兰克·戈布尔：《第三思潮：马斯洛心理学》，上海译文出版社 1987 年版，第 45 页。

③ ［美］刘易斯·科塞：《理念人——一项社会学的考察》，中央编译出版社 2004 年版，第 1 页。

人愿意前赴后继地加入到"学匠"而不是"学者"的行列，是因为：首先，社会评价人的标准开始变化，在市场经济条件下，名利作为可以量化地衡量一个人是否成功的最直接、最简单的指标，在推动部分"学者"加快学术作品商品化的进程中起到了重要的催化作用，所谓的"学术作品"迅速地转化成了名利与地位。与商人交换，学者们可以成为特定利益群体的代言人，有名有利；与官员交换，学者们可以成为意识形态领域的专家，有位有名。在审批学术体制下，名利与地位又是获取学术资源、争取资金支持的重要前提。有了资源和资金，更多的"学术作品"就会接踵而至，如是之恶性循环，学术庸品、复制品遂满目皆是。

近代以还，真正的学者，一直生活在世俗权力与理想之间持久的紧张状态中，但随着社会分工的不断细化，传统的学者越来越难继续维持其同社会的某种疏离状态，以履行其作为社会的批判者的角色。当大批拥有博士、硕士学位头衔的人加入到"学匠"行列之时，同行竞争变得日益残酷起来。寥寥无几的教授职位、只升不降的职称评定导致了对论文与著作数量的片面的、僵化的推崇。在缺乏严格的学术规范的制约下，为了节约时间成本，为了降低思考投入，在"一切都是体制惹的祸"的借口下，大量的次品、伪品被不断地催生出来，学术泡沫在急剧地膨胀，但是，中国的科技国际竞争力排名却连续几年止步不前甚至下降。一些对中国和世界历史及现状缺乏常识理解的炒作居然可以引起社会的轰动效应。当然，也许学者本人并不愿意这样做，他们会说这一切都是为了生存！要生存就要干自己不愿干的事！然而，真的不能努力只做或多做自己愿意做的事情吗？

二、精品不离大师

讨论学术精品，绝对离不开大师。所谓"大师"，是指有巨大成就而为人所崇仰的学者或艺术家。在人文社会科学领域，堪称"大师"称号的，需要具备以下几个条件：

其一，大师必须拥有巨大的成就。如何理解巨大？当指创作了开风气先河之力作，成就了集古今大成之鸿著，留下了无愧于时代的学术精品。读这些精品，能启迪智慧，激扬心灵；与这些精品为伴，则能见贤思齐，反躬自问。

其二，大师必须拥有扎实的学术功底，具备敏锐的观察社会的能力；大师应该拥有笛卡儿式的怀疑精神，勇于探索新知；大师自然以学术为本位，为学术而学术，拒绝接受强加于学术真理之上的任何权威，拒绝获取与探求真知相左的任何利益诉求。朱利安·本达关于学者曾经这样解释："他们的活动本质上不追求实用目标,他们是在艺术、科学或形而上学的思考中,简言之,是在获取非物质的优势中寻找乐趣的人,也就是以某种方式说'我的国度不属于这个世界'的人。"①

其三,大师应能获得人们的崇仰。学术上的成就只是获得人们崇敬的条件之一,道德与人格的完美才能持久地影响人们的心灵。研究学术所能达到的深度并不以人格的善恶为必要的条件,一个品质低劣的人同样可以在学术上实现独创性的发现,同样可以成就令后人研究相关领域无法绕过的精品,但这样的人不可能被冠以"大师"的称号,大师的作品与其人格魅力应当是完整的统一。爱因斯坦在悼念居里夫人时曾说过一段著名的话:"第一流人物对于历史和历史进程的意义,在其道德方面,也许比单纯的才智成就方面还要大,即使是后者,它们取决于品格的程度,也远超过通常所认为的那样。"② 历史能够证明,用血肉灌注的人格砺石,往往更能打磨思想的锋刃,留下后人无法企及、不可超越的精品。

以上三个条件相互支撑,并不矛盾。学术成就、学术本位、人格魅力,三者相互辉映。就此而言,陈寅恪常为人称道。陈寅恪自小游历西方诸国,知晓十多种语言,学贯中西、博闻强志。胡适曾评曰,"寅恪治史学,当然是今日最渊博、最有识见、最能用材料的人"③;他晚年以足膑、目盲之躯,写下《柳如是别传》,煌煌 80 万言,打通文史,以诗证史,迄今无人能及;尤其是他追求"独立之精神、自由之思想",在当代学界树立了一座人格的丰碑。

倘以这样的标准来衡量现在的学者,恐怕能配得起"大师"称号的人实在寥寥无几,自然堪称精品的学术成果也较难寻觅。吴树青曾写道:"在文史哲的基础学科中间,博古通今、学贯中西的大师级的人物我们培养的太少。现在我们也有一些,比如说像我这么大年纪的同志中间也有一些很优秀的,但是只能说是准大师,不好说是大师级的人物,无论是在学术功底、知识面和创造性等方面,和以前的一辈大师级的人物相比还是有相当大的差距。"④ 的确,与调查中得到公认的大师相比,当今学者不仅在学识方面有所欠缺,在学术大师背后蕴含的精神底蕴方面更付阙如。这种独立的、自由的、宁静的、淡泊的精神底蕴是当前学界普遍缺乏的,也是人们心所向往的。没有这种精神底蕴的支撑,学术就会继续浮躁。当然,这并不是说大师处处高明,即如陈寅恪,他的学术著作中同样有谬误存在,但其人格与学术的高度统一,值得我们仔细品评、视为瑰宝。

---

① [美] 刘易斯·科塞:《理念人——一项社会学的考察》,中央编译出版社 2004 年版,第 1 页。

② [德] 爱因斯坦:《悼念玛丽·居里》,载《爱因斯坦文集》第 1 卷,商务印书馆 1983 年版,第 339 页。

③ 胡适:《胡适日记》,1937 年 2 月 22 日条,中华书局 1985 年版。

④ 吴树青:《为什么我们没有培养出文科大师》,载《中国大学教学》,1997(1)。

总之，没有大师难出精品，没有精品何来大师？

大师是什么？大师就是学术前进的界碑。

精品是什么？精品就是学术界碑上的铭文。

三、时代呼唤精品

做学问，本应当"板凳要坐十年冷，文章不写一字空"，但现实情况呢，学风浮躁，江河日下。应付出版社的催稿，赶评审任务，学术作品仓促上阵又仓促收尾，质量普遍滑坡。科学的人才评价体系和成果评价体系严重缺位，形形色色的以论著数量、刊物级别、项目等级作为评价人才和作品质量的标准的出台，加剧了人们对非学术因素的追逐。在浮躁空气的"滋养"下，学园里洋溢着虚假的繁荣气息。

学界的浮躁源于世俗利益的诱惑和评价体系的缺位。每个人都是俗人，学者与学匠的区别在于：前者视学术为生命，后者视学术为饭碗。何以选择？这属于人的价值取向问题，很难用一套确定的方法来保证后者向前者的自动转化。至于评价体系的缺位问题，需要弥补这个体系。不仅要对学术成果、学术项目、学术机构进行评价，还要对评价的理念和方法进行评价。

学风浮躁与学术腐败是相辅相成的。腐败是权力的专利。没有权力的滥用也就不会产生权力的寻租，没有权力的寻租，也就无所谓"腐败"。世上没有什么制度可以完全阻止腐败的发生，只要存在权力，就一定会产生腐败。但一个好的制度可以制约权力，因而有助于消除腐败。在组织化的学界，肯定存在着学术权力。简单说，"学术权力就是根据学术事务、学术活动及学术关系等的特点和规律对其施加的影响和干预力量。"[1] 在高等教育体系内部，从直接从事教研活动的学者、教授到学院院长，从大学的校长到主管教育的政府官员，都在行使着不同层次的学术权力。权力有大小，只要没有监督，难免产生腐败。解决的办法：一是加强监督，强调规则的公开和公正；二是尽量减少行政化的程度。在为学者创造尽可能大的学术空间的同时，尽可能减小非学术化的权力空间，要让学者有一个相对独立的学术氛围。

学术自由是学术繁荣的前提。有论者说，当前学术自由的最大障碍，一个是审批学术、一个是等级学术。[2] 这仍然是计划学术的模式。"集中力量出成果"、

---

[1] 张珏：《关于学术权力概念的界定》，载《高等教育研究》，2000（5）。

[2] 这两个概念参见郑永流：《学术自由及其敌人：审批学术、等级学术》，载《学术界》，2004（1）。

"用工程的办法解决问题"是它的基本逻辑。这个逻辑预设了一个容易让人忽视的前提，即学术是可以计划的。在一定意义上，技术的确是可以计划的，比如"两弹一星"工程，其本质上就是一种对技术的计划，但这种计划的前提是：这种技术是已有的。但科学发现是不能计划的，因为科学是对未知世界的探索，相对论出现以后，人们可以计划着制造原子弹，但相对论绝对不是计划出来的。这也是吴大猷反复强调要把"科学"与"技术"进行区分的重要原因。人文社会科学研究的对象很大程度上是一个经验的社会而非理性的社会，这样的研究对象也就更加难以靠"计划"去处理。花了大钱和大力气，可能一方面造成浪费，另一方面使大多数人无所事事。

时代呼唤精品，我们也花了很大的精力来谈如何繁荣学术，但没有给出完全的答案。其实，这里解决问题的思路是试错式的。实践中产生问题，我们就试图针对性地解决它；再出现新的问题，又再寻找新的解决办法。其次，这里用的也是所谓排除法：什么是正义？排除非正义的因素，剩下的就是正义了；什么是学术繁荣？去掉了浮躁学风，消除了权力腐败，撤销了对自由的束缚，学术自然也就繁荣了。成果评价如果不能摆脱形式化的束缚，不能树立精品意识，是难以真正有所作为的。反之，就会别开生面。

学术繁荣，将使学术精品迭出！

第二篇

人文社会科学
研究成果评价体系
的实践考量

第八章

评价指标体系的构建：价值选择与实际操作

第一节 人文社会科学研究成果评价指标 体系的价值与案例分析

一、人文社会科学研究成果评价指标体系之价值分析

就人文社会科学研究成果评价体系而言，最受关注同时争议最大的，就是评价指标体系的构建问题、评价程序问题、具体操作问题，它们是此后三章讨论的重点。

任何人文社会科学评价体系都是预设了目标并具有特定导向的。特别是评价指标体系的构建，更强调指标及其权重选择的目的性，在这里，评价指标体系的功用和价值导向是预先设定好的。人们一旦选择某种评价指标体系，就隐含着对某种结果的预期。

评价的依据和标准应当深植于评价指标体系之中。科学、合理的评价指标体系应是全面、系统、明确，并具有实际操作性的评价依据和评价标准。

253

1. 人文社会科学研究成果评价的模式

所谓人文社会科学研究成果中的"成果"一词，具有多种含义。根据一般的理解，我们可以将人文社会科学研究的"成果"分为三个层次：一是产出，指的是某项研究活动终止时的状态，如发表了多少篇论文，提交了几部研究报告等。二是结果，指的是人文社会科学研究活动实现预期目标的状况（即目标达成度），如完成研究计划的情况、通过项目验收等。三是效果，指研究活动所产生的正面影响，如带来的政治、经济效益，社会和同行的高度评价等。

"人文社会科学研究成果评价"，是根据某种价值体系或标准对人文社会科学研究活动的成果进行测定和评议的活动。在逻辑上，"评价"可以分为两项独立的活动：一是测量，即对研究成果的实际状态进行测定的活动。测量的目的是要准确把握研究成果的事实状态或实际状态，它要回答"是否"和"何种程度"的问题，因而基本上遵循科学研究典范。二是评议，即根据某种价值对研究成果的好与坏、优与劣进行断定的活动。评议的目的是对研究成果的事实状态与应然状态进行比较，从而做出价值（有用性）的判断。它回答的是"应然"的问题，属于人类互动行为的范畴，因而遵循的是社会行为典范。

如此来理解研究成果评价，我们可以根据不同的标准对人文社会科学研究成果评价模式进行分类。如：

——根据评价的主体，可以将成果评价分为内部评价与外部评价。内部评价包括自我评价和同行评价。总体而言，内部评价具有知识和信息优势，而评价结果也更易于用来改进后续研究。外部评价主要分为管理者评价、服务对象评价和社会大众评价。其中，管理者评价主要用作控制、激励和资源分配的工具；服务对象评价主要对成果的应用性进行判断；而社会大众评价则主要是为了好奇心或表达某种社会诉求。人文社会科学研究是专业性很强的活动，因而具有同行评价和自我评价的传统。需要注意的是，最近 20 年来由于新公共管理运动的影响，应用性研究的增加，以及科研之政治性功能的强化，管理者、服务对象和社会大众的评价呈现倍增之势。

——根据评价的方法，可以将成果评价分为质性评价与量化评价。前者主要是对社会成果的价值规定性进行判断，后者则对成果的程度进行描述性的界定。一般而言，人文社会科学与自然科学的研究对象、方法和目的均有较大的区别，因而，人文及社会科学研究者通常比较关注其研究成果的质性特征；而受自然科学以及实用主义哲学的影响，20 世纪 80 年代后期，在"社会指标运动"影响下的科研成果评价，则将注意力集中于量化评价。

——根据评价的功能，可以将人文社会科学研究成果评价分为选拔性评价、配置性评价、开发性评价、诊断性评价和考核性评价。其中，选拔性评价主要用于科研人员的选拔和成果的评奖，特别强调评价的区分功能；配置性评价主要用于科研人力资源和物质资源的配置，强调科研成果的目标达成度；开发性评价主要目的在于对于科研成果的实质性内容进行分析，以为后续科研工作提供参考和建议；诊断性评价是一种管理评价，主要用来诊断科研工作存在的问题与原因，以为管理措施的实施提供科学的依据；考核性评价主要用于对科研人员的管理，其功能是对人员科研工作的绩效进行测定。

2. 人文社会科学研究成果评价指标的意涵

"指标"一词，虽然在社会生活中被广泛运用，却没有一致的定义。卡登斯认为指标是一种指示物，用以测量事物的质量或数量；斯比和波曼则主张，指标是一种迹象（signals）或导引，用以显示制度或部分制度的表现情形。如此的定义，很难将指标的轮廓明确、具体地描绘出来，约翰斯通对于"指标"五种特性的说明，或许可以帮助我们对指标的意涵有更深切之认识。

——指标可以指出普遍的状态，但未必具有高度之科学精确性；

——指标与变项有所差异，变项只能反映社会的特定层面，而指标结合变项的相关概念，表现制度的简要图像；

——指标是可量化的数字，必须根据建构的法则，解释指标的意义；

——指标的值是暂时性的，适用于一点或一段时间，这个点可能是特定的月份或年份，也可能是过去的一段时间；

——指标是理论发展的起点，研究者若想研究某个现象，必须先确认相关的概念，再将概念之操作型定义转化成可测量之变项，并进行数据收集与指标建构之工作。

此项论述，正点出"指标"具有普遍性、预测性、量化性、实时性、推论性等特质。

指标在人类社会的使用，最著名且发展最早的是经济指标。20世纪发展经济指标的成功经验，激起了学者、专家对社会指标之兴趣。1966年，美国学者罗蒙德·鲍尔出版了《社会指标》一书，强调社会、政治、经济的和谐发展，从而掀起了所谓的"社会指标运动"。70年代末期，指标开始受到各国政府决策人员、学者及社会大众的重视。而到80年代以后，指标开始被有规模、系统地应用于教育和科研领域。

根据学者们的一般观点，科学研究成果指标是对有关教育和科研制度表现情形的一种统计量，可以反映研究的质量与产出，记录重要状况的改变，判断个人或机构在达成目标方面的效率与功能。因此，总的来说，成果指标的本质是一种评价工具，藉此我们可以获得所欲了解的某类研究的发展情况。

既然指标构建的目的是为了评价，那么优质的指标与不良的指标，必定造成迥然不同的评鉴结果。所以什么是优质的指标？应该有一套构建的标准。安德逊（1991）所提出的好指标选择标准，或许对我们有所启示：

——指标应来自现成数据，或是可用较简易及低成本方式来搜集；

——指标应容易理解，一些用复杂数学函数表示的指标，不实际也不易理解；

——指标应有共通的操作性定义，是一种可测量的工具；

——指标应测量重要与有意义之事物；

——指标在测量提出时，应与真实事物本身的时间差距力求最少，才能展现真实的情况；

——指标应能提供进行区域、社会团体或机关之间比较的信息；

——虽然具有环境与社会背景之差异，但指标仍应具备国际比较之功能。

此外，我国台湾学者王保进也提出了七项标准作为构建成果指标的依据，分别是：

——测量研究最为重要的中心特征，具有简明性；

——与政策具有相关性，可指出当前或潜在之问题；

——为提高指标的精确性，所测量的事物应是可观察的现象，使每一指标均能被数量化；

——必须具备价值中立（value-free）的特质；

——应能加总或分割，以便进行横向和纵向的比较和预测；

——具有信度；

——具有效度。

3. 人文社会科学研究成果评价指标体系及其核心价值

人文社会科学研究成果评价指标体系就是指在特定的人文社会科学研究成果评价活动中，旨在对成果做出科学评价所依据的评价指标的集合。在这里，我们需要重点把握这样几层意思：

一是评价指标体系是若干评价指标的有机整体，它不是一个指标，也不是一部分指标的堆砌，而是有密切联系的，可以比较全面系统而真切反映人文社会科学研究成果实际状况和影响的一组指标。

二是评价指标体系是服从和服务于科学评价活动的，它的存在价值在于有利于对人文社会科学研究成果做出符合客观规律的科学评价，而不服从和服务于其他目的。

三是评价指标体系是具体的、动态的，特定的评价指标体系只能用于对特定的人文社会科学研究成果进行评价，世界上不存在行之万能的、放之四海而皆准的人文社会科学研究成果评价指标体系；特定的评价指标体系只能用于对特定时间范围内的人文社会科学研究成果的评价活动，世界上也不存在一劳永逸、万古不变的人文社会科学研究成果评价指标体系。

对于任何一项人文社会科学研究成果评价活动而言，评价指标体系都是不可或缺的，它的核心价值就在于使评价依据、评价标准系统化、具体化。这种有用性具体表现为：

——人文社会科学研究成果评价指标体系是"指示器"，可以全面反映人文社会科学研究体系和活动的绩效水平；

——人文社会科学研究成果评价指标体系是"诊断器"，可以精确反映人文社会科学研究体系和活动存在的问题与原因；

——人文社会科学研究成果评价指标体系是"指向针"，可以表明人文社会科学事业发展和改革的基本方向；

——人文社会科学研究成果评价指标体系是"发动机"，可以为科研单位和科研人员提供目标和方向，产生巨大的激励力量；

——人文社会科学研究成果评价指标体系是"管理手段"，可以作为管理、奖惩和资源分配的手段；

——人文社会科学研究成果评价指标体系是"证明书"，可以向社会证明人文社会科学研究事业的社会贡献。

二、我国人文社会科学研究成果评价指标体系之案例

改革开放以后，在我国的教学科研单位，广泛推行了以职称制度为核心的科研人员管理制度。为了适应科研人员职称晋级的需要，绝大多数教学科研单位都开始进行以科研水平认定和科研业绩评估为特色的科研成果评价。

自20世纪80年代起，我国即开展了比较系统的科研成果评价研究和实践活动。相应地，人文社会科学研究成果评价及其研究工作也在相关教学和研究单位得到开展。在各单位试行的各种评价制度中，已涉及科研机构、科研项目、研究人员和学术论文等不同层次的研究成果评价，并形成了各种评价指标体系。

为了具体说明我国人文社会科学研究成果评价指标体系建设状况，同时避免概括性结论的偏失，我们首先列举两个实际应用中的评价指标体系，以便择要说明我国人文社会科学研究成果评价指标体系的相关情况。

案例1：某大学哲学社会科学研究评价指标体系

一、总则

1. 目标

社科研究评价是社科研究管理工作的重要组成部分，是推动我校哲学社会科学研究事业健康发展，提高我校社科研究管理水平的重要手段和保障，为建立健全社科研究评价机制，全面评价我校社科研究工作，鼓励广大教师和研究人员多方争取项目，多渠道筹措科研经费，多出"精品"、"上品"和标志性成果，努力把我校建设成为国内一流、国际知名的高水平研究型、综合性大学，特制定本评价指标体系。

2. 导向

有利于提高我校教师和研究人员的科研创新能力和水平，促进我校哲学社会科学研究的发展和繁荣；有利于高素质科研队伍的建设与发展，培养和造就一批大师级专家、学者和中青年学术骨干；有利于学科建设、交叉研究，以提升我校社科的综合实力。

3. 原则

（1）科学性。

本指标体系根据社科研究的特点，从投入产出的顺序来评价社科研究的全过程，即项目、成果、成果获奖等三大类指标来进行评价。

a. 项目根据其来源情况不同，分为纵向项目、横向项目。纵向项目主要考虑立项机关的级别，级别越高，其对应的分值也越高；横向项目主要根据经费多少来区别，经费越多，其分值也越大。

b. 成果评价主要根据社科成果的特点，将成果分为三类来评价，分别是：论文类、著作类、报告类。

——论文类成果以南京大学中国社会科学研究评价中心的《中文社会科学引文索引》（简称 CSSCI）收录的论文数作为论文的数量指标，论文被引次数作为质量指标，兼及论文的转载情况。同时考虑到评价成果的社会影响，其论文的自引，不作为评价依据。

——报告类成果主要考虑成果的应用情况，根据成果的最终使用去向来确定分值，同时考虑成果的字数。

——著作类成果根据其成果的研究难易程度，按不同的成果类别，分为专著类、编著类、通俗读物类、古籍整理类、资料汇编类，给出不同的权数。同时为了鼓励高水平教材的出版，对全国性规划教材及其他教材在评价分值上给予了倾斜。

c. 成果获奖按照国家、教育部、省及其他部级来划分，考虑到第一作者的学术水平是该项成果获奖的关键因素，成果获奖分主要体现在第一作者上。另外，考虑到同教育部的统计系统挂钩问题，一些全国性的专业基金奖也视为省级及其他部级奖。

（2）可比性。

评价指标体系各项指标的量化，有利于不同教师和研究人员之间成果的对比，有利于不同学科、不同单位之间成果的对比，促进我校科研创新工作的不断发展。

（3）操作性。

指标体系的设置尽量简化，评价过程简单，易于掌握和操作。

4. 使用范围

——用于学校"211"人才的评选及考核；

——用于教师和研究人员的科研工作量的考核，作为岗位聘用的依据；

——用于文科各单位专职科研编制核算；

——用于文科各学院（所）干部的业绩考核。

5. 本评价指标所指学科为国家技术监督局于 1992 年 11 月 1 日发布的《学科分类与代码》（GB/T13745—92），简称《国标》。

二、评价指标体系

1. 项目类

对于一个学校来说，纵向项目的多少，体现了这个学校的学术水平，反映出这个学校在全国的学术地位；横向项目的多少，可以体现这个学校为地方政府、企业服务的能力和水平。

	类别	排名级别	一	二	三	四	五
纵向（分/年）	国家级	重大	150	30	30	30	30
		重点	70	12	12	12	12
		一般	50	8	8	8	8
		青年	30				
	教育部级	重大	100	25	25	25	25
		重点	60	10	10	10	10
		一般	40	5	5	5	5
		青年	25				

续表

	类别	排名级别	一	二	三	四	五
纵向（分/年）	省及其他部级	重点	40	5	5	5	5
		一般	20				
		青年	15				
	市级	重点	20				
		一般	15				
		青年	10				
	校级	重大	20				

	经费类别	30 万元以上		10 万元以上		5 万元以上	
横向（分/项）	国外基金	60		40		25	
	其他横向	50		35		15	

说明：

a. 有负责人项目，不再计其他项目的参与分；若无负责人项目，一个人最多计 1 个项目的参与分。

b. "一"为负责人，"二"至"五"为参加者排名。

c. 纵向省级一般项目以下，只计负责人分；横向项目只计负责人分。

d. 计划期间各类在研究重大项目的子课题视为同类项目重点项目，重点项目的子课题视为一般课题。

e. 国家级重大项目指国家和教育部重大攻关项目；教育部重大项目指基地重大项目、跨世纪人才基金项目、新世纪人才基金项目、教育部重大委托项目。

f. 欧盟项目、北美基金项目、住友基金项目等计为国外基金项目。中流基金不计。

g. 横向项目以当年入校经费为准，只计一年；当年入校经费少于 5 万元不计。

h. 项目超过立项机关批准的完成时间（含批准延期一次）不再计分。

2. 成果类

（1）论文类。

社科研究论文是社科研究的主要表现形式，社科研究论文的质量和数量是人才评价、机构评估的重要指标，也是判断一个国家、一个地区、一个部门社科水平的重要指标。

a. 论文数量

论文	一般刊物	CSSCI 来源刊物	权威刊物
分值	3	8	20

b. 论文被引频次

被引频次	1~2	3~5	5 以上
分值	8	20	30

c. 论文被转载情况

论文被转载情况	《新华文摘》、《中国社会科学文摘》全文转载	《人大复印报刊资料》全文转载	论点摘要（200 字以上）
分值（分/次）	20	8	3

说明：

a. 一般刊物指有国内统一刊号、公开发行的学术刊物，或由出版社正式出版的学术论文集，或省级以上公开发行的报纸（限理论版、学术版）。

b. CSSCI 来源刊物指南京大学《中文社会科学引文索引》上所列刊物（当年评价按前 2 年目录）。

c. 权威刊物目录：《管理世界》、《求是》、《哲学研究》、《世界宗教研究》、《中国语文》、《文学评论》、《外国文学评论》、《文艺研究》、《历史研究》、《考古学报》、《经济研究》、《政治学研究》、《法学研究》、《社会学研究》、《民族研究》、《新闻传播与研究》、《情报学报》、《教育研究》、《体育科学》、《统计研究》、《心理学报》、《中国社会科学》、《国际问题研究》。

d. 《人民日报》、《光明日报》理论版、学术版的学术论文计为 CSSCI 来源期刊论文级别。

e. 论文被转载或摘要计分的刊物仅指《人大复印报刊资料》、《新华文摘》、《高等学校文科学术文摘》、《中国社会科学文摘》。

f. 论文被引频次不含自引。

g. 论文字数要求在 3 000 字以上（不含语言学）。

h. CSSCI 期刊的主编每年计 40 分，副主编计 25 分；一般学术期刊的主编每年计 20 分，副主编计 10 分。

（2）报告类。

应用研究（报告）使用分类计分（纵、横向立项项目成果）

	类别	≥5 万字	<5 万字
使用、鉴定单位等级	国务院	60 分	30 分
	省、部级、超大型企业	40 分	20 分
	地、市级、大型企业	20 分	10 分
	县级、企业	10 分	5 分

说明：

论文与研究报告类成果，第一作者计 60% 的分，其他人平分 40% 的分。

（3）著作类。

全国规划教材	公开出版教材、专著
3分/万字	2分/万字

说明：

担任主编或副主编分别在个人撰写部分的分值基础上增加8分和5分。折算标准如下表。

类　　别	权　　数
专著、古籍整理的注释、语言类工具书	1
编著、理论译著、其他类工具书	0.8
通俗读物、其他译著	0.3
古籍整理编校、点校	0.2
资料汇编、编纂（影印部分不计字数）	0.1

说明：

修订本，根据出版社修改内容不超过10%的规定，权数为0.1。

3. 获奖成果类

级别	排名	1	2	3	4	5
国家级	一等	150	35	35	35	35
	二等	100	25	25	25	25
	三等	70	12	12	12	12
教育部级	一等	100	25	25	25	25
	二等	80	15	15	15	15
	三等	60	10	10	10	10
省及其他部级	一等	70	12	12	12	12
	二等	40	7	7	7	7

全国性的基金奖，如孙冶芳基金奖、王力语言学家奖、吴玉章基金奖、安子介奖、胡绳学术基金奖等，计为省及其他部级成果奖，无等级的计为一等奖。

三、指标使用办法

1. 数量指标

纵向项目数、横向项目经费、论文数、报告数、著作数、成果获奖数是一项基本数量指标，可以用这些数量来反映我校社科研究的总体业绩，进行纵向比较，可以反映我校社科研究的发展与繁荣情况。

2. 质量指标

论文的被引频次、转载情况均可被视为对该项成果的质量评价，以上两项指标的总量可作为反映学院（所）社科研究的业绩的一项指标；也可以用于个人评价，其总量可以反映出个人当年的科研情况，并可以同以往的情况进行比较，判别个人的科研业绩的进步状况；也可以进行不同科研人员之间的比较，作为人才培养、学术梯队建设、岗位聘任的一种参考数据。

3. 平均指标

平均指标可以反映一个机构或部门承担项目数、拥有科研经费、发表论文或著作的情况，用"项/人"、"元/人"、"篇/人"、"部/人"表示。

某年度某学院（所）、某学科人均项目（经费、论文、著作）＝某学院（所）、学科当年在研项目（入校横向经费、发表论文、出版著作）总数÷当年人数（副高职称以上人数）

本项指标也可以用分值来计算，用"分/人"表示。

该项指标可以用于不同学院（所）、不同学科之间的比较，消除机构大小、学科人数的影响，反映出一个学院（所）、学科的整体实力，反映出一个学院（所）、学科的效率高低。

还可以进行纵向比较，判断一个学科、学院（所）的社科发展情况，如增长率指标：

增长率＝某学院（所）、某学科上年的人均分值÷当年的人均分值×100%

4. 效果指标

结合纵向和横向科研经费的情况，可以计算出社科成果总量与研究与发展（R&D）经费的比值，反映出我校、一个学院（所）、一个学科社科研究的投入产出情况，用"分/万元"表示。

学校（学院、所、学科）某年投入产出比＝某年社科成果总量÷当年投入的研究与发展（R&D）经费

由于研究与发展（R&D）经费的投入到实现成果有一个滞后的过程，用该项指标时可以采用较长的期限，用3年或5年作为考核期限。

案例2：某大学人文社会科学类教师申报教授职称科研评价标准

一级指标	二级指标	指标权重	评价指标及评分等级
科研情况	论文	10	任现职以来 1. 基本要求：在公开出版的学术刊物上独撰或以第一作者身份发表与本学科有关的学术论文5篇（其中核心期刊3篇）；或在公开出版的学术刊物上独撰或以第一作者身份发表与本学科有关的学术论文3篇（其中核心期刊2篇），并撰写15万字以上公开出版发行的专著或教材。同时主持并完成过纵向研究课题，经费5万元以上（基础课、公共课类教师所主持课题经费不限数额）；或横向课题2项以上，到款经费10万元以上（文理科3万元）；或获得校级及以上优秀教学成果奖1项；或获得国家发明专利1项（艺术、体育专业教师参加专业比赛的作品（成绩）获得省级以上奖励亦按此对待）。 2. 质量：（1）在特种期刊上发表的论文，每篇计180分。（2）在权威一类期刊上发表的论文，每篇计20分。（3）在权威二类期刊上发表的论文，每篇计16分。（4）在权威三类期刊上发表的论文，每篇计12分。（5）在一类核心期刊上发表的论文，每篇计8分；在二类核心期刊上发表的论文，每篇计4分。其中EI、ISTP光盘版收录的加2分；《新华文摘》转摘1/2以下和《中国社会科学文摘》转摘1/2以下的加2分；《中国人民大学报刊复印资料》全文转摘的加1分。（6）在国内公开出版的学术刊物上发表论文每篇计2分。（7）国内公开出版的学术刊物若为论文集、增刊、专刊、专辑等，每篇计0.5分。 3. 知识产权：（1）发明专利每项计16分；（2）实用新型专利每项计8分；（3）外观设计专利每项计5分；（4）软件著作权每项计8分。 以上分值按独撰给分，多人合作分配系数见附表。
	著作或教材	5	任现职以来 1. 纳入学院或省级及以上教育主管部门下达的教材编写计划的编者，按教材计划要求的字数每万字计2分，国内公开出版的自编教材每万字0.5分。编写教材获国家教育部优秀教材奖按优秀教学成果奖计分。 2. 公开出版科技著作：（1）国外公开出版的科技专著每1万字计2分；（2）国内公开出版的科技专著每1万字计1分；（3）国内公开出版的科技编著或译著每1万字计0.5分；（4）国内公开出版的科普读物每1万字计0.2分；（5）国内公开出版的科技工具书每1万字计0.05分。

续表

一级指标	二级指标	指标权重	评价指标及评分等级
科研情况	科研获奖	10	**任现职以来** 　　1. 科学技术奖：（1）获国家级科学技术一、二等奖，分别计 500、200 分；（2）获省部级科学技术一、二、三等奖，分别计 100、60、20 分；（3）获地、市（厅）级科学技术一、二、三等奖，分别计 15、10、7 分；（4）获学校优秀成果一、二、三等奖，分别计 5、3、1 分。 　　2. 人文社会科学成果奖：（1）获教育部人文社会科学研究成果一、二、三等奖，分别计 150、100、50 分；（2）获国家社会科学基金项目优秀成果一、二、三等奖，分别计 60、20、15 分；（3）获省哲学社会科学优秀成果一、二、三等奖，分别计 50、20、10 分；（4）获地、市（厅）级人文社会科学成果一、二、三等奖，分别计 15、10、7 分；（5）获学校优秀成果一、二、三等奖，分别计 5、3、1 分。 　　3. 单项奖、学会奖视级别和等级每项计 0.1～1 分。 　　4. 科技工作荣誉奖：国家级计 20 分，省部级计 10 分，校级计 5 分。
	科研项目	8	1. 科技项目：（1）国家级重点项目：国家 973 项目、国家 863 重点项目、国家自然科学基金重点项目、国家杰出青年基金项目、国家攻关项目、国家社会科学基金重点项目、跨世纪人才培养计划项目，每项计 20 分；（2）国家级一般项目：国家自然科学基金面上项目、863 一般项目、国家社会科学基金面上项目、教育部重点项目、博士点基金项目、其他国家级项目，每项计 16 分；（3）省部级项目（包括国家特大型企业项目）每项计 14 分；（4）地、市（厅、局）级项目每项计 10 分；（5）横向项目每项计 8 分；（6）学校科技基金项目每项计 3 分。 　　作为参加单位，所获主持子项目，其项目每降一级（需要有效证明文件），其分值递减 30%。科技项目通过成果评价后，经科技处核准结题，才能计分。 　　2. 科技经费：（1）国家级重点项目（范围同上）经费每万元计 2 分；（2）国家级一般项目（范围同上）经费每万元计 1.8 分；（3）省部级项目（包括国家特大型企业项目）经费每万元计 1.6 分；（4）地、市（厅、局）级项目经费每万元计 1.4 分；（5）横向项目经费每万元计 1.2 分；（6）用项目经费购置固定设备每投入 1 万元，计 0.5 分。 　　人文社会科学类取自然科学类的 6 倍分值，经管类取自然科学类 4 倍分值。作为参加单位，所获主持子项目经费分值，其项目每降一级（需要有效证明文件），其分值递减 40%。 　　3. 技术转让及成果转化：（1）科技成果转化（转让），按与学校签订合同的到款额计算，每 1 万元计 1.6 分。（2）科技成果转化后，为学校上缴利润，每 1 万元计 5 分。

概览以上两个指标体系，可以发现，虽然它们涉及不同的层次和评价目的，但依然比较典型地反映了现阶段我国人文社会科学研究成果评价体系的基本特征：

——数量化指标的大量使用；

——过程性、结果性指标同时使用；

——著作类指标以发表刊物等级作为指标值的依据；

——项目研究成果评价注重项目来源与经费；

——注重实践部门的评价。

三、对上述人文社会科学成果评价指标体系的反思

上述例子，虽不能反映我国现有人文社会科学研究成果评价指标体系的全部，但也具有相当的代表性。通过对上述指标体系的研究，以及会议座谈、问卷调查及文献检索等方式所得到的反馈，我们发现社会各方面均对目前比较普遍采用的评价指标体系持有一定的否定性意见，甚至是颠覆性的意见。抛弃一部分因利益因素所造成的极端性偏颇意见，我们必须实事求是地承认，这些意见在一定程度上反映了目前我国在不同单位和层次上实际应用中的人文社会科学研究成果评价指标体系存在的普遍性问题。

1. 指标的科学性问题

现有人文社会科学研究成果评价指标体系的科学性问题，主要表现在三个方面：

——指标的效度问题，即指标是否以及在何种程度上反映了所要评价的成果。由于人文社会科学研究的成果具有无形性、广泛性、多面性、长期性和迟滞性，很难在规定的时间内以规定的形式表现出来。因而，很难用合适的指标进行衡量。

——指标的形式问题。出于评价的方便，现有的指标体系均倾向于采用量化的方式。从效果来看，对于人文社会科学研究活动的产出和结果，量化的方式比较有效；而对于其影响，量化指标就具有很大的局限性。目前存在的一个问题就是以数量取代质量，而数量上升的结果可能会带来研究质量的下降，这是值得我们警惕的现象。

——指标内涵的价值和标准问题。由于人文社会科学评价研究本身涉及对社会人文现象的评价，因而人文社会科学研究成果评价实际上是"评价的评价"。价值在某种意义上是先验性的，不属于科学范畴。这就注定了人文社会科学研究成果评价指标体系"天然地"存在着科学性问题。

2. 指标的公正性问题

就我国现有的科研管理体制而言，研究成果评价的最重要的作用就是作为资源分配的依据。因而，必须将公平性纳入指标体系设计的考量。而目前我国现有的人文社会科学研究成果评价指标体系中，公平性方面的问题主要体现为：

——指标效度构成的不公平。有些指标所指涉的评价内容片面，使有的学科、机构、人员和研究成果形式处于天生的不利地位。如现有的评价指标通常不利于人文学科、纯基础性研究、本土出生和成长的研究人员，以及那些以非（核心）刊物发表形式展现的研究成果。

——指标权重构成的不公平。主要是权重配置武断、简单和不合理，实际上弱化了某些研究的价值，或者将不同类的效用予以加总、比较。

——指标信息获取方式的不同而造成的不公平。如创新性研究，其价值往往不为人们所认识，因而无论是从同行评价、社会效益核算还是论文引用率，均难获取有利的信息。

3. 指标的操作性问题

我国现有人文社会科学研究成果评价指标的操作性问题主要体现在两个方面：

——有些指标含糊歧义，缺乏明确的界定和测评手段，从而造成应用的困难。如某"研究类成果的科学性评估"指标体系，共包含"基本理论依据或前提的可靠性"、"概念使用的科学性"、"论据的可靠性和充分性"、"论证逻辑的严密性和完备性"、"研究方法的可靠性和有效性"五项指标，每项又分为21个分值段，每段1分，并在21、16、11、6、1各分值段上标出"极好"、"较好"、"一般"、"较差"、"极差"五个等级，评委可以在21分到1分范围内给被评成果打分。这些量化指标看上去十分精确，但在实践中，什么是"极好"，什么是"较好"，某成果为什么要打21分而不是20分或19分、18分等，很难把握。打分时必然包含主观性，甚至完全跟着感觉走。

——有些设计者为了操作的便利，将某些操作困难的指标删掉，造成了指标体系设计的"削足适履"现象，其指标设计和取舍的基本依据不是"评价的需要"，而是"评价的可能"。

4. 指标评价结果的应用问题

根据我们的调查，人们对当前我国人文社会科学研究成果评价指标体系的意见和不满，最为主要的还不是关于指标自身存在的问题，而是对单位管理者对指标评价结果的应用上。受全球化带来的管理主义思潮的影响，各单位热衷于人文社会科学研究成果指标体系的原因，主要在于可以将其用作操纵、控制和资源分配的利器。这与传统的人文社会科学研究中的人文、科学精神大相径庭。由于管理者的实际优势地位，人们就将对科研管理制度的不满转移到指标体系方面。实际上，任何指标体系都是有特点，也就有缺陷的，只要运用得当，均可以发挥相应的积极功能。

5. CSSCI（SCI、SSCI）的局限性问题

这本是一个具体问题，其负面效果可以反映在上述问题之中。由于近年来，我国进行了 CSSCI 建设，而相当多的科研单位将 CSSCI 作为评价人文社会科学学术论文成果的标准，因而出现了很多针对 CSSCI 的意见。主要有：

——CSSCI 的引用率统计数字不可能绝对可靠，这主要是由于可能存在的"伪引"、"漏引"现象；

——引用率在不同学科和研究领域之间存在不可比性；

——CSSCI 来源期刊的确定本身存在问题；

——引用率与质量不一致的现象大量存在；

——我国学术刊物评审机制不健全，造成 CSSCI 来源期刊刊发的论文可能存在的质量低劣问题；

——CSSCI 本身的功能并不是科研成果评估，尤其是其原型 SCI，本身是一商业机制运作的结果。

第二节 构建人文社会科学研究成果评价指标体系的实际操作

上述意见，基本上反映了目前各单位和系统所采用的各种指标体系存在的问题，同时，也在一定程度上预示了我国人文社会科学成果评价指标体系的构建方向。当然，人文社会科学研究是一种特殊的科研活动，具有独特的规律、要求以及成果表现形式。因而，无论是就某个科研系统，还是就各个单位而言，欲构建科学合理的人文社会科学研究成果评价指标体系，首先要充分考虑到人文社会科学研究活动的性质，要尊重其规律。这是构建人文社会科学研究成果评价指标体系的大前提，在此基础上展开各项实际操作。

一、构建人文社会科学研究成果评价指标体系的基本思路和原则

根据人文社会科学的特殊性，我们可以首先确定的一点是，由于人文社会科学不像自然科学与工程技术那样具有普适性，不可能存在着一套共识性的价值标准，也就不太可能设计出放之四海而皆准的评估指标体系。因而，构建人文社会科学研究成果评价指标体系，不是要设计出一套普遍适用的具体评价指标，而是要根据人文社会科学研究的特点及其成果的表现形式，根据不同的评估需要和对象，分门别类地规划出各不相同的评价指标体系。

有鉴于此，本书将从"形式"而非"内容"的角度来分析人文社会科学成果评价指标体系的构建问题。我们认为，虽然由于价值标准的多样性，任何人均不可能设计出一套普遍适用的指标体系，但作为人文社会科学研究成果评价的指标体系，其在形式上应具有相同的规律，在设计过程时也要遵循同样的规则。如此，方能保证评价的科学性、公平性、实用性等要求。套用先哲的说法，我们可以将人文社会科学研究成果评价指标体系的设计活动原则归纳为三个，即"有理"、"有利"和"有节"。

1. "有理"原则

"有理"原则，主要指的是人文社会科学研究成果评价指标体系要遵循一定的道理。"理"主要包括四类：一是物理之理，指的是人文社会科学研究成果评价指标要反映人文社会科学的独特规律和功能特点；二是事理之理，指的是人文社会科学研究成果评价指标要反映人文社会科学研究活动的运作规律；三是道理之理，指的是人文社会科学研究成果评价指标要符合科学伦理的基本要求；四是管理之理，指的是人文社会科学研究成果评价指标要能对人文社会科学管理机构和管理者在进行问题诊断、原因分析、对策拟定等方面具有积极的指导作用。

2. "有利"原则

"有利"原则，指的是人文社会科学研究成果评价指标要充分考虑到评价活动所涉及的利益相关者的利益落实。如对评价者而言，指标要简单，充分节省评价活动的成本；指标要有操作性，能方便信息的收集和整理等。而对被评价者而言，指标要具有激励作用和指示作用，要对能恰如其分地反映研究活动的付出和对科学、社会所起到的积极作用并对被评价对象未来的研究活动具有

积极的指导作用。

3. "有节"原则

"有节"原则，指的是人文社会科学研究成果评价指标要能充分体现评价活动自身的风格和追求。人文社会科学研究成果评价活动既包括对成果的测定，也包括对其价值的判断，因而本身包含着认识性和价值性，是科学活动与社会活动的统一。评价活动本身要讲究科学性、客观性、合理性，同时也要讲究公平性、民主性和人文关怀。在此方面，我们特别要防止目前的几种错误的导向，主要有：一是短期需求导向，片面强调人文社会科学研究成果在比较有限的时间限度内的实用价值；二是经济导向，片面强调人文社会科学研究创造的经济效益；三是管理导向，片面强调人文社会科学研究成果符合科研规划目标的程度。

二、人文社会科学研究成果评价指标体系的设计依据

上述原则，可以视为人文社会科学研究成果评价指标体系必须符合的基本要求。将这些要求具体化，就是要在设计人文社会科学研究成果评价指标体系时，充分考虑下述因素的约束性影响。

1. 评价目标的规定性

学术性评价、行政性评价与社会经济效益评价的不同价值取向，决定了成果评价指标体系的相应选择，它们之间的设计依据显然是不同的。因此，评价指标体系的设计必须充分考虑评价目标的规定性。

（1）学术性评价的内省要求。

学术性评价是对学术研究内容的认识和分析，因此，它的评价标准通常呈现较强的个性特色。在此方面，最为典型的是瑞典皇家科学院对获得诺贝尔经济学奖得主的学术研究成果的评价。如1995年，美国学者卢卡斯获奖的原因是："卢卡斯提出的理性预期学说，改造了宏观经济分析和深化了我们对经济政策的理解。卢卡斯已经使得直到70年代为止所发表的大部分经济理论站不住脚了。他也是自那时代以来最有影响的经济学家之一"；2001年，美国经济学家斯蒂格利茨及另外两位同行获奖的原因是他们的研究成果"揭示了当代信息经济的核心"；2005年，美国学者奥曼和斯基林获奖的原因是"他们通过对博弈论的分析加深了我们的理解"。因此，创新性是学术性评价的灵魂，在指标体系的设计中应努力予以体现。

（2）行政性评价与社会经济效益评价。

这两类评价虽有区别，但目的都在于为实现某种管理需要而对某项、某人或某机构的人文社会科学研究成果进行的认定和评价活动。它们有多种形式，常常呈现为管理者评价和顾客评价。

管理评价是各种管理者为了实现某种直接管理目的而进行的评价。直接管理目的有很多，主要包括人事管理中的考核、奖励、晋升、激励、资格认定，机构管理中的战略实施、考核、奖励、资格认定、资源分配，项目管理的过程控制和结项验收等。不同的目的，决定了评价中心和指标构成、权重的不同。例如，作为对人文社会科学科研人员的工作进行考核的手段，科研成果评价实际上类似于绩效评价，对科研人员在科研活动中的投入（时间、精力等）、产出（成果数量）等应该予以侧重；而若涉及科研机构管理中的战略实施，则评价的重心应偏向实现确定的战略目标（如欲建立国际化的研究型大学，则以 SCI、SSCI 来源期刊论文发表数量和引文数量为基本指标）。

顾客评价指的是人文社会科学科研活动项目的委托方对整个科研活动成果的评价。一般而言，此类评价标准在活动伊始签订的委托合同中已经明确，而成果评价的重心则在于目标达成度，即评价实际的科研成果是否以及在何种程度上实现了预定的目标。

在我国现行体制中，由于人文社会科学事业的发展对政府部门的依赖性大，因而现实的情况往往是管理者和顾客两种身份合二为一。由于管理者评价和顾客评价往往看重秩序和计划，因而对于评价指标体系的选择应该特别予以慎重，否则将会对人文社会科学研究的独创性造成伤害。

2. 评价对象的规定性

人文社会科学研究成果评价指标体系设计的第二个依据，也就是规定性约束条件是评价的对象。

一般而言，人文社会科学研究成果评价的对象可以分为两类：一是根据研究主体，可以分为对个人的评价和对组织的评价；二是根据成果的表现形式，可以主要分为对研究项目的评价、对学术研究成果（论文、著作、研究报告、咨询报告、学术演讲等）的评价。不同的评价对象，其价值内在规定性和表现形式有所不同，需要我们设计不同的评价指标体系。

比如，对科研人员研究成果的评价，主要是对其在某段时期的科研成果进行总体性的总结和评定，以作为识别和甄选的依据。在此方面，主要的标准可以是科研人员研究成果的数量、水平和价值。在我国，目前考察研究人员成果数量的标准主要是发表论文和出版专著的数量、科研经费的数量，成果的水平则主要看

271

发表刊物的等级、获奖的层次，成果价值主要看相关部门的采纳意见、论文引用率等。这些都是在实践中总结的有益经验，但也存在一定的错误倾向，如数量化，忽视了人文社会科学研究成果之水平和价值的质的规定性。我们注意到，有些科研单位已经注意到了上述问题，并提出改进措施，如提出"代表性学术著作评价制度"。相对于纯数量化指标可能造成的重量不重质的片面导向，"代表性学术著作评价制度"是建立在质的基础上的量化制度，因而更加科学、更加合理。

又比如，对学术论文的评价，许多单位将在 SSCI 和 CSSCI 来源期刊上发表的论文（数量、影响因子、论文引用率）作为评价论文研究成果的指标。这种做法的好处是较为客观，且具有一定的理论依据。但是，需要注意的是，我们不能将 SSCI 和 CSSCI 的功用绝对化。这里面不仅有 SSCI 和 CSSCI 系统自身功能定位的原因，也有其对学术主流的偏好、来源期刊确定不科学、引用率不可信等一系列因素。更为重要的是，即使 SSCI 和 CSSCI 系统本身是可靠的，它的评价作用也是有限的。尤其对那些人文科学和本土化、非主流、新兴领域的社会科学学术论文而言，SSCI 和 CSSCI 基本上没有作用。

再比如，对研究机构的成果评价，我们就不能仅仅从结果的角度进行。全面的指标应该包含四个部分，即：

——背景性指标。这是最基本的指标，目的是了解被评价机构的基本状况。包括被评价机构所处的经济、地理、人口环境，其性质和功能定位、研究理念、研究政策和方针等。

——输入指标。旨在了解被评价机构的研究能力和潜在素质，以及为达成高绩效的研究成果所投入的人力资源、物财资源、工作制度和工作计划。具体指标有科研机构设置、人员状况、经费、实验器材、科研工作战略和计划等。

——过程性指标。目的是了解输入项的运作状况。具体指标有人力资源开发和管理、物财的使用、战略和计划的实施、制度的运行等。

——结果类指标。旨在了解被评价机构科研目标达成情况及具体成效，并对成果进行分析和解释。具体指标有发表学术论文的数量、质量和影响，科研项目的成效等。

3. 评价主体的规定性

评价主体对评价指标体系的设计也有规定性影响，因为人文社会科学研究成果评价说到底，就是评价主体对科学研究成果的一种认识。因此，在指标体系设计过程中，必须充分考虑评价主体的特性要求，同时尽可能将评价主体主观认识方面的偏差修正到合理的最低限度。

按照评价的主体，我们可以将人文社会科学研究成果的评价分为内部评价与外部评价。内部评价包括自我评价和同行评价。外部评价主要分为管理者评价、服务对象评价和社会大众评价。一般而言，内部评价具有信息和知识权威，而外部评价则具有管理、经济和舆论权威。

在国外，人文社会科学研究成果评价主要依靠的是内部评价中的同行评价。在我国，同行评价也是人文社会科学研究成果评价的常见形式。之所以如此，主要是同行具有知识的优势。然而，需要注意的是，国外的同行评价质量的保证，主要在于学术社群的成熟。根据我们的了解，西方主要国家人文社会科学学术团体相对发达，并形成了较为严格的学术专业伦理准则和自律机制。而学术成员的行为约束，主要依靠学术团体。在这种团体自律的情境中，若成员被选为某项科研成果的评价主体，则出于自身利益的考虑，往往会以科学、公正的精神来处理。而我国，虽然存在着各级各类的学术团体，但由于"官办"的成分浓厚，缺乏自律，因而同行评议中的"同行"专家往往可以因为拥有的知识优势逃脱政府的监督，为各种评价的不当乃至腐败行为提供了可能空间。

尽管如此，由于知识优势的存在，同行评议仍应作为人文社会科学研究成果最主要的评议方式。同行评价往往针对的是研究成果的实质性内容及其影响，因而在指标的设计上往往是因人而异、因事而异的。譬如，评价某人的学术成就，往往以其在专业领域的影响力来确定；而评价某项研究成果（如论文和专著），则以其学术水平为准。而所有这些，均为主观性指标，其得分值主要取决于同行专家的主观认定。虽然有些指标设计的技术能将这种主观成分尽量予以客观化（如取平均值、计算引文数量等），但终究改变不了其主观性质。

除了同行以外，外部的管理机构和科研服务对象的评价也常常是人文社会科学研究成果评价的主要方式。关于这些，我们在前面已经有所涉及。这里需要指出的是，从指标设计的角度看，由于管理机构和服务对象往往不具备同行专家所拥有的信息和知识优势，因而其评价往往立足于研究成果的外部特征（如成果形式、发表刊物、鉴定级别、转载引用情况、获奖情况等），并从上述这些特征中归纳出一些客观的、可以量化的指标。

近年来，在企业绩效评价领域兴起了一种"360度评估"的评估技术，试图将各类评价主体融合在一起。其做法是，通过结构性调查表，由员工的上级、同事、下级、外部顾客同时对员工的绩效进行评价。这种做法用来评价一般员工的工作绩效可能有效，但是用在评价人文社会科学研究成果（即使是科研人员一定时期的研究成果）似乎作用极其有限。主要原因在于"360度评估"技术的前提是结构性调查表，这实际上是所有评价主体均采用的有关员工绩效的统一指标体系。而人文社会科学研究成果对评价人员的知识基础要求较高，很难设计出一套对所有类型的评价主体均适用的指标体系。

4. 评价方法的规定性

评价方法泛指评价所采用的程序、手段和方法技术的固定组合。一般而言，针对各种不同类型的评价，人们总是倾向于使用特定的程序、手段和方法技术，如此便形成了较为固定的评价方式。成果评价指标与评价方式是相辅相成的关系，同时评价方式又在相当大的程度上对评价指标体系产生着规定性影响。评价方法不同，其所采用的评价指标体系就会有所不同。忽视这种规定性影响，就会严重影响评价工作的实际效果。

人文社会科学研究成果评价指标是用来进行实际的评价工作的，因而指标设定必须考虑到它与评价方法的契合。如英国政府为了分配政府拨款而对大学进行的研究评估活动（Research Assessment Exercise，RAE），主要由同行专家对被评单位研究成果进行评价。其在评价指标的设定上具有几个特点：

——以质量为成果的指标，不考虑研究成果的数量；

——以"原创性"作为表征质量的指标；

——"原创性"是由专家根据等级（国际卓越、国家卓越等）来确定的，不是根据成果的形式（专著、论文、辞典等），遑论成果发表或获奖的等级了。

RAE 的评价指标体系，可能有不周全的地方，但是就指标本身（原创性）和评价方式（专家评价）的契合而言，无疑是非常成功的。

在此方面，我们还可以看看美国大学的认证制度（其中一部分也涉及人文社会科学成果评价）。从思想基础上看，认证制度实际上是管理中的过程管理制度，或更确切地说，是全面质量管理中的质量保证体系。各高等教育机构、专业和学科的认证是由各专业协会和学科协会按照各专业、学科的特点自行确定标准、依被认证单位申请而实施的。而认证的目的则是保证被认证单位的教学和研究质量具有一定的水准。由于以质量为准，美国的大学认证标准也主要采取定性指标。

考察我国的情况，我们发现很多单位的人文社会科学研究成果评价指标设定的基本考虑也是与评价方法密切联系的。如现在很多单位之所以会出现以简单的定量指标为主，可能与评价方法的两个方面有关：

——所谓的科研成果统计。在很多情况下，为了评价主体的便利，科研成果统计实际上取代了科研成果评价。

——计算机手段的大量使用。计算机系统以及数据库、网络系统的发达，也使人们对 SSCI 和 CSSCI 的作用产生了迷信。

5. 评价时间和空间的规定性

任何人文社会科学研究成果，都是在一定时间和空间内展开的。离开了时间、空间，成果就无从体现。因而，其评价指标的设计，还要充分考虑到时间和空间的限制。

所谓时间限制，主要指的是指标所要考察的人文社会科学研究成果的时间跨度。人文社会科学研究成果通常具有长期性、无形性和多面性等特点。很多研究成果的价值，需要经历过相当长的时间方能体现出来。对一项理论、一个学者和一个机构研究成果的评价，必须要有充分的时间。据了解，享有盛誉的诺贝尔奖，其所评价的科学研究成果至少是 10 年甚至 20 年、30 年前的公开成果。如诺贝尔经济学奖，1969 年第一届得主、挪威奥斯陆大学的弗瑞希教授与荷兰经济学院的丁伯根教授，其得奖成果主要是 30 多年前的经济计量学模型；1970 年得主、美国麻省理工学院的萨缪尔森教授，得奖成果主要是 20～30 年前的成果《经济分析基础》、《线性规划和经济分析》、《经济学》；而 1994 年得主、美国普林斯顿大学的纳什教授，其得奖成果则是 44 年前发表的博士论文《非合作对策》。对于那些创新性研究或非主流研究的成果评价，尤其需要较长时间的理论跨度。这是因为，其成果的价值短期内很难为人们所认识。

评价指标的时间限制，也意味着对人文社会科学研究成果进行评价时，要充分考虑到这种成果的时效性。有些研究成果，过了一段时间以后再去评价，可能会觉得价值甚微。但在当时的背景中，其价值还是不可忽视的。有些成果，后来我们可能发现其基本结论是错误的或至少是有局限的；但科学知识就是从错误中积累出来的，而它可能正是孕育后来研究成果的"失败之母"。这就要求我们在设定指标时，充分考虑到指标的时间意涵。

当前，我国很多单位人文社会科学研究成果评价指标的设计，往往忽视了时间因素。很多单位对科研人员的科研成果评价，以年度为基本的时间单位，如"发表论文数量/年"。无论是就人文社会科学研究的规律还是其成果价值的表现规律而言，这种指标均是不合理的。就其本质而言，它实际上是以管理活动的时间周期去替代研究活动的时间周期和研究成果的价值显现周期，可能会对研究活动造成较大的伤害。

所谓空间限制，主要指的是指标所要考察的人文社会科学研究成果的空间有效性。人文社会科学研究与自然科学和技术研究活动不同，具有独特的空间应用限制。譬如，当前有关"三个代表"重要思想的理论研究，其成果的价值主要是集中于社会主义中国范围内。而对山西省经济发展战略的研究，其成果价值主要体现在山西省域。

人文社会科学研究成果评价指标的设定，应当具有充分的空间意识。如前面提及的英国 RAE 的评价指标，将研究成果等级分为"国际卓越"和"国内卓越"两等，其指标如表 8 - 1 所示。

表 8 - 1 英国 RAE 的评价指标等级

等级	指 标
5	研究论文的质量半数以上达到国际卓越，其他则达到国内卓越
5	研究论文的质量至少一半达到国际卓越，其他则达到国内卓越
4	所有论文的质量达到国内卓越，某些研究看出国际卓越的证据
3a	2/3 论文的质量达到国内卓越，其中部分看出国际卓越的证据
3b	研究论文的质量半数以上达到国内卓越
2	研究论文的质量半数达到国内卓越
1	没有任何论文的质量达到国内卓越

资料来源：*Research Assessment Exercise* 2001：*Assessment Panels' Criteria and Working Methods*，December 1999，http：//www. hero. ac. uk/rae/Pubs/5_ 99.

对于我国而言，目前在此方面最需要考虑的就是指标的国际化和本土化之间的关系问题。需要指出的是，在当前人文社会科学领域，（西方）科学的话语霸权的存在是一个事实。当前的人文社会科学研究，无论是在理论基础、话语体系、思维路径、研究方法乃至问题意识、研究旨趣等，都存在自觉不自觉地模仿、跟进西方人文社会科学研究。全球化加剧带来的竞争意识，更是强化了人们的"国际意识"。因而，在国内有些单位用 SSCI 作为主要的指标设定基础来评价人文社会科学研究成果，这个现象也就不足为怪。但是，这种以"国际化"作为基本考量来设定我国人文社会科学研究成果评价指标的做法，既不科学，也不公平，同时对于我国人文社会科学事业的发展是极其有害的。

具体地说，主要表现在：

——所谓国际化，其实在很大程度上表现为西方化。在人文社会科学研究成果评价指标上过度追求国际化，实际上就是用西方人文和社会科学研究的标准来指挥我国的人文社会科学研究活动，将会严重影响人文社会科学的本土研究，阻碍我们的人文社会科学研究事业的实质性进展。

——对于那些具有本土特色的人文社会科学领域和本地成长的科学工作者，这种评价指标以及和评价相应的研究资源分配制度意味着偏袒和不公。长此以往，我们的人文社会科学研究乃至整个人文社会科学管理活动，实际上将成为西方的附庸，严重地失去自主性。

当前，我国人文社会科学研究成果评价指标需要考虑的另一个空间性问题，就是"填补空白"类指标的设定。若从空间而论，"填补空白"所指的应该是多方面的，如国际上、中国国内、省级领域、单位领域等。若将"创新性"看作人文社会科学研究的一项本质属性或要求的话，则任何研究成果均应是"填补空白"的。因而，离开了特定的空间限制，"填补空白"实际上什么也不意味。而且，"填补空白"并不意味着研究成果水平的高低（如国内有些研究成果的"填补空白"，若从整个国际上学科的发展上来看，实际上属于重复劳动的性质，毫无意义）。

6. 人文社会科学研究成果具体类型与评价活动具体类型的规定性

人文社会科学成果的具体类型是多种多样的，类型不同，评价指标体系也就必须有所区别；人文社会科学成果评价活动也是多种多样的，活动类型不同，可采用的评价方式方法不同，评价指标体系当然也必须有所区别。否则，评价工作本身会因失去评价对象间的可比性而失去效用，会因失去有效实施评价活动的可能条件而失去有效性保障。为此，在指标体系设计过程中，必须充分考察人文社会科学成果的具体类型归属，以及人文社会科学成果评价活动类型的归属，实事求是地为各具特色的不同成果、不同类型的评价活动设定不同的评价指标体系。

我们必须充分调查研究，准确界定待评价的成果究竟属于何种类型，也就是要认准这些成果究竟是人文成果还是社科成果；是哪一具体学科领域的成果；是应用性研究成果还是基础性研究成果；是本土化成果还是国际化成果；是政治意识色彩强烈的成果还是基本没有这种色彩的成果……因为我们知道，这些不同领域不同类别的科学研究活动的基本价值取向是有很大区别的，体现这种取向的评价指标体系当然必须有所不同。比如，基础研究的价值取向主要表现在学理性创见与建树上，应用研究的价值取向则主要表现在引发的实际社会效益上。对这两种不同科研活动不同成果的评价指标设定上如果没有区别，评价活动基本上就失去了存在的意义。

我们还必须准确界定评价活动的具体类型归属，特别是搞清楚这些评价活动究竟是过程评价还是结果评价；效益评价还是效果评价；经济效益评价还是社会效益评价；等级评价还是合格评价；持久价值评价还是现实价值评价；科研贡献评价还是学术水平认定；学术影响力评价还是真正的学术水平评价；即时评价还是迟滞评价；学术性评价还是管理性评价……因为我们知道，不同类型的评价活动的考查点是各不相同的，比如，学术性评价着眼于成果的创新点，以及在学科中的作用和意义的判断，同时考虑到成果的社会效益和经济效益；而管理性评价则着眼于成果的外部表现特征。这些着眼点实际上就是评价点，就是评价指标的观测点。

实际上，对人文社会科学研究成果评价指标体系设计产生规定性影响的因素还有很多，在实际设计活动中都需要予以充分的考虑。

三、人文社会科学研究成果评价指标选取的基本要求

任何评价活动都有一定的目的，而任何评价目的的实现，均离不开具体的评价内容。对于人文社会科学研究成果评价而言，评价的内容是研究成果，这一点是毫无疑义的。然而，"研究成果"本身是一项综合物，包含着复杂的成分；而且，就评价的技术性和经济性而言，并不是任何内容成分均能或者有必要进行评价的。因而，我们只能根据评价的目的对评价成果的组分进行选择，这样，便构成了评价的指标。

就此而言，若仅仅从"指标是一种指示物，用以测量事物的质量或数量"的角度来理解人文社会科学研究成果的评价指标，就难免会有所偏颇。从评价的角度看，人文社会科学研究成果评价指标只能是评价目标的操作化方式，藉此我们来了解我们所欲了解的研究成果的某些质和量。

综上所述，人文社会科学研究成果评价指标的基本要求，主要有两点：一是指标的有效性，即指标确实能够表征我们所要评价的人文社会科学研究成果的质和量；二是指标的操作性，即指标能够被有效地用于评价活动。将两个方面综合起来，总体而言，在选取人文社会科学研究成果评价指标时，应注重符合以下几个方面的要求。

1. 效度

所谓效度，即根据所设定指标进行评价获得的结果的真实程度，也就是这些结果对人文社会科学成果真实情况的反映的程度。一般而言，效度可以分为三种类型，即内容效度、结构效度和关联效度。

内容效度指的是所评价的内容与所欲评价的内容的一致性程度。如在科研人员晋升职务所进行的成果评价中，我们所欲评价的是研究成果的水平。但评价指标使我们实际评价的不是研究水平，而主要是科研成果的影响程度，则内容效度就比较低。

结构效度是根据所设定指标进行评价所得的结果与我们所欲评价成果的同构程度。它表明了在多大程度上，评价所得结果可以被看作是我们所欲评价的成果在结构上的替代物。譬如，某位科研人员在单位的成果评价中得分为 97 分，那么，这个 97 分究竟在何种程度上与该人员的水平相应？这是我们在人文社会科

学研究成果评价中最为关心的一个问题。

关联效度是指根据所设指标进行评价所得的结果与某种标准结果的一致性程度。如我们通过同行主观评价和实际经济效益两套指标来评价某项目的影响，最后同行主观评价所得结果与实际经济效益评价所得结果具有显著相关意义，则可表明同行主观评价的指标体系具有很高的关联效度，可以用来取代比较繁琐的实际经济效益评价指标体系。

2. 信度

所谓信度，指的是根据所设定指标进行评价所得的结果与反映所欲评价的成果的准确性。用同样的指标体系和同样的方法对同样的研究成果进行评价，应得到相同的结果。若出现评价结果不稳定性，则表明指标的信度有问题。

3. 区分度

所谓区分度，指的是根据所设指标进行评价所得的结果将不同层次或水平的成果区分开来的能力。在选择性评价（如评奖、职称晋升）中，评价指标的区分度如何，是极其重要的。它要求我们在指标值的设定和观测点的确定方面一定要科学、合理。一般而言，我们可以从两个方面来进行区分度的设计：一是看指标所表征的内容对所评价的全部内容的重要性；二是看指标所表征的内容有无阈限。

4. 控制误差

我们根据任何指标体系进行评价的结果均会有误差。误差大了，所评价结果的效度、信度均会出现问题，因而，在设定指标时，应事先考虑到误差的控制，尽量将误差减少到不至于影响评价结果科学性的地步。如有些指标设计时，将在特征上具有逻辑关系的指标放在一起。这样，评价者就容易依据相关特点进行逻辑上的推断，而放弃对评价内容进行实事求是的评价。因而，在指标设定时，就要注意前后指标的相关性，尽量让每个指标相对独立。

5. 简化

简化要求主要是从实施评价活动的角度讲的。指标设计的目的是为了使用。一套指标，设计得再科学、再合理，若不能为实践所采用，也就失去了意义。

从评价活动的角度看，指标的简化至少有几层含义：一是指标的数目要精简。数量太多的指标体系无论是就理解、操作，还是就结果的换算和应用而言，

279

均存在着很大障碍。二是指标的操作要简化，要能用比较简单的方法、比较少的时间和精力便能获取评价所需要的信息，要尽量在一般环境中便能应用指标进行评价。三是根据指标进行评价的结果要简化。在不影响数据基本含义的情况下，可以运用一定的方法，对指标所得结果进行综合，以便于理解和使用。

当前，我国有些单位或系统运用的指标在简化方面做得很好。问题是在简化时主要出于评价操作的考虑，有时甚至违背了人文社会科学研究的基本规律和统计学规律，使得简化的指标失去了科学评价的功能。这种为简化而简化、失去事物既有功能的简化就是苟简，不是真正科学意义上的简化，对此我们应该保持警惕。

6. 可比性

可比性要求也是从评价实践的需要而言的。评价指标类似于一把尺子，能将现实中各种人文社会科学研究成果进行衡量和对比。

可比性要求我们在设计人文社会科学研究成果指标体系时，尽量根据评价成果的类型来设定指标。如我们可以按照评价对象，分人、机构、项目来分别设定指标；可以根据评价目的，从管理、科研等角度来设置指标；可以根据研究性质，分基础研究、应用研究来设定指标；可以根据研究领域，分人文、社会科学来设置指标。如此等等，不一而足。有了这些分类，以及在分类基础上设置指标的实践，我们就可以根据评价实践的需要，对这些指标进行组合，从而得出比较理想的结果。

四、人文社会科学研究成果评价指标体系的构建

由于人文社会科学研究成果内涵、外延及标准的多样化，任何单一的指标，无论是单一统计量还是组合统计量，均无法为我们提供充分的信息。因而，有必要建立人文社会科学研究成果评价指标体系（Indicator System）。这种指标体系，是一个有机的整体，而非各个指标的简单集合。因此，指标体系的设计应有充分的理论依据，应能分别反映人文社会科学研究成果各方面的状况及其相互关系。

1. 人文社会科学研究成果评价指标体系的静态结构

所谓静态结构，主要指的是人文社会科学研究成果评价指标体系应具有的形式上的特征。一般而言，一个完整的指标体系应该包含评价对象、指标、指标标

准值、指标权重以及指标观测点或计分等级（见表 8 – 2）。

表 8 – 2　　　　　　　　成果评价指标体系的结构

对象	指标			权重（%）	观测点及计分等级
内容点	一级指标	二级指标	三级指标		
			三级指标		
		二级指标	三级指标		
			三级指标		
	一级指标	二级指标	三级指标		
			三级指标		
		二级指标	三级指标		
			三级指标		

（1）评价对象。

所谓评价对象，指的是人文社会科学研究成果评价中直接指向的内容点。

（2）指标。

所谓指标，指的是人文社会科学研究成果评价目标操作化的表现方式。人文社会科研成果的"学术水平"是我们所要评价的一个目标，但是"学术水平"是一个不便直接评价的东西，但我们可以通过研究论文发表刊物的级别将其操作化地表现出来。发表刊物的级别高低就成了这一评价目标的评价指标。

指标是从评价目标中转化而来的，但是它与目标之间并非一一对应的关系。一个目标可以由几个指标来揭示；有时，一个指标也可以同时揭示几个目标。这就需要我们从评价目标的内涵和外延的分析着手，去寻找那些能揭示目标的内涵和外延的标志。

（3）指标等级。

人文社会科学研究成果评价工作的复杂性决定了反映评价对象全面情况必须依靠一个完整的评价指标体系，实际上就是反映评价对象某一方面性质和状态，也往往需要有一"组"甚至若干"组"评价指标，"组"下可能还需要再细分为下位"组"，一层套一层共同组成一个完整的评价指标体系。实际上同一"组"的指标就是同一类型的指标，每一类的指标从不同角度反映着评价对象某一特定的具体性质或者状态；上位类与下位类之间构成反映事物间逻辑联系的密切关联；每一层次的类与类之间具有严格的"同位"性质，按照一定的标准反映评价对象某一层面的性质或状态。这就使客观实际存在着的评价指标体系大都是分类分层级的，每一个实际可以观测的指标都有特定的类别归属，每一类别又都归属于特定的层级，也就是形成了指标等级。这就使我们可以看到这样的现象，一个实际应用中的评价指标体系往往有一级指标、二级指标、三级指标……的划分。

实际上，在一个实际应用的评价指标体系中，除了最低一级的指标是可以实际观测的真正意义的指标之外，其他级别的指标只是不同层级的指标类别的名称。

在评价指标体系设计中，科学地进行分类、分级是非常重要的。如果不能高度精准地完成这项任务，指标体系将没有科学性可言。在这里我们除了要注意遵从一般的形式逻辑规则之外，还需要特别注意处理好这样几个问题：

——指标分类、分级应当服从实际评价目的，不能为分类而分类，为分级而分级。

——分类时，下位类的外延之和要等于上位类外延，也就是上位类名称的内涵一定要涵盖下位类所有内容，不能有遗漏，也不能超越。

——分类标准一定要统一，每一次具体划分不能同时用一个以上的标准，但不同层次不同类别之间所用的标准可以不同；类与类之间界线必须清晰，不能相互交叉包含。

——具体类别名称的含义必须明确、所指确定，在现实中有清楚可见的客观对应物。

——指标级别不宜过多，分几类分几级应当主要考虑实现评价目的的需要，考虑评价对象的具体情况，不强求统一，一般以不超过三级为好。

（4）指标标准值。

指标标准值实际上就是按照一定的规则，用分数段等表示特定评价对象在某一指标上所处的"标准状态"。由于多数情况下，需要用分数段表示，也就是给评价对象赋予一定的分数，根据其所处的分数段做出评价结论，因此这个过程叫"赋分"。其中，"标准状态"可能是阈限状态，理想或"满分"状态，也可能是"一般"状态。

根据"标准状态"的不同，可以有多种赋分的方法供使用，主要有：

——标准赋分，即以指标规定为单位进行赋分，如根据达到标准的程度进行减分（减分赋分），根据达到标准的程度进行加分（加分赋分）。

——等级赋分，即按照到达指标规定标准的程度进行逐个等级赋分。如我们可以将研究水平分成"国际领先"、"国际一流"、"国内领先"、"国内一流"、"一般"五个等级，分别赋予5、4、3、2、1等五个不同的等级。

——规范赋分，即对指标如何赋分、达到何种程度赋多少分，均根据事先明确的公约认定来执行的赋分方式。

——即席赋分，即每个指标只有一个最高分或最低分的规定，至于具体应赋多少分由评价者根据需要权衡的方式。

——绝对赋分，即以指标的内容及其分值规定为依据对评价对象进行判断赋分的方式。

——相对赋分，即根据评价对象在所有受评对象的相对位置进行赋分的方式，如给第一名以该项指标的最高分，最后一名以该项指标的最低分，中间者则以其相对最高、最低水平者的差距而赋分。

指标标准值所确定的人文社会科学研究成果的状态，既包括质性的，也包括量化的。因而，应当采取不同的表示方法。

其中，质性指标标准值可以采用：

——描述性的方法，即对成果应具备的特征作描述性说明，如（教材）"目录正文一致，参考文献著录准确"。

——规范性方法，即对成果是否具备规定标准进行限定，如（教材）"无政治性、科学性、知识性错误"。

——逻辑性方法，即对成果是否具备逻辑上应当的标准进行限定，如（教材）"获得省级及省级以上图书奖励"。

——比较方法，即规定成果在同类中处于何种相对位置，如"在国内处于领先水平"。

量化指标标准值可以采用的表示方法有很多，如：

——绝对数值，即对成果的绝对程度进行数量上的规定，如"任现职以来，在 CSSCI 来源期刊上发表论文 15 篇以上"。

——相对数值，即对成果的相对程度进行数量上的规定，如"每年公开发表论文 3 篇以上"。

——序数数值，即对成果在同类中的位置进行数量上的规定，如（论文）"1. 发表在一般刊物，3 分；2. 发表在 CSSCI 来源刊物，8 分；3. 发表在权威刊物，20 分"。

指标标准值是指标核心内容之一。它反映了评价者对所评价的人文社会科学研究成果的基本要求，对于被评的人文社会科学研究活动具有明确的证明、指向作用。同时，从技术上看，它也是我们对指标进行权重分配的基础。因而，指标标准值的设置是否科学、合理，直接关系到指标乃至整个指标体系的成败。

作为一种主观规定，指标标准值主要反映的是评价者对人文社会科学成果状态的一种期望，因而，它具有主观性；同时，指标值的设定又不能仅仅从主观出发，它必须符合所评价的人文社会科学研究活动及其成果的规律，因而，又具有客观性。实现主观性和客观性的统一，是指标值设定的最基本也最为关键性的要求。这就要求我们的评价者既要有专业的知识，同时也要有管理者的艺术。一般而言，从客观的角度考虑，以同行专家设定指标值似乎更为科学；而从主观性的角度考虑，以管理者根据激励原则来设置指标值更有意义。指标值的设定最好既要能反映本单位、本地区和国内的人文社会科研发展状况的实际水平，又能稍稍提高，起到"跳一跳能摘到桃子"的效应。

（5）指标权重。

权重是指每个或者每类指标的最高值在指标体系中所占的比例。指标权重可以反映特定指标所代表的评价内容在整体评价内容中的相对重要程度。由于人文社会科学研究成果评价的内容和目标非常复杂，往往需要涉及较多的评价指标。指标权重实际反映的就是评价对象在每个指标方面的表现与我们所要评价的整体结果之间的关系。事实上，没有重点的评价就不算是客观的评价。因此，任何评价指标体系都需要对权重做出安排。

权重在人文社会科学评价指标体系中常用百分比表示，而且多数情况下，只计算指标大类在指标体系中各自的百分比。

权重在指标体系中是"政策性"、"导向性"非常强的因素，对评价的最终结论影响很大也很直接，它实际上是保证评价结果与评价对象真实水平一致性的重要因素。因此，指标权重的规定必须慎重，要科学合理。关于权重的测度可以分别采用德尔菲法、经验法等。

（6）指标观测方法要点

指标观测方法要点，指的是根据所拟指标进行评价时获取信息的方式方法和操作性要求。我们所列的指标，最终一级都要求具有操作性。指标观测方法要点就是帮助我们实现这种操作性的途径。指标观测方法要点包括：科学地设置指标观测点；采用有效的观测方式；选择合适的具体观测方法。

其一，科学地设置指标观测点。

指标观测点实际上就是对指标要求的具体化、可操作化。指标观测点的设置，实际上界定了评价者如何去获取评价对象的表现的信息。我国中医看病的手段主要是"望"、"闻"、"问"、"切"，那么，具体"望什么"、"闻什么"、"问什么"和"切什么"所涉及的就是观测点的问题。

观测点的设置是指标体系设计中所应考虑的核心问题之一。观测点设置得好，我们就能以极小的代价获取足够有效的信息，从而对评价对象做出全面切实的评价；否则，只能是事倍功半。

一般而言，指标观测点的设置需要考虑以下原则：直接性原则，即观测点应该能够为我们的评价活动直接提供所需的信息；全面性原则，即观测点的分布应全面，应当反映评价指标所欲表征的全部信息；代表性原则，即观测点所反映的信息应能反映评价指标所欲表征的评价对象的最主要、本质的信息；经济性原则，即在考虑代表性、全面性的前提下，观测点应尽可能地少，以节省评价活动的成本；区分性原则，观测点所能提供的信息，应能反映不同评价对象质和量的规定性，能将不同的质和量很好地区分开来。

观测点实际上界定了我们获取指标所欲表征的信息的时空限制及其表现形态。因而，我们可以从以下几个角度对指标的观测点进行分类。

——根据观测点的时间特征将其分为同时观测点和异时观测点。前者指的是在人文社会科学研究成果产生的同时段设定观测点，后者则指的是在人文社会科学研究成果产生后的某个时段设置观测点。如在对研究人员进行晋级评价时，可能要涉及过去某个时期的研究成果，这就需要我们不能仅仅从现今时期，更要从成果产生时期去考虑该项成果的价值；而对现今时期的研究成果进行评价时，要考虑到成果价值实现的时滞，将今后若干一段时间纳入考察的范围。

——根据观测点的空间特征将其分为不同的空间领域，如国际、国内等。当前，我国的人文社会科学研究总体来讲尚未处于国际发达水平，若从国际的视角来观察，可能绝大部分成果都是没有多大价值的。更有甚者，有些研究成果（尤其是应用研究成果），只要符合特定顾客的需要即可，没有必要去在国际或国内的层次上进行硬性的评比。

——根据观测点的物理属性将其分为物化的观测点和非物化的观测点。前者最为典型的例子就是 SSCI。无论是就刊物的等级、影响因子还是就引用率，都已经变成了可以直接收集和统计的数据，因而是物化的形式；而有些研究成果，甚至没有论文发表（如诺贝尔），只是由研究者在公开演讲或课堂上讲授，我们并不能否定其价值。

——根据观测点的性质将其分为主观的观测点和客观观测点。一般而言，能够物化的均为客观的，但也不能一概而论。如 SSCI 所用的引用率，其实质是主观的。在此方面，尤其是要注意那些主观的观测点的合理性，既不能完全否认也不能完全相信，采取某些技术手段将主观客观化似为一个妥当的方法。

其二，采用有效的观测方式。

观测点确定了以后，一般而言也就确定了观测的方式。如我们若以某个等级以上刊物为观测点，就能够大致确定评价对象的科研成果的质量和数量。但是，观测点和观测方式并非一一对应。这就需要我们在观测点确定以后，还要根据具体情况选择适当的观测方式。

一般而言，观测方式可以根据能否直接获取所需信息，分为直接观测方式和间接观察方式两类。其中，直接观测方式是评价者直接从观测点获取收集和整理相关的信息。如以 CSSCI 作为论文成果的观测点，评价者可以直接查询相关系统，立时便能获取相关资料。而在有些观测点上获取信息，则只能通过间接方法来查询。关于这些，一般的教科书上均能找到有效的方法，本书就不再赘述。这里需要强调两点：一是不能因为间接方式费力费时而对其存在使用上的偏见；二是要信任间接方式的科学性，在能够同时使用间接和直接方式时若已有间接方式提供的信息，则可从节省评价成本的角度考虑采纳间接方式所用的信息。在此方面，我们可以吸纳英国 RAE 的经验。根据其规则，国家在评价被评价机构提供的研究成果时，在一定程度上承认被评价机构提供的已有的同行专家对成果评价的结果。

其三，选择合适的具体观测方法。

具体观测方法有多种，如获取书面证据、资料分析归纳、现场观察取证、面谈质询访问、数据抽测抽检等。这些具体方法都有适用的范围，应当根据实际情况和需要合理选择。

2. 人文社会科学研究成果评价指标体系的构建途径

人文社会科学研究成果评价指标体系的建构，其实质是将评价内容转换为可操作的一系列评价标准。建构与开发人文社会科学研究成果评价指标体系，并非凭空进行，需要一定的概念模式（conceptual model）或分析架构（analytic framework）作为指导。惟有如此，方能明确指标体系之间各级各类指标之间的关系，并对所评价的人文社会科学研究成果进行精确的描述、解释和预测。

由于国内外有关人文社会科学研究成果指标体系概念模式的研究尚少，目前缺乏明确的经验。根据有关指标设计、教育指标、社会指标等方面的研究，大体而言，人文社会科学研究成果评价指标体系的概念模式，大致可以分为以下几个模式：

（1）机械系统模式。

所谓机械系统模式，主要从系统的角度来分析人文社会科学研究活动，将其分为输入、过程和输出等环节，对其进行综合考虑，以全面分析人文社会科学研究成果的现状、原因等。根据有关教育评价方面的研究，系统模式可以分为"输入—输出"、"输入—过程—输出"、"背景—输入—输出"、"背景—输入—过程—输出"、"输入—过程—输出—结果"、"背景—输入—过程—输出—结果"等六种形态。每一种模式各有其强调的重点与特色，以及各自评价的层级、范围与重点。以上各种形态，均以生产力（或效率）理论作基础，主要强调的是输入和输出指标的构建，间或扩充、补充了一些过程或背景类的指标，以涵盖整个科研系统的背景、投入、运作及其结果。

总的看来，机械系统模式比较重视所构建指标体系中各指标之间的关联性。指标中的输入类指标强调投入的资源，过程类指标强调将投入资源转化为科研成果的运作机制，输出类指标则强调科研活动或科研系统的质量及其对社会的贡献。输入是外生变项，它与过程一样会影响成果；输出则是内生变项，由输入和过程所决定。如果以 O（output）代表输出，I（input）代表输入，f 视为过程的运作符号，那么，整个指标体系的关系，其数学运算公式为：$O = f(I)$。因而，建立在系统模式基础上的人文社会科学研究成果评价指标体系，逻辑严密，线索清楚，其理想结果是：不仅能帮助我们明了所要评价的研究成果是什么，更能清楚影响成果的因素，以对整个研究活动或研究系统进行改善。

但是，这种模式也有其限制。主要体现在：

——不管实际指标如何，这种模式最终强调的是生产力或效率，这实际上是一种比率（输出/输入）。对于重视价值、质量和主观意义的人文社会科学研究而言，局限性较大。

——线性的思维模式。系统模式的假定背景、输入和过程、结果之间是单一的决定与被决定的关系，是一种简单线性思维方式。实际上，这些因素之间的关系是非常复杂的，资源和结果之间不一定具有正相关的关系。当前，我国某些机构将科研人员的研究经费多少作为科研评价指标，实际上也是这种思维方式的误导。

（2）演绎模式。

所谓演绎模式，指以一个或一系列先验性概念作为评价指标的核心概念，并以此为基础，通过层级分析，逐步将这些概念细化、操作化，最终发展出一套指标体系的模式。

按照演绎模式，人文社会科学研究成果评价指标体系的建构，先要确定目标主体，然后根据目标主体来选定指标领域，再自上而下，逐步细化指标，形成具有阶梯结构的完整的指标体系。

演绎模式的建构方式，属于规范性的分析取向。其基本出发点，在于我们实现确定的人文社会科学研究成果的价值理念。因而，对人文社会科学研究及其成果特性的把握，以及对有关人文社会科学研究的价值观，就成了这种模式成功的关键，也是该模式区别于其他模式最为主要的特征。

（3）归纳模式。

归纳模式与演绎模式的思路正好相反。它以现有的理论研究和实践经验为基础，将有关方面的指标归纳成一个接近理论模式的体系。

归纳模式的建构指标体系的方式遵循的是"由个别到一般"或"特殊到普遍"的逻辑。其具体做法包括：

——收集相关的资料；

——寻找合适的理论框架；

——将收集到的资料整合进框架之中，初步形成指标体系，最后，对指标体系进行加工、处理，形成科学、合理的体系。

归纳模式比较强调对于已有经验和做法的学习。相对于演绎模式的规范化取向而言，它属于描述性的建构取向。一般而言，按照这种方式构建的指标体系可能存在着体系不全、逻辑不严密、理论薄弱等缺点，但其指标的操作性较强，设计出的指标体系很容易为实践部门所接受，因而是一种实务取向的概念模式。

（4）目标模式。

目标模式的建构方式，以某段时期的人文社会科学事业发展战略和科研政策为着眼点，选取与政策目标有关的目标，形成一套以科研目标为主轴的人文社会科研成果评价指标体系。譬如，我们将某个人文社会研究机构的战略使命定为"为社会贡献一流的学术研究成果"，则可以从其机构、成员和研究项目等方面来考察其"学术影响力"、"学术水平"、"学术贡献"，并以此来建构成果评价指标体系（见表8-3）。

表8-3   成果评价指标体系的构建

分析项目 ＼ 目标	目标1：学术贡献	目标2：学术影响	目标3：学术水平
成员	指标11	指标21	指标31
机构	指标12	指标22	指标32
研究项目	指标13	指标23	指标33

总的看来，目标模式主要是以衡量人文社会科学研究成果为重点，并不触及与研究成果相关的资源投入及运作过程，同时也不强调指标间的因果关系。在实践中，按照这个模式所构建的指标体系，可用来评估目标达成的程度，作为有关科研事业的管理和发展之决策的依据。

（5）问题模式。

问题模式是以人文社会科研实践中的具体问题作为成果评价指标体系的立足点，而其建构出来的指标体系，可作为推进人文社会科学研究事业体制改革的依据。

该模式反对系统模式的基本出发点，认为人文社会科研活动及其成果涉及的内容非常广泛和复杂，很难系统验证其内在关系。因而，该模式更为强调成果评价指标与人文社会科学研究领域存在的问题的结合，并不企图验证指标之间的因果关系。因而，由问题模式所构建的指标体系，一方面可反映出当前重要的人文社会科研领域存在的问题，另一方面也可以将指标体系与人文社会科学研究事业的改革紧密联系起来，以提高指标体系的实际效用。

（6）价值模式。

所谓价值模式，实际上也是一种务实取向的建构途径。其基本思路就是根据评价活动的需要和对象的性质，将人文社会科学研究成果价值分为"非具备不可"、"非常需要"、"需要但要求不高"等几类。在评价时，先找出那些"非具备不可"的指标，然后再找出"非常需要"的指标，再找出"需要但要求不高"的指标。例如，对于基础研究和应用研究，我们可以根据其性质和功能分别列举其指标（见表 8-4）。

表 8-4　　　　基础研究与应用研究评价指标的不同设计

价 值 指 标 研 究 类 型	非具备不可	非常需要	需要但要求不高
基础研究	学术贡献、原创性	卓越水平	影响力
应用研究	实际效用、时效性	操作性	卓越水平

此类建构模式，最大的特点是功利主义思想。其优点在于能够很好地进行选拔（如评奖、人员晋级等），以及进行资源上的分配；缺点是反人文主义精神，而人文精神正是人文社会科学研究最为本质的特征之一。

五、人文社会科学研究成果评价指标体系的检测

人文社会科学研究成果指标体系设计之后，还要对指标体系进行检测。如此，方能保证指标的科学性。一般而言，检测的主要内容是其有效性、可靠性等，也涉及使用效率。

1. 指标效度的检测

指标效度的检测主要涉及的是运用指标评价后，所得结果反映真实成果的程度。它可分为内容效度的检测、结构效度检测和关联效度的检测等。

（1）内容效度的检测。

内容效度检测主要分析评价项目是否具有代表性以及代表性的程度如何。由于其涉及指标所表征的内容与实际的内容之间的关联性，因而，只有专业内的人员才能进行判断。是故，内容效度的检测主要依靠专家使用定性的方法来进行。在此方面，可以使用蓝图对照法，即看看实际评价的内容与蓝图规定的内容是否

289

一致；另一种简单方法就是采用专家比较判断法，由各位专家对内容效度进行主观判断，再进行量化整合。

（2）结构效度的检测。

结构效度实际上检测的是评价指标所得结果的代表性。我们可以按照下述步骤进行：一是观念重组，对所评价的人文社会科学研究成果的结构进行再构；二是收集事实资料，对结构效度进行评判。如采用聚类分析或主成分分析，对评价结果进行分析，若找出的主要因素与想要评价的研究成果的结构相一致，则表明指标体系具有很好的结构效度；反之亦然。

（3）关联效度的检测。

关联效度的检测主要涉及的是与效标的一致性程度。我们可以选择多元化的效标，若评价结果与其他大部分效标具有较大的一致性，则表明指标体系是有效的。在人文社会科学评价方面，经常可以选择的效标有自然科学研究成果评价指标体系、国外（外省区、外单位）人文社会科学研究成果评价指标体系、其他系统人文社会科学研究成果评价指标体系（如诺贝尔经济学奖的评价内容），以及以前曾经使用的被证明有效的人文社会科学研究成果评价指标（体系）等。

2. 信度检测

信度检测的最主要方法是再测信度。譬如，对同一群评价对象进行两次同样的评价，若个体的相对位置基本一致，则表明指标体系的信度较高。当然，还可以通过项目拆开分析或 α 系数分析，对指标体系进行一致性信度检测。

3. 成本/效益分析

一般而言，人文社会科学研究成果指标体系的成本/效益很难独自显现，它融合在整个评价活动之中。因而，纯粹的指标体系的成本/效益分析是很少见的。人们往往根据指标数量的多少和操作难度的高低来进行可行性分析。

至于人文社会科学研究成果评价活动的成本/效益分析，主要是对指标体系使用的效率进行检测。一般而言，它涉及的成本主要包括：

——评价者的成本，主要包括评价者设计、使用、检验评价指标体系时所花费的人力、物力、财力、时间等方面的成本；

——评价对象的成本，包括评价对象为了配合评价而花费的时间、精力等，也包括评价对象在接受评价时的精神和心理压力；

——机会成本，即因为使用特定指标体系而失去了使用其他指标体系而付出的代价或失去了本应有的收益等。

而评价活动的效益则指评价活动带来的管理上、经济上、社会上、政治上等方面的综合效益。在计算效益时，我们尤其需要注意的是，评价活动的效益有正负之分，有时不当的评估所带来的负面效益可能会超过正面效益。而对于负面效益的分析，除了指标体系本身的合理性之外，更涉及评价结果的运用等管理制度。

六、结论与建议

通过本书的研究，我们认为：

——为了促进我国人文社会科学研究事业的发展，建立人文社会科学研究成果评价制度，编制合理的人文社会科学研究成果评价指标体系，有其必要性。

——当前我国各单位实施的人文社会科学研究成果评价指标（体系），虽有不少成功的经验，也有其限制。这些限制不仅体现在指标（体系）的科学、合理，也体现在其结果的运用上。因而，应从整个评价制度而非仅仅从指标体系上寻找改革措施。

——当前，我国一些单位实施的人文社会科学研究成果评价指标的主要弊端，体现在数量化的滥用，以及没有充分考虑人文社会科学研究的特点和规律。

——鉴于人文社会科学研究成果评价指标体系的设计应因应不同的评价目的、评价对象、评价领域等需要，应有不同的类型与结构，因而，自上而下的、适用于全国的、大一统式的指标体系是不（应）存在的。有关单位应该鼓励各系统、各单位对此进行研究，设计适合各自需要的指标体系，并对其中的有益经验进行宣扬。

——本书提出了我国人文社会科学研究成果评价指标体系的设计原则、标准、步骤和主要模式，它们可以被用来作为有关单位检验自己设计人文社会科学研究成果评价指标体系的基本思路；管理部门也可根据本书的基本思路，对设计指标的活动进行程序管理。

第九章

评价程序的运用：公正性及其实现

指标体系的设计有关实质正义的追求，而评价程序的设计则有关程序公正的实现。人文社会科学研究成果评价程序是评价方法体系中的核心内容，评价程序最集中地体现着评价工作的价值观，评价程序的科学化水平就是整个成果评价工作的水平。任何成果评价都受限于一定的评价程序，如果没有一个科学、公正的评价程序，也就不存在科学公正的评价。行之万能的评价体系是不存在的，但存在科学的规则和程序安排。评价程序的制定，有利于评价者们以公正的"评价眼光"来进行评价，有利于人文社会科学评价实现更具实际价值的程序公平。

为了全面提高评价工作的质量，需要认真研究评价工作自身的内在规律性，正确认识人文社会科学成果评价程序的基本性质与基本功能，准确把握人文社会科学成果评价程序设计的一般规则和方法要点，特别是人文社会科学研究成果评价程序中的制度安排要点，掌握优化评价程序的一系列方法和技巧。

第一节 人文社会科学研究成果评价程序及其功能

一、人文社会科学研究成果评价程序及其构成要素

社会生活中，为了形成一定的结果或状态，人们伴随着一段时间经过的活动

过程是必要的。这就是广义的"程序"。在现代汉语中，"程序"是一个联合式合成词，包含着"规程"和"次序"两层含义，通常被解释为"事情进行的先后次序"或"按时间先后或依次安排的工作步骤"，如工作规程、实验手续、医疗程序等。其中，"规程"是指按一定的标准、法则或格式对某一制度作出分章列条的规定，"次序"是指"事物在空间或时间上排列的先后"。在英文中，与"程序"相对应的一个词是"process"，其基本含义可以解释为"过程、进程"。

"程序"一语在实际生活中适用得极为广泛，从瓜熟蒂落、昼夜更替等纯粹的自然现象，到会议展开、条约缔结、办事仪式等社会现象，均可概括为程序。

按照国际标准化组织的定义，程序是指为进行某项活动所规定的途径（见 IDT ISO9000：2000、GB/T19000-2000 标准）。人文社会科学研究成果评价程序就是人们为了对人文社会科学活动所取得的成果进行价值判定和影响力评估而规定的途径。其基本构成要素包括：两个及两个以上的工作步骤或环节；步骤或环节间时间顺序的规定性；每个步骤或环节的具体工作方法（为与不为的标准、具体操作的方式手段等）。

从以上分类来看，人文社会科学研究成果评价程序属于主观程序。主观程序反映的是社会活动的过程，是主体参与其中并且能够满足主体某种需要的程序，它反映的是主体与程序之间的关系，是社会科学的研究对象。而与主观程序相对称的是客观程序，客观程序体现的是自然事实的过程，完全独立于人的意识而存在，并因此成为自然科学的研究对象。

程序实际上是对事物、事物要素之间逻辑关系的反映，人文社会科学研究成果评价程序就是构成评价活动的各工作步骤或环节之间关系的模式。如果没有两个或者两个以上的工作步骤或环节，关系问题也就无从谈起，更不会有也不需要有反映这些关系的"模式"。

程序又是对事物、事物要素之间历史联系的反映，人文社会科学成果评价程序就是对工作步骤或环节之间本来的时间顺序的确定性反映。人文社会科学研究成果评价程序正是通过对工作步骤或环节之间时间顺序的规定反映和顺应客观规律，从而获得实际价值的。

人文社会科学研究成果评价程序是对人文社会科学研究成果评价规律的反映，它实际上就是在告诉人们做什么、什么时间去做的前提下，解决"怎么做"的问题，因此，它必须包括每一个工作步骤或环节的具体方法。

二、人文社会科学研究成果评价程序的功能

人文社会科学研究成果评价程序是人文社会科学研究成果评价方法体系中的

293

核心内容，评价程序最集中地体现着人文社会科学研究成果评价工作的价值观，评价程序的科学化水平实际上就是整个成果评价工作的水平。人文社会科学研究成果评价程序的功能，也就是它的有利作用主要在于：

1. 人文社会科学研究成果评价程序是评价工作高效化的保证

这主要表现在：评价程序是对评价工作经验的总结，它的存在可使评价过程更加符合客观规律性，有利于建立稳定的评价工作秩序；评价程序的存在减少了评价过程中的"多余"过程，减少了不必要的协调和尝试，使评价者获得可操作的评价依据，从而省时、省力、省人；评价程序可为评价工作过程注入一种有益的"压力"，从而减少工作中因责任不清、关系不明、去向不定、时限不确、标准不细、方法不合理而造成的时间延误……

2. 人文社会科学研究成果评价程序是评价工作质量的保证

这首先表现在评价工作可以依靠规定的方式方法和标准及时发现和纠正弥补各种错漏和失误；表现在有利于对评价工作过程的监督，规范相关管理工作人员和评价者的行为，减少他们在评价工作中对自由裁量权的滥用，抑制腐败，避免至少是减少以权谋私行为；表现在评价工作可以克服各种不利的随机因素的影响，实现评价质量的均衡，也就是使评价结果尽可能不因评价者素质、评价环境条件的不同而形成比较大的差异性。

3. 人文社会科学研究成果评价程序是评价工作公平公正的保证

公平公正是人们对人文社会科学成果评价的普遍期望和基本要求。但同时人们也非常清楚，面对人文社会科学研究成果这样一个非常特殊和复杂的对象，要实现绝对的实体公平公正是非常困难的，很多时候甚至是不可能的。科学有效的评价程序正可以通过程序上的公平公正，弥补实体公平公正方面的不足，因为有了这样的评价程序至少保证对相同的人文社会科学成果，在情况相同、条件相同时，能得到大致相同的认识，有大致相同的评价结果。

三、核心价值：程序正义

1. 程序正义的涵义

真正有效的程序一定是对事物运动客观规律的准确反映，这就是程序的科学性。对于人文社会科学研究成果评价程序而言，这种科学价值要求我们设计和实施的评价程序，必须符合人文社会科学研究的客观规律和准确认识、界定人文社会科学研究成果价值的客观规律。但是，作为一种主观程序，人文社会科学研究成果评价程序的独特要素是其主体和结果，因而决定其本质的是要符合主体之间各遂心愿的规律。这种规律体现的其实是人与人之间的互动。我们将这种要求称为人文社会科学研究成果评价程序的"社会性原则"。它要求我们将人文社会科学评价活动视为人们的一种有目的的互动行为，因而其实质是要我们遵循人们相处和社会运行的规律（"伦理"和"道理"）。

人文社会科学研究成果评价程序的"社会性原则"，与人类的其他社会性活动一样，包含着人们和谐相处的最为基本的原则和要求。至于这种原则和要求究竟是什么，在不同的社会、不同的时代，对不同的人群和不同的角色而言，是不一样的，譬如真善美、温良恭俭让等。在当今时代，人们较为认同的一种提法，就是"公平"或"正义"。而体现在程序上，就是"程序公平"或"程序正义"。

所谓程序正义是指对一种程序的正确适用，而这一程序本身有助于提高结果公正的可能性。相反，实体正义（Substantive Justice）是指结果自身的公正性，而不管这一结果是如何得到的。

根据美国学者罗尔斯的观点，程序正义是相对于实质正义和形式正义而言的。实质正义是关于社会的实体目标和个人的实体性权利和义务的正义，包括政治正义、经济正义和个人正义；形式正义又称"作为规则的正义"或法治，是指严格地一视同仁地依法办事，要求法律适用的公开性和一致性，程序正义介于实质正义和形式正义之间，是指在制定和适用规则、规范时的程序所具有的正当性。实质正义和形式正义主要是一种"结果评价"，是评价程序结果的价值准则；而程序的本质是过程性、交涉性的，因此程序正义本质上是"过程价值"，它主要体现在程序的运作过程中，是评价程序本身正义与否的价值标准。

2. 罗尔斯程序正义的三种类型

（1）纯粹的程序正义。

"纯粹的程序正义"是指关于什么是合乎正义的并不存在任何标准，存在的只是一定程序规则的情况，如赌博。只要严格遵守其程序规则，不管得到什么样的结果则都被视为合乎正义的，也即只要那里的程序并不有利于某个特定参加者，合乎正义就只取决于程序而不取决于结果。

（2）完善的程序正义。

"完善的程序正义"是指在程序之外存在着决定结果是否合乎正义的某种独

立标准，且同时存在着使满足这个标准的结果得以实现的程序的情况。如在把蛋糕完全均分给数人的场合，达到均分的结果才是合乎正义的，且存在实现这种均分的程序，那就是动手切蛋糕的人最后领取自己的一份。

（3）不完善的程序正义。

"不完善的程序正义"指的是虽然在程序之外存在着衡量什么是正义的客观标准，但百分之百地使满足这个标准的结果得以实现的程序却不存在。如刑事诉讼中的"真实"就是程序之外的标准，然而无论如何精巧设计程序，判断无辜的人的有罪或相反的结果总是难以避免的。

程序正义一般可以分为三个相互联系的部分：一是程序公平（Procedural Fairness），它有时被用作程序正义的同义词，意指恰当地坚持构成程序的各项程式，以及对程序的解释。从这一意义出发，程序公平一般被认为是实现公正的第一要素。二是起点公平（Background Fairness），提供正确适用程序所需要的各种基础环境。三是最为复杂的要素，大体上是指程序自身的公平。

3. 程序正义的代表性理论

目前，世界上关于程序正义的理论有了很大的发展，其中比较有代表性的包括：

（1）工具理论（Instrumental Theory）。

程序的合法化能力来自这样的事实，即在总体上程序特别适合于得出实质公正的决定。它们有助于查清真相，探求制作决定的正当标准。程序的工具理性有客观的和主观的一面。主观方面包括程序参与人的评估，譬如，程序参与人会认为目击证人是最好的证据，而许多"客观的"程序观察者则认为它往往是不可靠的。

（2）替代性理论（Substitution Theory）。

持有这种理论观点的人认为，人们实际上并不清楚实质公正究竟应该是怎样的。真相或者无法查清，或者要花费极大的代价。而裁决标准不是含糊不清，就是尚在争论，甚至完全不存在。此时，程序取代了实质性的分配标准。最显著的例子就是罗尔斯的"纯粹的程序正义"。依罗尔斯的学说，"纯粹的程序正义"是指适用一种程序一定能够确保公正的结果，原因是不存在评判结果正确的独立标准。纯粹的程序正义自身赋予了结果的公正性。以博彩为例，参与者选择了一项特定的游戏并严格地遵照游戏规则进行赌博，决定了由此产生的结果的公正性，而这一公正性独立于任何具体的结果。

（3）表现理论（Expressive Theory）。

这种理论分为两个分支理论：一是表现行为理论，它认为手段与行为相对立。也就是认为表现行为并不是达到某一目的的手段，行为本身就是目的。有人边淋浴边唱歌只是为了好玩。这就是表现行为。早晨我们吃早餐是为了保持健康和充沛的精力，但新鲜咖啡和热甜饼的香味却通过其提供的即刻的惬意，将食物从手段转变为目的。与此极其类似的是，程序不仅涉及利益和损失，也关系到参与和自我表现。此种参与带有奖赏的性质，对参与的拒绝则意味着惩罚。因此，不排除有的被告人被法庭无罪开释后却仍心存不满，原因是没能"在法庭上表现自己"。当某一组织内部尤其是在工作场所为做出决定而探求公正程序时，表现理论的价值也能得到体现。

表现理论的第二个分支理论是价值表现（Value-expressive）理论。这一理论主张认为，人们并没有把程序当作实现某种目的的一种手段或者目的本身，他们所持的是一种规范的视角，认为程序本身存在着一种"奖赏效应"，即程序本身的中立、排除歧视、诚实、追求公正、得体以及尊重人权等，能够使人们得到满足。同样，程序也具有"惩罚效应"。例如，审判和保释前的逮捕及拘留就是对被告人不利的程序。程序带有的这种负担性，其严厉程度有时甚至不比有最终惩罚的结果轻。程序在实践中经常是沉重的负担，因而不能忽视它给当事人带来的巨大压力。程序效应类似于制裁效应，不过尚未达到那种程度，至少正式地讲，这一效应并不是有意造成的。

（4）群体价值理论（Group Value Theory）。

某一决定产生一个不公的结果是个别情况，但一个不公的程序却是一项久远的设置，它反映了某一群体或社会的价值体系。因此，不公的程序与个别错误的决定相比，是一个更大的威胁。

群体价值理论特别强调这一事实，即某一群体或社会的分配程序，给了其成员有关自身社会地位的印象。在程序中个人与社会当局相接触，他（她）在程序中被怎样对待，他（她）在程序中是否被当作一个人看待并受到尊重，与个人的自尊休戚相关。程序让局中人感觉到他们是否或者多大程度上被他们的群体所接受，因而在很大程度上决定了他们对各自价值和地位的感觉。这一效应使得公众对各种程序安排异常敏感。譬如，在国外，有研究表明，人们之所以选择上法庭而非通过非正式程序来解决冲突，主要是因为他们感到在法庭程序中，作为一个个人及其事业能得到认真的对待。

（5）隔离理论（Isolation Theory）。

1969年，卢曼提出了"通过程序的合法化"这一议题，即政治管理系统怎样通过各种程序为其决定取得合法性。卢曼的出发点是每一种冲突都会趋于普遍化，其表现就是纳入越来越多的话题，卷入越来越多的民众，升级攻击手段。而程序通过限定当事人的斗争工具、明确指定论题以及将当事人从其社会环境中隔

297

离出来，来阻止这种趋势（这是人们将卢曼的理论称为"隔离理论"的原因）。

程序的这种"隔离"功能，与程序的工具特征毫不相干，也并非程序本身的公正。相反，程序的作用在于向相关的个人提供了一个学习过程，让他们接受程序的结果并将其作为未来行为的依据。"隔离理论"唯一重要的标准是外部意义上的成功。例如，在社会科学成果评价过程中，虽然被证实有过错的申报者会对评价最终结果不满意，但他们仍然表现顺从，因为他们不得不认识到他们无法动员社会各方面反对这一评价结果。这种成功只有在对约束性裁定的承认已制度化了的社会氛围中才能实现。这就是程序的贡献：它不需要个人确信他们得到了公正的对待，而是改变了当事人的期望结构和生存环境，通过这种方式将当事人在程序中整合起来，使得他们在最后除了接受决定以外别无选择（就像我们虽然不喜欢某种天气，还是无可奈何地接受了它）。

4. 有关程序正义的其他研究

目前，有关程序正义的研究，主要集中在哲学和法学领域。以美国学者罗尔斯为代表的正义论的哲学家，关注的是利益和价值分配程序的正义性，其范围涵盖了社会政治和经济结构的各个方面。他提出的程序或者过程本身的正当性问题，使人们意识到：在对一种至少会使一部分人的权益受到有利或者不利影响的活动或决定做出评价时，不能仅仅关注其结果的正当性，而且要看这种结果的形成过程或者结果据以形成的程序本身是否符合一些客观的正当性、合理性标准。

当然，有关程序正义功能的研究不仅仅局限于上述两个部门。实际上，政治学家也将程序正义视为政治学中的一条基本原理，立法、行政、选举等过程中的程序是否正义都对结果的正当性、合法性有直接的影响；民主政治正是以程序正义为基础的，民主程序并不保证其决策的科学与正确及其实施后的效果良好，但经过充分讨论后以多数表决方式做出的决定就是由程序正义所支持的正当、合法的决定。

长期以来，我们对人文社会科学研究成果评价程序的关注，主要集中在科学性上，在一定程度上对其社会性有所忽视（唯一的例外是张保生的研究。在一篇名为《论程序正义与学术评审制度的建构》文章中，张保生提出了"正当程序是实现公正评审的唯一手段"这一观点）。究其原因，主要在于没有充分意识到人文社会科学研究成果评价程序的主观程序性质，对评价程序在整个人文社会科学研究成果评价中的核心价值缺乏明确的认识，忽略了评价程序在构建公平公正方面的特殊功效。

实际上，评价程序在构建公平公正方面的有利作用是非常重要，也是不可替代的：

——评价程序是对评价结果公正性的保障，因为它在某种情况下可以保证结果公正（完善的程序正义），在某些情况下能增加结果公正的可能性（不完善的程序正义）；

——评价程序为被评价者的权益提供了基本的保护，比如，使被评价者不受歧视，使其各项权利（参与权、辩护权、举证权、处分权等）得以实现；

——对评价者的恣意行为加以限制，主要限制评价者可能会做出的主观、随意、专断以及其他违规和不当的行为；

——评价程序还可以维护评价活动本身的合法性和权威性，特别是在评价结果以及在此基础上的利益分配结果存在不公平时，通过程序本身的正义来获取人们的认同，从而维护评价者及评价活动的权威性和合法性；

——评价程序还可以有效维护评价工作的秩序，因为通过正义程序的建构，导致评价结果的一致性倾向，并在此基础上影响人们的思想习性，从而指导人们的未来行为，形成并维持某种评价秩序；

——评价程序还有利于控制在评价中、评价后的各种冲突行为，因为它为解决、弱化和控制人们在评价过程中产生的各种思想、理念和行为上的冲突提供一个基本的工具，从而控制冲突可能产生的不利后果；

——评价程序在满足评价者和被评价者的心理需求和社会需要方面同样功不可没，因为通过程序正义本身包含的某些价值，如对被评价者诉求的认真对待、对公平性的追求、对传统和先例的尊重等，使被评价者和评价者在评价结果之外，获得心理满足和社会需求，从而促进人文社会科学研究事业的发展。

第二节　人文社会科学研究成果评价程序设计的基本任务和规则

一、人文社会科学研究成果评价程序设计的基本任务

人文社会科学研究成果评价程序的设计，实际上就是对人文社会科学研究成果评价流程的筹划和所进行的确定化处置。其基本任务就是为特定的人文社会科学研究成果评价工作过程规划和建立工作步骤集合，其主要内容包括：

1. 明确具体对象，明确具体目标

要认真分析考察有关的过程是否需要，能否在总结优化的方法、顺序等成功经验的基础上确立程序；要高度明确建立程序的目的以及需付出的代价。

2. 明确有关过程（程序对象）的目标与任务

应尽可能对任务的具体数量予以规定和说明。

3. 确定有效完成任务所需要的工作步骤的内容与数量

要充分地进行分析论证，对工作过程做出正确的分解，明确每个工作步骤或环节在有效完成任务过程中的实际功能效用，取消一切没有价值的过程与操作，压缩工作步骤或环节的数量，合并没有独立存在意义的工作步骤或环节。

4. 确定各工作步骤或环节间的最佳次序

应保证这一次序是合法的，是正确反映了工作活动内在逻辑关系的，是能使工作过程有效的。应尽力保证这一次序有助于取消或减少多余的重复作业；有助于减少各种浪费现象；有助于缩短空间距离（各种传输作业）；有助于压缩用于等待的时间上的迟滞；有助于使重要的、紧急的、先决性的事务得到优先的处置；有助于发展有益的并行作业。

5. 确定具体任务、方法

确定每个工作步骤或环节应采用的方式、方法、技术手段；明确每个工作步骤或环节所处的时间、空间条件；规定从事这些活动的工作人员应具备的素质和资格方面的条件。

6. 文件化

以文字、图表等形式准确地表述上述分析规划的结果，形成程序说明、程序手册、流程图等文件。

二、人文社会科学研究成果评价程序设计的基本规则

由于人文社会科学研究成果评价程序的设计是一项有着特定内容、特定功

能、特定规律性的活动，因此，需要遵行特定的规则，其中最为重要的规则有以下几个方面。

1. 科学合理

科学合理是指评价程序的设计必须遵循客观规律，符合实际，符合公共道德，公正，具有可操作性。具体要求是：

——评价者据以进行评价的程序必须符合理性的要求，使其判断和结论以确定、可靠和明确的认识为基础，而不是通过任意或者随机的方式作出。心理学的研究成果显示，一个人在某种可能对自己产生不利决定或后果的活动过程中，如果不能及时了解程序的进程、结果的内容以及根据和理由，就会产生一种受到不公正对待的感觉，而且从心理上难以信服对决定的正当性。这种感觉源于自己的权益受到忽略、自己的命运受到随意的处置，而自己却毫无改变这种状况的能力的心理状态。这就要求评价者必须对据之做出评价结果的事实进行合理和充分的考察、鉴定和论证；评价者在评价之前必须进行冷静、详细和适当的评议，以便对各种论点和论据作出仔细衡量；评价者的结论必须以有效的所有证据和事实为根据；评价者应明确陈述其据以进行评价的根据和理由，并在必要时公开论证自己所作评价的合理性和正确性。

——评价者就被评价者的研究成果所作的评价结论必须从正式的评价过程中产生，从而使评价程序对评价结论的形成具有唯一的决定作用。为此，评价者的评价结论必须产生于评价过程的终结期，而不能在评价开始之前或者进行过程中形成；评价者的评价结论必须建立在其通过认定成果事实和运用评价标准而形成的理性认识基础上，而不是他在正式评价场所和时间之外所形成的预断、偏见或者传闻的基础上；评价必须以有效证据、意见、主张为根据，而不能随意排除之。

——构成评价程序的步骤、环节、次序、方法、时限、判定标准等要合乎实际情况，能做得起来，行得通，有实际效果。

——评价程序要合乎公共道德，要尊重社会上已经被人们普遍认可的评价标准和评价方式。

——评价程序要体现公正精神，该考虑的要素一定要充分考虑，不该考虑的一概不必考虑。比如，成果的评价结果，一定不能与作者的级别相关、不与作者的职称相关、不与课题来源相关、不能以媒体的报道和评价为依据、不以成果发表在哪里为依据、不考虑成果是否被评上了何种奖项等。而应该充分考虑的是那些对人文社会科学研究成果具有直接和间接影响的相关因素，以充分照顾到被评价者的权利和需求。比如，在目前学术著作出版比较难的情况下，可以考虑将符合特定条件的未公开出版的著作作为成果的形式之一。

——对评价者和评价工作组织管理者的自由裁量权一定要加以必要的限制。

2. 公平公开

公平的基本内涵是人文社会科学研究成果评价程序要尽可能保证评价结果的公平性；公开就是通过建立评价程序，将评价规则、评价过程、评价结果公之于众。

有关程序公平和结果公平的关系问题，罗尔斯为我们界定了四种。若就如何能最大程度地保护结果的公平而言，可以借鉴的至少有两种：一是有了公平的程序即有公平的结果（完全的程序正义）；二是有了公平的程序可以减少结果不公的可能性（不完全的程序正义）。而就人文社会科学研究成果评价而言，第二种情况最具有应用意义。它要求我们，在设计和选择人文社会科学研究成果的评价者时，要保持评价者的独立和中立。

评价者的独立和中立，是对被评价者和具体的评价对象而言的。它要求评价者要与不同的被评价者保持等同距离，对评价活动保持超然和客观的态度。评价者中立原则应符合以下要求：

——任何人不得做自己和与自己有关的研究活动成果的评价者。

——评价者不应对任何被评价者具有好恶偏见。

——评价者做出的任何评价决定不含有个人的利益。

——评价者不得对评价结果形成任何先入为主的意见。评价者的独立是指评价者只服从规定的标准，在评价活动中不受任何外来的干预。

在现实中，由于人文社会科学研究成果评价需要较高的专业知识要求，因而能够做评价活动的，往往是同行专家。而这一点，往往损害评价者的中立和独立原则。在现实中，要完全避免这种情况几乎是不可能的，唯一的可能是尽量避免之。在此方面，我们至少可以设计的是两种制度：一是匿名评审或网络评审；二是加强学术职业团体建设。

公平还需要在程序中建立必要的救济机制。救济意味着被评价者可以就对自己不利的评价结果采取一定的措施予以纠正。譬如，被评价人可以要求管理者按照同样的程序选择另外一批同行专家进行第二次评价；可以对评价者的评价依据、逻辑和结果进行质疑并得到认真的对待；可以添补对自己有利的证据等。

公平还需要体现平等精神。平等并不意味着所有人（机构）均同等对待，而是意味着同类情况同等对待，不同的情况给予不同的对待。

公平还需要保持程序必要的稳定性。程序稳定是指评价活动应按照规定好的时间先后和空间结构展开并得出最终评价结果，以使人们对评价活动保持一定的预期。

程序的稳定性包含两个不同层面，即程序规范的稳定和程序运作的稳定。其基本要素包括：

——程序的有序性。

——程序的不可逆性。

——程序的有限性。

——程序的终结性。

——程序的规定性。

公开是人文社会科学研究成果评价程序正义的另一项基本要求。其主要目的是通过公开，保证被评价者的权利实现，监督和防止评价者的恣意行为。

公开首先强调被评价人的参与权与信息权。它包括：第一，被评价人有适时评价请求权。被评价人基于程序主体地位，应有权要求管理机构在适当的时间、组织适当的方式进行评价，以防止评价程序给被评价人带来的评价结果之外的负担。第二，被评价人应有充分的机会表达自己的观点和主张，并有权利增加对自己有利的证据。第三，评价结果的展示和抗辩。评价者应对评价的依据、理由、程序和结果作出充分的展示和说明，应保留一定的时间作为异议期，允许被评价者提出和补充对自己有利的证据来试图修改对自己不利的评价结果。

程序公开还强调对评价者恣意行为的控制和监督。这意味着：第一，评价者或管理者要实现展示评价活动的依据、程序和标准；第二，评价者的评价决定要有明确的、可以展示乃至（必要时）可以验证的工具；第三，应具有对评价者的内在和外在控制机制。

3. 充分适应

这指的是评价程序的设计中必须注意环境因素的影响，保持其对客观环境及其变化的适应。具体要求是：

——使评价程序能"因地制宜"。设计时应充分了解评价程序的使用环境，充分考虑这些环境因素的影响和要求，尽量满足其合理的需要。

——使评价程序能"因时制宜"。即设计时要考虑到环境的变化，使评价程序能适应这种变化，要考虑到在各种情况下能规范处置各种评价事务的方案，规划出应对例外情况的对策。

——使评价程序能"因事制宜"。即要根据评价对象的不同性质，根据评价工作的不同目标、不同类型、不同方式、不同手段，设计出不同的评价程序。比如，对那些因各种原因而在评价活动伊始便处于不利地位的被评价者采取特别助益措施，以使其与其他被评价者处于同等地位。

4. 协调配合

协调配合是指评价程序之间，评价程序内部各要素之间必须建立统一、和谐的关系。具体要求是：

——评价程序之间要协调配合，互创条件，相互提供便利，决不互相抵触，尽量减少不必要的重复，减少不必要的多样性，追求整个评价程序系统的全面优化。

——评价程序内部各要素要维护其本来的正常关系，尽可能实现最佳配合，特别应注意维护正常的逻辑次序，维护各步骤、环节，各岗位各项操作间工作量的大致均衡，避免局部优化。

5. 简化便利

简化便利是指在保证功能至少不降低的前提下，尽可能对评价程序的构成、评价方法手段、评价标准依据等化繁为简，注意给评价程序的有效的实施创造更多的便利。要求在功能不变的前提下，降低一切不必要的多样性，减少步骤，取消无价值的活动，压缩时间消耗，减少空间距离，合并无独立存在价值的步骤或环节，以简便易行的措施取代繁杂的措施，要尽量降低评价程序给多数人带来的不便。

6. 注重实效

注重实效是指评价程序的设计要始终注意追求评价程序的实际有效性。具体要求是：

——要全面优化过程，使评价程序确实是对客观规律的准确反映。

——以切实有效的制度、方法、措施为评价程序的有效性提供保证，如实行代理制（有关方面不履行或无法履行义务时，依法由他人代为之）、时限规定制度（规定时间内不作为，期满后即生不利后果）、特例制度（紧急情况下实行特殊处置对策）、不停止执行制度（除法律规定之外，不因申诉而停止执行），实施发展并联作业、同类事务集中处理、均衡工作分担等措施。

——要使设计结果明确化、文件化，实际上就是要通过评价程序，使事有定时、物有定所、行有定程、止有定则，同时一定要形成正式有效的程序设计文件。

第三节 人文社会科学研究成果评价程序的基础和优化

人文社会科学研究成果评价程序是由一系列密切关联的工作步骤或工作环节构成的，尽管每一个具体评价程序的步骤或环节构成、顺序安排以及所采用的工作方法是各不相同的，但其中的主要环节"组件"却在大多数评价程序中普遍存在。了解这些基本环节的内容及功能，针对评价工作活动施以恰当的制度安排，并对既有评价程序不断加以优化，这就是人文社会科学研究成果评价程序设计与优化的实际进程。

一、人文社会科学研究成果评价过程的基本环节

人文社会科学研究成果评价过程大致可以分为准备、评议、审定三个阶段，其中的基本环节主要包括：

——准备阶段：明确评价目标、确定评价具体对象、明确评价约束条件、设计并确定评价方案（确定评价指标体系）、组成评议机构、落实评价工作所需要的设备设施和经费等资源条件、公告、接受申报；

——评议阶段：采集评价所需要的数据信息、对数据信息进行整序处理、对成果本身进行认定、对成果效应进行认定、形成初步评议结果；

——审定阶段：初步评价结果的公示、评价结果复审、确定评价结果、正式公布评价结果。

应特别指出，人文社会科学研究成果评价程序中最具决定性作用、最具核心价值的环节还是在准备阶段，即对人文社会科学研究成果本身的认定，以及对该研究成果效应的认定。由于它们对整个评价程序的成败优劣有决定性的意义，因此，在进行评价程序的设计过程中必须给予高度的关注和特别的保证，应当以足够的精力和资源投入到它们的设计中来。

实际上，人文社会科学研究成果评价程序设计的最重要的基础工作，就是在准备阶段构建科学合理的人文社会科学研究成果评价指标体系。

1. 准备阶段

——明确评价目标。评价目标就是开展特定人文社会科学研究成果评价活动所要达成的具体目的和结果。评价活动是一项有目的的活动，它的有效性在非常

大的程度上决定于目标的明确程度，在一定意义上，评价活动的效度就是评价目标的达成度。在实际评价工作中，评价目标是多种多样的。确立人文社会科学研究导向、评定奖项、认定成果创造者能力水平、项目结项验收、工作考核（确定奖勤罚懒依据）、确认推广优秀成果等，都可能构成一项评价活动的目标。评价目标对其他的评价要素具有规定性，评价目标不同，评价方式方法、评价程序安排都会有所不同。

——确定评价具体对象。这里的具体评价对象就是指评价活动所指向的实际人文社会科学研究成果。它可能是一项人文科学研究成果，也可能是一项社会科学研究成果；它可能是一部著作，也可能是一篇论文，或者是一个政策研究报告等。

——明确评价约束条件。约束条件就是指对人文社会科学成果评价活动产生实际规定性影响的客观要素。法律法规或相关政策的规定，评价活动所处的实际时间、空间条件，特定成果产生所处的社会政治、经济、文化环境条件，评价活动所能承受的成本条件，评价者的学识水平，评价活动组织管理者的能力和掌控的资源条件等，都是典型的约束条件。明确这些条件是设计和确定评价方案的基础。

——设计并确定评价方案。这里的评价方案就是对一项评价活动做出的全面筹划安排。内容涉及评价活动的所有主要因素，要从组织领导、管理措施、人员配置、物质条件、资金保障等诸方面对这些主要因素的状态，以及它们之间的相互关系予以明确，为真正实现整个评价活动的定时、定所、定人、定程、定则确立保障。评价方案的具体内容包括：评价缘由、评价目的、评价依据（法律政策、思想观念、相关事实等，具体落实为明确的评价指标体系）、评价者（组成、数量、专业背景、选择依据、责任、义务、权利等）、评价对象（成果涉及的领域、学科专业范围，成果存现的时间范围与空间范围，成果创造者的资格条件限制等）、评价方式（行政评价、同行评价，还是第三方评价；社会评价还是内部评价；普遍评价还是个别评价；专项评价还是多项评价；计量评价还是预估评价；跨学科评价还是本学科评价等）、评价方法（直接评价、间接评价，数据采集与确认，观察检测方法、评分取值方法、结果确认方法等）、评价组织保障（评议机构与工作机构的设立、职能、隶属关系、工作方式等）、评议工作时间进度安排、评议工作运行经费来源、经费预算、经费管理办法、评价工作地点等。

——组成评议机构。具体落实评议机构和评议工作机构。

——落实资源条件。全面落实有效开展评价工作所需要的所有人力、物力（设备设施场所）、信息、财力、时间等资源条件。

——公告。向社会及各有关方面发出公开信息，告知与评价工作相关的一切情况和要求。

——接受申报。在规定的时间范围内，接受一切符合申报条件的申请。这种申请应当是书面形式的，内容体系、格式等是由评价机构统一要求的。提出申请的过程实际上就是申报者自评的过程。

2. 评议阶段

——采集数据信息。这里的数据信息主要是指作出对人文社会科学研究成果判定结论所需要的支持性信息。在评价指标体系确定的条件下，评价是否科学在相当大的程度上决定于相关数据信息采集活动是否科学有效。数据信息采集的方式是多种多样的，申报资料阅读、数据库查询、文献资料获取、调查资料分析、调查问卷分析、答辩考查、会议访谈、现场考察、随机抽测、第二方或第三方评判意见分析等都有特定的应用价值。数据信息的品质与数量以满足评价者在特定观测点上的观测需求为限度。

——数据信息整序处理。采集而来的数据信息可能是初始性的、不系统、不全面的，甚至是缺乏真实性保障的。因此，这些数据信息需要进行一系列加工处理才能被实际应用。这些处理活动主要包括数据汇总、分类、筛选、核实、统计、计算、摘编等。

——对成果本身进行认定。对人文社会科学研究成果本身的认定，是指评价者对成果选题意义、立论依据、研究方法、语言表述、论证逻辑、社会价值及学术价值等方面的测度、估价、确定。

——对成果效应进行认定。对人文社会科学研究成果的效应的认定，也就是评价者对这些成果实际社会影响力的测量、估计、判定。通常就是用实证的办法检验理论是否符合客观规律，是否抓住了客观事物本质的内在联系，用定量或者定性的方法，评价成果的实际意义、可行性、社会效益与经济效益、社会反响，确认成果所产生的学术贡献，以及相应的对社会经济发展的贡献等。

——形成初步评议结果。根据规定的形成最终评议结果的方法，对每一位评价者的有效的认定意见进行汇总，形成评议机构整体的初步的评议成果。

3. 审定阶段

——初步评价结果的公示。在尽可能大的时间和空间范围内，用尽可能多样化和便于社会各方面知悉的方式，公开宣布评议机构的初步评议结果，设定精确的时间范围，征询社会各有关方面的意见反映，特别是明确征询具名异议，明确提出被评价者申诉的方式、时限、途径等。

——评价结果复审。公示期（或者是异议期）结束后，评议机构汇总公示意见特别是各种异议，对具名异议的事实根据进行核实，对申诉意见和申请复审意见进行审查，形成处置结论，以表决或其他方式重新确认评价机构整体的评价结果。复审以书面复审为主，也可采用传唤相关人、面对面辩论质证等方式。

——确定评价结果。以正式文件方式确定评价机构对人文社会科学研究成果的最终评价结果。

——正式公布评价结果。在规定的时间和空间范围内，按照规定的公布方式，正式宣布评价结果。

二、人文社会科学研究成果评价程序的制度安排要点

1. 关于评价目标

人文社会科学研究成果评价目标对整个评价工作活动中的诸多要素都具有规定性，因此，围绕评价目标的制度安排特别需要注意这样几点：

——合法合理。评价目标要与国家法律、法规和政策，以及社会公共道德规范保持一致；目标的实现一定要符合人文社会科学发展的规律性，一定要在实质上促进人文社会科学的发展；各项指标的"度"应控制在经过刻意努力才能达到的标准上；注意考虑优化质量成本问题，不设高投入而缺少实际价值的目标。

——高度明确。对目标的表述要明白晓畅，易于人们准确理解；抓住关键，对与关键性评价质量需求有关的目标要重点予以明确。

——可以测度。目标要能够转化为特定的活动；注意使目标可以被测量；目标应能分解到每个工作步骤或环节、每一个工作岗位。

2. 关于评价对象

与人文社会科学研究成果评价对象相关的制度规则是评价工作科学性的重要保障，在对其作出安排时主要应重点把握这样几点：

——对评价对象进行可评性认定。对象的成熟程度、对象对社会产生影响的可认识程度、社会对特定对象的整体认知水平等，决定着一项人文社会科学研究成果是否具备可评定性。客观存在的人文社会科学研究成果并不都是可以评价的，特别是并不都可以在当前评价的，对不能评价的事物勉强进行评价的结果，只能是失败。因此，准确界定成果是否可以评价是提高评价工作科学性、有效性的先决条件之一。

——对评价对象进行可比性认定。对很难比较或根本无法比较的东西强行比较,对于公说公有理、婆说婆有理的事物非要分出是非,无是非也要找是非是非常错误的,评价的结果也是没有正面意义的。这样的评价工作最终往往是比关系、比帮派、比权力,给各种学术腐败现象制造了可乘之机。

——科学分类。具有可比性的对象才能归并为一类,用相同的指标标准和方法去衡量,去区分优劣高下;不具备可比性的对象绝不能归为一类,更不能用相同的指标标准和方法去评定。在一定意义上,没有经过科学分类的人文社会科学研究成果评价工作,都不可能是成功的。

——科学界定评价对象的存现形式。不能一成不变地只把专著、论文、研究报告视为人文社会科学研究成果形式,政策研究报告、调查报告、咨询报告、专访、评论等都可以成为成果形式;成果的表现方式除了文字外,音频与视频等都应当是基本方式。是否公开发行也不应当作为界定能否构成评价对象的硬性条件,不能、不宜、不必公开发行的政策研究报告等的地位也应当得到承认。公开发行的媒体,也需要实事求是地从出版印刷等传统媒体扩大到电台、电视台和互联网网站等新兴媒体。

3. 关于评价主体

人文社会科学研究成果评价的主体主要是指评议机构。评价结果归根结底实际上就是组成评价机构的人对人文社会科学研究成果的一种主观认识,因此,评价主体整体的专业水平、认识能力在整个评价工作中占有举足轻重的关键作用。针对评价主体的程序制度,要明确规定评议机构的职责权利范围,明确规定组成人员的数量,各方面代表的比例关系,以及他们的身份、资格条件、产生办法,在设计中特别需要重点把握这样几个方面:

——在评议机构中应当保证有 1/3 至 1/2 比重的非本单位本系统专家。

——评议机构中的成员不能与被评价者存在直接或者连带利益关系。存在这种利益关系者必须回避。回避制度中不仅要避亲缘,必要时还应当避直接上下级、避师生、避校友、避原籍。

——要有精细的规则保证对"同行"认定的科学性。评议机构中的专家应当以熟悉本专业方向而不仅仅是同属一个学科专业领域的"小同行"专家为主体。

——评价者参与评价的频次要加以控制。参加同类评议的频次不能连续超过三次。

——最好能保证每个具体评议机构 1/2 以上成员,是通过在专家库中随机抽取的方式产生的。

——建立并完善评议专家的"淘汰"机制。如某人出现三次以上投票失正，则应被视为无能力担当此任，并及时在专家库中除名，取消其评议资格。

——一般情况下应采用具名评议，只有存在个别强势者可能左右评议结果，或者具名评议可能会实质性影响评议结果公平公正性等特殊情况下，采用匿名评议。

——对于比较特殊的"准评价者"，也就是成果推荐者、鉴定者也应当进行选择。推荐者、鉴定者应当是熟悉成果所涉及专业方向者。与成果创造者观点主张完全对立或者完全一致的，与成果创造者关系过密的不能成为成果推荐者、鉴定者。

——评议机构组成人员的数量应取单数，具体数量应控制在有能力正确认识成果基本价值的范围内，能满足形成有效决议的需要。

——评议机构的层次数量应随成果评价工作级别的高低递减，以减少层级，降低成本，提高实际效果。

——除特别情况外，评议机构的组成情况应当公开，评价者的具体评价意见应当公开。

4. 关于成果认定模式的选择

目前，在人文社会科学研究成果评价中普遍采用的成果认定模式有三种：同行专家评议模式、科学引文计量模式、同行专家评议与科学引文计量复合模式。这三种模式各有利弊长短，各有适用的范围。

同行专家评议模式的突出优势在于评价结果的公信度比较高，考虑的因素比较全面，其主要缺点是主观性强，评价指标不易于量化，评议结果容易更多地受人为因素的影响，特别是在不能超越人际关系和利益冲突时，专家评审的公正性和客观性将比较差。这种模式更适合于通过对成果的评价认定个人的科研能力和整体水平，适合于对成果的持久价值进行评定，适合对应用性研究成果和开发性研究成果的评价。不适合总结科学研究的规律性，不适合对一个机构、一个地区或者国家的整体科学研究水平做出评定。

科学引文计量模式的优势在于评价的依据明确、客观，评价指标比较少且刚性强，容易量化，但评价过程中考虑的因素相对简单，评价结果的说服力不高，尤其在评价目标旨在间接对成果创造者的科学研究能力和水平进行评定时，争议很多。在对不同学科采用同一指标（比如文献引用率）进行评价时，因不同学科之间存在一定的不可比性，评价结果的科学性受到质疑。这种模式不适合通过成果评价个人能力水平，比较适用于科学活动规律性的研究，适用于评价一个国家、一个地区、一个机构的科学研究水平，也相对适合对基础性研究成果（科学论文等）进行评价。

同行专家评议与科学引文计量相结合的复合模式，可以在一定程度上克服上述两种模式的不足。把专家评议和科学引文计量结合起来，尤其是实行以同行专家评议为主，以科学引文计量为辅助参考的方式，非常适用于客观实际中的人文社会科学研究成果评价工作。因为它操作起来比较容易，评价结果也更趋于公正。

5. 关于评价时间

对评价时间的安排应当主要服从评价目标的需要，同时也要注意遵从不同性质人文社会科学研究成果评价的特殊规律性。应当尊重多数人文社会科学成果，特别是其中基础性研究成果、人文学科研究成果在效应认定方面的时间迟滞特性。对这类性质的成果效应的认识，也就是对这些成果实际社会影响力的测量、估计、判定的时间应当与这些成果实际产生的时间之间要有比较长的距离。申报诺贝尔奖的科学研究成果大致都是 10 年前甚至是 20 年、30 年前的。这样一个时滞是非常重要和必要的。一方面，基础性人文社会科学研究成果的实际社会影响力是逐渐释放的，逐渐为人们所认识的，仓促评价难免出现评价中的失误、失准；另一方面，有了一个时滞，那些抄袭之作、拼凑之作、浅显之作、傍名家之作、"短平快"之作就完全可以原形毕露，自然被淘汰出局了。

评价时间方面的规定性还表现在两次评价工作的时间间隔方面，也就是评价的频次方面。人文社会科学研究成果评价的次数频度过少和过多都是十分有害的。评价活动过少会失去评价工作在推动人文社会科学发展方面的功能；评价活动过于频繁，则不仅会增加成本，降低评价的质量，而且可能降低评价工作及其结果的权威性，严重削弱评价工作的成效。在实际工作中，评价工作及其成果奖励的层级越高，评价的频次应当越低；人文学科研究成果的评价频次应当低于社会科学研究成果的评价频次；基础性研究成果的评价频次应当低于应用性研究成果的评价频次。

6. 关于申报评价准入制度

为了提高人文社会科学研究成果评价工作的严肃性，确保评价工作的质量水平，应当在评价程序中设定必要的成果申报准入制度，申报的门槛要高，使多数申报者对申报过程与结果产生敬畏，不敢轻易申报，不具备条件不能申报。相应的基本要点是：

——对申报成果除了有形成时间方面的要求外，重点明确质量要求，这些要求务必具体明确，有硬性的可以比较衡量的指标。

311

——要求对申报成果实行严格的自我评价。奉行"谁主张谁举证"的原则，要求申报者自列有说服力的数据事实作为申报依据。

——要求对申报成果实行同行专家鉴定推荐。专家的资格条件、与申报者间的关系、鉴定评价意见的内容体系与形式要有明确规定。

7. 关于成果性质的认定

人文社会科学研究成果的具体性质不同，评价指标标准、评价方式方法会有很大的差别。成果究竟是人文学科成果，还是社会科学成果；是"研究性"的，还是普及性成果或者是资料性成果；是导向性的，还是一般常规性的……必须准确做出判断确定，因此，评价程序中应当有确定的工作环节对申报成果的性质进行准确的界定，相应的规则要点是：

——实事求是地制定界定成果性质的标准。标准要有利于操作者比较容易地区分具体成果的主体性质，不拘泥于枝节方面。

——对成果性质的认定，实行申报者申请、评价工作组织管理者审核、第三方应邀认定相结合的制度，存有争议时主要通过协商方式确定，必要时请评议机构直接认定。

——成果性质确认后，非经评议机构同意不得变更。

8. 关于确保评价者了解成果的机制

评价者准确全面地了解成果是科学评价成果的前提，为此，评价程序应当为评价者了解成果确立保障，在相关规则的设计中基本要点包括：

——在评价者的选择方面，一定要保证其确实熟悉成果形成的专业方向，确实是相关领域真正有发言权的专家。

——给评价者充裕的时间尽可能全面、深入地接触成果，为评价者提供尽可能多的背景资料。在规定的时间范围内不能提供必要资料给评价者的成果，评议者有权拒评。

——全面提高评价者的责任意识，使其自觉认真履行职责。

——对评价者需要切实了解的信息进行考核测试，如设置相关提问等，保证其一定看完、看准。同时还可以做出相应的技术处理，请评价者不仅要做出结论意见，还要请其申明具体理由，或者对申报依据进行综述等。

9. 关于几种获取评价意见的方法

在评价程序中，相关工作环节的基本内容就是要鼓励评价者发表有价值的创新见解，汇集评价者分散的意见，为形成评议结论创造条件。如下几种方法在这方面具有一定的应用价值，在应用这些方法的过程中有一些基本规则需要把握。

——头脑风暴法的应用。头脑风暴法是 1939 年由美国学者奥斯本总结归纳的一套创新思维方法，其原理是通过思维共振达到智力放大，产生新的创意。虽然其形式各种各样，但其核心原则就是"无批评"的原则，即讨论中让大家畅所欲言，不能评论别人的意见，即使是非常荒诞无稽的看法也应受到尊重，不存在权威的意见，发言者人人平等，谁也无权作出结论。

——禁绝正面评价法的应用。禁绝正面评价法是适用于社会科学研究成果评价某些阶段或者某些项目的特殊评价方法。它奉行的核心原则与头脑风暴法完全相反，就在评价的某阶段或者对某项目进行评价的过程中，评价者只能针对成果讲批评性意见，而不能讲优点长处。这种方法在学术批评不够充分，以及成果自我评价不全面客观的条件下，有非常重要的应用价值。其相关规则设定中，一要注意不能将这种方法运用于评价工作的全过程；二是注意允许持相反意见者发表见解，但这些见解仅限于否定结论性批评，不能演变成对成果的全面肯定甚至褒扬。

——挑错法的应用。挑错法是美国的政策学家詹尼斯在 20 世纪 70 年代提出的。他认为，在一个凝聚力很强的决策小组里，很多事情都非常容易达成一致，而这种高度的一致有时并不是件好事。具体应用这种方法时，就是在暗中委派一个具有一定群体影响力的人扮演"魔鬼"角色，其任务就是故意与大家的意见相左，成心挑刺，甚至是"鸡蛋里挑骨头"，这样做的目的就是为了破除追求一致所带来的消极结果，克服群体压力所引起的从众效应。在采用这种方法的评价程序规则设定中，应当注意：扮演"魔鬼"角色的务必是有一定群体影响力的人，不能是一个平时的默默无闻者，也不能是群体中具有最高威望者；他的使命一定不要使其他评价者知晓；他的表现要"自然"令人信服，"挑刺"不能太过分，以有利于引发群体的思考，克服从众效应为目标。

——"零起点"方法的应用。"零起点"方法是 20 世纪六七十年代首先在美英流行的一种形成创新意见的方法，指抛开所有过去的东西，一切从零开始认识和讨论问题。在人文社会科学研究成果评价中实行成果匿名制，在一定意义上就是对这种方法的实际应用。采用"零起点"方法评价人文社会科学研究成果过程中，在对相关程序规则设定时应当注意：为了保证效果，一定要规定对成果申报材料中所有一切可能直接或者间接暴露申报者身份的信息进行湮灭处理；为了使评价者真正抛开一切成见、一切现成结论认识成果，应当将提供给他们的背景资料压低到必要限度之内，只针对待评价成果自身的性质、状态提供信息数据，其他资料则尽可能不涉及。需要强调的是，"零起点"方法的应用，代价是

313

很大的，选用时务必慎重。

——德尔菲法的应用。在前文中我们已提及，德尔菲法可以在社会科学研究成果评价中得到应用，特别是在评价工作初期在社会各方面征询相关专家意见反映，对评价结果进行预测时。在应用德尔菲法评价社会科学成果时，设定的相应程序规则应当注意体现这样一些精神：向专家征询的意见要明确，保证所有专家对相同问题的理解一致，能回答相同的问题；问题要具有独立性，对一个问题的回答不应以对另外一个问题的回答为条件；考虑到社会科学研究成果评价工作的特殊性，调查的轮次不能太多，能形成相对集中的意见即可；确保采用匿名通信方式，并且一定要在专家们互不知晓，彼此隔离的情况下交换意见。

10. 关于评价结论的形成

人文社会科学研究成果评价是一个群体工作活动过程，为了保证这个过程及其生成的结果公平公正，应当在评价程序中明确规定评价结论的形成规则。其中的要点包括：

——明确规定表决权的归属，也就是具体哪些人享有此项权利。

——明确规定表决权的分配，也就是每人几票，是否给特殊人物加权，这些人每人实际上有几票。

——明确规定有效票的计算办法与标准。

——明确规定采用的表决方式与方法。也就是对采用记名投票或无记名投票的投票方式进行表决，还是以记分方式表决，或者是以协商方式举手表决。同时还应当明确表决是所有表决人公开面对面进行还是背靠背进行，是采用电子计票还是采用人工计票，以及计票与监票方式等做出安排。

——明确规定是否设置否决权，否决权的归属者以及行使否决权的办法。

——明确规定有效决议的条件限制。包括内容条件和程序条件，应特别注意规定何种事项以简单多数（1/2 以上）通过有效，何种事项以绝对多数（2/3、3/4、4/5）通过为有效。

——明确规定是否奉行"同意表决法"或者"否定表决法"。"同意表决法"，即先由评价机构成员对所有认为可以接受的方案投赞成票，得票最多的备选方案即可中选。"否定表决法"，即先由评价机构成员对所有认为可以舍弃的方案投反对票，得票最多的备选方案即被淘汰，否定表决依次进行，直至剩下最后一个备选方案。

11. 关于评价过程与结果的公示

为了使人文社会科学研究成果评价工作过程置于广泛的社会监督之下，需要将评价过程与结果对社会各有关方面公示。在公示方面的程序规则设计中，应当重点把握这样几点：

——公示内容范围要宽。与评价工作相关的所有过程、所有内容、所有依据、所有事实、所有结果都应当尽可能对社会公示，只要有利于成果评价的公平公正与有效，就不应当限制人们知晓。

——公示时间要充裕。应当保证社会有关方面有充分的时间了解相关情况，有充分的时间调查核实，有充分的时间提出质疑，有充分的时间获得答复。公示制度的设计必须尊重质疑者，鼓励质疑者，使质疑成为成果获得广泛社会评价、社会批评的重要方式。

——公示的方式要多样化，不能仅仅用计算机网络形式，其他各种媒体（广播、电视、报刊）、文告、会议（质疑会、答辩会）等都可以综合运用，以切实保证社会各方面真正能够普遍知晓。

——公示过程中必须及时处理质疑者提出的各种疑问，对面对面或者是具名的书面质疑意见必须做出答复，答复时必须正面回答所有疑问和问题，不得以任何形式回避。

——对成果申报者不能对质疑意见做出解释说明或者其解释说明缺乏说服力的，应当中止对成果的继续评价。成果申报者对全面颠覆性质疑意见予以认同时，应当终止对成果的继续评价。成果申报者对部分否定性质疑意见予以认同时，不影响成果评价工作继续进行，但相关情况必须提供给评价者作为其继续开展评价工作的参考或依据。

12. 关于评价过程中偏颇意见的预防与校正

由于人文社会科学研究成果评价工作成果在相当大的程度上受到各种复杂的主观因素的影响，因此，在评价工作中非常容易出现偏颇性的评价意见。这就使评价程序设计过程中，必须注意以特定的规则建立起有效的预防和校正偏颇意见的机制。

——应当以各种明确的规定和有效的措施，保证所有评价者的平等性。

——要淡化甚至完全取消评价工作本身，以及所有评价者的行政级别。

——要尽一切可能排除权威人物的权威性影响。除特殊需要外，评价机构不设有特殊权限的评价者。

——采取有效措施，禁绝一切部门、一切人员在评价前暗示或明示评价结果和意见倾向。

——以完善的回避制度禁绝自己人评价自己人的现象。

——评价活动绝不允许由申报者或与其有各种共同利益关系的单位和个人

"自己"组织。

——尽可能不使评价者只做同意或者不同意的简单结论，提出所有结论性意见的同时必须申明具体理由。对持有极端性意见的评价者尤其需要申明证据性理由，否则这些意见可以视作不具备实际效力。

——尽可能使评价的最终意见具名发布。

——可以规定一切极端性肯定或否定的意见不对最终的评价结果产生大的影响（如规定扣除最高分和最低分）。

——形成最终评价意见时，尽可能使规定范围内的评价者面对面表达完毕具体意见后再表决。

——对预设评价结论要尽可能划分多一些的等次，每一等次的条件规定要明确，尽可能不存在交叉重合部分，保证能准确界定衡量。

13. 指标值高度趋中的预防

在评价工作中，经常出现对不同评价对象同一评价指标值在中等等次评价结论范围内高度相近相同的现象。这种指标值的高度趋中现象严重影响评价效果，造成评价工作的区分度很低，使评价结果失去说服力。为此，在评价程序设计中需要以有效的规则，尽量避免出现指标值高度趋中现象。

——尽可能提高评价指标的刚性，尽可能增加评价结论的等次，并使各评价结论等次的满足条件高度明确，有具体可以准确把握的标准。

——规定有效评价意见的区分度要求，规定各评价结论等次的大致比例，使评价者自觉控制，要求区分度达不到要求的评价者必须修订评价意见。

——允许在评价工作中实事求是地取消那些区分度过低的指标，或者降低这些指标的权重，并将原来的权重调整到实际区分度高的指标上。

——在最终评价结论区分度过低时，可以允许增加或者减少一部分评价者，重新得出结论；也可以增加新的观测点，重新形成评价意见。

14. 关于禁绝托请的机制

托请已经成为目前人文社会科学研究成果评价中腐败行为的重要形式，对评价活动的公正公平性构成极大的损害。因此，在评价程序设计中应当重视对禁绝托请机制的建设，其中必不可少的程序规则包括：

——尽可能使评价频次保持在必要限度内。少评、精评，不滥评就有助于不敢托请、不能托请、不必托请。因为只有评价者真正看重自己参与的评价工作，托请行为才能真正失去市场。

——要明确具体地界定究竟哪些人属于与成果申报者有上下级关系和其他各

种利益关系的人员，严格禁止他们成为评价者。

——严厉惩处托请者和接受托请者。一经发现存在托请行为，就要取消托请者申报资格，所获得的奖项和荣誉通统作废，并规定在一定时间内不得再申报；要取消接受托请者参与评价工作的资格，必要时追究相应的法律、行政或者道义方面的责任，终身不得参与评价工作。

——要对参与评价的所有人员（包括管理人员）在评价前进行公示。对来自社会各方面的对参评人员的具名投诉要进行调查处理，并将处理结果公示。

——要建立评价者工作档案，定时分析评价者的评价业绩，用计算机系统分析结论，淘汰一贯有极端评价意见的评价者。

——实行评价者大轮换制度，用各种随机选定方式在备选人员库中确定具体评价者，连续参与两次以上评价工作的不能超过评价者总数的20%以上，禁绝连续三次参与评价工作的人员。备选人员库要严格对外保密，备选库中的人员必须保持每次40%左右的更新率。

——提高评价工作组织管理者的社会化程度，尽可能以公开招标方式请第三方社会组织具体组织管理评价工作，而不要由评价工作责任单位及其有各种连带关系的单位的人员直接进行对评价工作的组织管理。同一第三方社会组织承担评价工作组织管理责任的连续次数不能超过两次，每次评价工作参与人员必须有50%左右的更新率。对有接受托请行为的社会组织一律永久取消参与资格，对事后发现与申报者有任何非正常经济利益往来的社会组织，取消其参加以后招投标的资格。

15. 关于避免过度"均衡"的机制

在人文社会科学研究成果评价工作中经常出现有关部门或领导者为平衡各种关系而干预评价结果，要求评价者形成的评价结果必须打破评价标准，使各类成果获得者在地区、单位等诸方面的分布面实现均衡的问题。这种过度的"均衡"已经成为评价工作实现真正公平公正的重大障碍，成为学术腐败的孳生环境条件之一。在评价程序设计中，应当注意以特定的规则为避免和抑制这种过度的"均衡"现象创造条件。

——在制度上承认合理均衡的存在，但必须在评价前确定精确的指标值和公开的统一特殊评价标准及享受这种标准的条件。在实际实施过程中任何人、任何机构不得再创设与此不符的新规则。

——在给评价者提供的背景资料中，进行必要的技术处理，隐去有可能使评价者"平衡"各种不该平衡的关系的信息（如申报单位名称、所属地区、主要申报人等），使其失去过度"均衡"的依据。

——在对评价者进行考核的指标体系中，不设置"均衡"方面的指标项，不允许评价者降低评价标准平衡各种不该顾及的关系、均衡各种不该考虑的分布，违反者要视作"污点"并记录在案。

16. 关于救济机制

为了保证评价工作的公平公正性，评价程序中会有相应的奖励与惩罚的具体方式、步骤、措施等方面的规定。而有奖励和处罚就难免有纠纷，难免有冤屈和苦情，因此，评价程序中还必须包括对申诉和复审的过程与方式方面的规定，以完善必要的救济机制。

——评价程序中必须明确规定申诉和申请复审是申报人确定性权利，并有切实的时间、机会和途径实现这种权利；接受复审并履行复审手续是相关评议机构或组织管理机构的确定性义务。

——应当有时间和其他各种资源方面的保证，使申诉活动是有实质性意义的，有效果的。评价机构的决定做出后务必给各有关方面以明确的教示，即以书面或者口头方式告诉相关方面，应当在什么时候，以什么方式，向谁表示不服提请申诉或者复审。规定时间范围内评价方必须接受申诉和复审申请并做出实质性处置。苦情不仅可以表达，而且评价方的错误必须得到实质性的纠正。

——申诉和提请复审的要求必须具体并有充分的依据（事实或法律依据）。

——申诉或申请复审的范围必须有明确的规定。可以申诉的是：不服评价机构的处罚性决定；认为评价机构做出的决定违反法律或者相关评价规则；评价机构做出的决定所依据的事实不存在或者有严重出入；认为评价机构没有履行规定的职责而使自身利益受损；认为评价所依据的规范不适当，应当予以变更或者修改。可以申请复审的是：认为评价结果不公正、不正确的。不能申请复审的是：对评价活动所依据的法律、法规和其他规则不服的；对相关纠纷的仲裁、调解、解释、处理不服的；已经提请行政复议、法院已经受理的。

——申诉与提请复审的程序可以包括：申明不服及其理由、对事实或结论进行申辩、就有关事实进行辩解对质。

——注意防止"恶性投诉"对评价工作成果的破坏和对成果创造者合法权益造成的损害。除专门规定之外，评价方已经做出的评价决定不因申诉和复审而停止执行，只有被投诉者要求停止执行的、评价机构 2/3 以上成员认为应当停止执行的、法律法规规定的除外。实行"无错推断"和"谁主张谁举证"原则，只要没有确定证据表明针对被投诉成果做出的决定是错误的，就不能推翻原决定，不能因不能核实、来不及核实、没有证据反证等方面的原因造成被投诉成果创造者实质权益受损，投诉方应当提出支持自己主张的证据。

三、人文社会科学研究成果评价程序的优化

人文社会科学研究成果评价程序优化是指对既有程序的分析与改进。程序优化既是程序设计的重要组成部分，又是对程序设计的发展。不管我们需要重新规划一个全新的程序，还是对一个既有程序进行调整和更新，实际上都会有一个基础，所做的设计工作基本上都是对自己既有程序或者是"惯例"和他人既有程序的分析改进，我们需要通过分析找出不足，通过改进来获得效果更好的新方案。从这样的意义上，程序优化是建立程序的关键：问题由其发现；方法由其而产生。

进行人文社会科学研究成果评价程序分析改进需要掌握如下具体方法要点：

1. 程序优化前的准备工作

古人说，"预则立，不预则废"。进行程序的优化，准备工作是关键。为了进行程序优化所做的准备工作主要包括：

——充分地研读相关的法律法规和规章制度，以及能反映评价程序面貌、程序要求的各种文件资料。

——以走访、座谈、实地观察等方式了解有关情况，听取有关反映，对评价程序的现状及客观需求和可能条件建立明确的认识。

——明确程序优化的目标。主要是搞清楚准备进一步优化什么，找到解决问题的基本思路。在程序优化的过程中，目标不同，解决问题的方法将会有很大的不同。

程序优化的目标是多样化的，其中比较普遍的目标主要有：进一步维护各有关方面的权益，使评价工作更加公平公正；实现时间优化，即减少时间消耗，提高时间的有效利用价值；实现资源的优化，即充分利用好人力、物力、财力，发挥其潜在的能力；实现成果的优化，即提高工作质量，提高社会各方面的满意度；实现空间优化，即减少各种人员或文件资料等物品的运动传递距离。

2. 程序优化中认识改进必要性的方法技巧

优化意味着对既有程序的改变，能不能进行改变，怎样改变，其前提和基础是程序需要不需要改变，有没有必要改变。发现既有程序改进必要性的方法技巧主要是注意强化敏锐力，注意捕捉住如下一些信号，一旦出现这些信号，往往就意味着程序可能有了问题，它已经需要进行必要的改进完善。

——评价工作中的失误较多，误时、误事的现象出现比率高。

——工作中经常需要"返工"，有大量工作要重复做。

——工作过程不畅快，抱怨多，特别是抱怨公平公正程度低，各种手续复杂，等待时间长。

——工作质量不均衡，同时、同事、同条件，工作质量却因人而大异。

——矛盾冲突多，常规事务也经常需要随机协调。

——例行工作也需要反复尝试、反复思考，一遍遍请示。

——参与同一工作过程的评价者、评价工作组织管理人员和社会各方面感觉不便。

3. 程序优化中观察分析问题的方法技巧

评价程序优化就是要发现和解决既有程序中存在的弊端，并且有效地消除它们。要做到这一点，观察分析是关键。

观察分析既有程序的关键是对程序进行全面的功能和效益分析，发现其存在问题。

我们可以根据现行的程序，绘制细致、明了的程序图。一般地说，原来的程序是与过去的社会需求及客观条件相适应的，并由一定的组织结构、管理规范作为其保证。当社会需求、环境条件发生变化时，这些程序可能会难以适应，管理效率、管理效能就会降低。因此，必须从以下方面分析既有程序中的问题：一是程序的功能。随着社会需求和环境条件的变化，原来的评价程序或者因交叉重复严重而增加社会成本和直接的评价成本，或者因权责利脱节而失去对评价工作质量与效率的保证作用。二是价值及其变化。不同评价程序对人文社会科学研究成果评价工作产生的影响是不同的。随着社会的不断进步和社会各方面需求的不断变化，整个人文社会科学研究成果评价程序体系的组成部分和它们的重要性也在变化。因此，应当从整体上把握具体评价程序的实际价值及其变化。三是评价程序的可行性。要根据变化了的现实情况和客观的实际效果，对程序是否有效、是否行得通进行分析。

实际上，评价程序优化中观察分析的方法技巧主要就是经过细致的调查和实地考察，不断就下面的问题提出疑问并寻找答案。

——这一评价程序的功能是什么，实现了吗？如果取消它后果会怎样，它的功能是否已经被其他程序包含，如果与其合并将怎样？

——构成评价程序的步骤环节有遗漏吗？每一步都做些什么，存在重复的、交叉的、矛盾的步骤吗？如果取消或合并会怎样？

——每个步骤环节的工作任务是由谁承担的，让其他人干会更好吗？与其他人的工作重复吗？合并起来会干得更快、更好吗？能经济、合理地用机器代替人做一些工作吗？

——每个步骤环节为什么要安排在这个地点来进行，人员、设备工具、文件资料等变更一下位置是否更方便、更省时、省力，是否能缩短传输文件和其他物品的距离？

——每个步骤环节为什么要在此时进行，提早一点，拖后一点，与其他步骤环节的先后互换一下是否更节约时间，更能减少工作量，能把工作做得更好？

——每个步骤环节所采用的方法，各步骤间、环节间建立联系的方式与手续是否过于复杂，能不能在有效的前提下，用更简单方便的，更省时、省力，快捷易行的方法、方式和手续代替它们？

4. 程序优化的基本方法

程序优化的基本方法也就是解决既有程序中问题的办法，实际上就来自上述的不断提问和回答中。这需要我们在认真分析的基础上，明确在构成程序的因素（步骤环节、次序、时限、方法、位置、距离、人员、设备工具、制度标准等）中应取消什么，增加什么，压缩什么，扩展什么，合并什么，分开什么，均衡什么，侧重什么，以什么替代什么，在哪里换位，在哪里变序。

——取消。取消就是在评价程序中彻底清除那些没有存在价值的过程、环节、岗位、设备工具、制度标准、方法、操作等。在评价程序中，那些多余的、无用的、功能已被其他事物完全包含的，也就是没有存在必要的因素应当一律坚决取消。

——增加。增加就是增添具有必要价值的过程、环节、岗位、人员配备、资金投入、设备工具、空间、时间、制度标准、操作等。在既有评价程序中缺乏的、同时又为程序合法有效所必不可少的因素，一定要增加。这种"加法"，主要就是"填补"增值的活动。

——压缩。压缩就是降低、减少事物的规模和数量。压缩的对象主要是那些确有存在价值，但现有规模、数量、形式等超过实际需要的过程、环节、岗位、设备工具、制度标准、方法、操作等。

——扩展。扩展就是扩大事物的规模和数量。扩展的对象主要是那些现有规模、数量、形式等还达不到实际需要的过程、环节、岗位、设备工具、制度标准、方法、操作等。

——合并。合并就是将若干事物按照一定的联系归并为一个整体。合并的对象主要是那些实际上不具备独立存在理由的过程、环节、岗位、制度标准、方法、操作等。在评价程序优化中，只要若干部分归并为一后能扩展功能的，甚至

321

与原来同样有效的，都应当坚决合并。

——分开。分开与合并相对，是指让构成一个整体的部分分解开来，各自获得独立存在的条件。分开的对象主要是那些规模过于庞大、组成部分分解开来独立存在更有利的过程、环节、岗位等。

——均衡。均衡就是指让构成评价程序的因素之间建立一种和谐关系，消除各种有碍整体优化的"局部优化"和"局部劣化"现象，实现事物的均衡发展。

——侧重。侧重就是有意打破既有评价程序中的平衡，以强化构成程序的某一部分或者某几部分因素，提高评价程序的整体效能。

——替代。替代就是用更加简便有效、更加经济的事物代替既有的事物。在评价程序优化过程中，只要存在这种替代的必要和可能条件，就用新事物（或部分）去替代旧事物，以使程序足够简便、足够经济，更有生命力。

——换位。换位就是对构成评价程序的因素的存现空间位置进行变换。在程序优化中，只要改变构成因素空间位置后，程序能够更加流畅、经济、合理，就应当进行换位。

——变序。变序就是改变既有评价程序中构成因素之间的时间顺序。时序应当是对客观规律性的正确反映，如果既有程序中的时序安排不合理，程序的功能将大大下降。因此，变序就成为评价程序优化的重要方法之一。

5. 程序优化方法的应用

实际上，上述评价程序优化的方法是需要根据具体情况，特别是需要根据实现评价程序具体目标的需要结合运用的。

——如果我们的目标主要是进一步维护权益，使评价工作更加公平公正，则就是要删去不合法的、侵权的、给多数人带来严重不便的步骤环节、方法和要求，增加有利于维护权益、弥补漏洞、能带来方便的，增加对相关评价组织管理机构工作人员的约束。

——如果我们的目标主要是实现时间优化，即减少时间消耗，提高时间的有效利用价值，这时就需要以取消（如取消无效或低效的步骤方法）、缩短（如压缩程序过程、减少等待时间）、替代（如高速高效的代替低速低效的、机器代替手工）、合并（如合并功能被包含的）、变序（如改变次序、交叉作业、串联改并联）等方式尽量节约时间，有效利用时间。

——如果我们的目标主要是实现资源的优化，即充分利用好人力、物力、财力，发挥其潜在的能力，这时就需要以取消（如取消一切无效的过程）、替代（如低耗的代替高耗的、更新设备工具、更新方法）、压缩（如简化方法、压缩过程）、均衡（如均衡工作量分担、均衡工作量的时间分布）、换位（如更新办公布局)、侧重（如松弛线上的资源集中使用于紧急线）、扩展（如扩展标准化应用领域、采用标准操作法）等方式减少浪费，降低消耗，发掘潜力。

——如果我们的目标主要是实现成果的优化，即提高工作质量，提高人们的满意度，这时就需要以压缩（如压缩一部分不必要的和严重不便的过程、压缩服务对象等待时间、压缩对服务对象的条件限制）、增加（如增加对服务对象起保护作用的环节、增设辅助服务点、增加对质量隐患的防范措施、增加"多重保险"措施、增加质量控制点）、均衡（如均衡工作量分担，以标准方法和标准的判断条件规定，降低对工作人员素质的要求，使质量均衡）等方式确立质量保障，给服务对象带来更多的便利。

——如果主要是实现空间优化，即减少人员或文件资料等物品的运动传递距离，这时就要以取消（如取消无效、低效的过程或步骤）、变序（如改变运动次序）、压缩（如压缩过程于最简状态）、合并（如合并相同相近的步骤、发展"一次性"作业和并联作业）、替代（如以工作人员的运动代替服务对象的运动，以机器代替人的活动，更新方法，更新设备工具）等方式缩短运动距离。

第十章

人文社会科学研究竞争力评价案例

第一节　中国高校人文社会科学研究竞争力评价分析

一、基础工作和目标[①]

——以高校为单位的人文社会科学研究成果数量统计分析：各类人文社会科学研究成果的数量分类统计分析与排序，如论文量、著作量、咨询报告数量、各类研究课题完成情况等研究成果的分类统计分析与排序及综合排序。

——以高校为单位的人文社会科学研究成果质量统计分析：各类人文社会科学研究成果的质量分类统计分析与排序，如论文、著作被引数量，咨询报告被采用情况，研究成果获奖情况等的分类统计分析与排序及综合排序。

——高校人文社会科学研究竞争力评价的比较、分析与对策研究。

---

① 论文统计以 CSSCI 为数据来源，同时可考虑期刊影响因子或期刊质量；著作可根据出版社的影响来给予不同权值；课题可参考项目级别；咨询报告可根据使用范围及级别加以区分。

二、人文社会科学研究竞争力评价应遵循的原则和做法

依据对竞争力内涵的界定，可以认为，从静态来看，竞争力来源于竞争主体之间能力的差距；从动态来看，竞争力来源于竞争主体在竞争过程中的行为的差距；从竞争对象角度来看，竞争力来源于对竞争对象的吸引力的差距。决定竞争主体之间差距的因素，也就是决定竞争力来源的因素。

1. 人文社会科学研究竞争力评价应遵循的原则[①]

——正确处理定性与定量的关系，坚持定性分析和定量评价相结合的原则。

——正确处理投入、产出与效益的关系，实行三者兼顾的原则。

——正确处理规模与效益的关系，适当偏重于效益的原则。

——正确处理数量与质量的关系，适当偏重于质量的原则。

2. 人文社会科学研究竞争力评价的具体做法

（1）评价对象和学校的分类。

2005年，教育部下发了《普通高等学校基本办学条件指标（试行）》的文件，将高等学校划分为六种类型。我们以此为依据，并根据学校的性质、任务和数量，将高等院校分为八种类型：综合院校、理工院校、师范院校、医药院校、语文财经政法（文法）院校、体育艺术院校、民族院校、农林院校。2005年4月15日，教育部公布了最新的《全国普通高校名单》，其中，本科院校700所，高职1078所（含民办），我们2006年发布的中国高校人文社会科学研究竞争力评价报告中的各高校名称也主要以《全国普通高校名单》统计资料汇编中的名称为准，但对部分更名或合并的学校尽量采用了新名称，最终进入此次评价的大学共有887所，其中重点大学119所、一般大学548所、民办院校220所。

（2）指标体系的构建。

考虑到评价工作的稳定性和延续性，中国高校人文社会科学研究竞争力评价仍沿用2005年的指标体系与权重。其具体构建过程如下：

A. 建立高校人文社会科学研究竞争力评价的层次结构图。

把高校人文社会科学研究竞争力评价问题分解为因素的各个组成部分。经过主成分分析，高校人文社会科学研究竞争力评价问题，一般与下列主要因素的指

[①] 正确处理国内数据与国外数据的关系，既要两者基本对应，但又适当偏重于国外数据，这有利于与国际接轨，鼓励高校和科研人员走向世界。

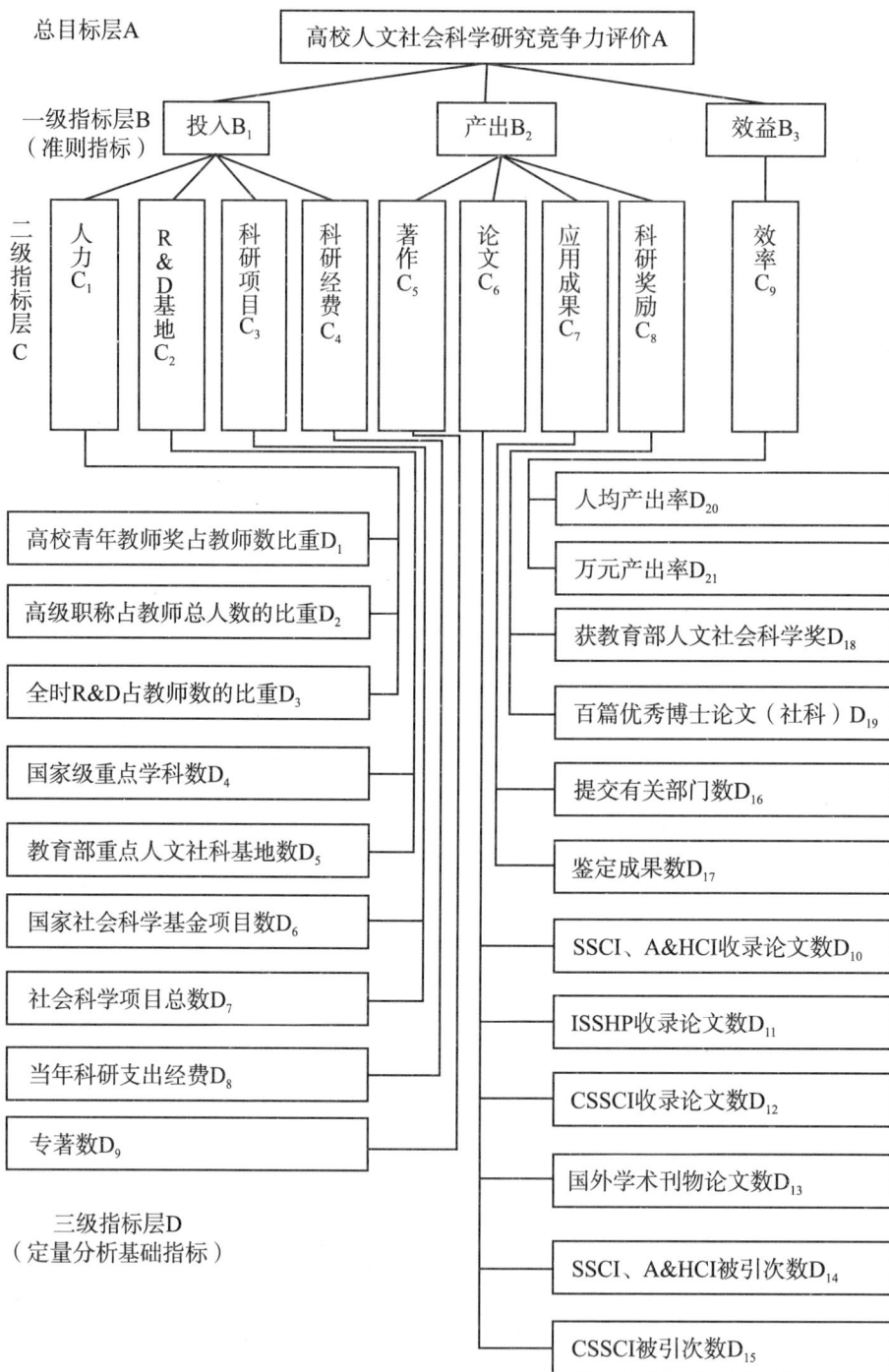

图 10－1　高校人文社会科学研究竞争力评价的递阶层次结构

标有关联。

　　——投入，主要包括人力、R&D 基地、科研项目、科研经费等；

　　——产出，主要包括著作、论文、应用成果、科研奖励等；

　　——效益，指各高校人文社会科学研究的效率。

　　将上述分解的因素，按支配关系分组，形成有序的递阶层次结构，绘出高校人文社会科学研究竞争力评价的递阶层次结构图（见图 10－1）。

　　B. 构造两两比较判断矩阵。

　　在建立高校人文社会科学研究竞争力评价结构图后，我们可按图 10－1 对所要评价的成果进行分析，以上一层的某一因素为准则，对下一层有支配关系的全部因素进行两两比较，按它们的重要性，使用表 10－1～表 10－9 的判断标度，赋予各因素一定数值得到两两比较判断矩阵，用判断标度进行衡量。

　　判断标度是表示要素 A_i 对 A_j 的相对重要的数量尺度，即 A_{ij} 的数量形式。对高校人文社会科学研究竞争力评价而言，建立判断技术标度定义如表 10－1 所示。

表 10－1　　　　　　　　　判断技术标度的定义

判断标度	定义
1	A_i 和 A_j 同样重要
3	A_i 比 A_j 稍微重要
5	A_i 比 A_j 明显重要
7	A_i 比 A_j 强烈重要
9	A_i 比 A_j 极端重要
2，4，6，8	介于上述两个相邻判断标度的中间值

　　若 A_i 比 A_j 明显重要，则 $A_{ij} = A_i/A_j = 5$；反之，比较 A_j 与 A_i 的重要程度，则 $A_{ji} = A_j/A_i = 1/5$。一般说来，对于 n 个元素，得到两两比较判断矩阵 $R_{n \times n}$，记作：

$$R_{n \times n} = (r_{ij}), \ i, \ j = 1, \ 2, \ \cdots, \ n。$$

判断矩阵具有如下性质：

　　（Ⅰ）$r_{ij} > 0$；（Ⅱ）$r_{ji} = 1/r_{ij}$；（Ⅲ）$r_{ii} = 1$。

　　C. 关于各判断矩阵的说明。

　　根据高校人文社会科学研究竞争力评价的层次结构图和判断矩阵性质，并结合各指标的重要性与数据来源的可靠性，可分别构造两两比较的判断矩阵。

　　a. B_1、B_2、B_3 对 A 的两两比较判断矩阵。

对高校人文社会科学研究而言，投入是指为满足研究的顺利进行、促进研究实力的提高所需要投入的各种要素的总和，是高校人文社会科学研究取得进展的前提条件。产出是指有明确的结论和一定的被人们认可的表现形式，由学术权威部门鉴定的基础理论研究成果和被实践证明的应用研究成果，反映了高校人文社会科学研究的实际结果，因此我们认为产出与投入相比介于同样重要与稍微重要之间。而效益衡量的是研究的成本与研究者的效率，因而效益与投入、产出相比均介于稍微重要与明显重要之间。通过对投入、产出与效益三者之间关系的分析，我们构造了一级指标层 B 中各因素 B_1（投入）、B_2（产出）、B_3（效益）对总目标层 A（高校人文社会科学研究竞争力评价）而言的相对重要性的两两比较的判断矩阵，见表 10 – 2。

表 10 – 2　　　　　　　一级指标层对总目标层的判断矩阵

A	B_1	B_2	B_3	权重值
B_1	1	1/2	1/2	0.1958
B_2	2	1	1/2	0.3108
B_3	2	2	1	0.4934

b. C_1、C_2、C_3、C_4 对 B_1 的两两比较判断矩阵。

对投入而言，人力是指高校中社会科学活动人员和研究与发展（R&D）人员，他们是高校人文社会科学研究体系的基础，是推动研究事业发展的决定因素。R&D 基地是经某权威机构批准的，为了将校内外在某人文社会科学研究领域有潜质和取得一定成果的人才聚集到一起而建立的研究组织。R&D 基地的建设有利于促进高水平的人文社会科学研究人才的主动聚集和有机联合，形成本校人文社会科学研究队伍的核心力量。由于 R&D 基地的主要研究人员大多来自本校教师，因此我们认为人力与 R&D 基地相比介于同样重要与稍微重要之间。

科研项目是指为探索或解决政治、经济、社会、文化及社会科学自身发展中的某基础理论或应用问题，组织一定数量的相关研究人员，在一定时期内重点研究的主题。由于项目的人员规模与存续期同 R&D 基地相比有限，其研究实力也相对薄弱，因此我们认为 R&D 基地与项目相比介于同样重要与稍微重要之间。最后，因为科研经费既来自 R&D 基地和项目，也来自其他委托研究课题，是对社会科学研究在经济上的保障，因此我们认为经费与 R&D 基地、项目相比均介于同样重要与稍微重要之间，仅次于人力。二级指标层 C 中因素 C_1（人力）、C_2（R&D 基地）、C_3（科研项目）、C_4（科研经费）对一级指标层因素 B_1（投入）两两比较的判断矩阵，见表 10 –3。

表 10 - 3 二级指标层对一级指标层的判断矩阵（一）

B_1	C_1	C_2	C_3	C_4	权重值
C_1	1	2	2	2	0.3905
C_2	1/2	1	2	1/2	0.1952
C_3	1/2	1/2	1	1/2	0.1381
C_4	1/2	2	2	1	0.2761

c. C_5、C_6、C_7、C_8 对 B_2 的两两比较判断矩阵。

对社会科学研究的产出而言，著作是一种重要的产出形式，它反映的是某学科领域连续几年集中研究的学术成果，发挥着重要的学术影响。根据学术价值与用途的不同，著作又分为专著、编著、教材、工具书、参考书、古籍整理著作、译著及其他著作。论文反映的是研究者在某一段时间内就某研究分领域的一个具体问题的研究结果，因其出版周期短、研究内容新而发挥着著作所不可替代的重要作用。对于著作与论文的重要性比较，一般认为著作比论文重要。但是考虑到本次研究的论文数据主要来源于国内外高质量的论文数据库，而著作数据的收集则主要依靠各高校自报，且未对著作的具体类型进行划分，因此这里我们认为，论文与著作相比介于同样重要与稍微重要之间。

至于应用成果，由于其具有发行范围有限、学术价值未经权威机构检验的特点，因此我们认为著作比应用成果稍微重要，论文与应用成果相比介于稍微重要与明显重要之间。最后由于奖励是对研究产出的质量肯定，因此具有最高的重要性。它比著作稍微重要，与论文相比介于同样重要与稍微重要之间，比应用成果明显重要。二级指标层 C 中因素 C_5（著作）、C_6（论文）、C_7（应用成果）、C_8（奖励）对一级指标层因素 B_2（产出）的两两比较判断矩阵，见表 10 - 4。

表 10 - 4 二级指标层对一级指标层的判断矩阵（二）

B_1	C_5	C_6	C_7	C_8	权重值
C_5	1	1/2	3	1/3	0.1699
C_6	2	1	4	1/2	0.2844
C_7	1/3	1/4	1	1/5	0.0729
C_8	3	2	5	1	0.4729

d. D_1、D_2、D_3 对 C_1 的两两比较判断矩阵。

对人力指标而言，"高校青年教师奖"获奖人数代表着教师队伍中优秀拔尖人才、年轻的学术带头人的数量，是衡量高校人文社会科学研究中人力投入的重要质量指标。为了消除高校规模对人力投入指标的影响，这里我们取"高校青年教师奖"占教师总人数的比重。高级职称占教师总人数的比重能够间接衡量教师队伍的水平，但是我们并不能保证所有具备高级职称的教师都从事研究。而教师队伍中 R&D（全时人员）人数的比重能够衡量高校对人文社会科学研究投入的实际人力与时间，但是它无法揭示 R&D 人员的研究水平。因此我们认为，高级职称占教师总人数的比重与教师队伍中 R&D（全时人员）人数的比重同样重要，而"高校青年教师奖"占教师总人数的比重与另外两个指标相比均介于同样重要与稍微重要之间。三级指标层 D 中因素 D_1（"高校青年教师奖"占教师总人数的比重）、D_2（高级职称占教师总人数的比重）、D_3（教师队伍中 R&D（全时人员）人数的比重）对二级指标层因素 C_1（人力）的两两比较判断矩阵，见表 10 - 5。

表 10 - 5　　　　三级指标层对二级指标层的判断矩阵（一）

C	D_1	D_2	D_3	权重值
D_1	1	2	2	0.6667
D_2	1/2	1	1	0.1667
D_3	1/2	1	1	0.1667

e. D_4、D_5 对 C_2 的两两比较判断矩阵。

对 R&D 基地指标而言，国家级重点学科和教育部重点人文社会科学研究基地均为国家级人文社会科学建设单位，代表着国内人文社会科学的领先水平。但是前者包括教学与科研两个方面，而后者则侧重于科研，因此这里我们认为教育部重点人文社会科学研究基地数与国家级重点学科数相比介于同样重要与稍微重要之间。三级指标层 D 中因素 D_4（国家级重点学科数）、D_5（教育部人文社会科学研究基地数）对二级指标层因素 C_2（R&D 基地）的两两比较判断矩阵，见表 10 - 6。

表 10 - 6　　　　三级指标层对二级指标层的判断矩阵（二）

C_2	D_4	D_5	权重值
D_4	1	1/2	0.3333
D_5	2	2	0.6667

f. D_6、D_7 对 C_3 的两两比较判断矩阵。

对项目指标而言，国家社会科学基金项目是由国家财政拨款，面向全国、公平竞争、择优立项，实行同行专家评审制，经过资格审查、初评、会议评审及复核审批，由同行专家鉴定其成果的社会科学项目。而普通的社会科学项目则包括各级地方政府及其他机构资助的所有人文社会科学的研究项目。因此，国家社会科学基金项目数比社会科学项目总数稍微重要。三级指标层 D 中因素 D_6（国家社会科学基金项目数）、D_7（社会科学项目总数）对二级指标层因素 C_3（项目）的两两比较判断矩阵，见表10 – 7。

表 10 – 7 　　　　　三级指标层对二级指标层的判断矩阵（三）

C_3	D_6	D_7	权重值
D_6	1	3	0.7500
D_7	1/3	1	0.2500

g. D_{10}、D_{11}、D_{12}、D_{13}、D_{14}、D_{15}对 C_6 的两两比较判断矩阵。

对论文指标而言，SSCI 与 A&HCI 收录的论文是高质量的、处于国际领先水平的期刊论文，ISSHP 收录的论文是高质量的、处于国际领先水平的会议论文。一般认为期刊论文的重要性要大于会议论文，因此我们认为 SSCI 与 A&HCI 收录的论文数与 ISSHP 收录的论文数相比介于同样重要与稍微重要之间。CSSCI 收录的论文是高质量的、处于国内领先水平的论文，但是因为一般认为 SSCI、A&HCI 和 ISSHP 的收录范围存在语言偏向，因此我们认为 SSCI 与 A&HCI、IS-SHP 收录的论文数与 CSSCI 收录的论文数相比介于同样重要与稍微重要之间。

国外学术刊物论文包括在境外的学术刊物上发表的所有论文，它们一方面在国际学术界产生了一定影响；另一方面其质量也参差不齐，因此我们认为 SSCI 与 A&HCI、ISSHP 收录的论文数与国外学术刊物论文数相比介于同样重要与稍微重要之间，而国外学术刊物论文数与 CSSCI 收录的论文数相比介于同样重要与稍微重要之间。

SSCI 与 A&HCI 被引次数进一步反映了论文的质量，因此它与 SSCI 和 A&HCI 收录论文数、ISSHP 收录论文数、CSSCI 收录论文数、国外学术刊物论文数相比介于同样重要与稍微重要之间。同理，CSSCI 被引次数与 SSCI 和 A&HCI 收录论文数、ISSHP 收录论文数、CSSCI 收录论文数、国外学术刊物论文数相比介于同样重要与稍微重要之间，仅次于 SSCI 与 A&HCI 被引次数。

三级指标层 D 中因素 D_{10}（SSCI 与 A&HCI 收录论文数）、D_{11}（ISSHP 收录论文数）、D_{12}（CSSCI 收录论文数）、D_{13}（国外学术刊物论文数）、D_{14}（SSCI 与

A&HCI 被引次数）、D_{15}（CSSCI 被引次数）对二级指标层因素 C_6（论文）的两两比较判断矩阵，见表 10 – 8。

表 10 – 8　　　　　三级指标层对二级指标层的判断矩阵（四）

C_6	D_{10}	D_{11}	D_{12}	D_{13}	D_{14}	D_{15}	权重值
D_{10}	1	2	2	2	1/2	1	0.1963
D_{11}	1/2	1	2	2	1/2	1	0.1554
D_{12}	1/2	1/2	1	1/2	1/2	1/2	0.0879
D_{13}	1/2	1/2	2	1	1/2	1/2	0.1110
D_{14}	2	2	2	2	2	2	0.2781
D_{15}	1	1	2	2	1	1	0.1712

h. D_{16}、D_{17} 对 C_7 的两两比较判断矩阵。

对应用成果指标而言，提交有关部门与鉴定成果是处理应用成果的两种方式，其中鉴定成果实际上是在提交有关部门的基础上对应用成果的评估，因此我们认为提交有关部门数与鉴定成果数相比介于同样重要与稍微重要之间。三级指标层 D 中因素 D_{16}（提交有关部门数）、D_{17}（鉴定成果数）对二级指标层因素 C_7（应用成果）的两两比较判断矩阵，见表 10 – 9。

表 10 – 9　　　　　三级指标层对二级指标层的判断矩阵（五）

C_7	D_{16}	D_{17}	权重值
D_{16}	1	1/2	0.3333
D_{17}	2	1	0.6667

i. D_{18}、D_{19} 对 C_8 的两两比较判断矩阵。

对奖励指标而言，教育部人文社会科学奖（至今已评选三届）集中反映 1979～2000 年这 20 多年来全国普通高等学校教师在人文社会科学研究方面取得的优秀成果，其中大多数获奖成果为著作与论文。而全国百篇优秀博士论文（2004 年度社科类）是从近几年毕业的博士的论文中评选出的优秀论文。因此，我们认为教育部人文社会科学奖数目与全国百篇优秀博士论文数相比介于同样重要与稍微重要之间。三级指标层 D 中因素 D_{18}（教育部人文社会科学奖数目）、D_{19}［全国百篇优秀博士论文（社科）数］对二级指标层因素 C_8（奖励）的两两比较判断矩阵，见表 10 – 10。

表 10 – 10　　　三级指标层对二级指标层的判断矩阵（六）

C_8	D_{18}	D_{19}	权重值
D_{18}	1	2	0.6667
D_{19}	1/2	1	0.3333

j. D_{20}、D_{21}对 C_9 的两两比较判断矩阵。

对效率指标而言，人均产出率衡量指的是研究者的产出效率，而万元产出效率衡量的是研究所花的成本。众所周知，效率指标的计算归根到底是期望降低成本，提高产出。即使某高校人均产出率很高，如果它的万元产出效率很低，那么该校的研究从经济角度上讲仍然是不划算的。而如果某高校的万元产出效率很高，即使人均产出率很低，也不会使该校陷入因科研经费不足带来的窘境。因此我们认为，万元产出效率与人均产出率相比介于同样重要与稍微重要之间。三级指标层 D 中因素 D_{20}（人均产出率）、D_{21}（万元产出效率）对二级指标层因素 C_9（效率）的两两比较判断矩阵，见表 10 – 11。

表 10 – 11　　　三级指标层对二级指标层的判断矩阵（七）

C_9	D_{20}	D_{21}	权重值
D_{20}	1	1/2	0.3333
D_{21}	2	1	0.6667

D. 计算单一准则下元素的相对权重。

我们用排序权向量计算的特征根方法，求出高校人文社会科学研究竞争力评价递阶层次结构中各单一准则下因素的相对权重。

我们以表 10 – 3 为例说明计算单一准则下元素的相对权重。首先利用 Matlab 软件求出矩阵 A 的最大特征根及相应的特征向量为：

$$\lambda_{max} = 3.0536$$

$$W_0 = [0.3183, 0.5053, 0.8021]^T$$

然后进行一致性检验：

$$CI = (\lambda_{max} - n)/(n - 1) = (3.0536 - 3)/(3 - 1) = 0.0268$$

由于矩阵 A 为 3 阶矩阵，查表得对应的 RI 为 0.58，则：

$$CR = CI/RI = 0.0268/0.58 = 0.0462$$

由于 CR < 0.1，通过一致性检验。对特征向量进行归一化处理，得到各因素的权重向量为：

$$W = [0.1958, 0.3108, 0.4934]^T$$

将结果填入表 10 - 2 的权重值栏中，并用同样方法计算表 10 - 4 ~ 表 10 - 11 中的权重值。

E. 计算各层次因素的组合权重。

在上一节中我们计算了高校人文社会科学研究竞争力评价递阶层次结构中各级指标相对于上一指标层中对应指标的权重值，现在我们计算三级指标相对于总目标的权重值（见表 10 - 12），以便于评价实例的实际操作。

表 10 - 12　　　　　　　三级指标对总目标的权重值

A	B₁ 0.1958				B₂ 0.3108				B₃ 0.4934	D 层次总排序
	C_1	C_2	C_3	C_4	C_5	C_6	C_7	C_8	C_9	
	0.3905	0.1952	0.1381	0.2761	0.1699	0.2844	0.0729	0.4729		
D_1	0.6667									0.0510
D_2	0.1667									0.0127
D_3	0.1667									0.0127
D_4		0.3333								0.0127
D_5		0.6667								0.0255
D_6			0.7500							0.0203
D_7			0.2500							0.0068
D_8				1						0.0541
D_9					1					0.0528
D_{10}						0.1963				0.0174
D_{11}						0.1554				0.0137
D_{12}						0.0879				0.0078
D_{13}						0.1110				0.0098
D_{14}						0.2781				0.0246
D_{15}						0.1712				0.0151
D_{16}							0.3333			0.0076
D_{17}							0.6667			0.0151
D_{18}								0.6667		0.0980
D_{19}								0.3333		0.0490
D_{20}									0.3333	0.1645
D_{21}									0.6667	0.3289

（3）数据来源和处理方法。

在中国高校人文社会科学研究竞争力评价中，收集原始数据的工作量非常大，我们付出了大量人力和经费，建立了比较稳定、可靠的数据来源工具和渠道。评价的原始数据主要来自四个方面：

——有关政府部门的统计数据资料（汇编、年鉴、报表等）。

——国内外有关数据库。

——有关政府部门、高校的网站。

——国家有关刊物、书籍、报纸、内部资料等。关于数据处理，我们首先对原始数据进行了全面核查，处理了有些异常的数据，有的取消指标，有的则压低了权重。在此基础上，我们自己设计了《中国高校人文社科研究竞争力评价信息管理系统》，并建立了相关数据库，进行了大量数据的整理、统计、计算、排序等工作。

A. 人力。

a. 高校青年教师奖占教师数比重。

高校青年教师奖数据来源于教育部网站，经过对获奖者的学科（专业）的判断，我们将人文社会科学的高校青年教师奖分离出来，发现它们分布在所评价的高校中。为了消除高校规模对评价结果的影响，我们将《2004 年全国高校社科统计资料汇编》提供的重点大学 119 所、一般大学 548 所，共 677 所高校的社会科学活动人员合计作为分母，计算出各高校教师队伍中高校青年教师奖所占比重。

b. 高级职称占教师总人数的比重。

高级职称占教师总人数比重的计算是用《2004 年全国高校社科统计资料汇编》提供的社会科学活动人员中的高级职称人数除以社会科学活动人员合计所得的商。

c. 教师队伍中 R&D（全时人员）人数的比重。

教师队伍中 R&D（全时人员）人数所占比重的计算是用《2004 年全国高校社科统计资料汇编》提供的 R&D 人员折合全时人员（人年）除以 R&D 人员合计所得的商。

B. R&D 基地。

a. 国家级重点学科数。

国家级重点学科数来源于教育部科技发展中心 2003 年 6 月公布的 173 个高等学校重点学科数（文科），分布在 54 所高校中。

b. 教育部重点人文社会科学研究基地。

教育部重点人文社会科学研究基地数来源于《光明日报》2001 年 4 月 19 日在《教育部人文社会科学重点研究基地重大项目招标公告》中公布的 103 个重

点研究基地，分布在 39 所高校中。

C. 科研项目。

a. 国家社会科学基金项目数。

2005 年度国家社会科学基金项目数来源于全国哲学社会科学规划办公室网站。

b. 社会科学项目总数。

社会科学项目总数来源于《2004 年全国高校社科统计资料汇编》。

D. 科研经费。

经费数据来源于《2004 年全国高校社科统计资料汇编》提供的各高校当年科研支出经费。

（4）产出指标数据的收集与处理。

A. 著作。

由于《全国高校社科统计资料汇编》是我们目前所知道的提供完整的著作数据的唯一来源，因此著作数据来源于《2004 年全国高校社科统计资料汇编》。

B. 论文。

a. SSCI 和 A&HCI 收录论文数。

SSCI 和 A&HCI 收录论文数是指 2005 年被 SSCI 和 A&HCI 收录的论文数。由于同一高校的英文名称存在多种写法，为了保证检索到国内各高校 2005 年被 SSCI 和 A&HCI 收录的所有论文，我们利用 SSCI 与 A&HCI 数据库提供的按作者所在机构的地址检索功能，在检索栏里输入 China，并保留第一著者的机构为国内高校的记录。

b. ISSHP 收录论文数。

ISSHP 收录论文数是指 2005 年被 ISSHP 收录的论文数。与 SSCI 和 A&HCI 数据库相似，ISSHP 数据库也提供按作者所在机构的地址检索的功能，因此我们在检索栏中输入 China，同样遵循只保留第一著者的机构为国内高校的原则，对检索到的记录进行自动与手工分析。

c. CSSCI 收录论文数。

CSSCI 收录论文数是指 2004 年被 CSSCI 收录的论文数。2004 年 CSSCI 共收录了 64 856 篇论文，但是 CSSCI 一次只能显示 5 000 条记录，因此我们利用 CSSCI 提供的按照学科类别检索的功能，分别检索马克思主义、哲学、宗教学、管理学、语言学、文学、外国文学、中国文学、艺术学、历史学、考古学、经济学、政治学、法学、社会学、民族学、新闻学与传播学、图书馆情报与文献学、教育学、体育学、统计学、心理学、社会科学总论、军事学、文化学、人文经济地理、环境科学以及其他学科这 28 个学科类别的论文。其中由于某些学科，例如经济学的论文数超过了 5 000 篇，我们便在按学科类别检索的基础上，分别按第 1 期至第 12 期检索。

　　d. SSCI 与 A&HCI 被引次数。

　　SSCI 与 A&HCI 被引次数是指 2004～2005 年被 SSCI 和 A&HCI 收录的、第一著者机构为国内高校的论文从发表至今的被引次数。在收集 SSCI 和 A&HCI 收录论文数指标的数据过程中，每条记录均含有作者（AU）、篇名（TI）、来源（SO）、语言（LA）、文献类型（DT）、作者所在机构的地址（AD）、被引次数（TC）、发表年代（PY）等属性。

　　e. CSSCI 被引次数。

　　由于 CSSCI 网络版不仅不提供按机构检索被引次数的功能，而且所显示的记录中也没有标示被引文献的作者所在的机构，因此只能通过把相应的记录下载到本地，再通过编制程序进行处理。

　　C. 科研奖励。

　　a. 教育部人文社会科学奖。

　　教育部人文社会科学奖数据来源于《首届人文社会科学研究优秀成果奖获奖成果简介汇编》、《全国普通高等学校第二届人文社会科学研究成果奖获奖成果简介汇编》和《第三届中国高校人文社会科学研究优秀成果奖获奖成果简介》。

　　b. 全国百篇优秀（社科）博士论文。

　　全国百篇优秀博士论文是在教育部和国务院学位委员会领导下，由教育部研究生工作办公室负责组织进行，遵循"科学公正、注重创新、严格筛选、宁缺毋滥"的原则，经过推荐、初选和复评后产生的优秀博士论文。其评选标准为：选题为本学科前沿，有重要理论意义或现实意义；在理论或方法上有创新，取得突破性成果，达到国际同类学科先进水平，具有较好的社会效益或应用前景；材料翔实，推理严密，文字表达准确。本次研究收集了中国学位与研究生教育发展中心网站上颁布的 2005 年全国百篇优秀博士论文，并从中整理出社科博士论文。

　　（5）指标数据的归一化。

　　由于投入与产出指标的单位各不相同，有些是比例，如人力投入指标；有些是个数，如 R&D 基地投入指标、项目投入指标；有些是元，如经费投入指标；有些是部，如著作产出指标；有些是篇或次，如论文产出指标；有些是项，如应用成果产出指标等，因此各指标数据的范围也相差较大，从小于 1（如比例指标）到几十万（如经费投入指标）不一而足。在这种情况下，显然我们不能将各指标数据直接与其对应的权重值相乘，而必须对它们进行归一化。

　　（6）效益指标数据的计算。

　　为了将投入与产出联系起来，我们确定了人均产出率与万元产出效率来测度高校研究人员的生产效率与产出的成本。

A. 人均产出率。

人均产出率的计算是将各产出指标的数据经过归一化之后与表 10 – 12 中对应的权重值的乘积之和除以《2004 年全国社科统计资料汇编》提供的社会科学活动人员总计所得的商。

B. 万元产出效率。

万元产出效率的计算是将各产出指标的数据经过归一化之后与表 10 – 12 中对应的权重值的乘积之和除以《2004 年全国社科统计资料汇编》提供的当年科研支出经费（转换为万元）所得的商。

人均产出率与万元产出效率的值也必须进行归一化，以便于计算高校人文社会科学研究竞争力的综合得分。

三、评价的结果与讨论

1. 2005 年度高校人文社会科学研究竞争力评价的初步结果

经过对各指标数据的收集、计算与归一化，我们根据表 10 – 12 中各指标的权重值，求出 2005 年 667 所高校的总分，并将前 100 名高校的得分情况列在表 10 – 13 中。

表 10 – 13　　　2005 年度高校人文社会科学研究竞争力评价

排名	学校名称	总得分	投入序	产出序	效益序	省市序		类型序	
1	北京大学	100.00	1	1	3	京	1	综合	1
2	中国人民大学	94.45	2	3	1	京	2	文法	1
3	北京师范大学	90.52	5	2	2	京	3	师范	1
4	武汉大学	87.85	4	4	9	鄂	1	综合	2
5	复旦大学	87.11	3	5	8	沪	1	综合	3
6	南开大学	83.39	6	7	4	津	1	综合	4
7	浙江大学	79.58	13	6	14	浙	1	综合	5
8	南京大学	79.45	7	10	10	苏	1	综合	6
9	中山大学	79.36	8	9	21	粤	1	综合	7
10	华东师范大学	78.47	9	8	5	沪	2	师范	2

排名	学校名称	总得分	投入序	产出序	效益序	省市序		类型序	
11	厦门大学	75.59	10	12	19	闽	1	综合	8
12	清华大学	74.96	12	11	13	京	4	理工	1
13	吉林大学	72.78	11	15	68	吉	1	综合	9
14	四川大学	71.34	14	16	61	川	1	综合	10
15	华中师范大学	71.20	15	14	11	鄂	2	师范	3
16	山东大学	70.43	17	13	60	鲁	1	综合	11
17	南京师范大学	65.42	18	19	22	苏	2	师范	4
18	东北师范大学	65.11	19	18	31	吉	2	师范	5
19	上海财经大学	64.53	16	22	7	沪	3	文法	2
20	西北大学	62.04	21	23	18	陕	1	综合	12
21	中国政法大学	61.90	46	17	6	京	5	文法	3
22	华南师范大学	61.58	36	20	16	粤	2	师范	6
23	西安交通大学	60.36	33	21	53	陕	2	理工	2
24	中南财经政法大学	60.33	26	27	32	鄂	3	文法	4
25	西南财经大学	59.29	20	31	33	川	2	文法	5
26	苏州大学	59.11	32	28	66	苏	3	综合	13
27	首都师范大学	58.36	25	30	37	京	6	师范	7
28	华中科技大学	58.05	45	24	43	鄂	4	理工	3
29	中央民族大学	57.97	24	34	23	京	7	民族	1
30	西南大学	57.77	41	26	58	渝	1	综合	14
31	上海交通大学	57.73	42	25	55	沪	4	理工	4
32	湖南师范大学	56.96	30	33	56	湘	1	师范	8
33	东北财经大学	56.53	23	46	29	辽	1	文法	6
34	暨南大学	56.45	29	36	34	粤	3	综合	15
35	辽宁大学	55.95	22	47	75	辽	2	综合	16
36	陕西师范大学	55.94	31	37	42	陕	3	师范	9
37	云南大学	55.25	27	49	65	滇	1	综合	17
38	福建师范大学	54.92	35	39	46	闽	2	师范	10
39	兰州大学	53.94	28	66	71	甘	1	综合	18

续表

排名	学校名称	总得分	投入序	产出序	效益序	省市序		类型序	
40	山西大学	53.51	38	45	89	晋	1	综合	19
41	哈尔滨工业大学	53.35	68	29	50	黑	1	理工	5
42	中国传媒大学	52.66	37	52	57	京	8	艺体	1
43	山东师范大学	52.42	61	32	49	鲁	2	师范	11
44	上海师范大学	52.24	44	43	59	沪	5	师范	12
45	河北大学	51.33	64	35	62	冀	1	综合	20
46	湖南大学	51.14	51	41	70	湘	2	理工	6
47	对外经济贸易大学	51.10	48	48	30	京	9	文法	7
48	中国农业大学	50.95	34	89	98	京	10	农林	1
49	中央财经大学	50.77	39	83	17	京	11	文法	8
50	大连理工大学	50.27	47	53	64	辽	3	理工	7
51	中国科学技术大学	50.17	40	73	81	皖	1	理工	8
52	内蒙古大学	49.57	49	57	116	蒙	1	综合	21
53	上海大学	49.34	79	38	77	沪	6	综合	22
54	北京航空航天大学	48.88	88	40	44	京	12	理工	9
55	北京外国语大学	48.68	52	54	72	京	13	文法	9
56	天津师范大学	48.65	78	42	28	津	2	师范	13
57	上海外国语大学	48.39	43	101	63	沪	7	文法	10
58	同济大学	47.53	54	67	130	沪	8	理工	10
59	安徽大学	47.50	60	61	93	皖	2	综合	23
60	北京交通大学	47.41	50	91	97	京	14	理工	11
61	南京农业大学	47.34	71	50	74	苏	4	农林	2
62	黑龙江大学	47.23	59	62	112	黑	2	综合	24
63	中南大学	47.18	53	70	151	湘	3	理工	12
64	重庆大学	46.71	57	76	147	渝	2	理工	13
65	天津大学	46.70	55	80	131	津	3	理工	14
66	西南政法大学	46.65	56	85	38	渝	3	文法	11
67	北京体育大学	46.52	58	87	27	京	15	艺体	2
68	首都经济贸易大学	46.21	155	44	36	京	16	文法	12

续表

排名	学校名称	总得分	投入序	产出序	效益序	省市序		类型序	
69	华南理工大学	45.95	74	60	101	粤	4	理工	15
70	河南大学	45.75	81	56	167	豫	1	综合	25
71	东南大学	45.66	67	69	129	苏	5	理工	16
72	湘潭大学	45.54	66	74	103	湘	4	综合	26
73	广东外语外贸大学	45.51	77	65	67	粤	5	文法	13
74	辽宁师范大学	45.33	104	55	41	辽	4	师范	14
75	东北大学	45.11	97	58	82	辽	5	理工	17
76	浙江工商大学	44.58	69	88	40	浙	2	文法	14
77	中央音乐学院	44.38	76	90	24	京	17	艺体	3
78	郑州大学	44.16	80	79	186	豫	2	综合	27
79	山西财经大学	44.01	118	63	51	晋	2	文法	15
80	沈阳师范大学	43.84	117	64	83	辽	6	师范	15
81	浙江师范大学	43.66	178	51	76	浙	3	师范	16
82	电子科技大学	43.61	140	59	96	川	3	理工	18
83	武汉理工大学	43.58	65	106	233	鄂	5	理工	19
84	中国地质大学	43.58	73	92	146	鄂	6	理工	20
85	江西财经大学	43.30	123	72	54	赣	1	文法	16
86	西北师范大学	43.29	96	84	73	甘	2	师范	17
87	温州大学	43.26	70	109	47	浙	4	综合	28
88	天津财经大学	42.98	111	77	128	津	4	文法	17
89	广西师范大学	42.93	89	95	117	桂	1	师范	18
90	华南农业大学	42.81	85	96	218	粤	6	农林	3
91	北京语言大学	42.62	72	113	124	京	18	文法	18
92	深圳大学	42.55	145	71	69	粤	7	综合	29
93	河北师范大学	42.47	95	94	125	冀	2	师范	19
94	扬州大学	42.32	126	78	162	苏	6	综合	30
95	华中农业大学	42.23	63	148	172	鄂	7	农林	4
96	南昌大学	42.19	127	81	133	赣	2	综合	31
97	湖北大学	42.09	94	98	153	鄂	8	综合	32

排名	学校名称	总得分	投入序	产出序	效益序	省市序		类型序	
98	北京工商大学	42.04	261	68	25	京	19	文法	19
99	云南财贸学院	41.74	62	183	165	滇	2	文法	20
100	中央美术学院	41.72	105	121	12	京	20	艺体	4

2. 关于该结果的讨论

（1）前100名高校的区域分布。

把上面这张表格导入到 Excel 2003 中进行统计分析，得到按照省市排序的结果，同时将各个高校的得分按照省市为集合进行加总，然后运用归一化手段进行排序，可得图 10 - 2。

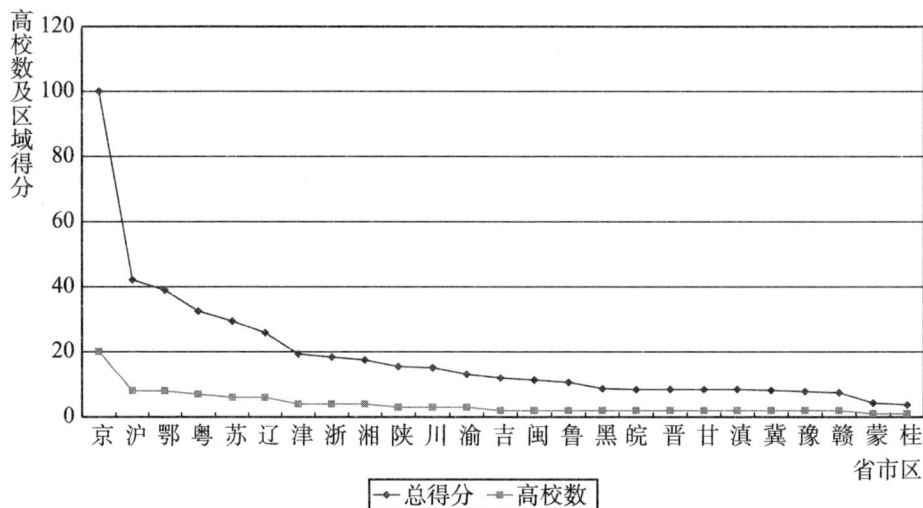

图 10 - 2 中国高校人文社会科学研究竞争力前 100 名区域分布

比较这两条线，我们可轻易发现，区域排名位于前五名的省市均为传统的教育大省，它们分别为北京、上海、湖北、广东和江苏，当然这也导致了它们在人文社会科学研究方面的投入较大。教育的历来发展总不是偏废一方的，并不因为大力发展理工科而放弃对人文社会科学的投入。这种发展也跟教育部关于均衡发展自然科学与社会科学的倡导相一致。当然我们还可以发现，在全国 31 个省、市、自治区中，仍然还有 6 个地区的高校没进入前 100 名的行列，这 6 个地区分别为西藏、青海、海南、新疆、贵州以及宁夏，这个现状跟当地的高等教育水平是紧密相连的，同时这 6 个地区（除海南外）均位于祖国的西部，这也跟中央政府关于西部大开发的号召一致：经济要腾飞，教育得先行。

（2）前 100 所高校的类型分布。

人文社会科学研究的投入情况同高校的类型有着紧密的联系，通过把前 100 所高校按照类型加以分解，我们得到了包含每种类型高校的数目以及总得分。需要说明的是，得分坐标轴的数据经过了归一化处理。各种类型的高校的得分分布在 0～100 之间。我们可发现综合性大学对人文社会科学研究的贡献最大，位于其中的高校数目也是最多的，共有 32 所之多，其得分也是遥遥领先，这种优势的取得很大程度上归功于这个集团中有名列全国高校前茅的名校作支撑，如北京大学、武汉大学、复旦大学、南开大学、浙江大学、南京大学、中山大学、厦门大学、吉林大学等均是综合性的大学，这也跟国家在高等教育方面的倡导相符合，即通过强强联合，使得学校的综合实力得到不同程度的提升。由于协调发展，人文社会科学的投入相应会得到加大，取得这样的结果也是意料之中的。而文法类高校紧追着综合性高校，也是可以理解的，毕竟这些学校的学科性质更大程度上符合社会科学研究。理工性质的高校以及师范性质的高校所包含的学校数目之多以及得分之高是出乎我们意料的，但是通过仔细分析原始数据（投入数据、产出数据以及效益数据），我们的传统观念在定量数据面前发生了动摇，即师范类高校在人文社会科学方面的投入相当巨大，比如人文社会科学研究的投入前 20 的高校中师范类高校就占据了 5 所，并且其产出也是位于前 20，同时两者保持着相匀称的关系，即没有出现效益低下的问题。至于理工科高校，虽然其投入大多位于后 30 的位次（只有清华大学的投入进入了前 20，具体为第 12 位），但是其产出相对较高，这更加体现了理工科高校效率较高的一面，同时也反映出目前理工科高校对人文社会科学研究的重视程度日益提高，这些高校通过投入大量资金引入优秀人才，启动研究项目，扩大该领域研究生的培养等工作提高该校在人文社会科学方面的研究实力。

（3）前 50 所高校的投入、产出以及效益分析。

由图 10－4 可知，前 50 所高校的投入、产出以及效益在平稳过渡中略有波动，较为明显的是吉林大学、四川大学和山东大学，它们是前 20 所高校中仅有的三所投入值和产出值位于前 20，而效益值却远低于预期的高校。通过考察原始数据，我们可发现，这是由于这三所学校的规模较大，教职工人员较多，因此虽然其产出比较客观，最终其效益却出人意料。这也给各大高校敲了个警钟，在人文社会科学研究中一定得有效益原则。而中国政法大学、华南师范大学则树立了较好的榜样，虽然它们的投入不是特别充足，但是其产出和效益均比较可观。

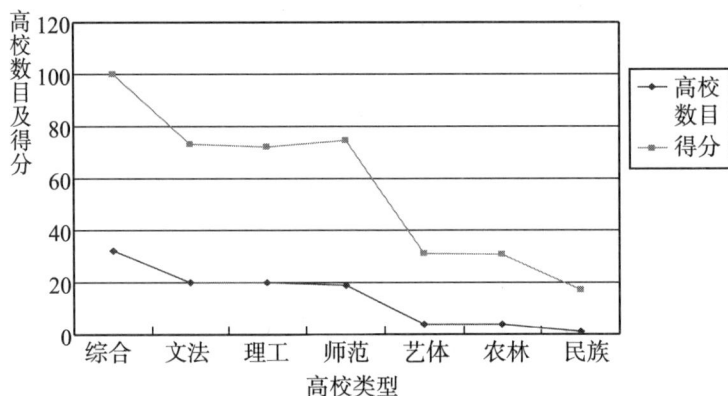

图 10 – 3　中国高校人文社会科学研究竞争力前 100 名类型分布

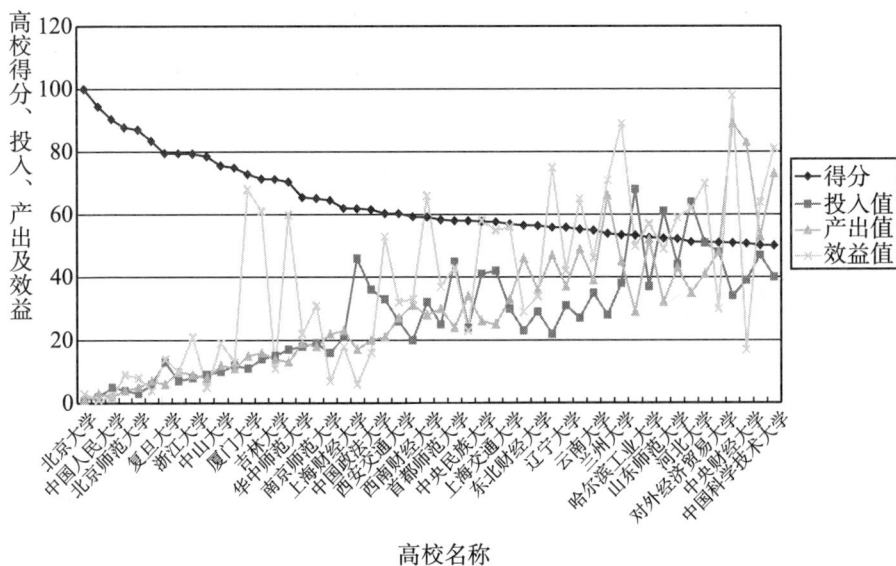

图 10 – 4　中国高校人文社会科学研究竞争力前 100 名投入、产出效益分析

第二节　人文社会科学研究成果竞争力评价分析

一、人文社会科学研究成果竞争力评价的指标

建立人文社会科学研究成果评价指标，要坚持三个基本原则：一是定性评价

与定量评价相结合。为增加各个成果之间的可比性，应尽可能以定量为主，采用量化指标。二是形式评价与内容评价相结合。"形式"主要是指成果的来源与成果发表（出版）的形式（含刊物的档次）；"内容"则是指成果的价值、产生的影响和社会经济效益等。在对社会科学研究成果进行评价时，应坚持以内容为主，兼顾形式的原则。三是理论与实践相结合。在社会科学研究成果的评价过程中，既要重视理论上的创新性，又要重视成果的社会效益和经济效益。

1. 一般评价指标

评价人文社会科学研究成果，主要是看其对人文社会科学领域基本规律的揭示、推动人文社会科学事业发展所显示出来的学术价值和实用价值，即看它是否具有学术性和效益性。因此，人文社会科学研究成果的评价指标体系应该包括以下内容（见表 10 – 14）。

表 10 – 14　　　　　人文社会科学研究成果一般评价指标

评价指标		指标含义	权重	得分	定性评语
学术价值	科学性	研究成果中的理论、观点、方法是否遵循社会发展规律			
	创造性	研究成果中的理论、观点、方法和建议是否具有创新性			
	客观性	资料数据是否准确完整			
	价值				
实用价值	方向性	研究成果能否对社会实践起组织引导作用			
	需要性	研究成果是否是社会实践客观所迫切需要的			
	可行性	提出的政策、措施、对策、律议、方案是否切实可行			
	价值				
社会认可度	国内外的反映	研究成果发表的刊物级别，国内外反映情况			
	同行专家的意见	同行专家对其肯定意见或程度			
	报刊转载率	转载、评论、争鸣和刊用情况			
	被采纳和利用情况	被不同级别的政府部门或上级部门采纳、利用次数			
	价值				
评价结论					

（1）学术价值。

人文社会科学研究成果的学术价值，主要是指科研成果符合人类社会发展的科学规律，是前所未有或新突破的理论、观点、概念和方法等。一般来讲，对研究成果的学术价值的认定评价，往往是将有无创造性、创造性的大小和对社会产生的影响等作为鉴定的重要条件。

（2）实用价值。

人文社会科学研究成果的实用价值，主要是看研究成果符合人类社会发展的客观实际，着眼于对社会实践活动的指导和推动作用，以及理论联系实际的方向性、需要性和可行性等。但是，我们不得不承认，人文社会科学研究成果与自然科学研究成果相比，前者没有后者那样清晰的物化过程。人文社会科学研究成果在向生产力转化的过程中，其方式和途径也更不等同于自然科学研究成果。所以，在对人文社会科学研究成果的实用价值的认定与评价中应注意：

——研究成果对本学科的研究领域的决策产生的影响；

——研究成果对学科研究领域建设和发展有重要的指导和推动作用，也就是能否对当前的社会改革和发展起到理论导向、业务指向和组织引导作用；

——研究成果直接或间接地作用于社会实践，并产生一定的经济效益和社会效益；

——研究成果对当前社会发展的现实矛盾有无针对性；

——研究主要表现为是否是社会实践客观需要所迫切的，成果所提出的政策、措施、对策建议方案、方法在现实社会中有无推广应用的可行性，是否能形成一套具体可操作的方法。

（3）社会认可度。

实践是检验真理的唯一标准，人文社会科学研究成果的学术价值或实用价值，也多表现为潜隐性和长效性。因此，在人文社会科学向生产力的转化过程中，往往具有模糊性，难以精确定量计算。但是，为了客观、准确地认定和评价人文社会科学研究成果，就必须要重视社会对其研究成果的认可度。一般来说，社会认可度主要表现在研究成果中的观点被政府、组织或领导采纳的情况或被其他专著、论文、报告等所引用的次数，即"引证率"。"引证率"是目前较为客观的评价指标，也能较好地反映出一项研究成果和理论观点的学术地位或被重视的程度。社会认可度主要包括下列要素：

——研究成果在省（区）、国内学术界同行的反映情况；

——同行专家的肯定意见；

——报刊转载、评论、争鸣、刊用等；

——研究成果被政府部门、组织机构或主管部门、上级领导等采纳情况。而采用"引证率"则要相持较长一段时间，鉴定评价也较难统计，它是一项具有一定难度的工作。

2. 具体评价指标

（1）客观指标。

人文社会科学研究成果质量评价可具体分为理论性研究成果和应用性研究成果评价，其他尚不能包括的研究成果可参照这两类指标处理（见表 10 - 15）。

表 10 - 15　　　　人文社会科学研究成果客观评价指标

评价指标		指标含义	权重	得分
课题来源	课题下达部门级别	1. 世界性组织、国家政府部门； 2. 省、部委、全国学会、国外一般性机构； 3. 省级学会、高等院校。		
	规模（人员构成）	1. 集体项目（多学科协作）； 2. 集体项目（单学科合作）； 3. 个人（包括立项和自选）。		
	经费资助额度	1. 10 000 元以上； 2. 2 000 ~ 10 000 元； 3. 2 000 元以下。		
成果容量	论文类	1. 10 000 字以上； 2. 5 000 ~ 10 000 字； 3. 5 000 字以下。		
	著作类	1. 50 万字以上； 2. 20 万 ~ 50 万字； 3. 20 万字以下。		
	研究报告类	1. 10 万字以上； 2. 5 万 ~ 10 万字； 3. 5 万字以下。		
成果发表情况	论文	1. 国内外有影响刊物； 2. 国内外一般刊物、省级刊物； 3. 大学学报。		
	著作	1. 国内外有影响出版社； 2. 国内外一般出版社； 3. 其他。		

评价指标		指标含义	权重	得分
成果应用及反映	成果被收录、转载、引用情况	1. 国内外有影响刊物、检索工具或数据库； 2. 国内外一般刊物、检索工具或数据库； 3. 被收入当年年报、年鉴或其他工具； 4. 被其他人引用。		
	成果被采用情况	1. 被世界性组织、国内外政府部门、组织机构采用； 2. 被国内外地方政府、组织机构采用； 3. 被企事业单位、高校、科研机构采用。		
成果获奖情况		国际学术奖、国家社会科学奖		
		省级社会科学奖、全国学会奖		
		大学及有关部门奖、省级学会奖		
		其他各种奖励（如企事业单位奖等）		

A. 理论性研究成果评价指标。

理论性研究成果评价指标，可以量化的指标有下面五项：

a. 课题来源。

指研究成果（论文、著作和研究报告等）的课题最初下达的情况，它可分授予课题的部门级别、经费额度、课题和种类，课题组的规模，包括课题组人员、完成的时间、涉及的学科及地区范围。从课题来源这一项可以看出该项成果在学科建设中、国民经济建设中应该和可能起的作用，国内外学术地位以及成果产生所付出的工作量。

b. 成果容量。

论文、著作和研究报告一类成果的容量就是字数。容量大小对学术价值和社会影响还是有所差别的，但又不是严格成比例的。可将论文、著作和研究报告的容量大致分为几个区域，形成自然的梯度，而不纯粹按字数计算。

c. 成果发表的出版社和杂志的级别。

不言而喻，著作能在哪一级别的出版社出版，论文刊登在哪一级别的学术刊物上，其学术影响是不同的，这是区别其学术价值高低的一个明显的指标。在当前的学术界，虽然也有一些平庸之作能得以发表，而一些级别并不算高的出版社和学术刊物也会出现不少高质量的学术成果，但从全国范围来看，指标的设立和取值是较为可信的。

d. 成果的应用和社会反映。

这一项中可列为量化的指标有：

——论文被不同级别的报刊转载情况；

——提交学术会议的学术论文，在会后被收入国内外不同学术机构整理出版的论文集情况，这些论文集须以公开出版为前提；

——某些著作、研究报告被不同级别的教学、科研机构和政府部门采用，采用部门级别和被采用的程度也是要考虑的因素；

——一些成果被上级主管部门及社会上某些学术机构和团体鉴定，其鉴定结果亦是学术价值的参考依据之一。

e. 获奖记录。

在该成果选送评价之前是否有过获奖记录，是该项成果的学术价值的最直接体现。从成果评奖方面考虑，这些获奖记录原则上均低于本次送评的规格才有意义，但如果对成果作全面评估，则所有获奖记录可以重复计算。

B. 应用性研究成果评价指标。

应用性研究成果的最大特点表现在"应用"上面。因此在评价时必须把其应用价值放在第一位。

a. 课题来源。

主要是课题下达机构的级别。

b. 成果类型。

指研究成果的最后形式。它既包含了下达部门授予的研究意图，也显示了它直接为解决问题将起的作用。

c. 课题的经费资助强度和规模。

与理论性研究成果不同的是，一般来说，应用性研究课题的研究难易程度，成果应用范围直接与课题的规模有关，所表现的形式，一是课题组的人员规模；二是所给予的经费保证。

d. 成果被采用程度。

成果被采用的结果如何，直接反映该项研究成果社会价值的大小。它包括三个方面：

——被何种级别的部门采用；

——采用的方式，有决策采纳、刊物转载、论文引用、技术吸收等；

——采用程度如何，是全部还是局部，效果及社会反应等。

e. 获奖记录。

与理论性研究成果相同。

（2）主观指标。

严格地说，主观评价，只能提出评价原则，较难量化成指标。因为人文社会

349

科学研究成果在评审时，一般是通过评委在审阅研究成果后根据判断标准打分的，无法像客观评价那样区别出每一项因素的分值和分差梯度，一些评价标准是所有评委在评审前共同订出并一致遵照执行的规范内容。不同性质、不同类别的人文社会科学研究成果，可以根据自己的特点拟订出自己的评价标准。下面开列的标准，仅是人文社会科学研究成果在主观评价时应参考的原则。

A. 学术价值。

人文社会科学研究成果的学术价值可从四个方面考虑：

a. 创新性。

该项研究成果对本学科、专业领域的建设有什么新的创见。

b. 理论性。

理论见解上有什么新突破，包括提出了新思想、新概念，或填补了研究的空白，纠正了过去研究中的谬误，丰富和发展了原有的科学理论体系。

c. 严谨性。

从课题研究的选择角度、观点论证、体系结构等方面衡量，是否全面、严密和完整。

d. 表达能力。

资料的选择和运用，写作的水平和技巧发挥程度如何。

B. 社会价值。

人文社会科学研究成果的社会价值主要体现在精神文明建设和物质文明建设两方面。

a. 精神文明建设。

人文社会科学研究成果在精神文明建设方面的价值主要表现在：

——由于理论上的突破，揭示了事物发展的客观规律，促进了人们认识上的飞跃，从而推动社会的发展，具有探索、预测的功能；

——通过人文社会科学研究成果启发教育的作用，提高人们的思想觉悟，净化人们的心灵，培养高尚道德情操，美化社会建设；

——通过对某些问题的研究和论证，为政府和某些团体进行咨询、决策提供依据；

——通过对一些具体问题的深入研究，为政府和各级职能部门制定方针政策、法令法规，提出管理手段和实施方案提供参考意见。

b. 物质文明建设。

人文社会科学研究成果在物质文明建设方面的价值主要表现在：

——对理论性研究成果来说，在政治、经济、科技、社会发展等方面的研究上，由于新理论、新思维、新观念的产生，或带来了生产关系的改变，或推动社会变革的速度，因而产生出无法估量的潜在物质利益；

——对应用性研究成果来说，通过对某些重大实际问题的专门研究，为政府决策部门和一些经济企业单位的咨询论证直接带来较大的物质利益。

c. 人才培养。

无论是理论性研究成果还是应用性研究成果都能为人才培养发挥出应有的作用：

——新的理论、思想、观点，新的研究手段和研究方法可以直接引入课堂教学；

——学术著作可以作教学参考书推荐给学生；

——一些重大问题的研究过程、调查方法可以训练学生理论联系实际，提高认识问题和解决问题的能力。

二、人文社会科学研究成果竞争力评价的方法

人文社会科学研究成果竞争力评价的方法主要有定性评价方法、定量评价方法和综合评价方法。定性评价方法主要有同行评议法和专家评价法，定量评价方法主要是计量指标分析法。此外，在评价过程中还需要结合专家评价法、层次分析法等其他评价方法。

1. 专家评价法

社会科学研究对社会发展具有长期、深远、间接的作用和影响，社会科学成果的描述性、模糊性等特点使得它难以像自然科学成果那样通过精确的计算、反复的科学实验加以验证，也无法用某些数据或指标作简单的测定。因此，目前对人文社会科学成果的评价大多采用同行专家评价的方法来进行。专家评价法是以评价者的主观判断为基础的一种评价方法，其特点是充分利用同行专家的知识、经验和调查分析能力，对成果进行定性评价。这种方法通过发展完善，已被广泛应用于各个领域。专家评价分为会议评价和通讯评价：前者为会议组织者聘请有关专家召开会议，听取被评人员的汇报，进行面对面的质询、答问；后者是以信函形式送审成果，聘请有关专家背靠背进行评价。专家评价法的优点是：可以充分发挥专家的智慧和经验的作用，对信息资料数据需求程度比较小，从而避免和减少因信息数据不全或不精确而产生的片面性和局限性，特别适用于某些因素难以量化的情况。缺点是评价中的随机因素影响较多，评价结果往往受评价者价值观主观意识的影响和专家知识、经验的局限，容易带有个人偏见和片面性。此外，评价成果往往没有经历被检验和认识的过程，因此可信度和可靠性值得怀疑。

351

2. 计量指标分析法

为了使人文社会科学成果的评价结论尽可能地符合客观性，减少人为因素的影响。许多人文社会科学管理部门和研究人员开始探索借助科学计量分析指标来评价人文社会科学成果。目前，常用的计量分析指标包括：主体成果发表的刊物级别，论文收录、转载情况，成果被引证情况，获奖情况等。计量指标分析法的优点是具有较强的科学性和严谨性，由于它是根据登载成果刊物的权威程度和成果被转载、引用次数来作为评价标准的一种评价方法，因此它不受个人主观因素干扰和其他非科学因素影响，有助于规范评价行为。显然，对于以科研论文和著作为主要产出形式的社会科学成果来说，采用计量分析法可以补充同行评议的不足和欠缺，提高科学评价的客观性和公正性。计量分析指标法的不足之处在于：首先，在成果统计上有时间的滞后效应，论文发表或著作出版后通常要等若干年才能验证其真实价值，因此不可能及时对成果做出评价。其次，计量分析指标只适用于已公开发表的学术论文、公开出版的著作等科研成果；对于那些不宜公开发表，但已被有关部门采用，而且取得明显经济社会效益的科研成果无能为力。

三、人文社会科学研究成果竞争力评价的程序

人文社会科学研究成果竞争力评价的全过程是一个综合评价过程，具体来说，包括以下一些步骤和环节：综合通常要经历确定评价对象和评价目标、建立综合评价指标体系、确定指标标值（量化和归一化）和指标权重、选择原则并构造综合评价模型、对被评价对象进行综合排序或分类，以得出系统分析和决策结论等过程。

1. 基本步骤

一般来说，综合评价的基本过程可分五个连贯的步骤。

第一步：明确对象系统。这一步的实质是建立一个能合理反映被评价系统（对象系统）被关注特征的系统描述模型，称为概念模型（Conceptual Model）。主要是明确人文社会科学研究成果的特点并形成概念描述系统。评价对象系统的特点直接决定着评价的内容、方式以及方法。

第二步：建立评价指标体系。对象系统的评价指标体系常具有递阶结构（Hierarchical Structure），尤其是复杂对象系统常具有系统规模大、子系统和系统

要素多、系统内部各种关系复杂等特点，因而使得描述这类系统的评价指标体系呈现多目标、多层次结构。按照人类认识和解决复杂问题的从粗到细、从全局到局部的分层递阶方法，明确评价的目标体系，选用合适的指标体系，明确指标间的隶属关系。

第三步：确定参与评价的人员，选定评价原则及相应的评价模型。

第四步：进行综合评价，其中主要包括：不同评价指标属性值的量化及数量转换与统一量纲，评价专家对不同目标（指标）子集权系数进行赋值，逐层综合。

第五步：输出评价结果并解释其意义。

2. 基本流程

评价的基本流程见图 10 - 5。

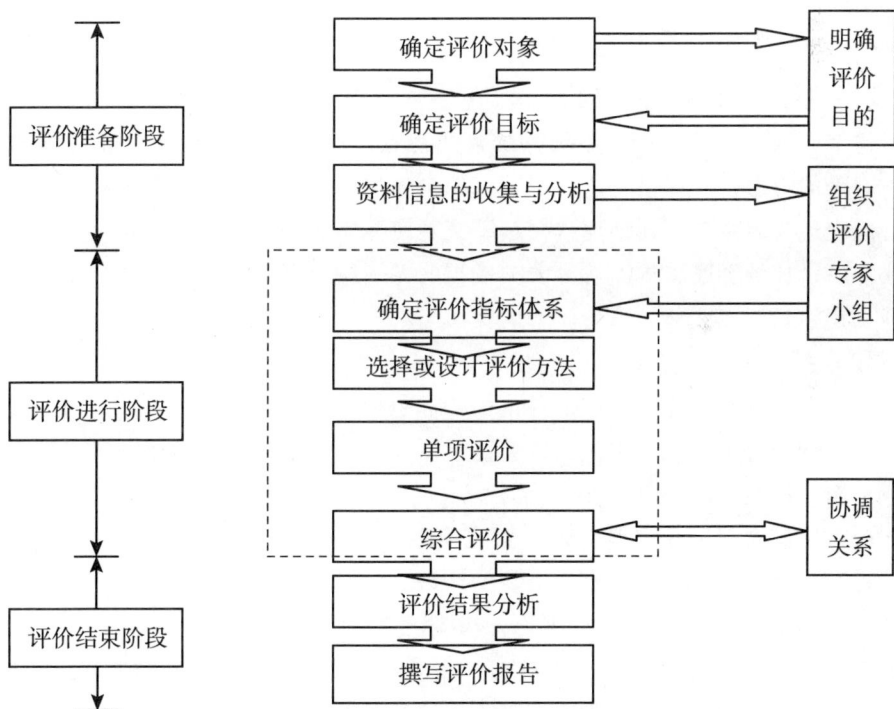

图 10 - 5　人文社会科学研究成果评价的基本流程

四、人文社会科学研究成果竞争力评价的实证分析

基本思路：

——将成果按应用性的研究报告、学术专著、学术论文分类，分别提出各自

的指标；

——将上述指标再进一步分解成指标，研究每一类指标中各种指标的相互关系；

——根据不同的成果类别，确定不同指标的价值或权重，以学术创新指标和社会价值指标为核心，提出确定不同的指标之间相互关系的分值和计算方法；

——提出硬性条件指标（比如出版社和报刊级别、课题级别、奖励级别、选题规模、引证水平等），作为以上指标的补充，并指出条件指标与价值指标相关的范围或限度；

——应用层次分析法对指标权重进行确定；

——提出了各类成果指标体系的计算方法。

以下是根据成果类别分别建立的指标体系。

1. 专著类成果评价指标体系

（1）指标体系建立的原则。

这个原则是，根据专著类研究成果的特点，分别对其指标体系进行具体研究。专著的特点是：提供新认识，其认识是通过研究者的活动获得的，这种新认识可能表现为新观点、新结论或揭示了某种新事实，或对一系列研究对象进行归纳演绎后形成的新的结构。对专著类成果的评价应定量与定性相结合，看其是否有新认识、新观点或新的理论体系的提出。

（2）指标体系的构成。

本着以上原则，专著类成果评价的指标包括：

——创新程度：专著类人文社会科学研究成果评估的核心指标是学术创新或理论创新。应组织同行专家组进行审议、鉴定，以求得对成果的评价客观而公正。应确定其中是否具有新认识、新观点或新理论，还是对已有的成果进行概括、提取、加工或转述，没有提供新的认识。

——出版层次：对专著的评价，应与出版社的级别建立对应关系。根据2000年《中国出版年鉴》提供的资料，出版社分中央级出版社和地方性出版社。

——选题来源：可以分为国家级重大或重点课题、国家级一般课题、省市重点立项课题；也可以按资助数额来进行选题来源的分类。

——转载反响：可以分为国外转载评论或被译成外文出版、国家级报刊转载、省级报刊转载；也可以按照是否引起跨学科的学术讨论，是否成为推动科学发展的热点问题来分。

——获奖层次：分为国家级奖励（国家社会科学基金项目成果奖，国家"五个一"工程奖等）、部委级奖励（教育部社会科学成果奖、中国社会科学院奖等)、省市级奖励(政府奖或省市社会科学成果奖、省"五个一"工程奖)或国家学会级奖励、地市政府奖励及单位成果奖。

——难易程度:包括研究问题的复杂度、理论难度、资料搜集与处理的难度和学科的跨度。

——成熟和完备程度:由于专著类成果对于某一领域或某一学科的研究的完备性也反映着成果的创新程度和学术价值,成熟和完备程度指标在专著类成果中具有很大的评估价值,应包括阐述是否全面精当,逻辑概念是否严密明确,研究方法是否科学,引证是否规范。

——成果价值:成果价值指标本身则是学术创新指标的进一步的具体表现,因为学术创新总是会体现出对社会各个层面的正面价值。包括当下可实现的价值和潜在的、将会产生的价值,或可操作的价值和无形的、内在的价值。这主要考察其成果是否对解决关系到社会发展的重大理论或现实问题有推进作用,是否对某一社会领域有巨大的贡献。

(3) 权重分配和计算方法。

受撰写时间所限,不能采用专家打分的办法设置权重,机械僵化的纯技术型算法又不能真实地反映各个指标的轻重,为此,本节选择了定量定性有效结合的层次分析法对权重值进行测算。

A. 建立专著类人文社会科学研究成果评价的层次结构图。

经过对各个组成部分的分析,专著类人文社会科学研究成果的评价问题,一般与以下因素的指标有关联:

——创新指标,主要是指创新程度;

——硬性条件指标,主要包括出版层次、选题来源、转载反响和获奖层次;

——价值指标,主要包括难易程度、成熟完备度和成果价值。

将上述分解的因素,按支配关系分组,形成有序的递阶层次结构,绘出专著类人文社会科学研究成果评价的递阶层次结构图,见图 10-6。

B. 判断标度的定义与设定。

在建立专著类人文社会科学研究成果评价结构图后,我们可按图对所要评价的成果进行分析,以上一层的某一因素为准则,对下一层有支配关系的全部因素进行两两比较,按它们的重要性,使用表 10-1 至表 10-9 的判断标度,赋予各因素一定数值得到两两比较判断矩阵。

判断标度是表示要素 A_i 对 A_j 的相对重要的数量尺度,即 A_{ij} 的数量形式。以专著类人文社会科学研究成果评价而言,建立判断标度定义如表 10-16 所示。

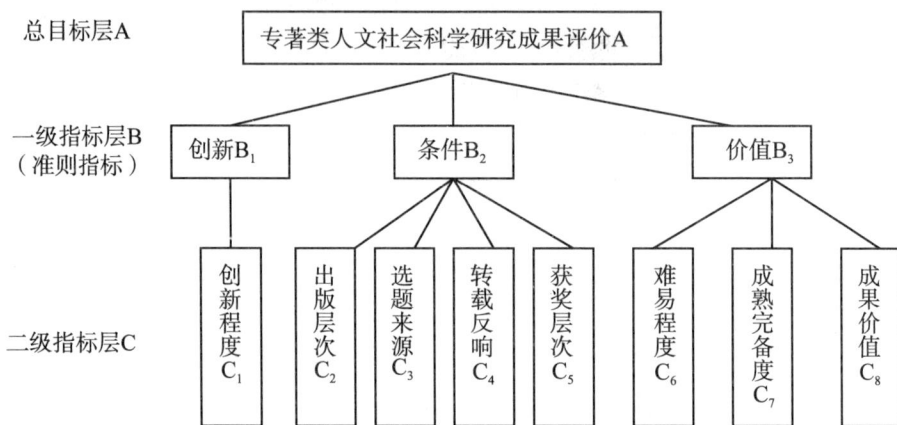

图 10 - 6　专著类人文社会科学研究成果评价的递阶层次结构

表 10 - 16　　　　　　　　　　　判断标度定义

判断标度	定义
1	A_i 和 A_j 同样重要
3	A_i 比 A_j 稍微重要
5	A_i 比 A_j 明显重要
7	A_i 比 A_j 强烈重要
9	A_i 比 A_j 极端重要
2，4，6，8	介于上述两个相邻判断标度的中间值

　　若 A_i 比 A_j 明显重要，则 $A_{ij} = A_i / A_j = 5$；反之，比较 A_j 与 A_i 的重要程度，则 $A_{ji} = A_j / A_i = 1/5$。

　　——一级指标标度的设定。笔者认为，专著类人文社会科学研究成果评估的核心指标是学术创新或理论创新。因此，创新程度的指标在整个指标体系中明显重要。条件指标是衡量专著水平的一项硬性指标，是比较重要的，价值指标是为了进一步反映学术创新或理论创新的程度，重要性次之。因此，重要性比例关系为：$B_1 : B_2 : B_3 = 5 : 3 : 2$（经过多次一致性检验测定 $CR = 0$ 所得到的比例关系）。

　　——二级指标标度的设定。对于 B_2 条件指标而言，选题来源、出版层次、转载反响、获奖层次四个易于量化的硬指标，能与专家评估创新程度的指标形成一种有益的互补。选题来源相对比较重要，考虑到出版层次和转载反响也是评价学术专著的主要硬指标，所以 $C_2:C_3:C_4:C_5=6:7:4:3$。对于 B_3 价值指标而言，难易程度、成熟和完备程度、成果价值这些指标也具有关联性作用。比如，由于专著类成果对于某一领域或某一学科的研究的完备性也反映着成果的创新程度和学术价值，成熟和完备程度指标在专著类成果中具有一定的评估价值；而成果价值指标本身则是学术创新指标进一步的具体表现，由于成果社会价值这个指标的复杂性以及与学术创新指标在理论价值方面的某种程度的重叠性，不宜给这个指标设计太高的权重，同时不能设计得太低，因此，$C_6:C_7:C_8=1:3:7$。

利用 EXPERT CHOICE 软件计算，可以得出表 10 - 17 专著类人文社会科学研究成果评价指标体系各指标的权重系数。

表 10 - 17   专著类人文社会科学研究成果评价指标体系

评估因素	评价指标	权重系数	评价指标内容
创新指标	创新程度	1.0000	是否具有新认识、新观点或新理论
硬性条件指标	出版层次	0.2857	分为中央级出版社和地方性出版社
	选题来源	0.3334	国家级重大或重点课题、国家级一般课题、省市重点立项课题
	转载反响	0.2381	国外转载评论或被译成外文出版、国家级报刊转载、省级报刊转载
	获奖层次	0.1428	国家级奖励、部委级奖励、省市级奖励、地市政府奖励及单位成果奖
价值指标	难易程度	0.0909	研究问题的复杂度、理论难度、资料搜集与处理的难度和学科的跨度
	成熟和完备程度	0.2727	阐述是否全面精当，逻辑概念是否严密明确，研究方法是否科学，引证是否规范
	成果价值	0.6364	是否对解决关系到社会发展的重大理论或现实问题有推进作用，是否对某一社会领域有巨大的贡献

C. 计算方法。

创新指标和价值指标的计算方法，采用直接评分法，就是对 m 个评价对象，请 n 个专家按某定性指标的标准对其直接打分，打分方法可以根据需要采取十分制或者百分制。如果第 j 位专家对第 i 个评价对象的评价值为 r_{ij}，则第 i 个评价对象的最后得分为：

$$R_i = \frac{1}{n} \sum_{j=1}^{n} r_{ij}$$

直接评分法中的专家评分的区分度较高，因此要求专家对评价涉及的领域和评价对象有较全面和深入的了解，对专家的要求较高。在应用中，也可以根据专家对评价问题的熟悉程度给予不同的权重进行加权求和，或者使用德尔菲法进行多轮专家打分均可。

对于专著类人文社会研究成果评价指标体系，具体应用方法为：某位专家对其中各项中二级指标评分，分值区间为 1～21 分，即 21 分为最高值，1 分为最低值，其判断的方式采用图示量表法，如图 10－7 所示。

```
+ - - - - + - - - - + - - - - + - - - - +
   21         16         11         6          1
  极好       较好       一般       较差       极差
```

图 10－7　专著类人文社会科学研究成果评价量表法

用分值分别乘以各项指标的权重系数，然后与这个专家的置信系数合成，形成某位专家对这个成果的创新指标和价值指标的评价。

硬性条件指标的计算方法，采用等级打分法，各个指标按照等级分为 9 级评定。如出版层次：中央级出版社 9 分，省部级出版社 7 分，重点大学出版社 5 分，地方性出版社 3 分，其他出版社 1 分；选题来源：国家级重大或重点课题 9 分，国家级一般课题 7 分，省市重点立项课题 5 分，省市一般立项课题 3 分，其他立项课题 1 分；转载反响：国外转载评论或被译成外文出版 9 分、国家级报刊转载全文转载 7 分、国家级报刊部分引用转载 5 分，省级报刊全文转载 3 分，省级报刊部分转载 1 分；获奖层次：国家级奖励（国家社会科学基金项目成果奖，国家"五个一"工程奖等）9 分、部委级奖励（教育部人文社会科学成果奖、中国社会科学院奖等）7 分、省市级奖励（政府奖或省市人文社会科学成果奖、省"五个一"工程奖）5 分、国家学会级奖励 3 分、地市政府奖励及单位成果奖 1 分。其计算方式为加权求和法，得出某项成果的硬性条件指标的评分：

某项专著类研究成果的总分 ＝ 创新指标 ＋ 硬性条件指标 ＋ 价值指标

2. 论文类成果评价指标体系

（1）指标体系建立的原则。

论文类成果指在学术刊物上以书面形式发表的最初的科学研究成果，它应具备以下三个条件：

——首次发表的研究成果；

——作者的结论和试验能被同行重复并验证；

——发表后人文社会科学界能引用。学术论文是研究成果的重要表现形式，一般发表在各学科专业期刊上，因而人文社会科学研究成果评价很重要的一环是对研究论文的评价。

（2）指标体系的指标构成。

论文类人文社会科学研究成果与专著类成果在评估方面是同质的，评估的核心指标也是学术创新或理论创新。在一定程度上，可以说学术论文在创新方面的要求比学术专著的要求更高，但在理论的体系性或完整性方面的要求就较为淡薄一些。

——创新程度：该项研究成果对本学科、专业领域的建设有什么新的创见；理论见解上有什么新突破，包括提出了新思想、新概念，或填补了研究的空白，纠正了过去研究中的谬误，丰富和发展了原有的科学理论体系；从选题研究的选择角度、观点论证、体系结果等方面衡量，是否新颖、严密和完整。

——发表层次：以学术刊物的质量来衡量论文的水平是较为客观的一种定量方法，依据期刊的等级对所发表的论文给出相应的评价，这也是在科研业绩考核中经常采用的方法。发表层次可以分为世界级学术刊物或中国社会科学院院级以上学术刊物、两报一刊理论版或国家学会基金会级权威学术刊物、其他核心刊物或国家级报纸、其他省级报刊。

——选题来源：可以分为海外资助课题或国家社会科学规划立项课题、其他国家级立项课题、省级重点立项课题、省级以下立项课题。

——转载或引用：可以分为国外转载评论或被译成外文发表、国家级报刊全文转载引用、国家级报刊或书籍部分转载引用或省级报刊书籍全文转载引用、省级学术报刊或书籍部分转载引用。

——获奖层次：分为国家级奖励（国家社会科学基金项目成果奖、国家"五个一"工程奖等）、部委级奖励（教育部人文社会科学成果奖、中国社会科学院奖等）、省市级奖励（政府奖或省市人文社会科学成果奖、省"五个一"工程奖）或国家学会级奖励、地市政府奖励及单位成果奖。

——难易程度：包括研究问题的复杂度、理论难度、资料搜集与处理的难度和学科的跨度。

——成熟程度：考察论文资料是否准确，逻辑概念是否严密明确，研究方法理论前提是否科学，引证是否规范。

——成果价值：这主要考察其成果是否对解决关系到社会发展的重大理论或现实问题有推进作用，是否对某一社会领域有巨大的贡献。对理论性研究成果来说，在政治、经济、科技、社会发展等方面的研究上，是否由于新理论、新思维、新观念的产生，带来了生产关系的改变，或推动了社会变革，因而产生出难以估量的潜在经济效益。

（3）权重分配。

A. 建立论文类人文社会科学研究成果评价的层次结构图。

先把论文类人文社会科学研究成果评价问题分解为因素的各个组成部分。经过主成分分析，论文类人文社会科学研究成果评价问题，一般与下列主要因素的指标有关联：

——创新指标，主要是指创新程度；

——硬性条件指标，主要包括发表层次、选题来源、转载或引用及获奖层次；

——价值指标，主要包括难易程度、成熟程度和成果价值。

再将上述分解的因素，按支配关系分组，形成有序的递阶层次结构，绘出论文类人文社会科学研究成果评价的递阶层次结构图，见图 10 - 8。

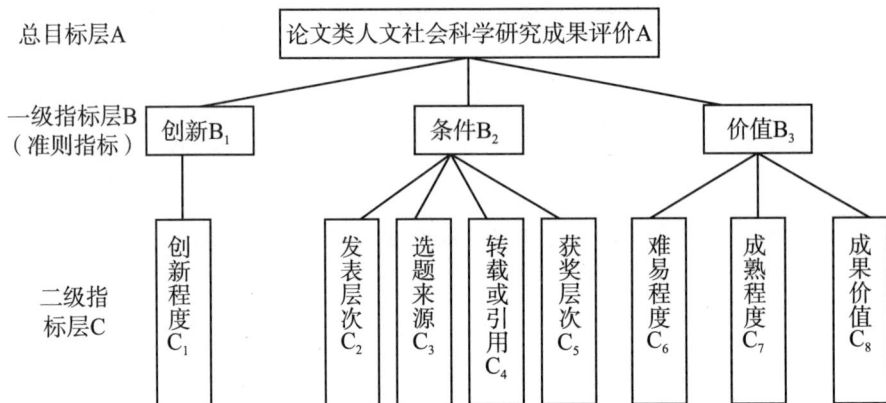

图 10 - 8　论文类人文社会科学研究成果评价的递阶层次结构

B. 判断标度的设定和权重分配。

——学术论文在学术创新或理论创新方面应该非常重要，否则整个评估指标体系就不可能有操作价值，所以创新指标、条件指标、价值指标重要性标度为 5∶3∶2。利用层次分析法原理，代入 EXPERT CHOICE 软件进行计算得到权重值依次为：0.5、0.3、0.2，CR = 0.0000 < 0.1，具有满意的一致性。

——同专著类学术成果一样，选题来源、出版层次、转载反响、获奖层次指标，与学术创新或理论创新指标也具有关联性作用，尤其是选题来源、出版层次、转载反响、获奖层次四个硬指标，能与专家评估创新程度的指标形成一种有益的互补。其中，选题来源指标虽然与学术创新指标有着重要的关联，但它对于学术论文的重要性程度比不上研究报告和学术专著，因此选题来源指标标度应不那么高。考虑到学术论文一般较少得到课题资助，得到课题资助者往往是具有较大的学术价值的研究项目，因此选题来源指标的标度也不宜过低。资助课题内的论文可以依据其所解决的课题任务决定其在指标中所占的分值。发表层次是衡量学术论文常用的硬指标，这个指标和"转载或引用"指标组成衡量学术论文的一个重要依据。发表层次指标的权重分不可高于选题来源指标的权重值，但过低将使学术论文的评估失去重要的凭据。因此，出版层次、选题来源、转载反响、获奖层次指标重要性比例关系为 6∶7∶5∶3。利用层次分析法原理，代入 EXPERT CHOICE 软件进行计算得到权重值依次为：0.30、0.35、0.20、0.15，CR = 0.0000 < 0.1，具有满意的一致性。

——"成果价值"指标的考虑与学术专著类指标体系的考虑相同，这里不再重复。有必要指出的是，由于学术思维的复杂性，不能过分强调"成熟程度"指标的重要性。比如，像哲学那样的学科，往往运用辩证逻辑方法进行超越理性推理的哲学体验，而以形式逻辑去评价哲学体验，难以避免瞎子摸象的弊病，就如同以加减算法去评价微积分。考虑到以低一层次的正确思维方法评价高一层次的正确思维方法所可能带来的悖论，以及学术评价角度的多重性，笔者认为，在学术论文成果的评估中还是坚持"成熟程度"指标的稍微重要性为宜。因此，难易程度、成熟程度、成果价值指标重要性比例关系为 1∶3∶7。利用 EXPERT CHOICE 软件进行计算得到权重值依次为：0.0909、0.2727、0.6364，CR = 0.0000 < 0.1，具有满意的一致性。

C. 计算方法。

创新指标和价值指标的计算方法，采用直接打分法，上一节已经对其方法进行了介绍，这里不再重述。对于论文类人文社会科学研究成果评价指标体系，其具体应用为某位专家对其中各项二级指标的评分，分值区间为 1～21 分，即 21 分为最高值，1 分为最低值，其判断的方式采用图示量表法，如图 10 - 7 所示。

分别乘以各项指标的权重系数，然后与这个专家的置信系数合成，形成某位专家对这个成果的创新指标和价值指标的评价（见表 10 - 18）。

某项论文类研究成果的总分 = 创新指标 + 硬性条件指标 + 价值指标

表 10 – 18　　　　论文类人文社会科学研究成果评价指标体系

评估因素	评价指标	权重系数	评价指标内容
创新指标	创新程度	1.0000	是否具有新认识、新观点或新理论
硬性条件指标	发表层次	0.3000	世界级学术刊物、两报一刊理论版或国家学会基金会级权威学术刊物、其他核心刊物或国家级报纸
	选题来源	0.3500	国家级重大或重点课题，国家级一般课题，省市重点立项课题
	转载或引用	0.2000	国外转载评论或被译成外文出版、国家级报刊转载、省级报刊转载
	获奖层次	0.1500	国家级奖励、部委级奖励、省市级奖励、地市政府奖励及单位成果奖
价值指标	难易程度	0.0909	研究问题的复杂度、理论难度、资料搜集与处理的难度和学科的跨度
	成熟程度	0.2727	论文资料是否准确，逻辑概念是否严密明确，研究方法理论前提是否科学，引证是否规范
	成果价值	0.6364	是否对解决关系到社会发展的重大理论或现实问题有推进作用，是否对某一社会领域有巨大的贡献

3. 咨询报告类成果评价指标体系

（1）指标体系建立的原则。

专项咨询、考察调查而形成的报告应属于应用研究的成果。应用研究是以解决社会发展中的现实具体问题，满足现实社会需要为目的，以研究现实发展过程中的社会、经济、政治、文化等方面的具体问题为对象，提出或制定具有实施价值的规划、计划、对策、方法等成果的科研活动。应用研究主要是以具有可操作性的建议方案为实际工作部门的科学决策与科学管理提供可靠依据，而且也只有其成果在实际工作部门的决策、管理中得到运用并取得正面影响，应用研究的价值才能最终得到体现和肯定。从这一点来看，社会科学应用研究也必须以市场为导向，根据社会需求组织和开展研究工作，为实际工作部门提供具有针对性、时效性的成果，使应用研究的成果供给与社会需求相一致。

（2）指标体系的指标构成。

咨询报告类应用性研究成果在考察其学术水平时，则更应该注意其理论联系实际、解决实际问题这方面显示出的价值和潜在价值。笔者认为可以选取社会/经济效益（经济效益及社会反响）、出版层次、选题来源（立项课题的级别、课题受资助的幅度等）、难易程度、社会价值（包括社会需求和实践能力）、成熟程度（真实性或可行性）、采纳范围（采纳的级别及采纳的程度）、获奖层次八个指标：

——社会/经济效益：可以按照实际取得的经济效益来分类，也可以按照其产生的社会反响来分类。

——出版层次：可以分为国际性学术刊物或世界级出版社、中央级出版社或国家级报刊、核心期刊或省级出版社。

——选题来源：按照课题的经费资助强度和规模来分类。一般来说，咨询报告类应用性研究课题的研究难易程度，成果应用范围直接与课题的规模有关，所表现的形式不是课题组的人员规模，而是所给予的经费保证。

——采纳范围：成果被采用的结果如何，直接反映该项研究成果社会价值的大小。它包括三个方面：一是被何种级别的部门采用；二是采用的方式，有决策采纳，刊物转载，论文引用，技术吸收；三是采用程度如何，是全部还是局部，效果及社会反映等。

——获奖层次：分为国家级奖励（国家社会科学基金项目成果奖、国家"五个一"工程奖等）、部委级奖励（教育部人文社会科学成果奖、中国社会科学院奖等）、省市级奖励（政府奖或省市人文社会科学成果奖、省"五个一"工程奖）或国家学会级奖励、地市政府奖励及单位成果奖。

——难易程度：应考察研究问题是否复杂，调查研究规模大小，资料搜集与处理的难度，学科跨度等。

——成熟程度：应主要考虑是否具有很强的适用性或操作性，资料数据是否准确系统，论证是否严密。

——社会价值：主要考察三个方面：一是通过对某些问题的研究和论证，为政府和某些团体进行咨询、决策提供依据；二是通过对一些具体问题的深入研究，为政府和各级职能部门制定方针政策、法令法规，提出管理手段和实施方案提供参考意见；三是通过对某些重大实际问题的专门研究，为政府决策部门和一些经济企业单位的咨询论证直接带来较大的经济效益。

（3）权重分配和计算方法。

A. 建立咨询报告类人文社会科学研究成果评价的层次结构图。

先把咨询报告类人文社会科学研究成果评价问题分解为因素的各个组成部分。经过主成分分析，咨询报告类人文社会科学研究成果评价问题，一般与下列主要因素的指标有关联。

——效益指标，主要是指社会/经济效益。

363

——硬性条件指标，主要包括出版层次、选题来源、采纳范围和获奖层次。

——价值指标，主要包括难易程度、成熟程度和社会价值。

再将上述分解的因素，按支配关系分组，形成有序的递阶层次结构，绘出咨询报告类人文社会科学研究成果评价的递阶层次结构图，见图 10 - 9。

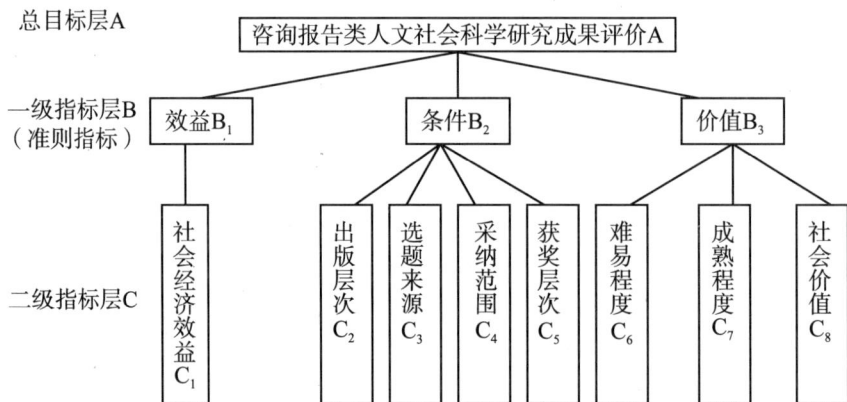

总目标层A —— 咨询报告类人文社会科学研究成果评价A

一级指标层B（准则指标）—— 效益B₁　条件B₂　价值B₃

二级指标层C —— 社会经济效益C₁　出版层次C₂　选题来源C₃　采纳范围C₄　获奖层次C₅　难易程度C₆　成熟程度C₇　社会价值C₈

图 10 - 9　咨询报告类人文社会科学研究成果评价的递阶层次结构

B. 判断标度的设定和权重分配。

——效益指标关系到应用性研究咨询报告的基本价值，在权重方面也必须给予特别的重视。价值指标也是反映其应用价值的一个方面，因此我们设定效益指标、条件指标、价值指标重要性标度为 5∶3∶3。利用层次分析法原理，代入 EXPERT CHOICE 软件进行计算得到权重值依次为：0.4546、0.2727、0.2727，CR = 0.0000 < 0.1，具有满意的一致性。

——条件指标中的四个二级指标：出版层次、选题来源、采纳范围、获奖层次，其中采纳范围也关系到应用性研究报告的基本价值，在权重方面应予以重视。选题来源与咨询研究报告水平有密切的相关性，在权重方面也应给予重视，但在操作中应注意避免与价值评估指标的重叠，出版层次和获奖层次指标在权重方面的重要性低于另外两个指标。因此，我们设定四个二级指标的重要性比例为 5∶6∶7∶3。利用层次分析法原理，代入 EXPERT CHOICE 软件进行计算得到权重值依次为：0.1579、0.2632、0.3684、0.2105，CR = 0.0000 < 0.1，具有满意的一致性。

——在价值指标中，包括难易程度、成熟程度、成果价值三个二级指标，其中成果价值关系到应用性研究报告的社会价值，在权重方面必须给予特别的重视。有必要指出的是，成熟程度指标是应用性研究报告是否合格的试金石，这个指标不合格，则其他指标的评估是毫无意义的。我们设定三个二级指标的重要性比例为 1∶3∶7。利用 EXPERT CHOICE 软件进行计算得到权重值依次为：0.0909、0.2727、0.6364，CR = 0.0000 < 0.1，具有满意的一致性。

C. 计算方法。

效益指标和价值指标的计算方法，采用直接打分法，前面的章节已经对其方法进行了介绍，这里不再重述。对于咨询报告类人文社会科学研究成果评价指标体系，其具体应用是采用某位专家对其中各项中的二级指标评分，分值区间为1~21分，即21分为最高值，1分为最低值，其判断的方式采用图示量表法，如图10-7所示。

用分值分别乘以各项指标的权重系数，然后与这个专家的置信系数合成，形成某位专家对这个成果的效益指标和价值指标的评价（表10-19）。

某项咨询报告类研究成果的总分 = 效益指标 + 条件指标 + 价值指标

表10-19　　咨询报告类人文社会科学研究成果评价指标体系

评估因素	评价指标	权重系数	评价指标内容
效益指标	社会/经济效益	1.0000	包括经济效益及社会反响
硬性条件指标	出版层次	0.1579	国际性学术刊物或世界级出版社、中央级出版社或国家级报刊、核心期刊或省级出版社
	选题来源	0.2632	按照课题的经费资助强度和规模来进行分类
	采纳范围	0.3684	一是被何种级别的部门采用；二是采用的方式；三是采用程度如何
	获奖层次	0.2105	国家级奖励、部委级奖励、省市级奖励、地市政府奖励及单位成果奖
价值指标	难易程度	0.0909	研究问题是否复杂，调查研究规模大小，资料搜集与处理的难度，学科跨度等
	成熟程度	0.2727	是否具有很强的适用性或操作性，资料数据是否准确系统，论证是否严密
	社会价值	0.6364	为政府和各级职能部门制定方针政策、法令法规，提出管理手段和实施方案提供参考意见，直接带来较大的经济效益

五、评价指标体系的应用与实例分析

1. 本指标体系的应用范围

（1）各学科成果评奖。

可以直接使用本评价方法进行评价，得到各成果的最后得分及排序情况，以确定成果的获奖名次。

（2）专业技术职务评定。

专业技术职务评定一般要考察科研人员的职业道德、科研水平、科研工作量、在该领域内的学术影响等。利用本评价方法和指标体系，可以对其中的科研水平进行评价。其做法是，对被评科研人员自己提供的代表作（可以是 1～3 篇）进行评估，得到的成果得分或平均分即可作为研究人员科研水平的参考指标。

（3）成果鉴定、论文答辩等级评定。

如前述，可以直接使用本评价方法和指标体系，得到被评成果的得分，也可以按照分数段设定被评成果的等级及评定等级，如优秀、一般、较差等评定等级。

2. 应用举例及分析

参考"全国哲学社会科学规划办公室"（www. npopss-cn. gov. cn）的基金项目优秀成果奖评条例，从项目研究成果中选取试评价样本，选取不同学科的不同研究成果类型的研究成果进行评价。目的是为了检验所确定的指标体系是否适用于各类人文社会科学成果的评价。

（1）评价工作的步骤。

——决定要评价的成果及数量，从人文社会科学中选取哲学、经济学两个学科，哲学属于传统基础性研究，它是从整体上和根本上把握人类活动及其社会结构的研究，对其他研究领域发挥共同基础作用的人文学科；经济学是从侧面把握人类活动及其社会结构的研究，分析其本质，从理论上阐明其作用和演变，是以解决社会现实问题为目标的定向型社会科学研究。基于此，笔者选取了这两个学科进行试评价，并从每个学科中选取有代表性的三个社会科学基金项目研究成果（见表 10 - 20）。

表 10 - 20 　　　　　　　　社会科学基金项目研究成果

学科	成果序号	成果名称	负责人	成果类型
哲学	1	《梁启超美学思想研究》	金雅	专著
	2	《博通古今融贯中西的老学书目文献》	丁巍	专著（工具书）
	3	《信息化带动工业化理论和实践研究》	龙小康	专著
经济学	4	《我国给水工业市场化改革战略与政策研究》	陈吉宁	咨询报告
	5	《我国商品市场波动与对策研究》	陈乐一	咨询报告
	6	《经济发展与城镇体系格局演化的互动关系》	江曼琦	咨询报告

——由于时间及条件的限制，不能组织评价专家组进行专项评审。因此，此次评价活动由笔者通过网络搜集相关项目成果的资料，向各界专家对这些成果的总体评价进行邮件咨询，使笔者对待评成果进行全面分析审核之后形成定性认识，再对照定性评价与既定指标，并按照既定的量表进行赋值，实现定性认识的定量化表示。

——首先，对于定性指标，笔者根据专家的意见，给予恰当的评分。其次，对于定量指标，笔者通过各种渠道搜集相关待评价成果的资料，给出较为准确的评分。最后，根据第四章的计算方法，对评价指标数据进行处理，得出各评价成果的总分，如表 10 – 21、表 10 – 22 所列。

表 10 – 21　　　　哲学类社会科学基金项目研究成果评价结果

评价指标 成果序号	创新 程度	出版 层次	选题 来源	转载 反响	获奖 层次	难易 程度	成熟 程度	成果 价值	总分
1	11	1.4285	2.3338	1.1905	0.714	0.9999	2.727	7.0004	27.4
2	18	2.5713	3.0006	2.0862	1.2852	1.4544	5.454	11.45	45.3
3	14	1.4285	2.3338	1.6667	0.9996	0.9999	3.2724	8.9096	33.6

表 10 – 22　　　　经济学类社会科学基金项目研究成果评价结果

评价指标 成果序号	社会 效益	出版 层次	选题 来源	采纳 范围	获奖 层次	难易 程度	成熟 程度	社会 价值	总分
4	16	1.4211	1.8424	3.3156	1.8945	1.2726	3.8178	11.46	41.2
5	11	0.7895	1.8424	1.1052	1.0525	1.0908	0.727	8.2732	25.9
6	14	1.1053	1.8424	1.842	1.0525	0.909	2.9997	8.9096	32.7

（2）对本次试评价的分析。

其一，指标体系有效地区分了成果的价值。在哲学类的专著成果中，《博通古今融贯中西的老学书目文献》所得的总分最高，为 45.3 分，其他两个成果得分分别为 27.4 分、33.6 分。在创新程度、研究难度、成熟程度、成果价值指标得分中，《博通古今融贯中西的老学书目文献》均得了较高的分。咨询专家指出，这个成果应该得到最高的分，因为它非常有价值，它侧重于对当今所知所见存世诸本以及在历史上产生过重要影响的老学典籍做尽力访求和搜集，其著录务详，提要撰写力求材料丰富，叙述准确。通过对老学典籍文献遗产所进行的全面普查、系统整理与科学总结，反映了老学文献渊源流变，揭示了《老子》影响传播轨迹，为全面了解古今中外老学典籍确切情况，建立老学承继系统坐标，更好地把握老学研究未来发展，提供了比较重要的参考和依据。在经济学类的咨询报告成果中，《我国给水工业市场化改革战略与政策研究》所得的总分最高，为41.2分，在转载反响及社会价值指标得分中均比较高，其他两个成果总得分分别为25.9、32.7。事实证明，《我国给水工业市场化改革战略与政策研究》应用价值确实很高，其部分政策建议被建设部借鉴和采纳，并吸收进国家行业政策性文件中。

其二，指标体系有效地控制了主观因素。用指标体系打分比专家印象分更准确、更客观。原因在于，用指标体系打分时需要考虑成果的创新性、价值性、难度和成熟度等多种因素，不会使个别因素对成果的评价有实质性的影响。按指标体系打分其实也是"印象分"，所不同的是，它是对一个成果进行科学评价的"印象"，而不是随意的、由个人爱好和倾向所决定的"印象"。对于硬性条件指标的评分确实排除了评审人为因素，能够真实准确地反映某个人文社会科学研究成果的质量。因为这些指标基本不需要专家打分，由科研管理部门评分即可，没有可伸缩余地。无论谁评分，其结果必定是一致的。

附　　录

附录 1

人文社会科学评价问题学术研讨会综述

（2004 年 2 月 16 日）

由中国人民大学举办的"人文社会科学评价问题学术研讨会"于 2004 年 2 月 8～10 日在北京九华山庄召开，来自全国社科规划办、教育部社政司的部分领导同志、部分著名高校科研管理人员和人文社会科学评价领域的专家学者共计 20 多人参加了会议。9 日的研讨会议题是"人文社会科学评价存在的问题"，由中国人民大学科研处处长郝立新教授主持。10 日的研讨会主要是针对课题的定位和操作进行开题讨论，由教育部哲学社会科学研究重大课题攻关项目"人文社会科学研究成果评价体系研究"的首席专家刘大椿教授主持。这次学术研讨会堪称我国人文社会科学评价问题讨论的"头脑风暴"，综合了政府部门、科研管理部门、学者等多方面的想法，对评价的各个方面的问题从不同角度提出了许多独到的、建设性的意见。同时，这次会议也顺利启动了教育部哲学社会科学研究重大课题攻关项目"人文社会科学研究成果评价体系研究"，与会人士对该课题基本思路和框架进行了初步的探讨。研讨会的主要观点和收获可归纳为以下几个方面。

一、评价背景

全国社科规划办佘志远主任指出，1998 年以来，中国人文社会科学的地位有很大提高，近两年随着投入的大幅增长，无论是在规模还是在职业化程度上都得到很大发展。伴随着发展，也暴露出诸多问题，如人文社会科学评价中的量化问题、评价机构问题、大学评价问题、学术年鉴编写问题、学术失范和学术腐败问题、学术期刊数量和质量问题等。当前，中国人文社会科学已发展到一个历史新阶段，必须要回答这样一个问题：人文社会科学研究究竟给社会回报了什么？他认为，在很大程度上，当前人文社会科学研究的主要问题不再是经费问题，更多的是研究质量问题。人文社会科学研究管理也出现了一些新的问题，其中评价问题是最重要的。对人文社会科学评价的研究应该有问题意识，针对目前存在的具体问题逐个攻关，希望能够在不长的时间内给政府、高校的科研管理部门提供一些建设性的参考意见。

会上课题组首席专家刘大椿教授剖析了当前人文社会科学发展中出现的科研失范、评价失范、急功近利、"以量代质"的现象，以及统计分析的应用效果和科研管理部门的两难处境。他指出，人文社会科学研究成果评价已引起了整个社会和学术界的极大关注，是当前一项迫切需要解决的艰巨任务。

二、思想与规范

中国人民大学历史学教授杨念群认为，人文社会科学在很大程度上是社会思想的缔造者，思想的创造常常就是与规范为敌的。过分追求学科发展的规范性、职业性，势必是以牺牲大师为代价的，结果至多是达到"一个平庸的平均值"；而一味放纵思想，忽视规范的作用，又会使思想流于清谈。人文社会科学评价本身就是一种规范，大师毕竟是少数（但又是重要的少数），如何在设计评价机制时，既能保持大师生长土壤，又能以一定的标准来规范学科的大多数是一个极难解决的问题。具体到现实，当前学术界就存在着思想界与专家系统的分野，前者更具创造力也许更是当代思想的代表者；后者更符合学科的规范，是存在的大多数。如何在评价中把这两个系统的成果结合起来、相互包容，就是一个大问题。

中国人民大学新闻学院教授陈力丹对当前人文社会科学普遍采用的"课题制"规范运作形式提出了批评，他认为课题制是与人文社会科学特别是人文学科自身的研究方式相背离的，"思想创造是无法计划的"。南京大学社会科学评价中心主任叶继元教授则认为，我国人文社会科学领域普遍存在的引文不规范甚至缺失现象，已直接影响到人文社会科学的良性发展，也造成了对其评价的困难。术语不规范、不统一的一个直接后果是，造成学术讨论的障碍和引文指标的失真。

思想的意义在于创新，规范常常是以共识的姿态而存在。华东师范大学校长助理童世骏教授深入分析了学术评价的认识论意义。他认为学术评价对优与劣的断定可类似于哲学上真理论的意义问题、标准问题及认可问题的讨论，学术评价在理论上之所以重要，是因为真理的认可问题非常重要。认可依赖于共识，包括事实共识、规范共识，有了认可的程序才会有标准问题，而有了认可的标准才谈得上评价问题。他提出："真正有价值的学术成果也一定是为许多同行所不认可的。"叶继元教授对此进行了回应，他认为人文社会科学的创新不是完全的创新，这与自然科学不同，原则上只要"有所创新"便是创新，他提醒要注意"非共识性项目"的评价问题。教育部社政司张保生处长指出，人文社会科学的研究总体上是一个历史沿袭的研究，完全的原创是根本不可能的，原创性不是衡量学术水平的必要标准，必须要处理好创新与继承的关系。

三、评价与管理

评价为什么？这是一个关系到评价定位与评价取向的基础性问题。张保生处长认为，"完全的实质公正评价是无法实现的"。评价必须要有定位。教育部社政司何健副处长指出这样一个基本事实，我国高校人文社会科学是伴随科研管理而发展起来的。清华大学科研处长蔡曙山强调要力避"强科学主义者先污染后治理"的做法，人文社会科学的发展需要"规划在先"。武汉大学校长助理（兼科研处长）陈广胜教授更明确地指出，人文社会科学评价的宏观目的和意义就在于，如何以评价来促进人文社会科学健康、有序地发展，评价是要服从管理目标的。事实上，科研管理活动很大程度上左右着评价标准的实施，评价标准常常因科研管理的阶段、目的、对象不同而改变。佘志远主任在会议开始时就强调，评价研究应关注科研管理实践的具体问题，为科研管理提供支持。蔡曙山教授对此深有体会，他列举了一个数字，借助科研管理手段的导向作用，清华大学在 SCI 发表的论文数由几百篇上升至 2 000 多篇，取得了明显的效果。武汉大学中国科学评价中心主任邱均平教授概括指出，没有科学的评价就没有科学的管理。

评价服务于管理，自然对评价提出了可操作性、运作效率的要求。何健副处长指出，评价原则在理论上可以很理想化，但如果脱离现实的实际状况，不具可操作性，评价就失去了意义。叶继元教授提出"评价效率"的重要性，他强调评价也是一个逐层操作的过程，高质量的核心期刊在一定程度上是有一定评价的替代功能的，当前我国的问题关键在于核心期刊评选的不规范。评价应该在保持评价功能的基础上尽量简化、提高效率，这才能为管理服务，但简化不是简单化。

在评价经验上，蔡曙山教授较详细地介绍了清华大学科研成果的评价工作，他强调了一个好的经验，即评价只制定一个总的体系框架，包括论文、科研项目、代表性著作等指标，但各项指标的权重由各学科的专家依据本学科特点来定，这样就把原则性与灵活性结合起来。陈力丹教授也介绍了中国社会科学院进行社科成果评价的经验，在设计指标体系时应形成相互制约的系统，对于每一定性指标规定了 21 个级别的选择余地，在评价时专家越多，评价就越公正。

四、评价理论

目前评价对象不清是与会各位专家们的共识，认为人文社会科学研究成果评价必须首先厘清评价对象，区分人文学科、社会科学与技术科学、自然科学的不同，人文学科具有的不可重复性、个人经验性等特殊性（在一定意义上就是主观的体悟与创作），是自然科学所不具备的；区别成果评价、机构评价、刊物评价、科研评价、论文评价、论著评价等的不同；区分基础研究、应用研究、理论研究与实证研究；既要注意人文社会科学的共性也要认识到各门学科的个性，在人文社会科学总体相对统一的框架内，还应注意文、史、哲、经、管、法等各门学科的不同。对评价对象合理地分门别类是当前人文社会科学评价首先要做的工作。

评价主体问题也是会议的讨论热点。张保生处长指出，评价必然会涉及现实的物质利益与学术声望等精神利益的再分配，由政府一家来垄断评价显然是不合适的，这容易导致腐败。当前评价发展的一种趋势是，由政府主导向民间评价过渡，或者由政府、民间共同评价，这也符合评价现象的多样性。邱均平教授就此谈到当前综合评价的三个改进方向：一是评价主体的多元化，即社会化的多样的评价中介机构将取代单一的评价主体；二是评价标准的专业化与分类化，即要区分政府评价与学术评价，自然科学评价与社会科学、技术科学评价，理论研究评价与应用研究评价等不同类型；三是方法指标的综合化，采用定性与定量相结合的多指标评价。郝立新教授对此进行了概括，指出当前存在着多元化的评价主体，即专家评价、机构评价、政府评价、社会评价及市场评价等。

评价范围取决于评价目标，蔡曙山教授认为全方位的评价包括宏观层面的学科评价、中观层面的机构评价与科研评价、微观层面的成果评价与科研人员评价。童世骏教授从理论上对此进行了深入分析，指出"学术评价的内容取决于学术研究包括哪些环节"，可涉及对问题的评价（学习型问题、研究型问题，后者才是评价的对象）、学术目标的评价、学术论证的评价及学术传承精神（诚信）的评价，"学术研究是一项代际积累的、同行合作的活动"。

郝立新教授指出标准问题是评价中的一个中心难题，人文社会科学评价面临各种标准的冲突，定量标准与定性标准、学术标准与非学术标准、直接标准与间

374

接标准、价值标准与科学标准、人文学科标准与社会科学标准、基础理论研究标准与应用实践研究标准，它们都是互不相同又相互联系的，评价就是要在这些标准间保持必要的张力。全国社科规划办基金处曾康处长、张保生处长都从政府评价角度具体分析了政治标准与学术标准的冲突，人文社会科学具有一定的意识形态性，如何在这两种标准间保持张力是一个理论与实践的难题。陈力丹教授具体谈到学术评价中不应把课题来源、新闻媒体报道、获奖等外在非学术性因素作为学术评价的标准，他还强调要区分论文与一般性文章的评价标准不同，"并非所有文章都是论文，即使一篇文章中也不全是研究性内容。"

五、评价方法与评价程序

对评价方法尤其是定性方法与定量方法的结合问题，各位专家学者都提出了自己的看法。张保生处长在分析这一问题时，回顾了管理学史上泰罗创立的定量科学管理方法的意义和局限，指出定量方法本质是只适用于计件式的体力劳动工作，不太适用于脑力劳动的思想创作，但现在我们又必须采用定量方法，这就必须要深入分析，如何弥补定量方法的不足，定量方法在评价定性目标时应克服什么等。叶继元教授在谈到"引文率"这一科研计量的关键指标时，分析了引用的不同动机及其复杂性，间接说明了"引文率"在定量评价中的局限性。何健副处长、魏贻恒副处长在谈到这一点时，认为应看到定量方法在科研管理中的进步意义，当前我们的评价已由领导拍板、走关系的"人治"逐渐过渡到客观的量化式的"法治"，不能因其方法的不足，而否认了定量方法本身。邱均平教授从科学计量学角度指出，评价指标体系在评价中占据重要地位，没有完善的指标体系就没有定量与定性的结合。蔡曙山教授具体谈了在清华大学科研评价中如何把定性方法与定量方法结合起来的经验。他指出，"纯粹以刊物论文作为指标只具有统计合理性"，除了细化的定量指标，清华大学还制定了"代表性学术著作"这一定性指标，学者可自选1部代表性著作和5篇代表性学术论文参加评价，这一评价不受时间限制，"代表性著作"指标所占权重也由各学科专家来制定，这样就把定量性的要求与定性的判断有效结合起来。

评价程序问题也引起了与会专家们的热烈讨论。张保生处长指出，评价追求实质公正不如先追求程序公正，前者难度太大，后者相对更易把握。中国人民大学信息资源管理学院常务副院长赵国俊教授指出，在某种程度上任何指标体系都受限于一定的评价程序，如果没有一个科学、公正的评价程序，也就不存在公正的评价。"行之万能的指标体系是不存在的，只存在一个科学的制定规则与程序。"评价程序不应以"简化"为名把复杂的问题简单化，如何建立一套完善、

375

科学、公正的程序以保证评价者们以公正的"评价眼光"来进行是一个必须要解决的问题。

评价程序问题引发了"对评价的评价"的激烈讨论。陈力丹教授指出，由于普遍存在的评价程序不公正，使评价常常出现"外行评内行"现象，评价必须对评价者进行审定。叶继元教授指出，要建立相互制约、彼此监督的社会机制来解决对评价的再评价问题。邱均平教授则依据国家科技部、教育部、中国科学院、中国工程院和中国国家自然科学基金委员会五部委于 2003 年 5 月下发的《关于改进科学技术评价工作的决定》文件精神，强调了建立独立的、社会化的评价机构的重要性。童世骏教授建议，应区分机构对机构、专家对机构等不同评价主体间的不同评价，对专家评价应达到以下要求：一是保持评审记录；二是对投票负责，正式签署投票意见；三是向社会公开评价意见；四是应集中发表评优成果；五是要充分重视专业协会、专业刊物的监督作用。对机构评价的再评价，他认为应鼓励评价机构的多元化与良性竞争，建议增加"学术声望"评价，以弥补其他刚性指标的不足。

六、课题设想

与会的领导、专家、学者和科研管理人员就课题目标、价值取向、总体框架、子课题的设计以及许多细节问题展开了热烈的讨论，提出了许多具体的、中肯的意见。佘志远主任希望该课题能在一个不长的时间内，针对具体问题，对当前人文社会科学评价给出一个解答，达到"出成果、有声音、有影响"的目标。陈广胜教授强调，该课题研究应是"体系研究"，从评价的系统性着手，分清问题的主干，大的方面包括评价目的、评价意义及评价标准的研究。赵国俊教授认为课题可大致分为两大块：一部分是关于评价基础理论、国内外评价经验等理论研究；另一部分是关于评价指标设计原则、评价程序的应用性研究。在研究中应避免为评价而评价，企图制定一个一劳永逸的刚性评价指标体系。蔡曙山教授认为该课题应集中于中观层面的评价研究，即机构评价与科研评价研究。

刘大椿教授总结了会议讨论的成果，系统提出了该课题的研究设想。他指出，从学科特点来看，在自然科学的发展过程中一直在强调客观性与普遍性；人文社会科学的研究在一定程度上则更需要发挥主体性和个人创造。虽然任何评价都会或多或少地带有主观的色彩，但自然科学的评价规范相对成熟，人文社会科学研究成果评价应充分借鉴（不是照搬）如科学计量学等成熟的方法，同时也要继承人文社会科学历史进程中行之有效的传统的评价方法。在人文社会科学领域内，很大程度上，谁开风气之先，谁能改变潮流，谁就是创新，就能得到认可。虽然这种创新具有偶然性，但人文社会科学也存在如自然科学领域内的学术共同体公认的基本"标准"，这些就是我们评价的依据。评价本身是一个极其广泛的问题，该课题无法全部兼顾，目前的处理带有时代性，也就必然带有局限性。

刘大椿教授从四个方面谈了该课题的开题设想。他认为，该课题的首要任务是要根据实际情况和需要来具体设定研究选题，课题的现实目标首先是要分析现行评价存在的主要问题，厘清当前评价中的问题究竟是因为做法不够完善还是做法本身的问题；其次，评价要服务于管理，当前人文社会科学的全方位评价问题还受限于整体的学术生态环境，现实的评价主要是定位于以评价来规范、推进中国人文社会科学的发展；再次，评价要遵循多元化原则，不仅评价主体要多元，评价方法也要多元，把定性与定量相结合起来；最后，中国人文社会科学研究成果评价必须注意本土化问题，许多中国问题是具有鲜明本土化特征的，在这一点上不能盲目与国际接轨。这些设想经过与会领导、专家、学者们的讨论，形成了一定的共识。根据研讨会的讨论结果，刘大椿教授初步提出以下几个子课题，以供进一步研究：

1. "当前我国人文社会科学研究成果评价存在的问题与对策建议"

该子课题将立足在对我国人文社会科学研究成果评价基本经验、历程进行回顾，对国际趋势分析及存在问题揭示的基础上，对今后我国人文社会科学研究成果的评价提出对策性建议。

2. "人文社会科学研究成果评价的理论分析"

3. "我国人文社会科学研究成果评价指标体系与评价程序研究"

该子课题一是从人文社会科学研究成果评价的设计原则与建立科学、公正的评价程序角度进行深入研究，二是分析已有评价体系存在的问题，探讨建立更恰当的中国人文社会科学研究成果指标体系的可能性。

4. "中国人文社会科学评价网络互动平台"

该子课题以"人文社会科学评价"为主题，建立"人文社科论衡"网站，汇集有关人文社会科学道德学风建设、学术批评、成果评价体系、大学排名等方面的各种资料，以互动的网络平台方式，促进跨学科交流与对话，提倡学术争鸣，探讨科学的人文社会科学评价方法。

5. "中国高校人文社会科学研究竞争力评价体系研究"

该子课题承前启后，深入比较分析各种评价方法、评价指标体系的优劣，力求建立一个多元化、本土化、在实践上可行的中国人文社会科学研究竞争力评价体系。

附录2

人文社科论衡网：人文社会科学
评价与发展研究网

一、建站背景

为了更好地组织、实施教育部哲学社会科学重大攻关项目"人文社会科学研究成果评价体系研究"，同时也为了建设一个人文社会科学评价研究与发展研究的信息平台、交流平台与研究平台，中国人民大学于 2003 年 11 月以该课题组为核心批准成立了中国人民大学人文社会科学发展研究中心，并且以该研究中心为依托建立了人文社科论衡网站（www. rwlh. com）。

研究中心主任由中国人民大学刘大椿教授担任，聘任中国人民大学科研处、信息资源管理学院等单位科研管理专家与资深教授担任合作研究骨干。中心的主要定位是：整合中国人民大学人文社会科学的整体优势，聚焦人文社会科学的整体研究，汲取国内外最新成果，采用跨学科的运作与研究方式提升对中国人文社会科学发展规律的认识，探寻适合当代中国、实践可行的评价机制与评价体系的建构。

在人文社会科学发展研究中心的精心策划与设计下，人文社科论衡网（www. rwlh. com）于 2005 年 2 月正式开通，成为我国首个以人文社会科学发展与评价为主题的专业性、学术性网站。

二、网站的风格与定位

1. 设计风格

人文社科论衡网在设计中，力求突显人文与学术特质。网站名称"人文社科论衡"由青年书法家、中国人民大学徐悲鸿艺术学院副院长郑晓华教授赐墨，网站主色调采用了明朗的橙色，彰显人文意蕴。整体页面设计风格清新，结构简洁，逻辑严谨，学术品味独到。主页面既有静态稳定的基本框架和板块，也有动态适时变化的动态页面，使本站所关注的焦点一览无余。页面设计还充分考虑到了学术文章对注释、版权等的要求，提供了一个形式严谨、人性化的浏览界面。

2. 网站定位

人文社科论衡网的主要定位于以下几点：

——人文社科论衡网是以人文社会科学评价与发展研究为主题的专业性学术网站。

——人文社科论衡网是国家教育部哲学社会科学重大课题攻关项目"人文社会科学研究成果评价研究"的工作平台，也是它的重要成果之一。

——人文社科论衡网为中国人民大学三大报告之一《中国人文社会科学发展研究报告》的编写提供有力支撑，并及时发布年度研究报告。

——人文社科论衡网依托于中国人民大学在人文社会科学领域的整体优势，依靠重大课题的强大研究团队，同时以开放的态度热诚欢迎各界专家、学者发表独到见解，给予宝贵支持。

——"人文社科论衡"中所谓"论衡"取"论辩"与"衡量"之意，建站主旨为：

鸟瞰人文社科，赏析学术成果，

论辩评价是非，衡量学苑得失。

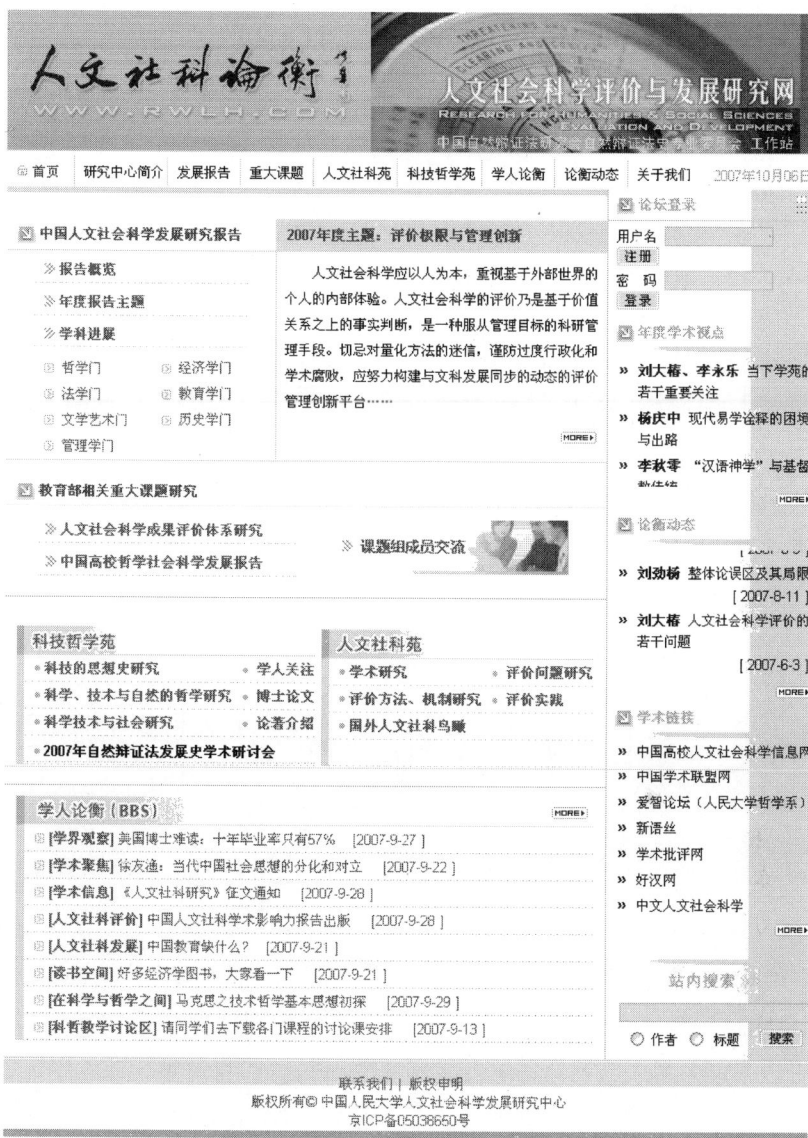

图1　人文社科论衡网站首页

三、网站的主要内容

人文社科论衡网下设三大板块内容：工作板块，人文社会科学评价与发展板块，人文社科论衡论坛（BBS）。人文社科论衡网主要结构见图2。

```
                    ┌─ 人文社会科学发展研究中心
        ┌─ 工作板块 ├─ 教育部评价课题专区
        │           └─ 论衡动态
        │
        │                              ┌─ 1.报告概览
        │           ┌─《中国人文社会科学 ├─ 2.年度报告主题
        │           │  发展研究报告》    ├─ 3.学科进展
        │           │                   └─ 4.学术视点
        │           │
人文社   │           │              ┌─ 1.学术研究
        ├─ 人文社科  │              ├─ 2.评价问题研究
会科     │  评价与发展 ├─ 人文社科苑 ├─ 3.评价方法、机制研究
        │           │              ├─ 4.评价实践
学论     │           │              └─ 5.国外人文社科鸟瞰
        │           │
衡        │           └─ 科技哲学苑
        │
        │                          ┌─ 1.学界观察
        │                          ├─ 2.发展反思
        └─ 学人论衡                 ├─ 3.评价追问
           （BBS）                  ├─ 4.读书空间
                                   ├─ 5.在科学与哲学之间
                                   └─ 6.学术信息
```

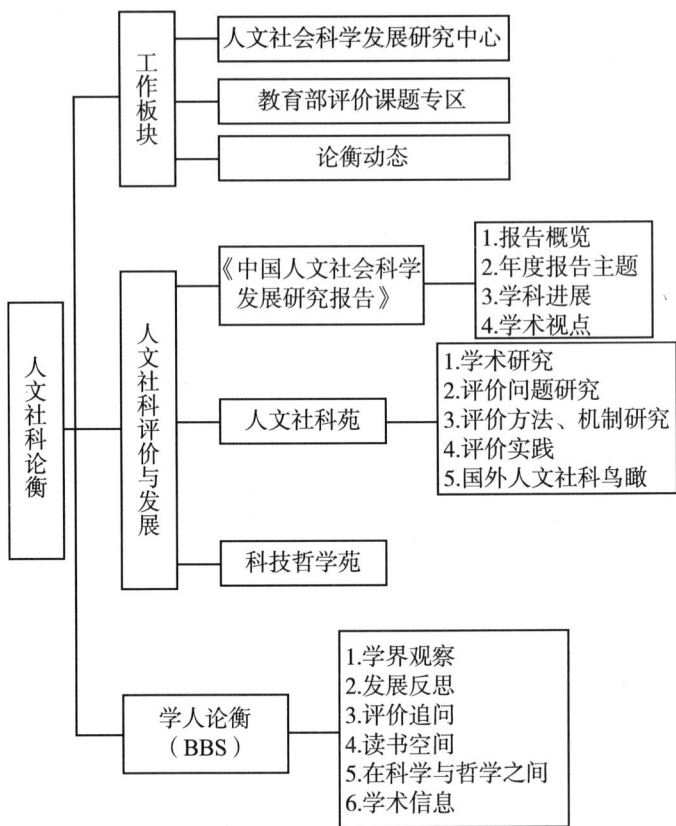

图 2   人文社科论衡网主要结构

1. 工作板块

工作板块主要负责发布相关工作信息，公布相关研究任务，包括三个子栏目："中国人民大学人文社会科学发展研究中心"，"教育部重大课题专区"，"论衡动态"。其中"论衡动态"栏目还负责发布整个网站的动态信息、各主要栏目的最近更新等。

2. 人文社会科学评价与发展板块

人文社会科学评价与发展板块是本网站的核心板块，包括三个子板块。

（1）《中国人文社会科学发展研究报告》。

《中国人文社会科学发展研究报告》是中国人民大学三大研究报告之一，涉及人文社会科学各领域。该报告主编为刘大椿教授。报告旨在从点面结合的视角，为中国人文社会科学勾画轮廓，揭示问题，寻找新的切入点，进行全面系

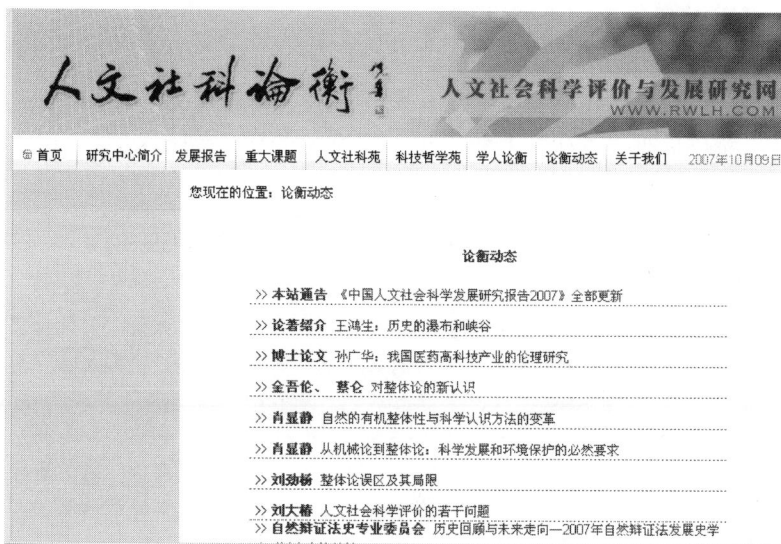

图3 论衡动态栏目

统、有深度的总结与反思，以促进它的发展。其主要内容包括三大块：年度主题报告，关注年度人文社会科学领域发展焦点、难点，进行深入研究；学科进展，从知识层面关注一级或二级学科的研究进展；学术视点，以问题意识关注各领域内的当年热点问题，回应现实。

该板块主要负责每年及时全文发布由中国人民大学各领域权威专家学者编写的《中国人文社会科学发展研究报告》。自2003年起的各年度的报告均已上传发布，目前已连续发布至2007年，历年报告的主题见表1。

表1　　《中国人文社会科学发展研究报告》历年主题

年份 / 项目	2003	2004	2005	2006	2007
年度主题	人文社会科学的界定	问题意识与超越情怀	精品与评价	社会和谐与人文关怀	评价极限与管理创新
字数	38万	49万	47万	46万	42万
学科进展	涉及哲学、经济学、法学、教育学、文学、史学、管理学等七个一级学科及分支研究的当年进展状况				
学术视点	每年选择15个左右为学界和社会所关注的各个学科视点，进行深入的、别开生面的、富有新意的审视				

（2）人文社科苑。

该板块旨在通过汇聚学界关于人文社会科学评价研究的重要成果、重要学术思想，撷取精华，整合学术资源，反映最新进展，构建人文社会科学评价研究的学术平台，以不断促进评价研究的进步。该子板块下设栏目如表2所示。

表2　　　　　　　　　　　人文社科苑各栏目介绍

栏目名称	描　述
评价问题研究	关注评价问题，从哲学、社会学等视角来研究评价。刊发有刘大椿教授在《光明日报》发表的《关于人文社会科学评价的思考》等有影响力的文章
评价方法机制研究	聚集评价方法、评价机制的理论研究，强调对评价问题的研究应着眼于建构。刊发有陈力丹教授《人文社会科学成果评估体制的改革》等有深入思考的文章
评价实践研究	强调评价的实践性，倡导结合中国人文社会科学的实践来研究评价。刊发有顾海兵教授《中国的学术管理制度：问题与改革》等理论与实践相结合的系列文章
学术研究	此栏目包括更广泛的人文社会科学研究。转载有李铁映同志《伟大的时代、辉煌的成就——新中国人文社会科学50年》等经典文献
国外人文社会科学鸟瞰	此栏目将视野拓展到国外的人文社会科学研究，刊发有关于美国、日本、德国、俄罗斯人文社会科学的研究状况文章

该板块的建设除及时发布围绕教育部重大课题的研究成果外，还得到顾海兵、陈力丹等诸多学者的支持，特约发布了有关评价的系列文章。该站建设也得到了《中国人民大学学报》的大力支持，转载了一些专题性的优秀学术论文，如对中国传统节日的研究、对整体论的讨论等。网站同时也转载一批有分量的学术文章。该站对人文社会科学发展与评价问题的关注，获得学界好评。

（3）科技哲学苑。

该板块为该网站的特别板块，特别关注了人文社会科学领域中的科学技术哲学的发展状况。刘大椿教授认为，作为一种思想观念的引领、作为科学技术方法论与认识论的研究、作为科学技术社会学和科技技术思想史的探索，科学技术哲学（自然辩证法）对科学技术在中国的发展甚至对于中国社会本身的发展，都具有极为重要的思想价值、文化价值和社会价值。中国人民大学科学

384

技术哲学专业有悠久的传统，它在国内高校最早开始招收研究生，到目前为止其培养的科技哲学博士生延续时间最长、规模最为齐整。国内众多科技哲学领域内的学者都来自这里。该网站也是中国自然辩证法研究会自然辩证法史专业委员会的工作站点。一些专业委员会的工作通知与活动信息也在此栏目发布。该板块将充分发挥这一传统，进一步推进中国科学技术哲学的发展。各栏目如表 3 所示。

表 3　　　　　　　　　　科技哲学苑各栏目

栏目名称	描　述
科技思想史研究	关注科学、技术的思想史研究。刊发有孟建伟《科学史与人文史的融合——萨顿的科学史观及其超越》等文章
科学、技术与自然的哲学研究	包括科学哲学、技术哲学与自然哲学的研究。刊发有 *Complexity Science*，*Systems Thinking and Pragmatic Sensibility* 等英国杂志的文章
科学技术与社会研究（STS）	这是本领域内与实践紧密相联的方向，也是研究的热点之所在。刊发有欧阳志远《论节约型经济系统——〈中国 21 世纪议程〉实施的理论反思》等文章
博士论文	此栏目收入中国人民大学 10 多年来该专业博士论文的主要目录与摘要，从一个侧面反映了中国科学技术哲学的发展历程。包括蒋劲松《从自然之镜到信念之网——罗蒂哲学述评》等 20 余篇博士论文的介绍
论著绍介	此栏目主要介绍科技哲学领域内的重要书籍，如由刘大椿最新主编的"科学哲学基本著作丛书"

3. 人文社科论衡论坛（BBS）

论坛是该网站的重要组成部分，通过自由开放的论坛可以形成更好的研究者之间、研究者与关注者之间的有效互动（见图 4）。论坛共开设 4 个分论坛，各分论坛又下设数量不等的栏目。以下对主要栏目作一简介。

（1）学界论衡。

该分论坛旨在紧密关注人文社会科学界的事态与研究动态，既关注学界之人、之事，也强调以学术之维观察所在之世界，同时互通学界信息。各栏目见表 4。

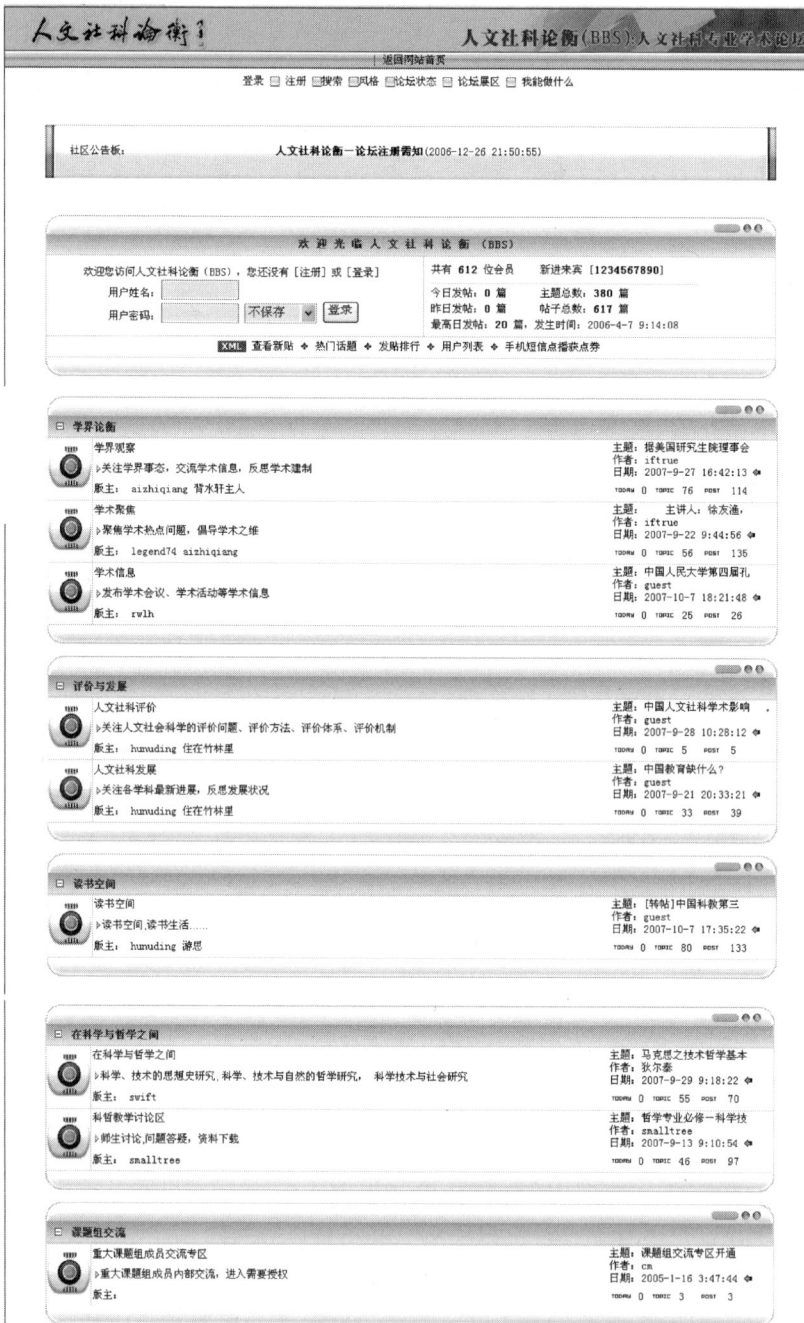

图 4 人文社科论衡论坛（BBS）页面

表 4 　　　　　　　　　　学界论衡各栏目

栏目名称	主题与描述
学界观察	关注学界事态，反思学术建制。如曾贴发的对我国高等教育、研究生教育的关注，对我国学术体制中院士制度的讨论等
学术聚集	聚焦学术热点问题，倡导学术之维。此栏强调学术维度，举凡人文社会科学领域内的学术问题均可在此栏目下互动讨论。既包括韦伯、陈寅恪等中外大家们有关学术的经典论述，又有诸网友的自我探索
学术信息	及时发布、交流相关学术活动、学术信息

（2）评价与发展。

该分论坛为人文社科论衡网站的主题论坛，关注人文社会科学的评价与发展。各栏目见表5。

表 5 　　　　　　　　　　评价与发展各栏目

栏目名称	主题与描述
人文社科发展	关注各学科最新进展，反思发展状况。本栏目与《中国人文社会科学发展研究报告》的工作相关。希望以此为平台，集结众人之力关注人文社会科学各学科的研究发展状况。如邓正来的《我的学术之路与中国社会科学的发展》以及对中国儒学的关注等
人文社科评价	关注人文社会科学的评价问题、评价方法、评价体系、评价机制。本栏目是网站的一个主题性栏目。如对文科评价中代表性制度的讨论、关于建立中长期评价制度等的讨论等

（3）在科学与哲学间。

该分论坛是科技哲学苑的互动论坛，既包括学术研究的互动，也强调科技哲学教学中教师与学生、同学之间的互动。各栏目见表6。

表 6 　　　　　　　　　　在科学与哲学间各栏目

栏目名称	主题与描述
在科学与哲学间	主要关注科技哲学领域内各研究方向的学术问题讨论。包括自然哲学、科学哲学、技术哲学、科技思想史、STS 等的主题，也包括对本学科的反思。如"中国科学技术哲学发展史研究路径探讨"、马尔库塞思想概述等论题
科技哲学教学讨论区	本栏目主要用于中国人民大学科技哲学课程教学时的师生、同学之间的问题讨论、教学资料上传与下载。每位同学除了课堂学习，还可借助这一论坛与教师、其他同学间形成更好的互动，如参加"历史上什么是最伟大的技术"等有趣味的投票、"什么是科学"等问题的深入讨论

387

（4）读书空间。

读书空间为爱书人交流读书体验所在。该栏目为论坛中最为轻松、自在之处。读书空间既是一个品书的所在，也是一个讨论学术人生的生活空间。该栏目在网友的共同关注下，得到大家的喜爱。如李幼蒸的"《论语》：我的第一书"、"影响世界的 100 本书"、"电子书 500 本"、"国外经典著作 PDF 文献"等贴子都有很高的点击率。

（5）重大课题组交流。

该论坛为课题组成员相互交流专用论坛，用于课题成员间的交流，需要授权才能访问。该栏目的设立是我们课题研究机制的一种尝试。

四、网站的学术价值与社会效益

人文社科论衡网的建立，对于推动"人文社会科学评价与发展"的研究具有重要的学术意义，它将在问题揭示、资料汇集、成果传播、学术交流等方面发挥重要作用。人文社科论衡网的建立也具有显著的社会效益。它将以专业性的鲜明主题，吸引更多的人来关注中国人文社会科学的发展，激发更多、更深入的社会各界的讨论与创造性研究，弘扬人文精神，推动学术与社会的健康发展与更大进步。

1. 聚焦价值

人文社会科学的评价与发展问题越来越突出，已成为一项对学科发展影响深远而又难度极大的、基础性的紧迫任务。藉此聚焦功能，人文社科论衡网希望能引发学界与社会对此问题的更多研究，有更多的学者关注该问题，对该问题的有更多的深入见解，以早日取得实质性进展，推动中国人文社会科学的健康发展。

2. 汇集价值

人文社会科学的评价与发展并非一个全新的问题，与其相关的研究，角度、方法各不相同，研究成果散见于各个领域、各种载体，并未能整合为一个具有累积性的整体。人文社科论衡网将以其鲜明的主题，吸引、汇集人文社会科学评价与发展研究的各种资源。这对于推动知识进步，有实质性帮助。目前，人文社科论衡网已汇集近百位学者的各类成果上百万字，初具规模。网站还设有数据搜索功能，可通过关键词或作者查找相关文献。

3. 传播功能

借助网络化平台，人文社科论衡网将及时刊发学界对人文社会科学评价与发展的最新研究。其中一项重要任务是，每年发布由中国人民大学编撰的《中国人文社会科学发展研究年度报告》。传播功能的实现，将大大提高理论与问题的关联度，提升研究成果的影响力。这一点是任何传统学术载体难以比拟的。人文社会科学成果的及时传播，势必对弘扬人文精神、推广社会和谐的理念大有裨益。

4. 交流互动价值

人文社科论衡网不单纯是一个学术成果的展示窗口，还是一个学术互动的平台。"人文社科论衡BBS"具有完善的论坛功能，包括用户注册、文章发表、资料上传下载、热点问题统计等众多功能。整个论坛精心设计了论题分区，涵盖了人文社会科学评价与发展的各个方面。随着论坛人气的积累，将形成人文社会科学评价与发展研究的网络交流互动空间。

5. 管理功能

为便于重大课题组的管理，人文社科论衡网尝试性地建立了成员讨论专区，通过网络实现评价课题组成员间的信息传递以及互动与交流等。这就使人文社科论衡网还同时兼顾了课题"工作平台"的功能，提高了课题组的管理效率，希望能为相似课题的信息化管理积累一些有益的经验。

五、发布的部分学术成果介绍

1.《中国人文社会科学发展研究报告》2002～2007 年（见表7）

表7 人文社会科学各学科进展

序号	一级学科门类	已发布的历年学科进展研究
1	哲学门	2007 年　科学技术哲学、康德哲学、易学研究 2006 年　俄罗斯哲学、儒家思想 2005 年　西方哲学、逻辑学 2004 年　美学、宗教学 2002 年　哲学

389

续表

序号	一级学科门类	已发布的历年学科进展研究	
2	经济学门	2007 年	经济增长与发展理论、世界经济
		2006 年	中国特色的社会主义经济理论、宏观调控与国民经济管理理论的形成、金融与保险
		2005 年	经济史、人口资源与环境经济学、国民经济学、财政学
		2004 年	世界经济、劳动经济学
		2002 年	理论经济学、应用经济学
3	法学门	2007 年	中国经济法学、宪法学、马克思主义理论
		2006 年	诉讼法学、经济法学、老年学
		2005 年	法学理论、中共党史、人类学
		2004 年	刑法学、国际关系学、人口学、思想政治教育
		2002 年	法学、政治学、社会学
4	教育学	2002 年	教育学、心理学
5	文学艺术门	2007 年	西方文艺学
		2006 年	清代诗歌、新闻传媒改革
		2005 年	汉语言文字学、比较文学与世界文学
		2004 年	中国语言文学、新闻传播学、艺术学
		2002 年	文艺学、中国古代文学
6	历史学门	2007 年	清代汉学、世界中世纪史
		2006 年	中国古代思想史、当代中国史
		2005 年	世界史
		2004 年	中国古代史
		2002 年	历史学
7	管理学门	2007 年	财务管理、农业经济管理
		2006 年	市场营销管理、企业管理
		2005 年	财务管理、人力资源管理、土地资源管理
		2004 年	行政管理学、档案学、图书馆学、情报学
		2002 年	企业管理、公共管理

2. 关注人文社会科学发展热点（原发）

杨庆中：《现代易学诠释的困境与出路》

李秋零：《"汉语神学"与基督教传统》

陈建、杜薇：《东亚区域经济合作与中国的发展战略》

韩大元、江登琴：《中国社会转型过程中的平等权问题》

人文社会科学研究成果评价体系研究

徐孟洲、贾剑非：《公平分配与财政法的改革及完善》

黄兴涛：《"话语"分析与中国近代思想文化史研究》

黄爱平：《"乾嘉新义理学"与清代汉学研究》

徐浩：《对中世纪晚期英国经济与社会的再诠释》

陈甬军、胡德宝：《反垄断理论及其在中国的实践》

郑风田、孙谨：《中国农村新型合作医疗制度的可持续性评价》

伊志宏：《兼顾近期和中长期目标的政策选择》

刘大椿、李永乐：《当下学苑的若干重要关注》

张雷声、李玉峰：《马克思主义理论的整体性与学科建设》

袁济喜、秦秋咀：《国学热的再起和焦点》

林坚：《文化的定位、传承与创新》

黄朴民：《史实与艺术：中国影视文学现状及其思考》

郑保卫：《我国传媒公信力建设》

王新清：《司法改革的目标和原则》

姚远、米峙：《老年妇女问题与和谐社会的构建》

张洪涛、张俊岩：《保险资金运用与风险管理控制》

刘凤军：《品牌运营过程与品牌资产增值》

黄卫伟、高鹤：《中国风险投资的实践与反思》

张宇：《"效率优先、兼顾公平"的提法需要调整》

张立文：《和合学与中国哲学》

安启念：《今日俄罗斯哲学与俄罗斯的社会变革》

方兢：《具有中国特色的马克思主义文学理论研究》

杨凤城、耿化敏：《从宏大叙事到实证分析："1950年代的中国"研究热》

冯俊：《德里达的"解构"：后现代主义哲学的焦点》

余虹：《白色的文学与文学性：后现代文学研究的任务》

王贵元：《现代汉字字型研究》

庄孔韶：《中国乡村田野人类学回访研究》

王化成：《上市公司盈余质量研究》

孙建敏：《对管理者工作绩效的结构分析》

高德步：《新自由主义经济之兴衰》

马中：《环境财政与市场经济》

朱青：《完善我国社会保障制度的若干财政问题》

叶剑平：《土地管理制度与宏观调控》

王顺生：《共产国际、联共（布）与中国革命的关系》

纪宝成：《人文社会科学与重要战略机遇期》

龙永图：《WTO 与重要战略机遇期的中国》

张法：《全球化与中国文化使命的转变》

黄卫平：《经济全球化的机遇与挑战》

曾湘泉：《中国就业背景变动的特点与走向》

吴晓求：《配置风险：现代金融的核心功能》

孔祥智、朱信凯：《农村城镇化与劳动力转移》

赵秉志、时延安：《中国劳动教养制度的改革方向》

刘春田、金海军：《知识产权法学研究点评》

杨光斌：《人民主权：政治合法性的基石》

潘绥铭：《"初级生活圈"的变化：中国性革命之源》

翟振武：《中国人口政策的争鸣》

詹杭伦：《中文学界关注的几个热点论题》

陈力丹：《中国的舆论监督问题》

郭成康、陈其泰：《新修清史的体裁体例问题》

张成福：《全面整合的公共危机管理模式与战略》

赵彦云、宋东霞：《大学竞争力的内涵及其提升》

陈志良：《基因伦理和网络伦理》

杨瑞龙、周业安：《中国新制度经济学》

郑功成：《中国社会保障制度改革》

王利明：《民法典体系的建构》

陈岳：《当今之世界主题》

景跃进：《"公选"与干部制度改革》

曹淑江：《民办教育与"营利性"》

袁济喜、王仁：《中国古典文学研究的"私人化"倾向》

杨念群：《历史研究的社会科学化与中国史学的主体性》

3. 聚集人文社会科学研究及评价（转发）

（1）人文社会科学研究论文

李铁映：《伟大的时代　辉煌的成就——新中国人文社会科学50年》

纪宝成：《加强学风建设　繁荣人文社会科学》

刘大椿：《关于人文社会科学评价问题的思考》

刘大椿：《人文社会科学评价的若干问题》

陈力丹：《2004年新闻传播学研究的十二个新鲜话题》

许纪霖：《学术不端如何防范？》

陈力丹：《人文—社会科学成果评估体制的改革》

邹承鲁、王志珍：《质量比数量更重要——科学研究成果质与量的辩证关系》

蔡曙山：《代表性学术成果作为艺术人文与社会科学评价指标的意义》

李存娜：《人文社会科学评价的问题与反思》

邢东田：《对学术评价两个误区的分析》

邢东田：《中文核心期刊制的误区与出路》

赵振宇：《关于社科成果评价问题及改进的思考》

杨育华：《试论社会科学研究成果的评价》

林坚：《人文社会科学地位、功能及其评价》

晏辉：《评价新论》

孙伟平：《论价值评价的主体性与客观性》

秦越存：《价值评价的本质》

马俊峰：《评价论研究的几个理论问题》

胡红生：《人文社会科学成果的评价标准》

王岩、刘雅娟：《运用引文分析进行论文评价的方法初探》

贺忠德：《社会科学研究成果鉴定标准和评价方法初探》

么大中：《基础理论成果评价研究评述》

王雅芝：《高校院（系）级科研绩效评价指标体系研究》

叶蓬：《人文社会科学研究成果评估指标体系分析》

于江平、张彦：《从学术腐败谈科学规范机制》

张国功：《学术管理的机制缺陷与重建》

张旭：《福柯论人文科学与教育》

张隆溪：《以学术权威维护学术评审》

张彦：《论科学评价的社会学机制》

么大中、张淑芳、罗欢：《评价机制：同行评议制与间接指标体系的融一》

马费成：《CSSCI 与社会科学评价》

刘雅娟、王岩：《用文献计量学评价基础研究的几项指标探讨》

姜晓辉：《人文社科学术期刊的发展与计量评价》

黄清华：《高校哲学社会科学研究成果评价机制刍议》

陈广胜、王松茂：《必须高度重视高校人文社会科学》

钱荣贵：《质疑新版〈中文核心期刊要目总览〉》

中国社会科学院科研局：《浅议人文社会科学的评价机制》

向志柱：《关于学术评价的几个问题》

廖和平等：《试析科研成果鉴定、评奖中的失范现象》

袁培国：《中文社会科学引文索引的研究评价作用》

江厚良：《根除学术不端重在体制改革》

（2）顾海兵在该站发表的系列评价文章

《对中国学术管理制度的谏言》

《学科带头人与跨世纪人才及院士评审制度——计划经济的残余》

《中国院士制度的改良与改造》

《陷入误区且步入禁区的中国大学排名》

《对一项"国家杰出青年科学基金研究成果"的质疑》

《中国大学排名批判——应该终止有害无利的中国大学排名》

《中国科技成果评审制度研究》

《中国的学术管理制度：问题与改革》

《构建时间与空间双重制约的科学的学术评价规则》

《我国人文社会科学研究的转型、转制、转轨》

《我国人文社会科学管理的范式创新》

4. 在科学与哲学之间

刘大椿：《关于技术哲学的两个传统》

刘大椿：《现代科学技术的价值考量》

刘大椿：《技术何以决定人之本质》

邬焜：《信息哲学及其对哲学的全新突破》

孟建伟：《科学史与人文史的融合——萨顿的科学史观及其超越》

欧阳志远：《论资源环境问题背景下中国发展的"战略退却"》

肖峰：《技术、人文与幸福感》

欧庭高：《不确定性视野中的科技创新文化》

朱志昌：Complexity Science，Systems Thinking and Pragmatic Sensibility

马佰莲、欧阳志远：《论科学家个人自由的三种形态》

韩孝成：《构建和谐社会的科技维度》

李建军：《中国科学技术体制改革的总体思路和基本走向》

蒋劲松：《理论对于经验的主导作用与整体主义》

段伟文：《论网络空间的本质》

肖显静：《消费主义文化的符号学解读》

徐治立：《我国计划经济体制中政治主体，对科学技术定位问题分析》

谭长贵：《复杂性：包含于组织中的无序——对复杂性本质的一种解读》

许鹏：《论新媒体艺术研究的特殊内容与方法》

李建军：《科学"形相"：在功利性和非功利性之间》

林坚：《真善美圣的探究与自然辩证法研究》

刘永谋：《现代人的境遇与解放——福柯人学述评》

邬晓燕：《约瑟夫·阿伽西的科学观概述》

张寅生：《康德的形而上学的科学验证》

马桂英：《波普尔科学分界问题评析》

徐治立：《基因科技的二重性及其社会意义》

王伯鲁：《广义技术世界的结构与演进规律初探》

刘劲杨：《复杂性与非决定论——论争与反思》

吴向宏：《南亚危机、跨文化科技观与世界和平》

六、未来展望

　　人文社会科学的发展成为一个国家、一个民族是否具有人文精神和人文眼光的大事。近年来，人文社会科学的增长速率已超过了理工科。我们必须认真关注人文，关注人文社会科学的评价与发展。人文社科论衡目前已取得一定成绩，在谷歌、百度等主流搜索引擎中搜索与该站主题有关的一些关键词中，该网站排在前列。但总体上，网站建站时间还不长，许多栏目有待进一步充实，还需要该网站与学界同仁共同努力。

　　人文社科论衡网未来在栏目设计上将更突显该站主题，加大对发展与评价专栏的建设，力求在版面设计与内容上都有大的提升。此外，人文社科论衡还将依托于中国自然辩证法史专业委员会，增强对科技哲学苑的建设。在栏目建设上，将突出"精品意识"，摘选真正有学术价值的文章，使该站成为人文社会科学的重要思想库。同时欢迎学界同仁共同关心，发表大作，推进论坛的建设。在硬件支持上，该站将投入更多的人力与物力，扩大网站空间，选择更快捷的服务器，建立更多的友情链接等。总之，人文社科论衡网将长期致力于我国人文社会科学的发展研究与评价研究，希望她能成为人文社会科学的网上研究学苑，为我国人文社会科学事业的健康发展倾尽微薄之力。

主要参考文献

1. 吴鹏森、房列曙：《人文社会科学基础》，上海人民出版社 2000 年版。

2. 尤西林：《人文学科及其现代意义》，陕西人民出版社 1996 年版。

3. 王宁：《后现代性与全球化》，中国文学出版社 1998 年版。

4. 范景中：《艺术与人文科学——贡布里希文选》，浙江摄影出版社 1989 年版。

5. 纪宝成主编：《中国大学学科专业设置研究》，中国人民大学出版社 2006 年版。

6. 欧阳康：《人文社会科学哲学》，武汉大学出版社 2001 年版。

7. 谢地坤：《走向精神科学之路——狄尔泰哲学思想研究》，江苏人民出版社 2003 年版。

8. 邓正来：《关于中国社会科学的思考》，上海三联书店 2000 年版。

9. 杨守建：《中国学术腐败批判》，天津人民出版社 2001 年版。

10. 卜卫、周海宏等：《社会科学成果价值评估》，社会科学文献出版社 1999 年版。

11. 陈晓明：《移动的边界》，湖北教育出版社 2000 年版。

12. 刘明：《学术评价制度批判》，长江文艺出版社 2006 年版。

13. 徐长福：《理论思维与工程思维——两种思维方式的僭越与划界》，上海人民出版社 2002 年版。

14. 戴龙基、张其苏等：《中文核心期刊要目总览》第 3 版，北京大学出版社 2000 年版。

15. 戴晓霞、莫家豪、谢安邦主编：《高等教育市场化》，北京大学出版社 2004 年版。

16. 杨玉圣、张保生主编：《学术规范导论》，高等教育出版社 2004 年版。

17. 杨玉圣、张保生主编：《学术规范读本》，河南大学出版社 2004 年版。

18. 张九庆：《自牛顿以来的科学家——近现代科学家群体透视》，安徽教育出版社 2002 年版。

19. 方朝晖：《"中学"与"西学"——重新解读现代中国学术史》，河北大学出版社 2002 年版。

20. 熊丙奇：《体制迷墙——大学问题高端访问》，四川出版集团天地出版社 2005 年版。

21. 陈启能、姜凡、李明德主编：《加拿大的人文社会科学》，民族出版社 2003 年版。

22. 吴述尧主编：《同行评议方法论》，科学出版社 1996 年版。

23. 刘大椿主编：《中国人民大学中国人文社会科学发展研究报告》，中国人民大学出版社 2002、2004、2005、2006、2007 年版。

24. 教育部社会科学委员会秘书处组：《中国高校哲学社会科学发展报告》，高等教育出版社，2005、2006、2007 年版。

25.《中国教育统计年鉴》，人民教育出版社 2004、2005、2006 年版。

26. ［美］R. K. 默顿：《科学社会学》（下册），商务印书馆 2003 年版。

27. ［美］伯纳德·巴伯：《科学与社会秩序》，三联书店出版社 1991 年版。

28. ［美］彼得·圣吉：《第五项修炼》，上海三联书店 1998 年版。

29. ［美］阿里·卡赞西吉尔、大卫·马金森主编：《世界社会科学报告（1999）》，社会科学文献出版社 2001 年版。

30. ［美］弗兰克·戈布尔：《第三思潮：马斯洛心理学》，上海译文出版社 1987 年版。

31. ［美］刘易斯·科塞：《理念人——一项社会学的考察》，中央编译出版社 2004 年版。

32. ［美］乔纳森·科尔、斯蒂芬·科尔：《科学界的社会分层》，华夏出版社 1989 年版。

33. ［美］盖斯勒：《科学技术测度体系》，载《武夷山审校》，科学技术文献出版社 2004 年版。

34. ［美］R. 科斯、A. 阿尔钦、D. 诺斯等：《财产权利与制度变迁》，上海三联书店 1994 年版。

35. ［美］乔治·里泽：《麦当劳梦魇——社会的麦当劳化》，上海译文出版社 1999 年版。

36. ［美］罗伯特·所罗门：《大问题》，广西师范大学出版社 2004 年版。

37. ［美］唐纳德·肯尼迪：《学术责任》，新华出版社 2002 年版。

38. ［英］卡尔·波普尔：《猜想与反驳——科学知识的增长》，上海译文出版社 1986 年版。

主要参考文献

39. ［英］贝尔纳:《历史上的科学》,科学出版社 1959 年版。

40. ［英］怀特海:《思想方式》,华夏出版社 1999 年版。

41. ［英］罗素:《宗教与科学》,商务印书馆 2005 年版。

42. ［德］狄尔泰:《人文社会科学导论》,华夏出版社 2004 年版。

43. ［德］韦伯:《学术与政治》,广西师范大学出版社 2004 年版。

44. ［德］李凯尔特:《文化科学与自然科学》,商务印书馆 2000 年版。

45. ［法］埃米尔·迪尔凯姆:《社会学方法的规则》,华夏出版社 1999 年版。

46. ［法］布迪厄:《艺术的法则:文学场的生成和结构》,中央编译出版社 2001 年版。

47. ［瑞］让·皮亚杰:《人文科学认识论》,中央编译出版社 1999 年版。

人文社会科学研究成果评价体系研究

后 记

　　从 2003 年中标教育部哲学社会科学重大攻关项目《人文社会科学研究成果评价体系研究》（03JZD0039），至今已逾 6 年。开题、中期检查、结项，所有相关的忙碌、兴奋、困扰，也都变成了记忆。在最终成果出版之前，又把这几年的工作清理了一下，更把即将送交出版的这部书稿补充修改、斟酌再三，希望它到达读者手中时，能给大家一些收益，或者引发一些争论。

　　本研究得到许多领导、专家、学者的帮助和支持。武汉大学邱均平教授、陈广胜教授，华东师范大学童世骏教授，南京大学叶继元教授，清华大学蔡曙山教授，中国人民大学赵国俊教授、陈力丹教授、杨念群教授、郝立新教授，教育部社科司领导袁振国同志、张保生同志、张东刚同志、魏贻恒同志、何健同志、田敬诚同志，全国社科规划办佘志远主任、曾康处长等都先后直接参加了研讨，给予了宝贵的指导。中国人民大学科研处的领导和同志们自始至终是本项目研究的坚强后盾。吴林海博士、赵永红博士、刘永谋博士、张璋博士等也付出了许多辛劳。

　　除首席专家外，本项目的主要参与者是赵国俊教授、邱均平教授、刘劲杨博士。赵国俊教授主持了《我国人文社会科学成果评价指标体系研究》和《我国人文社会科学成果评价程序研究》两个子报告的撰写，邱均平教授主持了《中国高校人文社会科学研究成果竞争力评价》子报告的撰写，刘劲杨博士在人文社科论衡网站建设以及部分主报告的撰写中贡献良多。

　　在本书修改、补充和定稿过程中，我的博士生蒙本曼、杨会丽做了细致和出色的工作。

　　实事求是地说，本项目得以结题、本书稿得以付梓，全拜各方扶持、众贤相助。由于本人学力不逮，加之评价问题本身也太复杂，所以尽管下力不小，谬误和不足之处仍多，当然，这些都是应由本人负责的。诚恳地欢迎方家和同仁不吝指教。

己出版书目

书　名	首席专家
《马克思主义基础理论若干重大问题研究》	陈先达
《网络思想政治教育研究》	张再兴
《高校思想政治理论课程建设研究》	顾海良
《马克思主义文艺理论中国化研究》	朱立元
《弘扬与培育民族精神研究》	杨叔子
《当代科学哲学的发展趋势》	郭贵春
《当代中国人精神生活研究》	童世骏
《面向知识表示与推理的自然语言逻辑》	鞠实儿
《中国大众媒介的传播效果与公信力研究》	喻国明
《楚地出土戰國簡册［十四種］》	陈　偉
《中国特大都市圈与世界制造业中心研究》	李廉水
《WTO主要成员贸易政策体系与对策研究》	张汉林
《全球经济调整中的中国经济增长与宏观调控体系研究》	黄　达
《中国产业竞争力研究》	赵彦云
《东北老工业基地资源型城市发展接续产业问题研究》	宋冬林
《中国民营经济制度创新与发展》	李维安
《东北老工业基地改造与振兴研究》	程　伟
《中国加入区域经济一体化研究》	黄卫平
《金融体制改革和货币问题研究》	王广谦
《中国市场经济发展研究》	刘　伟
《我国民法典体系问题研究》	王利明
《中国农村与农民问题前沿研究》	徐　勇
《城市化进程中的重大社会问题及其对策研究》	李　强
《中国公民人文素质研究》	石亚军
《生活质量的指标构建与现状评价》	周长城
《人文社会科学研究成果评价体系研究》	刘大椿
《教育投入、资源配置与人力资本收益》	闵维方
《创新人才与教育创新研究》	林崇德
《中国农村教育发展指标研究》	袁桂林
《高校招生考试制度改革研究》	刘海峰
《基础教育改革与中国教育学理论重建研究》	叶　澜
《处境不利儿童的心理发展现状与教育对策研究》	申继亮
《中国和平发展的国际环境分析》	叶自成

即将出版书目

书　名	首席专家
《中国司法制度基础理论问题研究》	陈光中
《完善社会主义市场经济体制的理论研究》	刘　伟
《和谐社会构建背景下的社会保障制度研究》	邓大松
《社会主义道德体系及运行机制研究》	罗国杰
《中国青少年心理健康素质调查研究》	沈德立
《学无止境——构建学习型社会研究》	顾明远
《产权理论比较与中国产权制度改革》	黄少安
《中国水资源问题研究丛书》	伍新木
《中国法制现代化的理论与实践》	徐显明
《中国和平发展的重大国际法律问题研究》	曾令良
《知识产权制度的变革与发展研究》	吴汉东
《全国建设小康社会进程中的我国就业战略研究》	曾湘泉
《现当代中西艺术教育比较研究》	曾繁仁
《数字传播技术与媒体产业发展研究报告》	黄升民
《非传统安全与新时期中俄关系》	冯绍雷
《中国政治文明与宪政建设》	谢庆奎